KB172577

한국미술사의 선구자

고유섭 평전

KO YU-SEOP: A Pioneer of the Korean Art History
By Lee Won Kyu

Published by Hangilsa Publishing Co. Ltd., Korea, 2023

한국미술사의 선구자

고유섭 평전

이원규 지음

한길사

1930년대 후반 개성부립박물관장 시절의 우현 고유섭.

나는 지금 조선의 고미술(古美術)을 관조(觀照)하고 있다.
그것은 여유 있던 이 땅의 생활력의 잉여잔재(剩餘殘滓)가 아니요,
누천년 간 가난과 싸우고 온 끈기 있는 생활의
가장 충실한 표현이요, 창조요, 생산임을 깨닫고 있다.
…나는 가장 진지로운 태도와 엄숙한 경애(敬愛)와
심절(深切)한 동정을 가지고 대하고 있는 것이다.
만일에 그것이 한쪽의 '고상한 유희'에 지나지 않았다면,
'장부(丈夫)의 일생'을 어찌 헛되이 그곳에 바치고 말 것이냐.

• 고유섭, 「아포리스멘」

불멸의 민족혼이 된 우현 고유섭

• 책을 내면서

민족혁명가 조봉암·김경천·김원봉 등 몇 분의 평전을 쓰고 우현 고유섭 선생의 평전을 내놓게 되었다. 집필을 결심한 것은 아무도 그의 본격 전기를 쓰지 않았고, 내가 노경에 들어 남은 시간이 없기 때문이다.

나는 중고등학교 시절, 아버지와 스승님과 선배들에게 우현 고유섭에 대한 전설을 들었다. 그가 태어나고 성장한 거리에 익숙하다. 고유섭처럼 기차통학으로 대학에 다니던 1960년대 후반, 막 나오기 시작한 그의 저술을 만났다. 깊고 넓은 학문 세계와 감성 풍부한 그의 시와 수필에 경도되기도 했다.

세월이 지나고 소설 쓰기를 업으로 삼게 되었다. 평전 쓰기로 돌아섰던 2005년 탄신 100주년을 맞아 우현 고유섭에 대한 조명이 활발히 펼쳐졌다. 다시 고유섭에게 자석처럼 끌려들었으나 역사의 뒷길에 묻힌 사회주의 계열 혁명가들의 평전에 열중한 데다 미술사에는 문외한이라 그의 전기 집필은 전혀 생각하지 못했다. 그때 모교에 출강하고 있어서 마음만 먹었다면 황수영 전 총장님께 많은 것을 여쭙고, 진홍섭 선생님도 찾아뵙고, 우현 고유섭의 부인 이점옥 여사도 인터뷰했을 것이다. 미학과 미술사도 차근차근 공부했을 것이다.

고유섭을 내 고장 출신의 비범한 석학, 민족자존 회복을 위해 조국의 예술사를 연구하다 요절한 비운의 인물로 여기며 살았다. 3년 전 뜻하지 않은 기회가 생겼다. 인천문화재단이 고유섭의 약전(略傳) 집필을 요청한 것이다. 약전을 쓰면서 보니 그가 남긴 업적은 거대한 산맥과도 같았다. 그에 관한 연구서와 논문은 예상보다 많지 않았다. 생애사를 담은 글은 두 편뿐이었고 학문적 성과에서 흠결을 찾는 비판이 뜻밖에도 많았다. 그리고 그는 잊혀지고 있었다.

　약전을 쓰고나서 고유섭의 진면목을 알려야 한다는 생각에 빠져들었다. 그는 민족자존을 위해 예술사라는 아무도 가지 않은 길을 열어나간 선구자, 자기 능력의 한계를 손으로 짚어보며 때로는 넘어보기도 한 치열한 개척자, 죽기 며칠 전까지 비장하게 집필하며 자신을 불태운 학자였다.

　고유섭의 전기를 쓰는 일을 의무처럼 생각하게 되었다. 내가 인천에서 태어나 성장하고 젊은 날 고유섭에게 경도되었던 것이 숙명적 인연인 듯 느껴졌다. 죽음을 앞두고도 처절하게 글을 쓴 것을 생각하니 연민도 일었다. 작가는 이따금 자신만이 이 책을 쓸 수 있다는 오만한 독선에 빠지기도 하고 열정으로 인해 영감을 얻고 에너지가 상승하는 효과를 얻기도 한다. 이 책이 그랬다.

　미학·미술사를 깊이 공부할 시간은 없었다. 고유섭의 글은 한문이 많고 문장 밀도가 짙어서 읽기가 힘들다는 후배들의 말에 귀를 기울였다. 쉽게 풀어 설명하고 고유섭의 인간적 면모와 내면의 갈등도 그려내 생애를 복원하는 일대기를 쓰는 것을 목

이원규 작가와 인터뷰하는 고유섭의 차남 고재훈 선생(왼쪽)과
장남 고재현 선생(오른쪽). 2021년 11월 서울 홍제동.

표로 삼았다.

　김영애 미술사학자의 「미술사가 고유섭에 대한 고찰」과 이기선 미술사학자의 「우현 고유섭 그의 삶과 학문세계」는 그 목표를 향해 출발하게 해주었다. 그것을 바탕에 두고 통문관과 열화당의 전집 읽기, 신문 및 『진단학보』 『조광』 『신동아』 『문장』 등에 수록된 원전 읽기, 고유섭에 관한 글 읽기와 관련 자료 모으기에 1년여를 보냈고, 다시 1년을 집필에 매달렸다. 고유섭의 글을 육필 원고와 발표 지면까지 살폈지만 인용은 열화당 판 『우현 고유섭 전집』에 실린 것을 중심으로 했다. 전문(全文)을 보려는 독자들을 위해서였다. 가족사와 친구들 이야기도 쓰고, 그가 한 편 한 편의 글을 어떻게 집필했는지 주변 사정과 시대적 상황도 살펴서 썼다. 증언과 자료만으로도 얼개를 짤 수는 있었지만 생애를 오롯이 복원할 수는 없었다. 빈자리에 소설적 상상력으로 대화와 장면을 구성했고, 사실 자료임을 밝히다 보니 주석이 많아졌다.

탈고하는 순간 떠오른 생각은 두 가지였다. 하나는 우현 고유섭의 짧은 생애는 민족예술의 정체성을 찾는 일에 일관되어 있었으며 100년을 산 학자보다 남긴 업적이 크다는 것이다. 일부 후학들이 비판해도 산맥과 같은 고유섭의 업적은 손상되지 않으며, 그럴수록 한국미술사는 더 풍성해진다는 것이다. 또 하나는 그의 분투가 조선 민족은 열등하고 문화예술에 독창성이 없다고 한 식민사관을 극복하는 데 집중해 있었으며, 비록 연구로 인해 투옥된 적은 없으나 일관되게 문화독립운동가로 살았다는 것이다.

일제강점기에 고유섭이 없었다면 민족의 정신문화는 얼마나 더 황폐했을지 여러 번 생각했다. 그는 민족의 예술혼을 지키는 일에 매진하다가 힘이 다해 떠났으니 불멸의 혼이 되었을 것이다.

고유섭의 유고를 출간한 출판가들과 비판적인 글을 쓴 분들을 포함한 모든 연구자에게 감사와 경의를 표한다. 나도 온 힘을 다해 썼다. 이 책이 우현학의 지평을 한 뼘 넓히고, 선생의 영혼에 작은 위안이 되기를 바란다. 아울러 젊은이들 손에 많이 가기를 소망한다.

모교인 동국대 중앙도서관은 고유섭의 육필 원고와 사진 자료를 맘껏 보게 해주었고, 인천시립박물관과 인천문화재단은 수장고까지 열어주었다. 고유섭을 현양하는 데 앞장서온 새얼문화재단 지용택 이사장님과 조우성·신연수·유동현 선생을 비롯한 인천의 원로님, 친구와 후배들은 집필을 격려하며 증언과 자료를 주셨다. 우현 고유섭 선생의 아드님 고재현·고재훈 선생, 사위 이기만 선생, 황수영 전 총장의 아드님 황호종 교수와 제자인 이기선 미술사학자도 증언과 자료를 주셨다. 김근성 선생은 일본어 자료들을 번역해주었고, 남월정·김혜주 선생과 이희환 박사는 꼼꼼히 교정과 교열을 해주었다. 열화당 출판사는 전집의 사진과 원고 인용을 허락해주었다. 도움을 준 모든 분에게 감사의 인사를 보낸다. 출판을 수락해준 한길사의 김언호 대표님과 변변치 않은 원고를 좋은 책으로 만들어준 백은숙 주간과 이한민 편집자 등 직원 여러분에게도 감사드린다.

2023년 깊어가는 가을에
이 원 규

제1부
출생과 성장

민족수난기에 태어나다

싸리재 큰우물마을

우현(又玄) 고유섭(高裕燮)은 빼앗긴 조국의 미술사를 개척하라고 하늘이 점지해 내려보낸 듯한 비범한 인물이었다.

고유섭은 1905년 2월 2일, 인천부(仁川府) 다소면(多所面) 선창리(船倉里) 축현외동(杻峴外洞) 23통 4호에서 제주고씨인 아버지 고주연(高珠演, 1882~1940)과 어머니 평강채씨(蔡氏, 1881~?) 사이에서 태어났다.

아버지 고주연은 그해 24세로 관립한성외국어학교 인천지교의 일본어 담당 교관이었다. 그의 부친이자 우현 고유섭의 조부인 고운경(高雲慶)은 점포가 달린 집을 가진 상인이었다. 고주연 부부는 집 안채에서 부모님과 함께 살고 있었고 형님네 가족과 아우들도 같이 살았다.

외국어학교는 집에서 멀지 않은 내리(內里)에 있었다. 인천부의 행정과 항구의 출입국 통상 업무를 관장하는 인천감리서(監理署) 옆이었다. 고주연은 오전 수업을 마칠 무렵, 아버지의 점포에서 일하는 용인(傭人)이 학교로 달려와 득남 소식을 알려줘 손에 분필이 묻은 채 집으로 달려가 아기를 안아보았다고 한다. 그는 17세에 결혼해 이미 아들을 하나 낳았으나 병약해

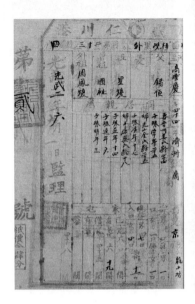

우현 고유섭의 가문 족보(1998년)와 인천부 호적대장의 호적(1898년).

서 세 살 때 잃어 둘째에 대한 애착이 컸다고 한다.

우현 고유섭의 출생일은 학교 학적부와 졸업장, 1941년 5월
에 발급된 이화여전 교원 신분증 등 공적 기록에 1904년 12월
28일로 실려 있다. 음력 출생일을 양력으로 기록한 결과다. 양
력은 1905년 2월 2일이다. 고유섭의 두 아드님은 양력 이날을
선친 출생일로 여겨왔다고 말한다. 가문 족보인 『제주고씨 대
동보(大同譜) 영곡공파편(靈谷公派編)』에도 고유섭의 출생일
이 양력인 이날로 쓰여 있다.*

---

* 제주고씨대동보편찬위원회, 『제주고씨 대동보 영곡공파편』 제7권,
  1998, 529~551쪽.

우현의 본명 유섭(裕燮)은 '관유(寬厚)하고 화유(和柔)하다'는 뜻이다. 타고난 사주가 그렇지 않아 이를 경계하여 작명한 듯하다고 우현 고유섭은 말년의 일기에 썼다.* 아호 '우현'(又玄)은 1930년대 전반부터 사용했다. 노자(老子)의 『도덕경』(道德經) 제1장에 있는 말로써 '그윽하고 또 그윽하다' 또는 '오묘하고 또 오묘하다'라는 뜻을 품었다. 우현 고유섭은 급월당(汲月堂), 급월인(汲月人)이라는 별호를 쓰기도 하고 몇 차례 신문 기고에 채자운(蔡子雲), 고청(高靑)이라는 필명도 사용했다.

우현 고유섭의 선조들 본향이 평안도라는 설이 있다. 고유섭의 집에서 가까운 싸리재 출신으로 고유섭의 손아래 처남 이상래(李相來)와 친구였던 이경성(李慶成, 1919~2009) 선생이 "고유섭 선생의 가족들은 그 선대에 평안도에서 인천으로 이주해 온 사람들이었다"**라고 말했기 때문일 것이다. 그러나 조부 고운경은 한성(漢城, 서울)에서 이주했다. 본향은 충남 예산으로 추정된다. 위 영곡공파 족보에 고운경이 31세(世)로서 묘소는 예산군 신양면에 있다고 쓰여 있다.

규장각 문헌 중 1898년에 작성된 『인천항 호적대장 외동(外洞) 2』가 있다. 우현 고유섭의 조부 고운경이 축현외동 23통 4호 호주로 올라 있다. 그해 44세로, 한성 용산방(龍山坊)에 살다가

---

* 「우현의 일기」1941년 9월 27일, 최원식 엮음, 『아무도 가지 않은 길』, 인천문화재단, 2006, 207쪽.

** 이경성, 『어느 박물관장의 회상』, 시공사, 1988, 33쪽. 같은 쪽의 고유섭 관련하여 '서울의 제일고등보통학교'는 '보성고등보통학교'가 맞고, '큰아버지 고주철'은 '작은아버지 고주철'이 맞다.

용리

내리

1910~20년대 인천시가지 지도

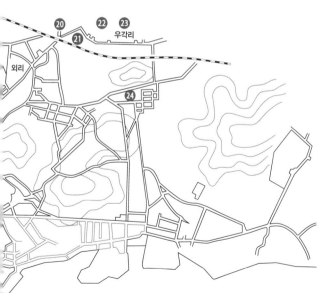

인천으로 왔다고 기록되었다. 부(父)는 석항(錫恒), 조부는 성환(星煥)이고 아내는 진주강씨이며, 남녀 2명을 고용해 상업에 종사하고, 식솔 10인과 19간 초가에 산다고 기록됐다. 장남인 25세 주상(珠常)과 25세 며느리 광산김씨, 차남인 17세 주연과 18세 며느리 채씨, 그리고 삼남, 사남, 오남도 같이 실렸다. 고주연이 차남으로서 상인인 아버지 집에서 아내와 함께 신혼을 보내고 있었음을 알 수 있다. 아직 외국어학교에 입학하기 전이었다. 그는 7년 뒤 이 집에서 우현 고유섭을 낳았다.

고유섭이 출생한 1905년 초는 인천이 국가 존망의 격랑에 휘말린 시기였다. 1년 전인 1904년 2월 9일, 인천항을 거점으로 삼아 장기 기항했던 제정러시아 함대는 팔미도 해역에서 일본 함대의 집중 포격을 받아 치명적인 타격을 입은 채 회항해 자폭 자침했다.

승전한 일본군 육전대 3,000여 명은 하선해 경인선 기차를 타고 한성으로 진군했다. 정확히 말하면 육전대는 팔미도 해전 전날인 2월 8일 밤부터 다음 날 새벽까지 군마와 포차를 끌고 상륙해서 일본인 거류민들 집에 분산 투숙하고 해전이 종료된 9일 오전에 한성으로 이동했다.* 일부는 인천에 남아 항구를 장악했다. 한성으로 향하는 주력부대는 일본인 거류지역에서 가까운 인천역으로 곧장 가지 않았다. 조선인 지역을 행진해 위압적인 무력 시위를 하고 고운경·고주연 부자의 집과 가까운 축현역에

---

* 인천부(仁川府) 개항문화연구소 편역, 『인천부사(仁川府史) 1883~1933』, 인천문화발전연구원, 2004, 524~525쪽.

서 기차를 탔다. 축현역 가까운 곳, 옛 전환국(典圜局) 자리에 주둔하던 인천진위대는 정부가 인천을 중립항으로 선언했다는 핑계로 생명 없는 허수아비들처럼 꼼짝도 하지 않았다. 일본군 육전대는 한성으로 이동, 대한제국 황제를 겁박해 한일의정서를 끌어냈고, 1905년 11월 제2차 한일협약, 이른바 을사늑약을 맺으면서 마침내 조선반도의 지배권을 손에 넣었다.

고유섭이 출생한 1905년에 일본인들의 인천 전입은 러일전쟁 승리에 힘입어 대폭 늘어났다. 조선인 가구와 인구가 1,374호, 1만 654명인 데 비해 일본인은 1,952호, 1만 2,155명이었다.*
일본인이 내국인 인구를 넘어선 것이다.

인천에는 수출되는 미곡, 대두(大豆), 우피(牛皮) 등 토산품과 석유와 광목 등 수입 박래품(舶來品)이 넘쳐났다. 이권은 일본인들이 차지했다. 한 일본인 거류민은 행복에 겨워 이런 시를 지었다.

온갖 물품을 교통시키니 어림잡아도 간단치 않고
이익이 있는 곳은 남겨두지 않는다.
한 배가 실어 가니 한 배가 들어오고
쌀, 콩, 포목, 가죽, 명태가 가득하다.

물굽이 근처의 호화로운 저택 몇 개의 서까래로 알 수 있고
사람들은 모두 시끄럽게 세속을 말한다.

---

*「인항인구」(仁港人口),『제국신문』(帝國新聞), 1905. 5. 24.

손님들은 오고 가며 어찌 이리 시끄러운가.

거리에는 돈이 산처럼 쌓여 있다.[*]

우현 고유섭은 나라 운명이 망국의 벼랑으로 떨어져가던 시기에 그 격변의 현장, 동서양의 문물과 인종이 들고나는 개항도시, 일본인들이 득세하는 곳에서 출생한 것이다.

당시 인천의 서쪽 끝 항구 가까운 언덕은 청국 조계(租界), 낮은 지역은 일본 조계, 나머지 워터 프런트는 서양 여러 나라 연합인 각국 조계가 차지하고 있었다. 터진개 또는 탁포(坼浦)라고 부르던, 갯벌을 메워 만든 상업지구에 일본과 서양의 은행과 상사(商社) 들이 들어와 있었다. 대리석과 화강암으로 지은 근대식 건축물들이 즐비했다. 터진개 위쪽이 오래된 마을 내리(內里)였다. 일본의 위압에 밀려 통치력을 잃어가던 인천감리서와 경무서와 외국어학교가 있고 인천의 지배층과 거상 들이 살았다. 내리에서 동쪽으로 길을 건너면 만나는 곳이 싸리재(杻峴[축현]) 혹은 삼리채(三里寨)라고도 불리던 언덕길이었다. 본래 오솔길이었는데 개항 이후 확장되었다.

대표적인 인천 지지(地誌)인 『인천 지명고』는 싸리재를 이렇게 설명했다.

개항 이후 각국의 조계가 생기고 외국 사람들이 들어와서 살

---

[*] 요코세 후미히코(文彦橫瀬), 「무역상」(貿易商) 번역 수록, 『개항장 풍경』, 인천광역시, 2006, 264쪽.

고, 인천부청 소재지를 인천구읍으로부터 내리로 옮기고 또한
감리서(監理署)를 병설해서 행정사무와 통상업무를 취급하게 되
었다. 외국과의 교역이 번창해지며 인구가 날로 급증하고 서울
의 문호로 통행이 빈번해지므로 새로운 고갯길을 만들려다가 옛
날의 싸리잿길을 확장했다. 삼리채(三里寨)라고도 했는데 3리나
되는 고개라는 뜻이고 싸리재는 싸리가 많다는 뜻이었다.[*]

싸리재는 싸리나무 등 관목이 지천으로 많았고 거대한 용이
서쪽의 바다를 향해 엎드린 형상을 한 언덕길로 용현(龍峴)이
라고도 불렀다. 고개를 넘어 용의 꼬리 부분까지 내려가면 예전
에는 갯골이었던 배다리 저지대에 이르고, 그곳을 지나면 소의
뿔처럼 휘어진 언덕길 쇠뿔고개(牛角峴)로 이어졌다. 고개를
올라가면 미국인 의사이자 선교사, 외교관이었던 알렌(H. N.
Allen)의 서양식 별장이 산꼭대기에 모습을 드러냈다. 배다리에
는 큰 저자가 있어 늘 북적거렸다.

싸리재와 배다리를 거쳐 쇠뿔고개를 넘어가는 길을 '한성길'
이라고도 불렀다. 인천이 개항할 무렵, "양반 조종(朝宗)은 대원
위(大院位) 대감이요 길의 조종은 한성길이다"라는 말이 있었다.
양반 중에서는 흥선 대원군이 으뜸이고 길 중에선 인천항에서
왕도인 한성으로 가는 길이 으뜸이라는 뜻이었다. 1899년 철도
가 개통할 때까지는 개화 문물과 많은 선교사와 외교사절, 청국
군, 제정러시아군, 일본군이 들고나는 길목이었으니 조선팔도의

---

[*] 이훈익, 『인천 지명고』, 인천지방향토문화연구소, 1993, 151쪽.

우현 고유섭의 생가터. 가천의대 동인천길병원 옆에 고유섭의 사진이 실린
표지석이 세워져 있다. 용동큰우물과 가까운 거리에 있다.

으뜸 길이라 할 만했다.

축현외동은 싸리재를 끼고 있는 오래된 마을 외리(外里)와 용리(龍里)를 합한 한시적인 지명이었고 지금 경동(京洞)과 용동(龍洞)이라는 이름으로 남아 있다. 『인천 지명고』에 의하면 용리에는 당시에 용동말, 마루턱말, 큰우물거리, 이렇게 세 개의 취락이 있었다. 우현 고유섭의 출생지는 싸리재 한성길에서 축현역으로 향하는 내리막길의 끝자락 큰우물거리의 중심이었고 현재의 중구 용동 117번지다. 이길여 원장은 이곳에서 산부인과 병원을 개원해 길병원과 의과대학으로 확장했다. 가천의대 동인천길병원 옆에 우현의 사진이 실린 표지석이 세워져 있다.

집 아래쪽에 갈대 늪과 연지(蓮池)가 있었고 경인선 철도 두 번째 기차역인 축현역이 연지의 건너편에 자리 잡고 있었다. 용동큰우물이 집 가까이 있었다. 수량이 많아 인근 마을까지 1,000명이 넘는 인구가 넉넉히 마셨던 큰우물은 지금도 고유섭의 생가터 표지석 옆에 보존되어 있다.

고유섭의 조부모와 부모가 실린 1898년의 『인천항 호적대장 외동 2』를 들여다보면 마을 사정이 드러난다. 230여 호가 살았는데 미상(米商), 잡상(雜商), 당상(糖商, 설탕 장수), 유상(油商, 기름 장수), 식상(食商, 식료품상), 상채(商菜, 채소 장수), 상다(商茶, 차를 파는 상인), 주상(酒商, 술을 파는 상인), 상민(商民), 상(商) 등으로 표시된 상인 호주가 167명으로 주민의 80퍼센트가 넘는다. 전 군수, 사인(士人), 본동상임(本洞上任, 오늘의 동장과 같음), 순검(巡檢, 경찰관), 돈을 찍어내던 전환국 기사, 약국 약업, 복술인(卜術人), 거간(居間) 등 여러 직업은 모두 합해 32명이다. 고유섭의 출생지는 대표적인 조선인 소상인(小商人) 마을이었던 것이다.

『호적대장 외동 2』에는 가옥 크기도 실려 있다. 인천 객주 출신으로 청국 상하이(上海)에 진출해 부를 쌓고 돌아와 뒷날 인천감리를 지낸 서상집(徐相潗)의 62간이나 되는 고대광실도 있었으나 태반은 작은 초가였다. 우현 고유섭이 출생한 할아버지의 집은 '자가(自家), 19간 초가'였다. 축현외동 전체로 보면 상위 10퍼센트에 들어갔다.

싸리재 한성길은 상인들이 치열하게 생존경쟁을 하는 현장이었지만 판소리와 악극을 보며 시름을 달래고 흥을 돋구는 우리나라 최초의 극장 협률사(協律舍)도 있었다. 우현 고유섭이 성장하는 동안 축항사(築港舍)로, 애관(愛館)으로 바뀌고 지금도 남아 있다. 1920년에 우현 고유섭의 가족은 이 극장 위쪽으로 이사했다.

황실유학생 아버지

우현 고유섭의 조부 고운경은 학식깨나 있는 상인이었다. 싸리재 상인들이 대개 아들들에게 장부 정리와 주산(珠算) 따위를 가르쳤지만, 그는 자식들을 신식 학교에 보냈다. 차남 고주연은 관립한성외국어학교 인천지교를 우등으로 졸업했고, 우현이 태어날 때 그 학교 교관 자리에 있었다. 1903년 5월 29일 자 구한국 『관보』에 이름이 두 번 나온다. 한 면의 위아래 기사다.

서임 및 사령

이종렬(李鍾烈)·송문수(宋紋洙)·고주연(高珠演)·이성진(李成鎭)·서병협(徐丙協)·이덕명(李德明) 임(任) 외국어학교지교 부교관 판임관 6등

광무 7년 5월 27일 인천항일어학교 제3회 졸업방(卒業榜)

우등 3인 이종렬(李鍾烈)·송문수(宋紋洙)·고주연(高珠演). 급제(及第) 4인 상동(上同), 신태연(申泰淵)·이성진(李成鎭)·서병협(徐丙協)·이덕명(李德明). 합 7인.

졸업장에는 '우등 제3호 인천 거주 22세 고주연이 번역, 산술(算術), 지지(地志), 작문, 회화(會話), 한문을 이수, 4개년 보통 과정을 마치고 광무 7년(1903년) 5월 24일에 졸업'한 것으로 기록되어 있다. 아직 명칭이 외국어학교였고 고주연이 임용되고 1년 뒤 일어학교로 바뀌었다. 이 학교는 뒷날 관립인천실업학교 - 인천공립상업학교 - 인천고등학교로 이어졌다.

관립한성외국어학교 인천지교. 우현 고유섭의 부친 고주연이 졸업하고
교관으로 있었다.

고주연은 졸업생 7명 중 3위이니 뛰어나지는 않았지만 우대
받았다. 고주연의 신분 상승의 길은 더 이어졌다. 그는 아들 공
유섭이 첫돌이 지나 걸음마를 하던 1906년 4월 하순, 일본 유
학길에 올랐다.

두 해 전인 1904년 봄, 광무황제(고종)는 황실 재정으로 일본에
유학생단을 파견하라고 명했다. 양반과 관리 들의 자제 4,500명
이 지원했고 700명을 서류전형으로 걸러 체력검사를 했다. 또
'외국 유학은 반드시 충과 효가 바탕이 되어야 한다'라는 주제
로 한문 논술시험을 치르고 면접평가를 해서 50명을 뽑았다.
유학생들은 1904년 여름, 인천감리서에서 하루를 묵고 연락선
기슈마루(義州丸)를 타고 떠났다.*

---

* 최린, 「자서전」, 『여암문집』 상권, 여암 최린 선생 문집 편찬위원회,

우현의 부친 고주연의 인천외국어학교 졸업장과 부교관 임명장.
고재훈 선생 소장.

　유학생 중에 일본어에 능통한 6명을 빼고 44명이 도쿄부립
제1중학교에 '한인 위탁생'으로 입학했는데 그들은 1905년 을
사늑약에 저항하며 동맹휴학을 감행했다. 이 일로 일부가 퇴학
당하는 바람에 고주연은 빈자리에 들어 가는 행운을 얻었다.
"궐위 중인 유학생 자리에 보내고자 8명을 대신 뽑았다"라는
1906년 4월 하순의 구한말 학부(學部) 문서에 고주연의 이름이
있다.

　다음은 여권 발급을 요청하는 공문서다.

1971, 163쪽. "칙주임관(勅奏任官)의 아들·사위·아우·조카 700여
명을 모집해 유학필이충효위본(留學必以忠孝爲本)이라는 순한문
논제로서 시험을 보여 그중 50명을 선발했다"라고 기록됐다. 칙임관
과 주임관은 종래의 관직 18품을 일본식으로 바꾼 것으로서 칙임관
은 오늘의 1~3급, 주임관은 4~6급 공직과 같다. 고주연이 외국어학
교를 졸업하고 받은 판임관은 주임관 아래로서 오늘날의 7~9급과
같은 공직이었다.

조회(照會)

재(在) 일본국 유학생 유궐대(有闕代, 대신해야 할 빈자리가 있어)에 팔인(八人)을 금장 선파(今將選派, 장차 뽑아 보내야 하므로) 성명을 좌개(左開, 다음과 같이) 조회(照會)하오니 조량(照亮, 보시옵고) 집조(執照, 통행 허가 증명서 및 여권)를 보내주심을 요함.

광무 10년 4월 24일 학부 학무국장 장세기(張世基)

의정부 외사국장 한창수(韓昌洙) 각하

좌개(左開, 다음)

장기영(張基榮)·전석홍(全錫弘)·최명환(崔鳴煥)·오일순(吳一純)·고주연(高珠演)·최용화(崔容化)·장윤원(張潤遠)·조종관(趙鍾觀)

고주연은 신분이 상인의 아들이라 2년 전 선발시험에 응시할 자격이 없었는데 일본어가 능숙해 보결로 뽑혔다. 3학년에 올라갈 도쿄부립제1중 '한인 위탁반'에 들어가려면 일본어가 능통하고 학력도 높아야 했으므로 신분은 따질 것도 없었다. 외국어학교 졸업증서와 학적부를 받아 평가했고 별도 시험은 치르지 않은 듯하다.

도쿄부립제1중 퇴학자 중 뒷날 저명해진 사람으로 최남선(崔南善, 1890~1957)과 최린(崔麟, 1878~1958)이 있었다. 퇴학당하지 않아 고주연의 동급생이 된 사람 중에는 뒷날 독립투사가 된 조소앙(趙素昂, 1887~1958, 당시 조용은[趙鏞殷])이 있었다. 일본어 실력이 높아 도쿄부립제1중 '한인 위탁반'을 거치지 않고 일반계 학교로 간 6명 중에는 뒷날 '백마 탄 김 장군'의 전설 또는

고주연의 도쿄1중 졸업장과 제5고 졸업증. 고재훈 선생 소장.

'원조 김일성'으로 알려진 독립투사 김경천(金擎天, 1888~1942, 본명 김광서[金光瑞], 당시 이름 김영은[金英殷])이 있었다.[*]

일본 유학이 출세의 지름길이었다. 고주연은 관립학교 교관 자리를 헌신짝처럼 버리고 떠나 25세 나이에 도쿄부립제1중에 편입했다. '한인 위탁반'에는 동년배도 있었지만 대부분 15~16세로 그의 제자뻘이었다. 그는 일어학교 교관 출신이므로 학과 공부는 문제가 없었다.

고주연은 황실유학생들이 중심이 되어 조직한 대한공수회(大韓共修會)에 들어가 주요 논객으로 활동했다. 1907년 창간된 『공수학보』(共修學報) 제1호에 「경고아동지제우」(敬告我同志諸友, 존경하는 우리 동지 제우에게 고함)를 싣는 등 거의 매호 우국 정신이 깃들인 글들을 기고했다.

그는 다음 해인 1907년 3월 도쿄부립제1중을 졸업했다.[**] 곧

  [*] 이원규, 『김경천 평전』, 선인, 2018, 83~106쪽.
  [**] 도쿄부립제1중학교(東京府立第一中學校), 『도쿄부립제1중학교 50 년사』(東京府立第一中學校 五十年史), 1929. 학교 연표에 한인위탁 생 입학과 퇴학, 보결 편입 등의 기록이 있다.

유학 시절의 고주연.
김영애가 쓴
「고유섭의 생애와 학문세계」에서.

바로 규슈(九州) 구마모토(熊本)에 있는 제5고등학교에 진학,
1911년 7월 졸업했다.* 도쿄에 반년쯤 있다가 다음 해인 1912년
봄에 귀국했다. 유학 기간은 6년, 우현은 여덟 살이 되어 있었다.

우현의 아내 이점옥(李点玉, 1909~93) 여사의 회고에 의하면
"도쿄제대 철학과로 진학하려 했는데 조선총독 데라우치 마사
타케(寺內正毅)가 '조선 놈이 무슨 철학과에 가느냐?' 하고 욕해
집어치웠다"라고 시아버지가 말했다고 한다.** 뒷날 개교한 경성

---

* 제5고등학교(第五高等學校), 『제5고등학교 일람』(第五高等學校 一
覽), 1936, 238쪽. 제20회 영어문과 21명 중 맨 끝에 '고주연 조선'
(高珠演 朝鮮)으로 실려 있다. 조선인은 혼자였다. 아베 히로시(阿
部 洋), 「구한말의 일본유학(舊韓末の 日本留學) 2」, 『한』(韓) 5호,
도쿄한국학연구원(東京韓國研究院), 1974, 98쪽.
** 「이점옥 여사의 기록」, 최원식 엮음, 『아무도 가지 않은 길』, 166쪽.

제대도 고향 경찰서의 신원조회를 통과해야 입시 지원이 가능했다고 한다. 절대 통치자인 총독이 그런 말을 내뱉은 경우 도쿄제대 '입학 불가'는 당연한 일이었다. 고등학교 졸업자는 예과 수료 자격이 있으므로 지원서를 냈다면 본과였을 것이고 입학했으면 3년 뒤에 졸업할 수 있었다.

고주연의 도쿄제대 입시 좌절에 관한 자료는 이점옥 여사의 말밖에 없다. 지원 자체가 막혔는지, 응시하고 불합격했는지, 왜 제5고 황실유학생 동기 몇 사람이 입학한 규슈제대(九州帝大)에 안 가고 도쿄제대만을 고집했는지, 왜 게이오(慶應)와 와세다(早稻田) 등 명문 사립대학에 갈 생각은 안 했는지 정확한 사정은 알 수 없다.

고등학교 졸업은 전문학교 졸업과 같은 격이었다. 황실유학생 중 일부는 이 정도쯤 공부하고 돌아와 관리로 임용되었다. 대개 2~3년 군청 서기를 하고 군수로 임명되었다. 이점옥 여사가 들은 말이 사실이라면 총독에 대한 항명 때문에 '낙인찍혀서' 앞길이 막힌 것으로 상상할 수 있다.

고주연은 총독에 대한 반발심 때문에 관리의 길을 가지 않았으며, 항일투쟁 목적으로 중국 난징(南京)으로 밀행하려다가 가족들의 만류로 주저앉았다고 한다. 난징에서는 그해(1912년) 청(淸) 왕조를 붕괴시킨 신해혁명이 발발했다. 아직 조선인들의 독립운동은 그곳에서 전개되지 않았다. 상하이에서도 망명가들에 의해 독립운동이 시작될 무렵이었다. 밀행했으면 독립투쟁에서 한몫했으리라 상상할 수 있지만 1919년 상하이에서 대한민국임시정부가 선 뒤에 움직이지 않았으니 고주연의 항일

투쟁 희망의 진정성은 크지 않아 보인다.

싸리재 상인의 아들 또 하나가 이 무렵에 일본에 관비로 유학 가 있었다. 박내흥(朴來興)의 아들 박창하(朴昌夏, 1894~1944)가 도쿄 육군중앙유년학교에 재학하고 있었다. 한성 삼청동의 육군무관학교에 다니다가 경술합방 직전 폐교되자 편입해갔다. 뒷날 일본 육사를 나왔고 조선체육회장과 연희전문학교 교수를 지냈다.*

관비유학생 출신에게는 출셋길이 환하게 열렸으나 고주연은 도로아미타불이 된 셈이었다. 계속 일어학교 교관으로 있던 사람들도 승급을 거듭하며 평생 교단에 서고 상위 신분을 이어갔는데 그는 그만도 못했다. 결국 가장 불우한 관비유학생 출신이 되고 말았다.

1914년 가을에 딸 정자(貞子)가 태어났다. 집에서 멀지 않은 내리에 미곡 선물투기를 하는 미두취인소(米豆取引所)가 있었다. 고주연은 그곳에 투자하고 일본을 왕래하며 무역을 했다. 쏠쏠하게 돈을 벌고 재산을 늘렸다. 그러다 첩을 들여 딴살림을 차렸다. 고주연과 4형제는 우현의 생모 채씨를 부평 친정으로 쫓아냈다. 방종한 남자가, 자신이 유학 가 있는 동안 자식들과 집을 지킨 조강지처를 내쫓고 새 여자를 들이려 할 때, 부모와 형제들은 말리기 마련 아닌가? 그런데 4형제가 합심해 우현의 생모를 내쫓았고 우현은 이 일을 슬프게 받아들인 듯하다. 그의

* 박창하 관련 기록은 이원규의 팩션 『마지막 무관생도들』, 푸른사상, 2016 참조.

부모가 갈라선 연유는 알 수 없다.

우현과 어린 누이 정자는 큰아버지에게 얹혀살았다. 할아버지, 할머니도 함께 사는 집이었다고 하니 축현외동 19통 4호, 우현이 출생한 큰우물 옆 그 집이었을 것이다. 큰아버지 주상에게는 딸만 하나 있었다. 그 사촌누이와 우현·정자 남매, 이렇게 아이들이 셋이었는데 우현은 사내아이인 데다 어미가 쫓겨난 터라 조부모의 사랑을 많이 받았다. 우현은 착해서 간혹 사촌누이가 무엇을 잘못해 할아버지가 누가 그랬냐고 걱정하시면 사촌누이는 다락으로 숨고 자기가 나서서 "할아버지, 제가 그랬어요" 하면 할아버지가 기특해 잠자코 나가셨다고 한다.*

우현에게는 큰아버지 주상 외에도 숙부 주익(珠益), 주철(珠徹), 주홍(珠泓)이 있었다. 아버지 주연보다 8년 위인 큰아버지 주상은 큰아버지 운흥(雲興)의 양자로 갔고 고주연이 장자 계승을 한 것으로 족보에 실려 있다.** 그러나 족보 기록만 그렇지, 주상은 자상한 '큰아버지'로서 살았던 것으로 우현의 일기와 우현의 부인 이점옥 여사의 회고기에 실려 있다.

이점옥 여사는 숙부 고주익이 인천상업학교를 나왔다고 회고했지만 나이와 학교 존립 시기가 맞지 않고 인천상업학교 전신인 관립인천일어학교와 인천공립실업학교 졸업생 명부에도 고주익이라는 이름이 없다.

---

  * 「이점옥 여사의 기록」, 『아무도 가지 않은 길』, 165~166쪽.
  ** 『인천항 호적대장 외동 2』에 실린 조부 고운경의 호적에는 주철이 주일(珠逸)로, 그 아래 숙부 주홍은 주명(珠明)으로 올라 있다. 뒷날 개명한 것으로 보인다.

둘째 숙부 고주철은 1914년 조선총독부 의학강습소(경성의전의 전신)를 졸업했다. 1915년 2월 의사면허를 취득, 1918년 일본군의 시베리아 간섭전쟁 출병 때 촉탁의(囑託醫)로 지원 종군했다. 그 경력으로 특혜를 얻어 도쿄제대 의학부에서 내과 전문의 과정을 밟고, 1931년 용리 237번지에서 개업했다.* 그는 형 고주연보다 인천에서 존재감이 컸다. 싸리재 큰길 애관극장 옆 골목 계단을 올라가면 오른편에 '고주철 내과'가 있었으며 늘 환자가 넘쳤다. 고주철은 광복 후인 1945년 10월 『대중일보』를 창간했다. 고주홍은 1913년 인천상업학교를 제1회로 졸업해 관세관으로 임명되고 인천세관장을 지냈다.**

고주연은 1921년 이우(以友)구락부에 아우 주철과 함께 참여했다.*** 이우구락부는 곽상훈(郭尙勳)·이범진(李汎鎭)·하상훈(河相勳) 등 인천의 인텔리겐치아들이 전통음악 연구와 공연을 통해 민족정신을 고취하려고 만든 단체로서 강연회와 토론회를 열고 있었다. 그밖에 고주연은 1923년 조선물산소비조합 인천지부 창립에 참여하고 뒷날 대표가 되었다.****

---

* 「의학강습소 졸업생 명부」, 조선총독부 『관보』, 1914. 4. 13, 13쪽; 「의사면허 교부 고주철」, 조선총독부 『관보』, 1915. 2. 8, 13쪽; 「고주철 씨 개업」, 『매일신보』, 1931. 8. 22.
** 「세관 관세관 임명」, 조선총독부 『관보』, 1938. 11. 18, 142쪽.
*** 「이우구락부 총회」, 『동아일보』, 1921. 4. 25. 곽상훈이 대표인 부장을 맡고 고주연은 평의원, 고주철은 운동부장을 맡았다.
**** 「소비조합의 발기총회」, 『동아일보』, 1923. 1. 30. 발기인 20명 중 장차 사돈이 될 이홍선과 함께 이름이 들어 있다.

인천의 마지막 선비 취헌 김병훈.
『인천의 인물 100인』, 다인아트에서.

총명하고 우울한 소년

아버지가 일본 유학을 마치고 돌아왔을 때, 우현은 여덟 살로 쇠뿔고개 옆 우각리(牛角里, 현 동구 창영동)에 있던 취헌(醉軒) 김병훈(金炳勳)의 의성사숙(意誠私塾)에서 공부하고 있었다. 취헌은 '인천의 마지막 선비'로 불린다.

1930~40년대 인천의 대표적인 언론인이자 오피니언 리더로 활동한 고일(高逸, 1903~75, 본명 고희선[高犧璇])은 우현과 같은 제주고씨였으며 우현에 관한 여러 기록을 남겼다. 그도 용리에 살았고, 1915년 인천공립보통학교를 마치고 3년 동안 의성사숙에서 공부했다. 그는 스승인 취헌의 풍모를 이렇게 회고했다.

금곡동 창영학교 예전 정문 현재의 강당 서편 쪽에서 의성사숙을 베푼 것이 지금으로부터 40여 년 전이다. 그는 머리에 관(冠)을 쓰고 단정히 도사려 앉아 등(藤)나무로 된 긴 호차리(종아리채)를 들고 중국 유교철학 격물치지(格物致知)와 양지양능(良知良能)을 강의하는가 하면 매란국죽 산수풍경(梅蘭國竹 山水風景)의 동양화(東洋畵)도 가르쳤다. 왕희지(王羲之)·안진경(顔眞卿)·동기창(董其昌) 등 중국 명필(名筆)들의 해자(楷字), 초서(草書), 예법(隷法)과 우리나라의 필성(筆聖)인 김추사(金秋史)나 한석봉(韓錫琫)의 체(體)도 가르쳤다. 소중대액(大額)의 필법을 향토 재자가인(才子佳人)에게 전수(傳授)했다.

…인천 명사 중에 한문 글방에서 배우고 전문대학을 마친 수재로 조진만·고유섭 두 분이 가장 대표적일 것이다. …현재 문총(文總) 산하에서 인천 서가(書家)로 이름이 높은 분은 박세림(朴世霖)·장인식(張寅植)·류희강(柳熙綱) 제씨다.*

우현은 의성사숙에서 『천자문』『명심보감』 등을 배우고, 보통 아이들보다 똑똑했으니까 아마 『유합』(類合), 『통감』까지 배웠을 것이다. 서예도 배운 뒤 열 살 때인 1914년 인천공립보통학교(현 창영초교)에 들어갔다. 우현에게 선비와 같은 풍모가 보이는데, 어린 시절에 교육받은 취헌 김병훈 스승의 영향을 받았을 것이다.

우현은 1918년 3월 인천공립보통학교 9회 졸업생이다. 동기

---

* 고일, 『인천석금』, 주간인천사, 1955, 67~70쪽.

생 중 청년운동 지도자였다가 조선공산당원으로 활동하고 1950년 인천상륙작전 직후 처형된 박남칠(朴南七)이 있었다. 한 해 후배인 10회 졸업생에는 조진만(趙鎭滿, 1903~79) 전 대법원장과 조선공산당 고위 간부로서 북한 정부에서 초대 사법상을 지내고 숙청당한 이승엽(李承燁, 1905~56)이 있었다.* 조진만은 우현처럼 보통학교 이전에 의성사숙에 다녔다. 우현보다 여섯 살이 적은 서예가인 검여(劍如) 류희강(柳熙綱, 1911~76)도 의성사숙을 다녔다. 그는 부평군에 속했던 시천리 출생이지만 이 무렵 부형을 따라 싸리재로 왔다.

고일은 1962년 11월, 인천에서 우현의 추도회가 열려 추모의 글을 썼다.

우현은 2년의 후배요 내 아우와 동갑이다. 그는 출생지에서 인천공립보통학교(현 창영초등학교)를 졸업했으니 이 학교 동창으로서는 우리 형제와 그와 현 대법원장 조진만 씨와 다수 유명인사가 이곳 동창이다. 내 아우와 조진만 씨는 동기동창이며…**

---

* 인천창영국민학교 총동창회, 『창영 85주년사』, 1992, 297~298쪽. 조진만은 우현보다 두 살 위인데 학교 1년 후배가 되었다. 영종도 예단포 출생으로 소년기에 용리에 왔다고 알려져 있다.

** 고일, 「우현 고유섭 군을 추모한다」, 『인천신문』, 1962. 11. 17. 신연수 시인 제공. '11월 17일 하오 4시 인천시립박물관에서 인천에서는 처음으로 추도회를 연다'는 소식을 듣고 쓴 추도사다. 고일은 호적상 본적이 경정(京町) 16번지다. 그곳과 우현의 출생지 용동, 조진만 주소지 용강정은 싸리재 마을로 지난날 축현외동에 들었던 지역이다. 고일의 아우 고희련(高犧璉, 1905~?)은 교육자로 살았다.

고일 형제와 조진만은 우현과 이웃에 살며 사숙과 공립보통학교를 다니고, 경성으로 상급학교 다닐 때 기차통학한 인연으로 엮였다. 우현의 인천공립보통학교 학적부를 보면 성적이 탁월하지 않았다.

1학년: 석차 4/63, 평균 9점, 심성 양순(良順), 행위 민첩(敏捷), 언어 명료(明瞭), 신체 중(中), 상벌 갑(甲)

2학년: 석차 7/66, 평균 9점, 심성 양순, 행위 민첩, 언어 빈칸, 신체 빈칸, 상벌 갑

3학년: 석차 10/38, 평균 8점, 심성 양순, 행위 민첩, 언어 빈칸, 신체 빈칸, 상벌 갑

4학년: 석차 22/58, 평균 8점, 심성 순(順), 행위 민첩, 언어 빈칸, 신체 빈칸, 상벌 을

질병: 결막염, 편도선염, 임파선종

가정형편: 중류 이상

우현은 학년이 올라갈수록 성적이 나빠졌다. 어머니가 버림받은 것을 지켜본 열 살 무렵 소년은 우울해지고 반항적으로 변하기 쉽다. 그런 가정사는 우현의 생애에 드러나지 않은 그늘이다. 보통학교 시절에 우현이 반항적으로 바뀌며 학교 성적이 나빠지고 우울하게 지내며 책에 빠진 이유는 버림받은 어머니에 대한 연민 때문이었을 것이다. 우리가 그의 젊은 날 모습이 담긴 사진과 남긴 글에서 느끼게 되는 우수(憂愁)의 근원은 바로 이런 이유 때문이다.

우현의 모교 인천공립보통학교(현 창영초등학교).

우현은 반항심이 강했으나 평범한 소년은 아니었다. 그는 "소학 시대에 조선미술사의 출현을 소망했다"라고 수필 「학난」(學難)에 썼다. '소학 시대'는 열 살인 1914년 봄부터 열네 살인 1918년 봄까지였다. 그 시절 그 나이에 조선미술사를 소망했으니 대단히 영특한 소년이었음을 알 수 있다.

영민하면서도 우수에 찬 소년 고유섭에게 누가 그런 소망을 갖게 했을까? 이 무렵, 조선의 지식인들에게 민족예술에 대한 자각이 일어나고 있었다. 지금은 일본의 지배를 받지만, 문화예술은 우리 것이 우수하며 잘 지켜가야 한다는 것이었다. 아버지와 숙부들이 그런 생각을 했고 우현이 그 영향을 받은 것으로 보인다.

이인범 교수는 1915년 자산(自山) 안확(安廓, 1886~1946)이

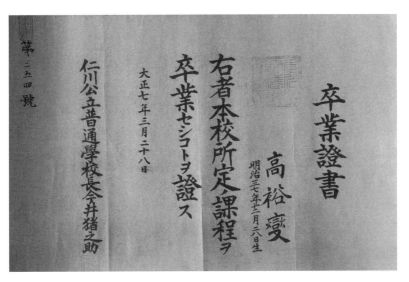

우현의 공립보통학교 졸업장. 고재훈 선생 소장.

쓴 「조선의 미술」이 실린 잡지 『학지광』(學之光)을 우현이 읽었을 가능성을 제시한다.* 그 무렵 일본인 학자 야나기 무네요시 교수가 뒷날 『조선과 그 예술』로 묶은 간편들을 잡지에 발표하고 있었고, 안확을 비롯한 청년 지식인들이 정신이 번쩍 나서 민족예술의 가치를 인식하기 시작했다는 것이다.

야나기 무네요시(柳宗悅, 1889~1961)는 일본 귀족 출신으로 도쿄제대 철학과를 졸업하고 프랑스 유학 후 도요대(東洋大) 교수가 되었다. 1914년 조선 도자기의 아름다움에 빠져 조선에 왔으며 3·1운동이 진압된 뒤 『요미우리신문』(讀賣新聞)에 「조선인을 생각한다」(朝鮮人を 想う)를 기고하고, 그해 6월 『게이

---

* 이인범, 「고유섭 해석의 제문제」, 『아무도 가지 않은 길』, 102쪽.

주츠』(藝術)에 「석불사(석굴암)의 조각에 관하여」를 발표했다. 일본보다 우수한 조선의 미술을 찬양했다. 저서 『조선과 그 예술』에서 조선의 미를 '애상의 미, 비애의 미'라고 한 것에 뒷날 논란이 일었다.

안확은 1914년 유학길에 올라 니혼(日本)대학에 다니고 있었다. 근대학문의 기초와 방법론을 다진 뒤 국학 연구를 시작했고 1916년 귀국한 뒤 경남 마산에서 조선국권회복단에 가입해 독립운동에 뛰어들었다. 「조선의 미술」에서는 우리나라 미술을 체계 있게 개관하고 중국이나 인도 미술을 베낀 게 결코 아니라고 주장했다. 「조선의 문학」에서는 우리 문학이 서양의 문학보다 앞섰으며 조선어는 일본이나 다른 나라 언어보다 뚜렷한 독자성을 갖고 있다고 역설했다.

우현은 황실유학생 출신 아버지나 공립보통학교 스승 혹은 숙부들이나 숙부의 친구들을 통해 안확의 글이 실린 도쿄 유학생들의 잡지 『학지광』을 받아 읽었을 것이다. 거기에는 안확의 글 외에도 김안서(金安曙), 춘원(春園) 이광수(李光洙), 만해(萬海) 한용운(韓龍雲), 장지연(張志淵)의 글도 실렸다. 인천이 개항도시이긴 하지만 그런 책을 읽을 환경에 있는 소년은 손가락으로 꼽을 정도였다. 우현은 문화적으로 유복했다.

우현이 그런 글들을 읽은 시기는 보통학교 재학 시절보다는 졸업하고 고등보통학교에 입학하기까지의 2년 공백기였을 것이다. 그 무렵 조선 땅에는 야나기 신드롬이 일고 있었다. 야나기는 신문 기고와 강연을 통해 약자인 조선 편을 들고 있었다. 1920년 4월 그의 글 「朝鮮人を 想う」이 「조선인을 상(想)함」이

라는 제목으로 번역되어 6회에 걸쳐 『동아일보』에 연재되었다. 또 다른 글 「조선 벗에게 정(呈)하는 서(書)」는 2회까지 연재되다가 당국의 금지 처분을 받았다.

그는 3·1운동을 무참히 진압당한 조선인의 편을 들고, 일본보다 우수한 조선의 미술을 찬양하고 보존 가치를 강조했다. 조선민족미술관 설립 기금을 마련하기 위해 성악가인 아내 가네코(兼子)가 클래식 가곡을 부르는 독창회까지 열었다. 1920년 5월에 개최된 가네코 독창회는 조선 땅의 첫 양악 독창회였다. 야나기는 음악회를 열기 전에 신문에 쓴 글에서 "당신들에게 바치는 애정과 존경의 표시"라고 썼다.*

야나기에게 가장 열광한 것은 문학동인(同人) '폐허'(廢墟) 멤버들과 『동아일보』였다. '폐허' 동인의 지향점은 야나기가 젊은 시절 조직했던 '시라카바'(白樺) 동인과 같았다. 소설가 염상섭(廉想涉)이 야나기의 집을 찾아간 일, 남궁벽(南宮璧)이 그의 집에 보름간 머문 일, 그의 경성 강연에 오상순(吳相淳)이 무대 소개를 한 기록이 남아 있다.** 『동아일보』는 야나기의 언행을 착한 일본인의 착한 마음으로 받아들이며 「악계(樂界)의 대명성(大明星)」이라는 거창한 제목으로 독창회 안내 기사를 보도했다.*** 그 후에도 그에 관한 기사를 수십 개 올렸다.

---

* 야나기 무네요시, 「조선 벗에게 정(呈)하는 서(書)」, 『동아일보』, 1920. 4. 19.
** 조윤정, 「'폐허' 동인과 야나기 무네요시」, 『한국문화』 제43집, 서울대 규장각 한국학연구원, 2008, 347~373쪽.
*** 『동아일보』, 1920. 5. 1; 1920. 5. 6.

야나기가 1919년에 쓴 글 「석불사의 조각에 관하여」는 석굴암에 대해 상세한 실측도를 곁들여 치밀한 분석과 감상을 담은 글이다.

'일본인 야나기가 우리 석굴암을 이렇게 분석하며 최고의 예술품임을 세상에 알렸단 말인가? 도대체 우리 조상은 뭘 했단 말인가?'

100년 전에 우현은 지금 우리가 그 글을 읽고 느끼는 것보다 몇 배 큰 놀라움과 부끄러움을 느꼈을 것이다.

모든 것이 아버지 고주연의 영향 때문이었을 수도 있다. 그는 고급 지식인이었으며 40여 명의 황실유학생 중 특이하게 도쿄제국대학 철학과를 지망했던 사람이다. 아버지 책상에 놓인 책을 문해력이 높은 아들 우현이 읽었을 것이다. 또는 아버지와 숙부가 "총독부가 교묘히 우리 조선이 열등하다고 하며 제 놈들의 통치를 합리화하고 있다. 사실은 우리 조선의 문화가 일본보다 빛난다. 미술은 더욱 그렇다. 조선미술사는 일본인이 아니라 조선인 누군가가 열어가야 할 미개척 분야다"라고 말하는 것을 듣고 공감했을 것이다.

3·1만세와 태극기

여기서 우현의 2의 공백기를 좀더 들여다보자. 우현은 4년제 인천공립보통학교를 1918년 봄에 졸업했고 2년 뒤인 1920년 봄 경성의 보성고등보통학교에 입학했다. 아버지가 관비유학을 다녀올 만큼 부잣집의 총명한 아들이 곧장 상급학교에 가지 않은 이유는 무엇일까? 공립보통학교 학적부 기록에 있듯이 우현이 몸이 약해서 경성 통학이 힘들 터라 몸이 좋아질 때까지 2년을 보냈거나, 어머니를 내쫓은 어른들에 대한 반항심 때문이라고 상상할 수도 있다.

어떠했든 다시 의성사숙에 다녔을 가능성이 크다. 우현에 관한 여러 기록을 남긴 같은 마을 출신 고일도 그랬다. 공립보통학교를 졸업하고 3년 동안 의성사숙에서 한문과 서예를 더 익힌 뒤 경성의 양정고보에 입학했다.* 우현도 며칠에 한 번 의성사숙에 가서 한문을 더 배워, 사서삼경을 읽을 만큼 실력이 늘고 한시를 지을 정도로 수준이 높아진 듯하다. 뒷날 우현이 미술사 연구를 시작했을 때 빠른 속도로 규장각의 어려운 한문책들을 독파하고 자신의 저술에 넉넉히 풀어낸 것을 보면 예사로운 실력이 아니었다. 고급 한문을 익힐 시간은 이때뿐이었다. 물론 그 두 해 동안 한문뿐 아니라 숙부들의 책으로 신학문과 일본어를 독학하며 미술사 서적도 읽고 신문 잡지도 읽었을 것이다.

우현이 집에서 쉬던 두 번째 해는 1919년이었고 3·1운동이 일어났다. 우현은 겁 없이 태극기를 여러 개 그려 동네 아이들에게 나눠주고 함께 만세를 부르며 골목길을 내달렸다. 우현의 집 근처에 살았던 배인복(裵仁福, 1911~97)도 같이 달렸다. 그는 이렇게 회고했다.

우현 선생이 태극기를 직접 그려서 우리들에게 나누어 주고

---

* 고일의 자필 이력서. 신연수 시인 제공.

초가집 지붕 위에 올라가 태극기를 꽂았습니다. 우리들은 모여서 만세를 부른 후 동네를 돌다가 체포되었지요. 7~8세의 어린아이들은 훈방으로 금방 풀려났지만 우현 선생은 유치장에 있다가 사흘째 되던 날 큰아버지가 찾아가 겨우 나올 수 있었습니다.*

이점옥 여사는 "큰아버지(주상)의 첩이 데리고 들어온 아들 홍섭이 형사들과 잘 알아서 운동하여 풀려났다고 들었다"라고 회고했는데,** 태극기와 만세시위는 그렇게 해결하기 어려운 매우 엄중한 일이었다. 15세 소년으로 만세 부른 일 때문에 경찰에 끌려가 혹독한 고문을 당한 경우는 전국에 무수히 많았다.

우현의 태극기 사건은 황실유학생 아버지의 앞길을 가로막은 데라우치 총독에 대한 저항심도 원인이겠지만 당시 인천 애국 청년들의 흐름과 맥락을 같이한다. 우현이 살던 큰아버지 댁에 숙부들도 같이 살았고 학교 친구들이 많이 왔다고 한다. 작은숙부 고주홍의 인천상업학교 1회 동기생 22명 중 이을규(李乙奎, 1894~1972)가 있었다. 학교를 수석으로 졸업했고, 뒷날 이 학교 2회 졸업생인 아우 이정규(李丁奎, 1898~1984)와 함께 중국에 망명해 아나키스트, 의열단원으로 투쟁한 인물이다.*** 고주홍과 이을규 등은 독립운동을 놓고 토론을 펼쳤을 것이다.

"이곳 인천은 식민지 수탈의 문호(門戶)야. 상업의 이권은 일

---

* 양난영, 「고유섭의 숨겨진 이야기들」, 『월간공예』, 1988. 6, 129쪽.
** 「이점옥 여사의 기록」, 『아무도 가지 않은 길』, 106쪽.
*** 인천고등학교총동창회, 『인천고 인물사』, 2018, 90~94, 98~102쪽.

태극기 만세시위 사건으로 우현이 소년 시절 구속되었던 옛 인천경찰서.

본 놈들이 차지하고 있어. 되찾아야 할 우리의 권리야."

그런 발언이 우현에게 준 영향은 컸으리라고 본다.

고주흥과 이을규의 인천상업학교 후배들이 계획한 대대적인 만세시위는 밀정들에게 미리 탐지당해 좌절되었다.

우현이 경찰서에서 고문당했다는 일기 기록이나 증언은 없다. 그러나 유치장에는 3·1운동 때 인천의 상가 폐쇄 선동 혐의로 구속된 19세의 내리 출신 김삼수(金三壽)와 우각리 출신 16세 임갑득(林甲得)이 있었다. 통신선 절단으로 구속된 공립보통학교 후배 김명진(金明辰)·박철준(朴喆俊)·이만용(李萬用)도 있었다. 이웃 마을 출신이고 학교 후배인 그들이 고문당해 초주검이 되어 돌아온 모습을 보고 우현의 가슴속 깊이 일본에 대한 저항심이 자리 잡고 평생 잊지 못할 기억으로 남았을 것이다. 우현 자신도 얼이 빠지도록 닦달당하고 반성문 수십 장을 쓰고,

아버지와 큰아버지, 또 다른 보증인이 다시 이런 일이 생기면 어떤 처벌도 감수한다는 서약서를 썼을 것이다.

두 살 위 동네 형으로서 우현보다 한 해 늦게 보통학교를 나온 조진만은 경성고보에 입학하자마자 만세시위에 앞장서 체포당하고 학교 요구로 자퇴했다.* 우현의 후배인 공립보통학교 학동들은 만세시위를 감행했고 통신선을 절단한 김명진·박철준·이만용은 실형을 선고받았다. 우현은 그런 흐름의 중심에 있었고 실제로 행동했다. 행동하는 것과 행동하지 않는 것의 차이는 크다. 우현이 그려준 태극기를 들고 골목길을 달렸던 배인복은 우현이 졸업한 보통학교를 나와, 배재고보 2학년이던 1926년 순종황제 인산을 맞아 봉기한 6·10 만세항쟁 때 앞장섰다가 퇴학당했다.**

태극기 만세시위와 조국의 미술사 연구 소망은 무관한 것 같지만 그렇지 않다. 우현은 태극기 사건 때문에 공립학교에 갈 수 없어 사립고보로 간 것이다. 만세시위와 경찰서 감방 경험은 우현이 민족정기를 높이기 위해 미술사 연구에 앞장서고 그것

---

* 「3·1운동 참여해 퇴학당한 조선인 최초 부장판사」, 『세계일보』, 2019. 1. 10; 사법정책연구원, 『법원인물사 조진만 전 대법원장』, 2018. 인천공립보통학교를 1919년 3월 25일에 졸업했으므로 4월 경성고보 입학 직후 만세운동에 나서 퇴학당한 셈이다.

** 「학생사건 이래 출학당한 생도」, 『동아일보』, 1930. 4. 5; 「상인 독립군」, 『경인일보』, 2019. 10. 11. 배인복은 그 후 보성전문학교를 거쳐 일본 니혼대학에 유학 갔다가 학병 징집을 피해 상하이로 갔다. 독립운동을 후원하고 사업가로 대성했다. 시인 배인철(裵仁哲)이 그의 아우다.

을 문화 독립운동으로 여겨 평생을 밀고 가는 정신 내면의 동인(動因)이 되었다.

1920년대 초, 아버지 고주연과 숙부 고주철이 참여한 이우구락부 본부는 내리의 동아일보사 인천지국에 있다가 우현의 집에서 가까운 용강정(龍岡町, 용리를 일본식으로 바꾼 지명)으로 옮겨와 있었다. 고주연은 평의원이고 고주철은 운동부장이었다. 우현이 아버지나 숙부를 따라가보았을 것으로 추측된다. 만세운동 좌절 후 문화예술운동으로써 민족자존을 회복하려 애쓰는 단체였으니 우현은 민족의 문화와 예술이 왜 중요한지 깨달았을 것이다.

우현은 그렇게 2년을 보내고 영글어졌다. 일본에 굴종하며 살아야 하는 억울함이 컸고, 가슴속에는 아버지에게 버림받은 어머니에 대한 연민이 고여 있었다. 아버지에게 반항도 해보았지만, 어머니를 위해 아무것도 할 수 없다는 무력감에 슬펐다. 그래서 우울해졌다. 정신은 내면으로 향하게 되고 그럴수록 책을 가까이했다.

전해지는 우현의 일기에는 어머니 이야기가 없다. 청년기 술을 마신 날 일기에도 없고 자녀들을 통해 전해진 것도 없다. 우현은 작심하고 일기에 어머니 이야기를 안 쓴 듯하다. 설령 어머니에게 잘못이 있다 해도 아들로서 그리움이 있었을 텐데 이를 악물고 참은 듯하다.

생모에 대한 우현의 생각을 읽기 위해 동국대 중앙도서관에 소장된 수많은 육필 기록을 살폈다. 청년 시절에 쓴 낙서와 소묘 중에 해변에 누워 사색에 잠긴, 기교 없이 단순하게 그린 소

우현이 성장할 무렵 인천의 조선인 거리와 일본인 상업지구.

묘에 독백을 붙인 기록을 발견했다.

겨울이 가고 봄이 왔다. 그리고 세월은 흘러간다. 나는 약속한
대로 언제까지나 그이의 돌아옴을 기다린다. 혹 그이가 죽어버
렸다면 나는 천국에서 그이를 만나볼 수밖에 없다.

소설을 쓰기 위해 꾸며 쓴 상상력의 메모가 아니라면 모친에
대한 단상임이 분명하다. 아버지를 미워하면서도 어머니와의
이별을 받아들인 듯하다.

그러나 우현은 경제적·문화적으로는 풍족했다. 또래의 인천
소년들 태반은 책을 잡아보지도 못하고 굶주린 채로 맨발로 목
판을 메고 개항장 거리나 기차역에서 엿장수, 담배 장수를 하고
있었다. 똑똑한 아이들은 야학 속성반에서 일본어를 익혀 일본
인 상점에서 고스까이(사환)나 하는 길을 찾고 있었다.

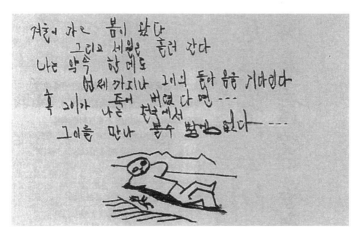

우현이 청년 시절에 그린 소묘. 버림받은 어머니에 대한 그리움이
실린 듯하다. 동국대 중앙도서관 제공.

  총명하고 풍족했던 우현의 소년 시절은 그렇게 우울하게 흘
러갔다.

기차통학생 문학소년

보성고보 입학, 평생 친구 이강국을 만나다

1920년 봄, 우현은 사립 보성고등보통학교에 입학했다. 학교는 경성의 종로 수송동, 현재의 조계사 자리에 있었고 입학 동기생은 100여 명이었다. 집에서 가까운 축현역에서 기차로 한 시간 걸려 경성역까지 가서, 또 전차를 타야 했다.

아버지 고주연이 선병질적인 체질을 타고난 아들 우현을 왕복 네 시간 통학해야 하는 경성 보성고보로 보낸 까닭은 무엇일까? 집에서 가까운 내리 85번지의 인천상업학교는 아버지 고주연이 졸업하고 교관을 지낸 외국어학교의 후신으로 숙부 고주홍도 이 학교를 졸업했다. 졸업생들은 은행이나 유력한 상사(商社)에 취업했다. 우현이 이 학교로 갔다면 두 해 묵을 필요도 없고 왕복 네 시간 통학하는 고생도 하지 않았을 것이다. 우현은 태극기 만세사건 전력 때문에 인천상업학교에 못 갔을 개연성도 있다.

아버지 고주연이 우현을 경성제대에 보내고 싶은 욕심으로 학교를 서울로 보냈다는 설이 있으나 이때는 경성제대 설립이 예고조차 되지 않았다. 도쿄제대에 보내려 했다는 말도 있는데 아마 그게 맞을 듯하다. 세상의 모든 아버지는 자신이 이루지 못한 꿈을 아들이 대신 실현해주기를 바라게 마련이니까. 뒷날 우현이 경성제대를 졸업할 무렵 도쿄제대에 학사편입하려 했다는 기록도 있다.

고주연은 아들의 도쿄제대 입학을 기대하며 우선 경성고보를 염두에 두었을 것이다. 그러나 3·1운동 때 태극기 사건 때문에 막혀서 보성에 보낸 것이다. 4년 뒤 우현이 경성제대에 응시할 때 보성은 사립학교 중 가장 많은 합격자를 냈다. 결과적으로는 최상의 선택이었다. 인천상업학교에 갔다면 취직은 쉬웠겠지만, 경성제대 입학은 어려웠을 것이다.

우현이 경성의 사립 6대 명문 배재·보성·양정·중동·중앙·휘문 중에 보성에 간 이유는 무엇일까? 보성은 당시 교장과 교사 모두 합해 교원이 9명이었는데 교장과 교사 두 사람이 아버지의 지인이었다. 똑똑한 아이들은 그때나 지금이나 아버지 친구가 교사로 있는 학교를 꺼린다. 아마 보성학교의 설립 정신이 좋고 3·1운동의 발상지이기도 한 터라 우현의 마음이 끌렸을 것이다. 학생들의 학력 수준도 높았다.

보성학교는 1906년 이용익(李容翊)이 설립했다. 을사늑약 직후 인재 양성을 통한 구국교육을 표방하며 세운 학교였다. 교명 보성(普成)은 고종황제가 하사했고 '널리 사람다움을 열어 이루게 한다'는 뜻이 담겼다. 이용익이 사망한 뒤 학교를 물려받은 손자 이종호(李宗鎬)가 독립운동을 위해 망명하자 학교는 경영난에 빠져 힘겨워하다 천도교로 넘어갔다. 그런데 천도교가 3·1운동을 주도한 데다가 학교 구내에 있던 보성사 인쇄소에서 독립선언서를 찍었고, 학교장 최린이 최고 주동자로서 감옥에 감으로써 학교는 다시 위기에 빠졌다. 우현이 입학한 시기는 학교 운영권이 조선불교총무원으로 넘어가던 시기였다. 3·1운동을 촉발한 학교인지라 보성고보는 만세시위로 유치장에 갇혀본 우현에게 더 바랄 게 없는 학교였다.

보성고보에서 민족의식을 각성했다는 또 다른 저명한 졸업생의 회고가 있다. 뒷날 정치가로서 명성을 떨친 유진산(柳珍山, 1905~74, 당시 본명 유영필[柳永弼])은 경성고보에서 3·1만세를 모의한 일로 퇴학당하고 보성에 편입했다. 그의 회고를 읽으면 관학인 경성고보와 사학인 보성고보의 분위기가 크게 달랐음을 알 수 있다.

나는 이곳에서 아주 딴 세상맛을 맛보게 된 것이다. 거짓 없는 진실한 사제(師弟)의 정의(情誼), 어딘가 느껴지는 겨레에 대한 핏핏한 느낌, 가슴속에서 용솟음치는 민족적 울분을 한없이 받아들여주는 것 같은 사랑, 마음 한구석에서 헤매던 내 세계를 찾아낸 포근한 안도감, 실로 3년간의 보성 생활이야말로 나의 일생에 가장 중요한 한 토막의 발화기(發花期)였다.*

보성고보는 그렇게 자유분방하고 인정이 있고 민족의식이 강한 곳이었다.

1학년 2학기에 보성고보로 편입해와서 우현과 만점 경쟁을

---

* 보성 80년사 편찬위원회, 『보성 80년사』, 학교법인 동성학원, 1986, 293~294쪽.

벌인 급우가 있었다. 뒷날 조선공산당 거물 지도자로 투쟁하고 광복 후 월북해 북한 정부 고위직에 있다가 처형당한 이강국(李康國, 1906~56)이다. 우현보다 한 살 아래였는데 두뇌가 비상했다. 그는 간첩 혐의를 쓰고 숙청될 때 북한 최고재판소에서 이렇게 진술했다.

저는 1906년 2월 경기도 양주군의 지주 리기대의 2남으로 출생했고, 제가 3세 시에 토지 일부를 팔아 가지고 부친이 서울에 가서 살았고 차츰 파산지경에 이르러 충남 예산을 비롯한 각지의 친척 집에서 생활을 했습니다. 그 후 보성중학교에 편입해 특대 면비생(免費生)으로 공부했습니다. 여기서 민족주의 사상이 배양되고 반일 감정이 폭발하기 시작했습니다.*

우현은 같은 반 이강국과 경쟁하며 우정을 쌓아갔다. 둘이 공동 수석으로 졸업했으니까 우현 역시 면비생(학비 전액 면제 장학생)이었을 것이다.

함께 우등상을 받은 학기 말에 이강국이 우현에게 물었다고 한다.

"넌 뭣하려고 공부하냐?"

"응, 아무것도 할 게 없어 공부나 한다."

---

* 조선민주주의인민공화국 최고재판소,『미제국주의 고용 간첩 박한영, 리승엽 도당의 조선민주주의 인민공화국 정권 전복 음모와 간첩 사건 공판 문헌』, 평양: 국립출판사, 1956, 275~285쪽.

우현은 본능처럼 대답했다고 한다.

두 사람은 성격이 사뭇 달랐다. 카를 융(Carl G. Jung)의 인간형 분류로 말한다면 우현은 내향적 감각형으로, 외적 대상과 거리를 두고 자신의 내면과 정신적 감각에 몰두하는 편이었다. 이강국은 외형적 사고형으로 생각이 외면으로 향하고 사람들을 제 뜻대로 통솔하는 데 전력을 기울이는 편이었다. 그러나 뜨거운 민족애를 가슴속에 품고 있다는 공통점이 있었다. 둘은 목숨을 줘도 아깝지 않을 만큼 진정한 친구가 되었다. 죽는 날까지 우정이 이어졌다. 아니, 죽은 뒤에도 이어졌다. 이강국은 우현과 우정이 깊어진 계기를 뒷날 이렇게 회고했다. 우현이 세상을 떠나고 2년이 지난 1946년 7월 신문에 기고한 2주기 추도사다.

교장 댁의 식객으로 있는 군의 방을 동맹파공(同盟罷工)의 총본부로 삼고 전략을 어린 머리에서 짜내던 그때에 우리의 친교는 그야말로 투쟁을 통해 지기(知己)로 서로 허청(許請)하게 되었다.*

우현과 이강국이 동맹휴학 주동자였다는 것이다. 재학 기간 보성고보에서 3·1운동이나 6·10만세 같은 일본의 통치에 저항하는 맹휴는 일어나지 않았다. 우현은 3·1운동 태극기 만세 사건 전력 때문에 일제에 저항하는 동맹휴학에 앞장설 수 없는 처지였다.

---

* 이강국, 「고유섭 군의 2주기」, 『현대일보』, 1946. 7. 12.

당시 보성고보는 걸핏하면 동맹휴학이 일어났다. 우현과 이강국이 2학년이던 1921년 11월, 무능한 일본인 교사를 배척하는 2학년생들의 동맹휴학이 발생했다.

부내(府內) 수송동 보성고등보통학교에서는 재작(再昨) 이십이일에 이학년생이 물리학을 배우는 시간에 그 선생 심전희조(深田喜助) 씨는 교수 방법이 불완전하니까 선생을 갈아달라는 요구를 했는데 학교 당국에서는 …그와 같이 무리한 요구를 하는 학생들에게 대해 심전 선생은 학교에서 상당한 인재를 택해 신임한 것인데 무슨 불평을 말하는가, 만일 그 선생에게 교수를 받기를 싫은 학생들은 학교를 고만두라…*

1922년 2월의 신문 속보를 보면 결국 27명이 퇴학당했다. 우현과 이강국은 우등생이었지만 주모자였기에 처벌 기록이 궁금하다. 하지만 보성고보 학적부가 6·25동란 중에 화재로 소실되어 확인할 수 없다. 이 사건을 통해 전교 1등 경쟁자인 우현과 이강국이 서로 친구가 되자고 의기투합한 것도 흥미롭다.

우현이 보성고보 5년 내내 기차통학을 하지는 않았다는 것도 주목된다. 우등생인 우현이 건강이 안 좋았다거나, 비슷한 이유로 2학년 한때 교장 댁에 기숙했으리라 짐작된다. 그밖에 대부분의 학기를 경인선 기차로 통학한 것은 분명하다.

* 「교사 개체(改替) 요구로 수송동 보성고보생 분규」, 『매일신보』, 1921. 11. 23. 추후 진행 상황은 11월 28일 기사에 있다.

우현이 3학년이던 1922년 6월, 「조선교육령 2차 개정령」에 따라 고보의 수업연한이 4년에서 5년으로 바뀌었다. 5년 과정의 교육과정은 영어가 30단위(5년간 6학기 매주 5시간 수업)로 늘어나고 과학과 사회 과목이 분화되는 등 일본인 중학 과정과 비슷해져 대학 입학이 조금 용이해졌다. 조선인의 상층 이동 기회가 약간 넓어진 것이다. 우현이 졸업한 1925년 3월에 4년제와 5년제 과정의 졸업식을 별도로 연 것을 보면 재학 중에 선택권을 준 듯하다.

우현과 이강국은 영민한 우등생들이었으므로 이런 대화를 나누는 장면을 상상해볼 수 있다.

"유섭아, 일제는 우수한 조선인들을 교묘하게 이용하려고 정책을 바꾸는 듯해. 판사, 검사, 총독부와 금융기관 하위직으로 써먹으려는 거지."

이강국의 말에 우현은 눈을 빛냈다.

"그래, 일본은 장차 만주까지 지배하려 할 거야. 자기들 고급 인력이 모자라니까 조선인 지식인들을 고급 하수인으로 앞세우려는 것 같아. 조선 땅에 대학을 하나 세울 거라는 말이 떠돌지 않나?"

"대학을 나와 최고급 인력이 돼도 너는 일본 통치의 앞잡이 노릇을 하면 안 된다."

"강국아, 네 말이 맞아. 그런데 대학을 나와야 일본에 맞설 수가 있어."

"배워서 왜놈들에게 저항하기로 맹세하나, 고유섭?"

"맹세한다. 너도 맹세하나, 이강국?"

"암! 맹세하고 말고!"

두 사람은 그런 맹세를 하고도 남을 친구 사이였다.

우현과 이강국은 5년 과정을 밟았다. 아마도 경성에 세워질 것이라는 '조선대학교'의 입학을 기대하며 열심히 공부하기로 다짐했을 듯하다.

기차통학생회 문예부

고보에서 대학까지 이어졌던 기차통학은 우현의 문학적 소양을 한껏 높여주었다. 어머니가 쫓겨나고 서모가 들어와 집안 살림을 해나가는 불행한 현실에서 소년 고유섭은 문학으로 감정을 분출했다. 우현이 문학 습작을 쓴 계기는 기차에서의 독서와 경인기차통학생친목회 문예부 멤버들과의 합평이었다.

이 무렵, 경인기차통학생친목회가 활발히 움직이고 있었다. 경성공업전문학교 곽상훈이 우두머리였다. 경남 동래 출신으로 인천에서 미곡 중개업을 하는 큰형 집에 와서 통학했다. 일본인 학생 깡패 십여 명과 맞붙어 싸워 이긴 협객 같은 인물이었다. 인천상업학교 3·1만세시위와 고향 동래의 시위를 주동해 8개월 옥살이를 하고 나왔다. 퇴학당했으나 학교의 특별 배려로 복학했고, 우현이 통학을 시작하던 1920년 통학생친목회를 결성했다. 산하단체로 한용단(韓勇團)을 조직해 인천의 청년들을 포용하고 체육활동을 통해 결속했다. 웃터골 공설운동장(현 제물포고등학교 자리)에서 야구와 축구 게임을 하고 경성과 개성의 청년회팀을 불러 경기했다. 일본인 팀과 시합을 하기도 했다.

곽상훈은 이렇게 회고했다.

젊은 날의 곽상훈(앞). 일제의 신간회 운동 관련 감시 대상 카드.

소년운동을 이끌고 나가는 한편 경인통학생친목회를 만들어 독립운동을 고취했다. 학교에서 나의 복교를 주선해주어서 학교에 나갔지만 일단 졸업한 뒤에도 소년운동과 친목회를 통한 학생운동은 독립운동의 유일한 모체가 되어주기에 충분했다. …합법적으로 일인을 배척하자는 운동을 대중운동으로 전환할 계획으로 인천에 '한용단'(韓勇團)이라는 야구팀을 조직했다.*

한용단은 당대 인천 청년들의 저항심을 상징한다. 3·1만세 직후 울분을 토하는 저항과 결속의 수단이었다. 한용단은 몇 해 뒤 '한용청년단'으로 개칭하고 단장도 세브란스 의전 출신 라시

* 곽상훈, 「삼연 회고록 역사의 탁류를 헤치고 4」, 『세대』, 1972. 6, 211~215쪽.

젊은 날의 고일. 민족운동으로 체포된 모습이다.

극(羅時極)이 물려받았다.

　우현이 웃터골 운동장에서 선수로 뛰었다는 증언은 없다. 운동선수로 나설 체질이 아니었다. 손뼉을 치며 응원이나 했을 것이다. 그러나 이미 만세운동으로 유치장에 갇혔던 전력이 있는데다 두목 격인 곽상훈도 그랬으니 민족의식은 통학생친목회와 한용단을 통해 더 커졌을 것이다.

　고일의 회고 글에 당시 통학생회 회원들의 면면이 보인다.

　　그(고유섭)는 보성고등보통학교에, 나는 양정고보에 재학 시 경인기차통학생으로 매일 상봉하는 학우였다. 경인기차통학생 중에 당시 전후배(前後輩)의 연령 차는 있지만 전 국회의장 곽상훈(郭尙勳) 씨를 비롯해서 현존한 저명인사 중에는 배재의 갈홍기(葛弘基) 전 공보실장, 서정익(徐廷翼) 현 동방(東紡)사장, 최영업(崔榮業) 전 인천한용단 투수 제씨와, 그 외에 통학생으로 차태열(車兌悅) 전 시의회 부의장, 장광순(張光淳) 경기중학교 제씨가 기억되고, 물고(物故)한 인물 중에는 고유섭(高裕燮) 군을 비롯해서 중앙고보의 박칠복(朴七福) 전 한용단 포수, 극작가 진우촌(秦雨村) 배재, 노풍(蘆風) 정수영(鄭壽榮) 선린상업 전 숭전(崇傳) 교수이자 시인, 윤대석(尹大錫) 배재 전 영화여자 교사, 조준상(曺埈常) YMCA 운동가, 손계언(孫啓彦) 보성고보 언론인 등등 50명이 되는 남자통학생과 단 두 명의 여자통학생 서은주(徐銀珠) 인천 감리 서상집(徐相濮) 씨 말녀(末女)가 여자고보에 다녔으며 이도라(李道羅) 양이 이화여고에, 추후 5·10선거에서 홍일점으로 입후보한 이화의 이순희(李順熙) 양이 있었다.*

고일의 글에 여학생들 이름이 있으나 뒷날 우현의 아내가 된 경성여고보 이점옥이 빠졌다. 우현과 인연이 될 뻔한 송림동 최보배(崔寶培), 똑똑하고 잘생긴 치과의전 학생과 연애해 인천의 전설이 된 인천양조장 집 딸 최정순(崔貞順), 성악 재능이 빛났던 동덕여고보 김복희(金福姬)도 빠졌다. 이점옥과 최보배는 부잣집 딸들이니 몇 학기는 기숙사나 하숙, 자취에 들었을 수도 있다.

그때 기차 사정은 어떠했을까? 당시 통학생이던 신태범(愼兌範, 1912~2001) 박사는 이렇게 회고했다. 그는 경기중학교와 경성제대 의학과를 통학했다. 우현보다 7년 어린 후배였다.

---

* 고일, 「우현 고유섭 군을 추모한다」, 『인천신문』, 1962. 11. 17.

경성역까지 소요 시간은 55분이었다. 아침 6시부터 밤 10시까지 18회를 운영하고 있었다. 찻삯은 어른이 55전이었는데 통학패스는 1월권이 2원, 3월권이 4원 50전, 6월권이 6원이었으니 학생에게는 많은 특혜를 주고 있던 셈이다. 인구도 적었고 찻삯이 물가에 비해 비싼 편이어서 차가 붐비는 일은 드물었다. 그리고 객차는 의자가 넓고 등받이가 높아서 차분한 독서실이나 담화실 같은 여유를 가지고 있었다. 승차 시에는 남학생은 앞칸 여학생은 맨 뒤칸이란 불문율이 있었다. 남학생들은 학교별로 적당한 자리를 잡는 거의 통례였다.*

통학생회에 문예부가 있었다. 우현은 여기 속해 습작을 썼다. 그 멤버였던 고일은 이렇게 회고했다.

인천에 있어서의 문화운동사의 제1페이지는 '경인기차통학생 친목회' 문예부에서 발단했다. 한용단의 어머니 격인 친목회는 인천 문학청년의 아들로 탄생했으나 운동경기를 외피(外皮)로 한 그 핵심은 민족해방정신을 내포(內包)한 문학운동으로 전개했었다. 독립정신을 바탕으로 한 민족문화운동을 펼쳤다. 정노풍(鄭蘆風)·고유섭(高裕燮)·이상태(李相泰)·진종혁(秦宗爀)·임영균(林榮均)·조진만(趙鎭滿) 필자 외 문학 동호인은 습작이나마 등사판 간행물을 발행했었고…**

* 신태범, 『인천 한세기』, 도서출판 한송, 1996, 153~154쪽.
** 고일, 『인천석금』, 주간인천사, 1955, 72~73쪽.

그 앤솔러지는 전설로만 남아 있고 사진조차 전하지 않는다. 멤버들 중 정노풍과 진종혁은 문학과 예술의 길을 갔다.

정노풍은 본명이 정수영(鄭壽榮)으로 1903년 평양에서 출생해, 1920~30년대에 시 쓰기와 평론 활동을 전개했다. 1923년부터 일본 교토(京都)제대에 유학해 경제학을 전공했다. 프롤레타리아 문학과 민족주의 문학이 논쟁할 때 양쪽을 아우르는 절충주의로 이름을 알렸다. 1928년 1월 14일 『중외일보』에 기고한 시「통곡성」(痛哭聲)에는 "소달구지의 감탕 길에서 허덕이는 괴롬과 같이 수레바퀴에 꺾이는 견디기 어려운 고역" 등의 표현에 계급주의 색채가 강렬하다. 같은 신문 3월 25일 자에 기고한 「오오, 새로운 민중의 애인아」는 총독부 검열로 끌질을 당해 제목만 남고 본문 전체가 지워진 자취를 국립중앙도서관에서 찾아볼 수 있다. 활판인쇄 시대에는 식자(植字)를 하고 두꺼운 종이를 놓고 눌러서 지형(紙型)을 뜬 다음 거기에 납을 부어 연판(鉛版)을 떠서 인쇄기에 실었는데 검열에 걸려 연판을 끌로 깎아내어 지운 흔적이다.

정노풍이 위의 시들을 발표한 것은 도쿄제대에 유학하고 와서 평양 숭실전문에서 교편을 잡고 있을 때였다. 경성제대 본과 2학년이던 우현과 만났다면 자신의 프롤레타리아 경향의 시에 대해 어떻게 말했는지, 함께 고뇌하며 술잔이라도 나누었을지 궁금하다. 우현이 사회주의에 동조했는데 그런 경향의 문학작품을 남기지 않아서 그렇다. 정노풍은 시집 『애(愛)의 승리(勝利)』를 남겼다. 광복 후에는 우현의 숙부 고주철이 경영한 『대중일보』에 시를 기고하기도 했다. 정노풍이 문학의 길을 걸은 것은 우현과 함께한 경인기차통학생회 문예부의 영향이었다.

진종혁(1904~69)의 필명은 진우촌(秦雨村)이었다. 배재고보에 통학하며 습작을 썼다. 졸업 후 강화에서 교사로 일하다가 1923년 『동아일보』에 희곡 「개혁」이 당선되어 문학과 연극의 길을 걸었다. 1926년 인천의 문학 연구 모임인 유성회(流聲會)와 '습작시대' 동인에 참여하고 연극단체 칠면구락부도 이끌었다.* 6·25동란 중에 납북되어 북한에서 사망했다.

임영균(1904~66)은 내리교회 선교사들이 세운 영화학교를 나왔다. 3·1운동 때는 통신망을 절단했다는 죄명으로 1년여 옥고를 치렀다.** 집이 가난해서 경성의 YMCA 중학부를 다녔으나 영민해 경성치과전문학교에 입학해 기차통학을 했다. 인천 양조업계의 거두 최병두(崔炳斗)의 무남독녀 최정순과 통학시절 연애하고 결혼한 일은 전설이 되었다. 최정순은 동덕여고보 졸업 후 여성단체인 근우회(槿友會) 인천지회를 이끌었다. 임영균은 처가인 우각리 인천양조장 2층에 인천 첫 치과병원을 열었다. 연극단체 칠면구락부에 참여했으며 1950년대에는 『주간인천』과 『경기매일』을 창간했다.

조진만은 경성법전 통학 시절에 문예부 멤버들과 교유했다. 경성고보에 입학하자마자 3·1만세로 퇴학당한 덕(?)에 검정고시를 치러 경성고보 동창들보다 2년 먼저 경성법전에 간 수재

---

* 이희환, 「근대문예운동의 발흥과 실험적 극작가의 궤적, 진우촌론」, 『황해문화』 제29권, 새얼문화재단, 2000, 262~285쪽 참조.
** 경인일보 특별취재팀, 『인천의 인물 100인』, 다인아트, 2009, 363쪽.

였다. 1923년 1회로 졸업하고 1925년 조선인 최초로 고등문관 시험 사법과에 합격해 판사로 임용되었다. 뒷날 대법원장을 지냈다. 우현은 이런 쟁쟁한 인물들과 통학하며 우정을 쌓고 문학적 역량을 키워갔다.

위의 고일의 글에 이름이 나온 분들은 대부분 명사(名士)가 되어 살았지만 아무도 고단한 통학 생활을 사실적인 글로 써서 남기지 않았다. 동덕여고보 4학년생이던 김복희의 글이 남아 있을 뿐이다.

새벽밥을 채 다 먹지도 못하고 숟가락을 내던지고 뛰어가서도 단 십여 걸음이 부족해 기차만 출발하는 것을 볼 때에 나같이 나이 어린 여자는 의례히 책보를 안고 울었습니다. 기차를 놓치고 경성에서는 첫 시간 출석을 부르는데 인천 정거장에 서 있는 안타까운 설움, 그것이 기차통학생의 제일 첫째의 설움입니다.

…기차통학생 하면 누구의 딸, 누구의 아들 모두 짐작합니다. 결혼하게 되면 기차통학생 중에 많이 됩니다. 자유결혼이 아니고 중매 놓아 한 결혼이라도 신랑 신부가 만나서 보면 한 기차 타고 다니던 사람인 것을 알게 됩니다.

…기차통학에서 가장 괴로운 일은 시간 맞추기요, 그다음에 딱한 일은 여름 장마 때나 혹은 기차 고장이 생길 때입니다. 학교에서는 시험을 볼 때인 고로 며칠 밤을 새워서 준비를 잘해가지고 정거장으로 가면 장마로 철로가 상해서 기차가 못 간다 합니다. 그런 때는 정거장에서 수많은 학생이 야단을 합니다. 여학생은 큰 학생이라도 발을 구르며 웁니다. …나는 자다가 꿈을 꾸면

의례히 정거장으로 뛰어가다가 기차를 놓치고 우는 꿈을 꾸면서 살았습니다.[*]

생생한 묘사가 있어 그때의 정황을 눈앞에서 보듯 알 수 있다. 기차통학생끼리 결혼한 대표적인 부부가 경성제대의 우현과 경성여고보의 이점옥, 경성치의전 임영균과 동덕여고보 최정순이다. 우현과 이점옥은 임영균·최정순처럼 연애한 전설이 없다. 백 퍼센트 연애 결혼은 아닌 듯하다.

한 시간쯤 걸리는 기차 안에서 문예부 멤버들은 습작한 시나 짧은 산문을 서로 보여주고 때로는 한데 모여 합평회를 열어 '우정비평'을 했다. 열성을 다해 친구의 작품을 평가하되 기를 죽여서 좌절하게 만들지 않고 격려하기를 더 중시하는 우정 어린 비평이었다. 함께 문학적 역량이 발전하는 최고의 방법이었다.

우현은 기차 칸에서 학교 성적을 올리기 위한 공부 따위는 하지 않았다. 소설을 읽고 시를 썼다. 늘 책가방에 시집과 소설책 그리고 습작시를 쓰는 연습장을 넣고 다녔다. 그는 뒷날 이런 일을 회고했다.

---

[*] 김복희, 「기차통학」, 『별곤건』 제6호, 1927. 4. 1. 김복희는 인천부 금곡리 김학윤(金學允)의 딸로서 동덕여고보에 다녔다. 1923년 10월 인천 내리교회 음악회에서 독창을 해 박수갈채를 받았고, 1926년 2월 「신춘악계 숨은 재원, 미묘한 고음 수재」 제목으로 『동아일보』와 인터뷰했다(1923. 10. 22 및 1926. 2. 2). 여학교 졸업 후 생애는 알려지지 않았다.

16~17년 전 중학에 처음 입학되던 해 차 속에서 매일같이 읽던 톨스토이의 『은둔』이라는 소설의 기억이다. 그때 어느 상급학교에 다니던 연장(年長)이던 통학생은 내가 조그만 일개 중학 1년생으로 이런 문학소설을 읽고 있는 것이 매우 건방져 보였던지 부랑스러이 보였던지도 모르나 그것을 읽어 아느냐는 물음을 받던 생각이 지금도 난다. 지금 생각하니 도키 아이카(土岐哀果)가 번역한 단행본이었고, 그때 얼마 아니 되어 그 책은 어느 친구에게 빼앗기고 말았다.

31세 때 발표한 수필 「정적(靜寂)한 신(神)의 세계」에 있는 내용이다. 『은둔』은 소설집 이름이고 우현이 말하는 작품은 단편소설 「신부 세르게이」다. 나이 많은 전문학교 학생은 '그 소설이 육체적 욕망을 이기지 못하는 건강한 남자의 갈등을 주제로 잡았는데 네가 이해할 수 있느냐?'라는 뜻으로 물었던 것이다.

이 이야기는 우현이 뒷날 다른 글에서도 썼다.

글이 학생 잡지에 실리다

보성은 문인의 산실이었다. 4회 염상섭(廉想涉, 1897~1963), 10회 현진건(玄鎭健, 1900~43)이 선배였다. 우현이 16회로 재학하던 무렵에도 장차 한국문학의 대가가 될 문학청년들이 성장하고 있었다. 마해송(馬海松, 1905~66)이 중앙고보에서 편입해왔다가 그해 겨울 일본으로 유학 떠났다. 우현이 동급생이었던 듯하다.

임화(林和, 1908~53, 본명 임인식[林仁植])가 17회로서 우현보다 한 해 늦게 입학하고 1924년 『동아일보』에 시를 발표해 명성을 떨치다 중퇴했다. 이상(李箱, 1910~37, 본명 김해경[金海卿])도 1년 아래 17회였다. 불교재단의 동광학교에 다니다가 보성이 불교재단에 넘어가면서 통합 편입되었다. 그밖에 시인 김기림(金起林), 평론가 이헌구(李憲球)·김환태(金煥泰) 등이 우현의 한두 해 후배들이다.

3학년이던 1922년 7월, 우현이 쓴 원족(遠足, 소풍) 기행문이 학생 잡지 『학생계』에 실렸다. 새벽에 두 친구와 잠을 깨어 학교로 갔고 전교생이 함께 행진해 동구릉에 도착해서 늦은 봄 풍광과 홍문(紅門)과 능을 보며 인생무상을 느끼는 감상(感傷)을 유려한 문체로 쓴 수작이다. 활자화되어 남아 있는 우현의 첫 글이다.

동구릉원족여행기
보성고등보통학교 생도 고유섭

4월달도 다 지난 29일 토요(土曜)이었다. 꼬기요 닭의 새벽을 고하는 소리에 놀라 깬 나는 아무 정신 없이 앉았다. 온 세상은 아직도 적적하다. 암흑막(暗黑幕)을 깨고 달려가는 전차 소리만 부웅 할 뿐 선선한 바람은 찢어진 문틈으로 들어오고 안에서는 우리의 먹고 갈 음식을 준비하느라고 그릇 닦는 소리 덜그럭한다. 전등불은 아직 나가지 않고 적적하게 책상 위에 놓여 있는 면포(緬包) 덩어리만 비칠 뿐이다. 담벼락에는 어젯밤 뗀 일력(日曆)이 퍼렇게 토요일이라는 것을 표시하고 그 밑에 붉은빛이 나타난다. 나는 한참 정신 없이 앉았다. 그 동시에 나의 옆에서 자던

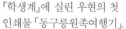

『학생계』에 실린 우현의 첫
인쇄물 「동구릉원족여행기」.

보성고보 시절의 우현(오른쪽).
열화당 제공.

C, P 양군(兩君)도 깨었다.

…청량리에 도착했다. 살찌고 기름지고 한껏 늘어진 버들 줄
기는 양편으로 기다란 발[簾]을 만들었고 나무와 나무 사이에는
자연을 구가하는 새, 춤추며 노래하는데 시냇물은 이에 화답하
여 졸졸졸졸 자연의 곡조를 이루었다. 우리도 사람, 아니 자연을
구가하는 자이거든 어찌 이러한 자연의 동산을 애석(愛惜)치 않
으랴. …모든 것이 속살거린다. 과거의 그 무슨 이야기를… 그러
나 가련한 우리 인생은 그 무엇이라고 하는지 하나도 알아들을
수 없었다.*

* 고유섭, 「동구릉원족여행기」, 『학생계』 제15호, 1922. 7, 부록 30~31
쪽.

어떤 급우의 집에서 다른 급우 둘과 함께 하룻저녁 묵고 학교에 집결했다가 소풍을 갔다. 졸업사진에 붙은 주소록을 보면, 학교 가까이 살던 사람은 다섯 명이다. 사직동 65번지에 살던 이강국의 집이 유력하다.

100년 전에 처음 우현의 글을 실어준 『학생계』는 1920년 7월에 창간해서 1922년 11월에 당국의 검열로 폐간했다. 발행인은 오천석(吳天錫)이었다. 현상문예 제도를 상설해 청년 학생들의 문학에 대한 열망을 흡수했다. 입상작은 넉넉한 상금을 지급했다. 김소월(金素月)·김상용(金尙鎔)·계용묵(桂鎔默)·설의식(薛義植) 등이 당선 또는 선외 가작으로 상을 받았다.* 우현의 작품을 실은 지면은 현상문예와 별도로 투고를 받아 우수작을 뽑아 묶은 부록이다. 그것도 대단한 것이었다.

『보성 80년사』에 이 당시의 문예반이나 교지(校誌) 발간 기록은 없다. 스승들은 시·소설 창작이나 문장력 지도보다는 함량 높은 인문학적·예술적 소양을 만들어주었고 재능 있는 학생들은 혼자 글을 쓴 것으로 보인다.

---

* 박지영, 「잡지 『학생계』 연구」, 『상허학보』 제20집, 상허학회, 2007, 127쪽.

조국의 미술사에 눈돌리다

보성의 스승들

우현 고유섭을 그렇게 성장시킨 보성의 스승들은 누구일까? 그 당시 교장은 정대현(鄭大鉉)이었다. 관립한성일어학교를 졸업하고 그 학교 교관을 지내다 도쿄고등사범학교에서 유학했다. 한때 우현을 자신의 집에 기숙시킨 것을 보면 몹시 아꼈던 것으로 보인다.

교감인 최명환(崔鳴煥)은 박물(博物)과 화학 담당이자 우현의 아버지 고주연의 옛 친구였다. 1906년 함께 황실유학생 보결로 뽑혀 도쿄부립제1중에 편입했고 도쿄고등사범학교를 다녔다. 1907년 『대한유학생회보』에 「화학문답」을 기고했고 1914년에는 『최근식물학』이라는 교과서를 저술한 실력파였다.

해원(海圓) 황의돈(黃義敦, 1890~1964)은 조선어 작문과 한문 그리고 역사를 지도했다. 충남 서천의 유림 가문 출신으로 매천(梅泉) 황현(黃玹)과 친족이었다. 황의돈은 북간도 명동(明東)으로 가서 명동학교 교사를 하고, 도산(島山) 안창호(安昌浩)가 설립한 평양의 대성학교에서 조선사를 가르쳤다. 그 후 경성 휘문의숙에 몸담았는데 1917년 YMCA 강당에서 조선역사 강연을 한 죄로 일본 경찰에 체포되고 파면당했다. 그는 우현이 입

해원 황의돈.
애국적인 역사학자로서 보성고보에서
조선어 작문과 조선사를 가르쳤다.

학하던 1920년부터 보성 교단에 섰으며『중등 조선역사』교과
서를 집필했다.

『보성 80년사』는 그의 풍모를 이렇게 기록했다.

선생은 언제나 더벅머리에 빗질도 한번 하지 않은 듯하고 또한
세수도 하지 아니한 것처럼 우중충한 얼굴에 평생에 그러한 한
복차림인데, 보는 사람으로 하여금 월급으로 책을 다 사서 살림
이 궁핍한 선비 학자처럼 인식하게 된다. 교실에 들어오시면 교
단에 올라가서 설 생각은 아예 없으시고 교실에 공석(空席)으로
있는 생도의 책상에 좌정하시고 양다리는 걸상에 올려놓는다.
조선근대사를 사랑방에서 이야기하듯이 시작하는데 그 자세함
은 실로 극에 달하여 요즘에 기록영화를 보는 듯하다. 강의를 하
는 동안에 바지의 대님을 풀어서 고쳐 매는데 양쪽을 번갈아서

다시 매면은 한 시간의 강의가 맞게 끝이 난다.[*]

황의돈이 제자들의 정신에 민족혼을 불어넣었다. 그가 저술한 『중등 조선역사』가 당시 보성의 교재였을 것이다. 1917년 YMCA 강연사건이나 위의 『보성 80년사』 기록을 통해 그의 역사교육 방향을 짐작할 수 있다. 하야시 다이스케(林泰輔) 등 일본인 학자들이 기획한 타율성론이나 정체성론으로 대표되는 식민사관을 따르지 않았을 것이다.

"우리 조선은 늘 중국의 지배를 받았으므로 독자적 문화를 갖지 못해 타율적이고 오랜 기간 내적 발전이 없이 정체되었다는 그따위 헛소리는 믿지 마라. 우리한테 열등감 느끼게 하고 식민지배를 쉽게 하려고 조작한 것이다"라고 대놓고 말하지는 않았다 해도 학생들은 깨달았을 것이다. 황의돈은 조선어 문학도 가르쳤으니 특히 발군(拔群)의 문장력을 가진 우현이 총애를 받았을 것이다.

춘곡(春谷) 고희동(高羲東, 1886~1965)이 도화(圖畵, 미술)를 담당했다. 우현과 같은 제주고씨의 역관 가문 출신으로 높은 관직에 올랐던 거물이었다. 조부인 고진풍(高鎭風)은 청국어, 일어 역관을 거쳐 관찰사와 탁지부 대신을 지냈다. 부친 고영철(高永喆)은 청국어와 영어 역관으로 1883년, 보빙사(報聘使)의 일원으로 미국에 파견되기도 했다.

고희동은 1904년 국립법어학교를 졸업하고 관직에 오른 뒤

---

[*] 『보성 80년사』, 439쪽.

고희동의 「부채를 든 자화상」은
한국에 현존하는 가장 오래된
유화다. 고희동은 보성고보에서
도화(미술)를 가르쳤다.

1908년 주임관(奏任官) 4등에 올랐다. 망국이 목전에 닥치자
술에 빠져 살다 도일해 조선인 최초로 도쿄미술학교를 나왔
다. 1910년 나라가 망하자 휴학하고 돌아왔다. 이도영(李道榮,
1884~1934)과 더불어 저명한 서예가 위창(葦滄) 오세창(吳世
昌, 1864~1953)을 스승으로 모시고 도봉산 망월사에서 은둔하
기도 했으며, 이도영과 금강산을 40일간 도보로 여행하기도 했
다. 그 후, 심전(心田) 안중식(安中植, 1861~1919)의 문하에서
동양화를 익혔으며 다시 도쿄미술학교로 돌아가 서양화를 공부
했다. 1918년, 조선서화협회 창립을 주도하고 간사가 되었다.

  육당 최남선의 요청으로 그린 1914년 『청춘』 창간호의 표지
화, 『동아일보』 1920년 4월 창간호의 천인(天人) 둘이 양쪽에서
날개를 접은 창간사 삽화를 그려 유명했으므로 우현은 이미 고

희동의 명성을 들었을 것이다. 그가 우현을 가르친 것은 35세 때, 뒷날 한국에 현존하는 가장 오래된 유화이자 명작이 된 「부채를 든 자화상」을 그린 지 5년 후였다. 그는 1922년 제2회 서화협회전시회(협전)를 보성고보 강당과 교실로 유치했고 7회까지 이어 갔다. 1922년 첫 전시 때는 교실 여섯 개를 꾸며 1~2번 전시실에는 조선 역대 유명 서화들을, 3~5번 전시실에는 당대 작가들의 작품을, 6번 전시실에는 신구(新舊)의 서예 작품들을 진열해 먹 향기가 가득했다고 한다. 3일간 전시에 3,400여 명이 관람했다고 한다.*

3월 하순, 봄방학으로 수업이 없을 때 협전이 열렸지만 고희동이 학생들을 소집해서, 전시된 고서화와 회화 작품 들에 대해 해설했으리라 쉽게 상상할 수 있다. 우현은 1925년 4월에 졸업했으니 네 번의 협전을 학교에서 볼 수 있었다.

당시 신문을 찾아보면 1923년의 3회 전시회 기사가 상세하다.

서화협회의 제3회 전람회는 30일 오전 10시부터 부내 수송동 보성고등보통학교 안에서 열렸는데 …처음날부터 매우 성황을 이루는 중인데 출품점수는 132점으로 작년에 비해 증가했고 기교(技巧)한 것도 해마다 진보해 조선 미술계의 향상된 것을 말하더라. 관재(貫齋) 이도영(李道榮) 씨의 화조도(花鳥圖) 12폭을 필두로 여러 신진 화가의 우수한 것이 많고 고서화 중 단원 김홍도 선생의 취적선인도(吹笛仙人圖)와 추사 김정희 선생의 서폭이 가장

*『보성 80년사』, 287~288쪽.

위창 오세창.
3·1운동 33인이자
저명한 서화가로서 우현을
소중히 여겼다.

이채(異彩)를 보이는 가운데 대원왕(大院王)의 난초와 장오원(張
吾園, 장승업)의 그림도 새에 끼어 혹은 섬려(纖麗, 가냘프고 아름
다움)하며 혹은 기초(奇峭, 기이하고 가파름)해 유아한 운취(韻趣)
가 속인(俗人)의 장위(腸胃)를 세척한 듯이 청흥(淸興)이 일당에
가득하더라.

서화협회 간사 춘곡 고희동 씨는 "우리가 전람회를 연 것이 3회
가 됩니다. 다소의 진보와 향상이 된 것은 사실이요 …심력을 아
끼지 아니하고 힘을 쓸 작정이올시다. …더욱 후원을 해주시기를
바랍니다" 하더라.[*]

3·1운동 33인으로서 감옥에 갇혔다가 가출옥한 위창 오세창

---

[*] 「미술 정화를 일당에」, 『매일신보』, 1923. 4. 1.

이 1922년의 2회부터 계속 출품했다고 한다. 가출옥한 '33인'의 작품이라서 친일 매체인 『매일신보』가 기사에서 뺀 듯하다.

춘곡 고희동은 자신을 따르는 제자들 여남은 명을 이끌고 전시장을 꾸몄을 것이다. 협전을 며칠 앞둔 날 수업시간에 아마도 서화사(書畫史)를 언급했을 것이고, 자신의 스승 격이자 시회(詩會) 동인인 위창에 관해 설명하고, 위창의 저술인 『근역화휘』(槿域畵彙), 『근역서휘』(槿域書彙), 『근역서화사』(槿域書畫史)를 소개했을 가능성이 크다.

"위창 선생님은 오경석 선생 아드님이다. 16세에 역관이 되고 통상국장까지 올랐다. 3·1운동 33인 중 한 분으로 지난해 감옥에서 나오셨다. 내 스승이시니 너희는 옷깃 여미고 작품을 감상해라."

고희동은 이렇게 말했을 것이다. 오세창은 이 무렵 고희동을 시회 동인으로 끌어들였다. 동인 시회첩인 1925년의 『한동아집첩』(漢洞雅集帖)이 전한다. 고희동이 보성의 제자들에게 기대하고 있었다면 그해 초에 열었던 시회의 서첩(書帖)을 보여주었을 것이다. 3·1운동 만세시위에 나섰었고 고미술에 관심이 큰 우현으로서는 오세창의 글씨만 보고도 가슴이 벅찼을 것이다.

『근역서화사』는 뒷날 명저가 된 『근역서화징』(槿域書畵徵)의 전신(前身)이다. 신라의 솔거(率居)로부터 시작해 구한말의 임진수(林鎭洙)까지 서화가 1,000여 명에 대한 기록을 문헌에서 뽑아 쓴 필사본으로서 미술 인명사전이자 민족적·주체적 자각을 담은 서화사였다.

우리는 춘곡의 정신 내면을 상상할 수 있다. 약관의 나이에 출세의 길을 달렸다가 망국으로 파탄난 뒤 간신히 미술로 방향을 돌려 한을 풀어냈을 것이다. 제자들에게 체념하고 일제에 굴종하는 모습을 보여주지는 않았을 것이다. 대놓고 말하지는 못하더라도 빳빳하게 기개가 살아 민족의식을 느끼게 했을 것이다.

그는 제자들을 소집해 협전의 전체 관람을 시켰을 것이다. 전시장에는 아마도 『근역서화사』를 연재하던 『서화협회보』가 놓여 있었을 것이다. 춘곡이 학생들에게 작품을 해설하다가 우현을 불러 세웠을 만하다. 한문을 잘 읽고 미술사에 관심이 많음을 알았을 테니까.

"네가 겸재(謙齋) 정선(鄭敾)을 읽고 풀이해보아라."

우현은 『서화협회보』에 실린 『근역서화사』의 '겸재 정선' 부분을 펼쳐 어려운 한문을 침착하게 풀어나갔을 것이다.

춘곡은 우현이 영민한 데다 같은 제주고씨여서 각별히 여겼을 수도 있다. 그렇지 않았다 해도, 협전은 우현이 보성고보에 재학하는 동안 매년 열렸으니 그 덕분에 우현은 미술사의 안목을 갖추고 그 흐름을 파악했을 것이다.

7년 후인 1931년, 경성제대 미학연구실 조수로 있던 우현은 휘문고보에서 열린 제11회 협전 출품 작품들에 대한 평론을 『동아일보』에 「협전관평」(協展觀評)이라는 제목으로 연재했다. 소설 같은 대화체로 꾸민 문장이 인상적이고, 감히 스승 춘곡과 스승의 스승 위창의 작품을 비평한 것은 더 인상적인데, 그가 협전을 감상하기 시작한 것은 바로 이 무렵 보성고보 시절이었다.

우현이 보성고보 3학년이던 1922년 의재(毅齋) 허백련(許百

鍊, 1891~1977)의 개인전이 보성고보에서 열렸다. 4학년 때인 1923년 가을에는 주목받는 신예작가이던 청전(靑田) 이상범(李象範, 1897~1972)과 보성고보 출신인 심산(心汕) 노수현(盧壽鉉, 1899~1978)의 합동 개인전이 보성에서 열렸다. 두 번의 특별전도 춘곡이 유치한 것이었다. 우현은 그의 영향으로 고미술과 현대미술에 대한 감상의 눈을 갖추었고 그것이 미술사가로 성장하는 바탕이 되었다.

한편, 1922년부터 조선총독부가 주도하는 조선미술전람회도 매년 열리고 있었다. 도쿄의 제국미술전람회를 본뜬 것으로서, 약칭해서 '선전'(鮮展)이라 불렸으며 공모전 형식을 띠고 있었다. 이른바 '문화정치'를 표방하며 조선의 예술발전을 위한다고 했으나 협전을 약화시키고 우위를 차지하려는 목적임이 빤히 보였다.

우현이 보성고보 5학년이던 1924년 선전(鮮展) 관련 기사를 보면 고희동이 나혜석(羅蕙錫, 1896~1948)과 함께 서양화 4등에 올랐다. 동양화에는 2등 이한복(李漢福), 3등 이당(以堂) 김은호(金殷鎬, 1892~1979), 4등 변관식(卞寬植) 등이 입상자로 올랐다. 우현이 벗들과 어울려 전시장에 가서 스승인 춘곡의 작품 「습작」(習作), 인천 출신 김은호의 「부활 후」(復活後), 학교에서 특별전을 열었던 의재 허백련과 청전 이상범, 심산 노수현의 입상작 등을 감상했으리라 짐작할 수 있다.

서양사 담당 유병민(劉秉敏)은 1904년 파송 황실유학생 출신인데 동맹휴업에서 퇴학당하지 않고 도쿄부립제1중을 끝까지 다녔다. 보결 편입한 고주연과 함께 공부하고 도쿄고등사범학교에 진학했다. 그는 보성 제자들에게 민족혼을 일깨운 스승으로 기억되었다. 유진산은 이렇게 회고했다.

유병민 선생님은 서양사를 담당하셨던 분이다. 그러나 그분은 서양사 교수(教授)는 형식적인 데 그쳤고 기회를 엿보아 우리에게 조선근세사를 되도록 많이 가르쳐주려고 애쓰신 분이다. 당시 어린 마음에도 유 선생님이 우리에게 조선 말엽의 망국사를 애써 전해주시려는 심정이 눈물겹게 고마웠었다. …제 나라 역사를 마음 놓고 가르치고 배울 자유가 없었던 우리들은 유 선생님의 이러한 노력에 대해 감읍(感泣)하지 않을 수 없었다. 우리에게 어떤 각오를 촉구하시는 것같이 타이르시는 것이었다.*

우현은 황의돈에게서처럼 유병민에게서도 왜곡되지 않은 조국의 역사를 배우고 민족의식의 깨달음을 얻었을 것이다.

이상준(李尙俊, 1884~1948)이 음악을 지도했다. 그는 경성 정동의 피어슨성경학교에서 풍금을 배우며 작곡을 독학했고, 전통가곡을 서양 음계로 잡아 오선지에 채보한 선구자였다.

"구름에 솟은 삼각의 뫼의 높음이 우리의 이상(理想)이요 하늘로 오는 한강의 물의 깊음이 우리의 뜻이로다."

이렇게 시작되는 보성고보의 교가로 춘원 이광수가 지은 가사에 곡을 붙인 것도 그였다.

일본인 고마츠사키 긴지로(小松崎金次郎)가 일본어와 일본

---

* 『보성 80년사』, 297~298쪽.

식 한문을 가르쳤다. 도쿄고등사범학교 출신으로 학생들의 존경을 받았다. 3·1운동 때 학감(學監) 자리에 있었는데, 만세시위에 앞장선 일로 체포된 제자 조용욱(趙庸郁)의 「성행(性行) 보고서」를 '의외의 행동' '온순한 학생'이라고 써서 선처를 호소한 데다가, 3·1운동으로 인해 보성고보가 폐교 위기에 처하자 앞장서 살려냈다.*

훌륭한 스승 밑에서 훌륭한 제자가 나온다. 인간은 교육을 통해서 그 가능성을 확대하고 실현할 힘을 얻는 것이다. 우현이 보성에서 좋은 스승들을 만난 것은 큰 행운이었다.

인천은 개항장으로서 서구문물을 받아들이는 창구였다. 근대예술로는 협률사−축항사−애관으로 이어진 극장이 있어서 연극이 가장 빨랐다. 1910년대에는 「육혈포 강도」 등 신파 연극을 공연했다. 일본인 거류지역에 객석 1,000석의 가부키좌(歌舞伎座)가 있었는데 가끔은 일본 신파극이 아닌 조선의 연극도 공연했다. 표관(瓢館)이라는 활동사진 극장도 우현의 집이 있는 용리에서 멀지 않은 데 있었다.

음악 장르의 양악은 1919년 10월, 개신교 내리교회에서 김영환(金永煥)과 홍영후(洪永厚, 홍난파의 본명) 등이 연주한 것이 시작이었다.** 1922년 개벽사 주최로 경성에서 내려온 가극 극단의 공연이 열렸다. 인천인의 음악 무대 출연은 앞에서 이야기가 나온, 1923년 내리교회 합창단과 동덕여고보생 김복희였다.

---

* 같은 책, 440쪽.
** 「인천 음악회」, 『매일신보』, 1919. 10. 10.

1926년 1월에는 우현의 친구 진종혁 등 12명이 결성한 민중문학 연구 모임인 인천 유성회(流聲會) 주최로 음악회가 열렸다.*

문학은 1920년 경인기차통학생친목회의 앤솔러지가 첫 시작이었고 위에서 살핀 대로 우현도 중심 멤버였다. 몇 해 뒤의 유성회와 '습작시대' 동인에 그는 참여하지 않았다.

근대미술은 1924년 조선미술전람회에서 3등을 한 김은호의 「부활 후」가 첫 작품이었다. 미술 전시회는 1923년 4월, 개성 출신 황종하(黃宗河) 4형제의 서화 전시가 산수정(山手町) 인천공회당에서 열린 것이 처음이었고, 1924년 3월 김은호와 김용수(金龍洙, 1901~34)의 전시회가 같은 곳에서 열렸다.** 3월 29일 인천 거주 일본인 화가들 하양회(下洋會)의 전시도 열렸다. 고보 학생으로 미술과 미술사에 관심이 많던 우현이 전시장에 토·일요일, 3월 말 봄방학 때 갔으리라 짐작할 수 있다.

우현은 경성에서도 인천에서도 마음만 먹으면 여러 장르의 근대예술을 향유할 수 있었다. 그는 한때 문학에 빠졌고, 미술사를 연구해서 민족의 자존을 되찾고 일본을 극복해야 한다는 염원을 가졌던 것이다. 그러면서도 연극배우에 대한 동경, 다시 문학으로 돌아가고픈 희망을 말년까지 안고 살았다. 죽어서 파

---

* 「유성회 주최의 특별 인천음악대회」, 『조선일보』, 1926. 1. 29; 「금야 인천음악」, 『동아일보』, 1926. 1. 30. 인천유성회는 1925년 12월 창립된 문학과 체육 연구 모임으로 문예지 『유성』(流星)도 발간했다 (「문예지 『유성』」, 『조선일보』, 1926. 3. 12).
** 박석태, 「일제강점기 인천의 전시공간」, 『작가들』, 인천작가회의, 2020, 209~225쪽.

우스트 같은 배우가 되고 싶다고 제자 황수영에게 유언처럼 말했고,* 소설을 쓰고 싶은 욕망을 말년의 일기에 썼다.

경주 수학여행

고미술과 고건축을 바라보는 우현의 안목에 영향을 준 것으로 여러 번의 수학여행을 꼽을 수 있다. 보성고보는 매년 봄, 가을 두 차례 수학여행을 갔다. 우현은 1학년 봄에 개성, 가을에 부여, 2학년 봄은 강화도, 가을은 평양, 3학년 가을에 경주, 4학년 가을에 금강산에 간 것으로 확인된다.

2학년 봄의 강화도 여행 인상의 한 조각이 우현의 글로 남아 있다. 뒷날 「고구려 고도(古都) 국내성(國內城) 유관기」에 이렇게 썼다.

이러한 부족국가의 구도를 모두 찾는다면 한이 없을 것이요 고려의 산도(汕都) 강화는 이십 년 전에 끌려가 본 적이 있으나 기억에 몽롱하다. 우중에 삼랑성에 올라 해산(海山)이 홍호(洪濠)하던 그 장엄한 호기(浩氣)를 선양(善養)하던 기억과 전등사 누(樓)에 올라 '흥겨이 도취(陶醉)'(이곳의 용어가 상투[常套]가 아님을 구태여 허물 마라)하던 기억만이 남아 있다.**

---

* 이 책, 442쪽 및 482쪽.

** 고유섭, 「고구려 고도 국내성 유관기」, 『우현 고유섭 전집』 제9권, 열화당, 2013, 194쪽(이하 『전집』은 열화당에서 출간한 이 책을 가리킨다. 이 전집은 2007년부터 2013년 사이에 열 권으로 출간되었다).

1922년 10월.
우현의 보성고보 3학년 때
경주 수학여행 중 불국사 다보탑에서
(맨 왼쪽). 열화당 제공.

3학년 때인 1922년 가을 경주 여행은 10월 8일 불국사 다보
탑에서 찍은 그룹 사진이, 4학년 가을 금강산 여행은 10월 11일
유점사(楡岾寺)에서 찍은 사진이 남아 있다.

경주 수학여행 인솔 교사 중 해원 황의돈이 있었음이 분명하
다. 경주 여행을 열다섯 번 인솔했다고 회고한 글이 『보성 80년
사』에 있다. 1921년에 쓴 「춘계 수학여행 회고」에 경주 여정이
실려 있다. 1922년에 우현도 그대로 갔을 것이다.

떠나는 당일에 경주에 도착하기는 했으나 일행이 겨우 25인인
데도 불구하고 한데 수용할 만한 큰 여관이 없으므로 계림(鷄林),
월성(月城) 두 여관에 분숙했다. 그리고 이튿날엔 경주군청 소재
지 부근에 있는 고적을 순회해 박물관, 분황사, 안압지, 월성, 계
림, 첨성대, 포석정, 무열왕 비부(碑趺), 김유신 묘 등을 배관하고

불국사의 퇴락된 모습. 동국대 중앙도서관이 소장한 우현의 유고 사진첩.
『조선고적도보』에 수록된 사진을 전사(傳寫)했다.

다음 날엔 불국사, 석굴암, 괘릉(掛陵) 등 예술적 유적을 배관했
다. 그리고 이튿날 대구, 수원 등지를 역람(歷覽)하면서 귀경했다.*

　우현의 동기생은 이 무렵 80명가량이었는데 참가자가 작년
보다는 많았을 것이다. 숙소를 구하느라 북새통을 떨었을 것으
로 추측할 수 있다. 우현이 뒷날 큰 애착을 가졌던 문무대왕릉
앞 이견대는 이때 가지 않은 듯하다. 궁금한 것은 뒷날 한국미
술사 연구의 선구자가 된 우현이 유서 깊은 사찰 불국사와 민
족문화의 정화(精華)로 일컬어지는 석굴암에 대해 어떤 사전

---

*『보성 80년사』, 274쪽.

지식을 습득하고 떠났고 무엇을 보고 어떻게 느꼈는가 하는 것이다.

뒷날 이 나라 최초이자 최고 미술사학자가 된 우현이 문무대왕릉과 더불어 가장 크게 주목한 곳이 석굴암이었다. 석굴암에 대한 세키노 다다시*와 야나기 무네요시의 인식은 1920년대 조선의 학생은 물론 문인과 지식인 들에게도 권위 있는 이론으로 학습되었다. '세계에 자랑할 만한 역사를 가졌지만 지금은 사정이 그렇지 못하다'라는 자조(自嘲)를 갖게 했고 점차 민족적 긍지와 자부심으로 바뀌어갔다.

우현은 세키노보다는 야나기에 관심이 컸을 것이다. 세키노가 학술논문 중심인 데 비해 야나기는 강연이나 신문 글을 써서 주장을 펴는 인물이었다. 그는 이때 일곱 번째 조선반도 방문길에 올라 경성에 머무르고 있었다. 우현이 야나기의 강연회에 갔거나, 신문을 통해 강연 내용을 읽었을 가능성이 크다.

야나기는 신라의 빛나는 예술품들이 무너진 것이 왜구의 노략질 때문이라고 주장했다. 일본인들이 시멘트를 사용해 엉터리로 수리한 것을 질타하고, 석굴암에 있는 40개의 작은 석불 중 하나를 조선통감 소네 아라스케(曾彌荒助)가 훔쳐 갔다고 고

---

* 세키노 다다시(關野貞, 1867~1935)는 1895년 도쿄제대를 졸업했다. 1901년 같은 학교 조교수 시절 조선에 파견되어 고적조사를 주도했다. 1904년 『한국건축조사보고』를 작성하는 등 1930년대까지 고적조사 사업을 독점했으며 『조선고적도보』(朝鮮古蹟圖譜) 제작을 주도했다. 조선의 예술이 중국의 영향을 받은 아류라고 주장함으로써 일제 식민사관의 토대를 놓았다.

발하기도 했다.* 1922년 그 시절에 누가 감히 석굴암의 유물을 조선통감이 가져갔다고 쓸 수 있겠는가? 석굴암이 발굴된 사실조차 알지 못했고, 알았다 해도 가치를 전혀 느끼지 못했던 조선인 지식층이 충격을 받기에 충분했다. 우현과 동급생들은 황의돈의 요청을 받은 스님들의 배려로 도난당하지 않은 소불상들을 보았을 것이다. 그들은 이렇게 탄식했을 것이다.

"아, 우리 것이 이렇게 아름답고 놀라운가? 통감이 우리의 귀한 유물을 훔쳐갔단 말인가?"

보성고보가 수학여행 떠나기 한 달 전인 8월 하순 『동아일보』에는 야나기의 글 「장차 잃게 된 조선의 한 건축을 위하여」가 5회에 걸쳐 연재되었다. 장차 짓게 될 조선총독부 청사 앞을 가리므로 경복궁을 헐고 철거하겠다는 조선총독부 결정을 애통해하는 추모의 글이었다.

조선의 예술이 일본 예술보다 우수하다고 역설하고, 광화문을 허무는 행위와 일본의 조선 탄압이 잘못되었다고 주장한 양심적인 일본인 교수 야나기 무네요시, 그가 여러 해 동안 발표한 조선의 미술 관련 기고문들을 『조선과 그 예술』로 묶어낸 것은 우현이 경주 수학여행을 떠나기 직전인 1922년 9월이었다. 수학여행에서 돌아온 직후에는 보성고보 도서관에 그 책이 들어왔을 것이다. 우현은 이미 그 책을 통독했을 것이다. 야나기가 우현에게 미술사 연구의 욕망을 갖게 불을 지핀 것은 분명하다.

---

* 야나기 무네요시, 이길진 옮김, 『조선과 그 예술』, 신구문화사, 2006, 121~123쪽.

우현은 야나기가 조선의 미를 '애상(哀傷)의 미' 비애(悲哀)의 미'라고 기술한 것에 쉽게 동의했을지도 모른다. 그때는 모든 사람이 그대로 받아들였으니까. 바로 이 글이다.

그곳에서는 자연마저도 쓸쓸하게 보인다. 산은 헐벗고 나무는 앙상하며 꽃은 퇴색해 있다. 땅은 메마르고 물건들은 윤기가 없으며 방은 어둡고 사람은 드물다. 예술에 마음을 맡길 때 그들은 무엇을 호소할 수가 있었을까. 소리에는 강한 가락이 없고 색에는 즐거운 빛이 없다. 다만 감정에 넘쳐 눈물이 충만한 마음이 있을 뿐이다. 표현된 미는 애상(哀傷)의 미다. 슬픔만이 슬픔을 달래준다. 슬픈 미가 그들의 친한 벗이었다. 예술에서만 그들은 마음을 털어놓을 수 있었다. 민족은 주어진 그 숙명을, 미로써 따뜻하게 하고 그것을 무한의 세계에 연결하려고 했다. 가슴을 압박하는 이러한 미가 다른 어디에 또 있을 것인가. 탄식의 울림이 도처에 울려 퍼지고 있다. 중국의 예술은 의지의 예술이고 일본의 그것은 정취의 예술이었다. 그 사이에 서서 홀로 비애의 운명을 짊어져야 했던 것이 조선의 예술이다.[*]

우현은 일개 고보 학생이었지만 그렇구나 하고 생각하다가 고개를 갸우뚱했을 것이다.

'정말 그럴까? 우리나라 예술은 슬프기만 한 것일까?『조선고적도보』에 있는 고구려 고분벽화는 웅혼한 기상이 보이잖는가.

---

[*] 같은 책, 88쪽 및 102쪽.

야나기의 이론도 역시 우리 민족이 무력하다는 열등감을 강조하는 것이 아닌가?'

우현은 그런 생각을 하며 조선미술사의 실체를 분석하자는 희망을 더욱 강하게 품었을 것이다.

싸리재 언덕 위의 집

우현이 고보 3학년이던 그해(1922년) 아버지 고주연의 무역과 미두* 투자 사업이 잘 풀려 애관극장 위 용리 237번지에 큰 기와집을 짓고 이사했다고 전해진다. 인천등기국 수장고에 보존된 폐쇄등기를 찾아보니 237번지 집은 뜻밖에도 1920년 소유자가 '고유섭'으로 실려 있다. 용리 117번지 큰우물 옆 생가를 떠나 이사한 때는 1920년으로 보아야 할 것이다.

표제부(標題部). 대정 9년(1920) 9월 21일 인천부 용리 237번지 제11호 목조와즙평가(木造瓦葺平家) 21평

보존(保存). 대정 9년 9월 21일 제531호

이전(移轉). 소유자 인천부 용리 237번지 고유섭

'237번지 제11호'란 그 번지 토지에 지은 집 중 11번째라는 뜻이다. 건평 21평의 목조 기와 단층집, 전해지는 말처럼 크지는 않지만, 당시로서는 크고 좋은 주택이었고 바다가 잘 보이는 전

---

* 米豆, 미곡의 선물 투기. 실제 거래를 목적으로 하는 것이 아니고 쌀의 시세를 이용해 약속으로만 거래하는 일종의 투기 행위.

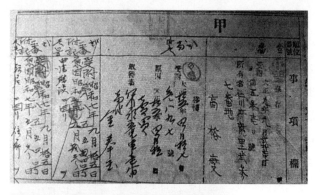

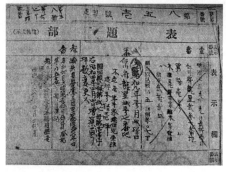

1920년 인천부 용리 237번지 가옥 폐쇄등기. 고유섭의 소유로, 가옥 크기는 기와 21평으로 올라 있다.

망 좋은 집이었다.

1920년은 우현이 보성고보에 입학한 해다. 용리 237번지는 지금도 남아 있는 애관극장 위쪽과 우측면 일대다. 아버지 고주연이 자기 사업이 잘 풀리자 집을 새로 지어 15세 된 아들 소유로 등기한 것이다. 자신이 벌이는 무역업이나 미두 투기가 실패로 돌아가면 압류당할 위험이 있어 그랬으리라 짐작된다. 1931년 숙부 고주철이 같은 번지에 내과병원을 개원했으므로 토지의 일부 지분은 우현의 큰 아버지 고주철 또는 조부 고운경의 소유였던 것으로 보인다.

현재의 능인사. 오른쪽으로 틀어 앉았었는데 1970년대에 헐고 다시 지었다.

우현의 소유였던 그 집 자리는 지금 능인사(能仁寺)가 앉아 있다. 우현은 1925년에 쓴 시 「성당」의 시작(詩作) 노트에서 시의 공간 배경이 자기 방 창으로 보이는 답동성당 정경임을 밝혔다. 능인사 자리에 우현의 두 번째 집이 있었던 것이다. 현장에서 보면 장소는 일치하나 방위가 빗나간다.

나이 든 인천 토박이들은 대개 이곳을 안다. 김영봉(金永奉, 1947~) 선생은 용동 절 앞으로 6년간 학교에 다녔고 모친과 누님들이 다닌 도량이라 기억이 선명하다.

능인사가 옛날엔 작았고 지금보다 오른쪽으로 30도쯤 틀어 앉았어요. 단청을 하지 않았어요. 주변의 가정집들과 구별되지 않아서 절인 줄 아는 사람만 절이라고 여겼지요. 담장은 진흙 바르고 손바닥만 한 돌조각을 붙였지요. 대처승 스님이 계셨어요. 우리 또래 예쁜 따님이 있었어요. 길에서 봐서 오른쪽 담장에 쪽문이 있었어요. 쪽문 너머 절집 벽에 여닫이문 들창이 있었구요. 검은색 둥근 쇠고리가 달리고 창살이 촘촘하고 창호지 바른 창이었지요. 우현 선생의 시 「성당」에 나오는 창문이었을 거예요. 성당과 바다를 향해 있었어요.

김영봉 선생의 증언대로 30도 틀면 방위가 애관극장 지붕, 답동성당과 일치한다. 그러니까 우현은, 능인사가 개축되기 전 그 자리에 있었던 전망 좋은 기와집에서 아버지와 아버지의 첩이었던 서모(庶母) 김아지, 서모의 모친, 숙부들, 누이와 함께 살았다. 우현의 누이 고정자 여사가 뒷날 자신의 딸들에게 말한 바에 의하면 매우 부유하게 지냈다.

"아버지는 집에서 늘 한복을 입었고, 유모, 침모, 식모, 남자 하인을 두었으며, 음식을 넉넉히 만들어 커다란 독과 항아리에 보관하고 먹었다."*

그러나 부유함 속의 불화보다는 가난 속의 행복이 좋은 것이다. 이 무렵에 서모와 서모의 모친이 우현과 누이에게 못되게 굴어서 우현은 의기소침하게 보내는 시간이 많았다. 우현은 쫓겨난 어머니에 대한 그리움과 연민, 서모에게 구박당하는 누이

---

* 고정자 여사의 장녀 장숙현 여사의 노트, 「회상 외삼촌 고유섭과 어머니」.

동생을 보며 늘 우울했다. 그럴수록 책으로 빠져들었다.

집에 숙부 친구들이 와서 우현을 불러 글도 읽고 장난도 치고 놀았다. 우현은 책이나 읽을 뿐 좀처럼 밖에 나가지 않았다. 아버지와 숙부가 가진 문학서, 철학서 또는 잡지를 읽고 글을 썼다. 때로는 상상력을 발휘해 삽화도 많이 그렸다.

걸핏하면 대들고 반항했으나 아버지는 장남인 우현을 소중히 여겼다. 여름방학에도 종일 집에서 책만 붙잡고 있으니까 어느 날, 아버지가 "얘야, 나가 다니고 해수욕 같은 것도 좀 하려무나" 하며 몸을 단련하라고 말했다고 한다. 숙부 고주철의 친구 중 이범진이 있었다. 『동아일보』 인천주재 기자를 하며 이우구락부와 내리교회 의법(懿法)청년회* 주축으로 활동하고 뒷날 신간회 인천지회를 이끌어간 인물이었다. 우현은 어느 날 이범진을 따라 월미도로 해수욕하러 가서 지쳐 까무러쳤는데 동행한 홍이표(洪利杓)가 살려냈다. 이범진은 "내가 잘못했다. 공연히 데리고 와서 이런 일을 당하게 되어 대단히 미안하다"고 말했다고 한다.

우현의 목숨을 살린 홍이표는 인천에서 기차통학하며 보성전문에 다녔고 곽상훈이 이끈 한용단에서 활동한 것이 신태범 박사 회고 등 인천 자료에 기록되어 있다. 본적이 제주도이고 1925년 3월 보성전문을 졸업한 기록이 있으므로 이때 21~22세쯤이었

---

* 1899년 미국에서 조직된 감리교 봉사단체로 원명은 The Epworth League. 한국에는 1897년 존스 목사의 지도로 서울은 정동교회에서, 인천은 1907년 내리교회에서 조직되어 전도와 계몽에 앞장섰다.

朝鮮美術의 史的考察—(第一回)

稿를 起하며 一言

朴鍾鴻

박종홍이 1922년 4월부터 12회에 걸쳐
「조선미술사」를 연재한 월간지 『개벽』.

을 것이다. 우현과 그는 뒷날 개성에서 다시 만난다.

우현에게는 의기소침한 시절이었다. 차라리 건달 청소년들처럼 나가서 겉돌면 집안에서 부딪힐 일도 없을 텐데 늘 집에 있으니 서모와 갈등을 겪는 일이 많았다. 그래서 바다에 빠져 죽으려고 월미도에 나갔다가 시퍼런 바닷물을 보고 무서워서 죽기를 포기하고 돌아왔다. 부인 이점옥 여사가 결혼 후 들은 이야기들이다.*

우현이 보성고보 3학년이던 1922년 봄, 전라도의 한 젊은 보통학교 교사가 놀라운 글을 발표했다. 박종홍(朴鍾鴻, 1903~76)은 보통학교만 졸업하고 교원 임용시험에 합격해 전라남도

---

* 「이점옥 여사의 기록」, 『아무도 가지 않은 길』, 167~168쪽.

보성군의 보통학교 교사로 재직하면서 철학과 미술사를 독학하고 있었다. 그는 월간지 『개벽』에 1922년 4월부터 12회에 걸쳐 조선미술사를 연재했다. 우현도 『개벽』을 읽었을 것이고, 글쓴이가 자신보다 겨우 두 살 위라는 사실을 알고 깜짝 놀랐을 것이다. 이 두 수재는 뒷날 경성제대 철학과 강의실에서 만난다.

보성고보 우등 졸업생

시간은 빠르게 흘러갔다. 우현은 21세이던 1925년 3월 보성고보를 졸업했다. 『동아일보』는 이강국과 우현이 우등 졸업생임을 알리며 교복 입은 사진을 실었다.

금상첨화 각 학교 우등졸업생

보성고보

보성고등보통학교 제삼회 졸업식은 작일 오후 한 시에 거행했는데 금년 졸업생 오십구 명 중 우등 졸업생은 이강국(李康國, 21)군과 고유섭(高裕燮, 22) 군인데 둘이 모두 일학년부터 동학했다 하며 목적은 경성예과대학이라 하며 이밖에 동 시각에 사년제 졸업식도 거행했는데 삼십이 명의 졸업생이 있다더라.*

『조선일보』는 "우등 졸업생은 고유섭·이강국 군이며"라고 우현 이름을 앞에 넣었고 졸업생 답사를 이강국이 했다고 보도했

---

* 『동아일보』, 1925. 3. 6. 우현은 초기 보성학교부터 따지면 16회, 5년제 사립고등보통학교부터 따지면 3회 졸업생이었다.

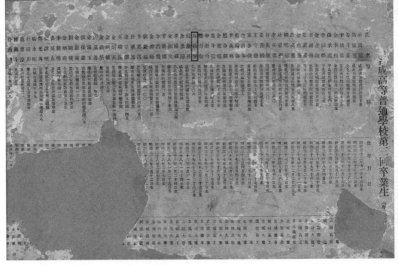

우현의 보성고보 졸업사진. 넷째 줄 왼쪽에서 여덟 번째가 우현이며
졸업사진 뒤에는 학생들의 이름과 주소가 쓰여 있다. 우현은 28번째에
실렸다. 보성고보 제공.

다. 동기생들의 진로 결정도 실려 있다. 경성제대 지원 17명, 일본 고등학교 지원 7명, 그밖에 경성의전과 경성고공 지원 등이다. 월간지『개벽』은 졸업식 과정과 식이 끝나자 졸업생들이 당시 유행에 따라 교모를 벗어던지는 장면을 기사로 쓰고 수석 졸업생으로 이강국과 더불어 고유섭 이름을 실었다.

아들과 사이가 서먹서먹했던 아버지 고주연이 졸업식에 갔고, 옛 친구인 최명환과 유병민 두 교사를 만났겠지만 마음이 편하지는 않았을 것이다. 고주연은 초기에 예측대로 들어맞아 미두로 떼돈을 벌었다. 일본 유학 경험으로 일본인의 심리, 일본 경제의 흐름을 잘 짚은 덕분이었다. 그러나 투기가 성공해서 부자로 산 세월은 몇 해 되지 않았다. 졸업식 당시에는 거듭된 실패로 최악의 상황에 몰려 있었다.

미두 투자는 매일 오전 장(場)과 오후 장의 시세를 그래프로 그려놓고, 일본 오사카(大阪) 미두시장의 거래 상황을 전보로 받고, 날씨도 보고 예상해서 투기하는데 종잡을 수 없는 이유로 값이 뛰어오르고 폭락했다. 벼락부자도 생겼으나 하루아침에 벼 한 섬지기 토지를 날리는 사람이 허다했다. 오죽하면 우현의 집 가까운 곳 축현역 옆의 연지(蓮池)에 가득한 물이 미두에 실패한 자들이 흘린 눈물이라는 말까지 돌았다.

고주연도 실패의 수렁에 빠졌다. 이곳저곳 사두었던 토지를 처분하고 이제는 싸리재 집만 달랑 남은 신세였다. 우현의 보성고보 동급생들은 목숨을 걸듯이 대학입시에 몸을 던지고 있었다. 그것이 신분 상승의 길이었다. 우현은 학비가 싼 경성제대밖에는 갈 곳이 없었다.

졸업식이 끝나고 경인선 기차를 타고 내려오면서 부자가 어떤 대화를 나누었을지 궁금하다. 경성제대 입학시험은 사흘 뒤였다.

제2부

젊은 날의 초상

경성제대의 사각모자

제국대학의 문학 동아리

1924년 경성제국대학이 예과 과정을 개교했다. 일본 본토의 다섯 개 제국대학들, 도쿄제대·교토(京都)제대·도호쿠(東北)제대·규슈(九州)제대·홋카이도(北海道)제대 등과 같은 위상을 가질 것이라 일본 본토의 수재들까지 입학을 노렸다. 조선 땅의 일본인 청년들은 물론 조선인 수재들도 입학을 열망했다.

아버지 고주연이 자신이 포기했던 도쿄제대에 아들 우현을 보내려 했으나 뜻대로 되지 않자 경성제대로 바꿨다는 말이 전해진다. 그러나 집안이 빈털터리가 된 상태라 도쿄제대 유학은 어림도 없고 학비가 싼 경성제대밖에 길이 없었을 것이다. 이강국의 회고 글에 사정이 드러난다.

거의 30년 전 중학에서 책상을 나란히 하던 때로 추억의 실마리는 한없이 풀린다. …함께 빈궁에 울면서 학비의 보장도 계산도 없이 상급학교에의 진학이 막연한 채 동급생들의 입학시험 준비도 대안(對岸)의 화재인 듯 중학 졸업에서 우리 양인(兩人)만이 대학 예과로 덮어놓고 들어가게 된 것도 우연한 인연이 아니었을 것이다. 군에게 미학 전공을 권한 것도 나였으니 불우에서

경성제대 예과 시절의 우현(앞줄 오른쪽 끝). 열화당 제공.

일생을 맞이한 게 책임으로 느끼기도 하는 것이다.*

가난해서 사립 전문학교는 못 가니 학비가 싼 경성제대 예과에 원서나 넣어보자고 한 것이다. 이강국은 장차 법학과로 갈 문과 A반을, 우현은 철학·문학·역사학 전공 예정자들이 모이는 문과 B반을 지망했다. 작년에 개교했으니 입학하면 2회였다.

예과의 문과 계열 입시 과목은 국어(일본어), 작문, 영어, 수학, 일본역사, 다섯 과목 단답형이었다. 우선 학과시험을 치르고 다음 날 신체검사와 구두시험을 보았다. 총독부가 비밀리에 거주지 경찰서에 신원조사를 했다는 설이 돌았다. 우현의 태극기 만세사건은 그냥 넘어가준 것이다.

---

* 이강국, 「고유섭 군의 2주기」, 『현대일보』, 1946. 7. 12.

경성제대 예과 캠퍼스는 청량리역 허허벌판에 신축되어 있었다.
『인천일보』제공.

경성제대 입시에서 조선인들은 큰 차별을 받았다. 신분 상승의 기회를 주되 진입 장벽을 높인 것이었다. 우현보다 1년 앞선 1회 모집 때 필기시험 문제를 일본인들에게 유리하게 출제해서 반발이 컸다. 『동아일보』는 "일문해석(日文解釋) 과목에서 일본 현대어에 능통해야 풀 수 있는 문제를 냈고, 작문에서는 채점에 문법상 정오를 배려했다"라고 지적했다. 『조선일보』는 '일본인 합격자가 조선인의 3배에 달한 점, 일본역사 문제 출제, 조선과 다른 일본식 한문 훈독, 영어 발음 차이를 둔 점'을 들어 민족차별이라고 주장했다. 그렇게 뽑은 1년 전의 1회 입학생은 45명이었다.

우현은 당당히 합격했다. 외국어학교 교관을 하다가 황실유학생으로 일본 유학을 다녀온 고주연의 아들 우현이 경성제대에 합격했다는 소식은 인천 시내에 퍼졌다.

2회 모집 때 차별 요소를 개선했다지만 조선인 합격자는 더 줄었다. 일본인이 118명으로 73퍼센트, 조선인은 44명으로 26퍼센트였다. 조선인 합격자 44명 중 경성고보 출신이 14명이었다. 보성고보에서는 우현과 이강국·송준동(宋準東)·이천진(李天鎭)이 합격했다.* 사립학교로서는 가장 많은 합격자 수였다.

이강국은 경성제대에서도 천재로 명성을 날렸다. 호사가들이 당대에 각 학번 1명씩 '경성제대 3대 천재'를 꼽았는데 1회 유진오(俞鎭五, 1906~87), 2회 이강국, 3회 허달(許達, 이과)이었다.**

아버지가 어디서 돈을 끌어다 댔는지 우현은 등록금을 내고 입학했다. 경성제대 예과 캠퍼스는 청량리역 앞 허허벌판에 신축되어 있었다. 당시는 경기도 고양군 숭인면 청량리였다. 문과는 예과 2년과 본과 3년, 이과는 예과 2년과 본과 4년을 거치게 되어 있었다.

이강국이 속한 문과 A반에는 훗날 소설가가 된 이효석(李孝石, 1907~42)이 있고, 우현이 속한 문과 B반 18명 중에 훗날 국어학자로 명성을 떨친 이희승(李熙昇, 1896~1989)이 있었다. 이희승은 30세로 최고령이었다. 한성외국어학교 재학 중 경술 강제합방으로 학교가 문을 닫자, 경성고보·양정고보·중동고보·중앙고보를 전전하고, 학교 교원, 경성방직 서기를 하다

---

* 이강국이 우현 2주기 추도사에서 "우리 양인만이 대학 예과로 덮어 놓고 들어가게"라고 쓴 것은 잘못 기억한 것이다.

** 이충우, 『경성제국대학』, 다락원, 1980, 92쪽.

가 경성제대에 입학한 것이다. 유진오의 회고를 보면 이희승은 10년 연상으로 자신의 큰 매형 친구였다고 한다.* 우현과 나이 차는 9년이었다. 큰형 또는 숙부 같았던 이희승과의 우정은 우현이 죽은 뒤에도 애틋하게 이어졌다.

우현은 1925년 4월 입학해 예과에서 기본 교양과목들을 이수했다. 국어(일본어), 수신(修身), 한문, 심리학, 수학, 체조(체육), 제1외국어, 제2외국어 등의 문·이과 공통과목과 문과 교과인 서양사, 자연과학, 철학개론, 법제(法制), 경제 등을 수강했다.

이때 우현의 첫인상은 어떠했을까? 동기생 안용백(安龍伯, 1901~77)은 이렇게 회고했다.

우현 형은 얼굴이 둥글고 코는 융준(隆準, 코가 우뚝함)이요, 뺨은 완협(緩頰, 부드러운 뺨)이요, 눈은 도리매끔한, 누가 보아도 후덕(厚德)이 철철 흘러넘치는 모습이었다. 나는 나이도 우현 형 또래보다 4~5세 위였고 성질이 내들지 못해 얌전하고 점잖은 체하는, 하릴없는 촌부자(村夫子) 타잎이었기 때문에 동급생들은 좀처럼 허물없이 대해주지를 않았고, 양존(兩尊, 서로 말씨를 높임)하는 말을 쓰곤 했는데 우현 형만은 처음부터 소탈하게 한 급(級) 낮추어 '자네'라고 건네면서 친숙하게 굴었다. 그 후덕한 모습이 미워해질 수 없는 터인지라, 서로 지기지우로 허물없이 사귀게 되었다. 게다가 또 우현 형이나 나나 학자(學資) 조달이 넉넉하지 못해서 어느 장학회의 장학금으로 공부한 인연도 있어서 서로

---

* 유진오, 「편편야화」 18, 『동아일보』, 1974. 3. 21.

유달리 친밀하게 지냈다.*

우현의 외모가 수재형으로 준수하면서도 성격이 엽엽했음을 알 수 있다. 네 살 많은 동급생에게 반말하며 예의를 지켰다는 것은 결코 만만해 보이지 않은 존재였음을 짐작하게 한다. 선병질적으로 체력이 약해 보였겠지만 개항도시 인천에서 성장한 청년답게 영리한 인상도 주었던 것 같다. 이 글에 있는, 우현에게 장학금을 준 장학회가 어디인지는 알 수 없다. 안용백의 글 전부를 읽어보면 우현의 생애 말년이던 1940년대 전반에 둘은 친하게 지내지 않은 듯하다. 그때 안용백은 친일행각을 벌였다.

우현은 문해력이 빨라 공부에 여유가 있었다. 그래서 동아리 활동으로 관심을 돌렸다. 이강국·한기준(韓基駿, 1904~?)·성낙서(成樂緒, 1905~88)·이병남(李炳南, 1903~?)과 함께 민족정신을 고취하고 지켜가자는 데 뜻을 모아 오명회(五明會)라는 작은 동아리를 만들었다.

한기준은 강원도 원주 출생으로 배재고보를 나왔다. 철학과를 졸업하고 뒷날 풍문여고 교장, 서울시 교육감을 지냈다. 원주에서 국회의원 선거에 출마하기도 했다. 성낙서는 충남 공주 출생

---

* 안용백, 「고 우현 고유섭 형의 회억」, 『미학』 제3호, 1975. 7. 31, 9~12쪽. 안용백은 전남 보성 출신으로 1925년 경성제대에 입학, 1930년에 졸업하고 조선총독부 학무국 촉탁으로 갔다. 국민총력조선연맹 간부, 1942년 경남 하동군수, 광복 후 전남 교육감을 지냈다. 2009년 친일반민족행위진상규명위원회 발표 친일반민족행위자 705명에 포함되었다(민족문제연구소, 『친일인명사전』 제2권, 2009, 445쪽).

으로 경성고보를 졸업하고 와서 조선사학과를 나왔다. 중앙불교전문학교와 이화여전 교수를 거쳐 광복 후 제헌국회의원에 당선됐고, 충청남도지사와 성균관장을 지냈다. 이병남은 충남 천안 출생으로 경성고보를 졸업하고 왔다. 본과는 계열을 바꿔 의학부를 선택, 졸업 후 소아과를 개업했다가 광복 후 경성제대 의학과 교수가 됐다. 민주주의민족전선에 참여하고 월북해 북한 정부 1차 내각 보건상 자리에 올랐다.

오명회 멤버들은 여름에 시원한 자연을 찾아 천렵하고 겨울에는 청량리 들판 얼어붙은 논에서 스케이트를 타며 심신을 단련하고 열렬히 토론했다고 전한다. 말술을 마시고 '600치기' 화투판을 자주 벌였다는데 모두 당대의 수재들이었으니 우현이 돈을 땄는지 잃었는지 궁금하다.＊

이강국은 법관 지망생이 몰린 문과 A반에서 1학년 수석을 차지했다. 우현이 속한 문과 B반의 수석이 누구였는지는 알 수 없다. 우현은 문학작품을 많이 읽고 문학적 향기가 짙은 시와 수필을 열심히 썼다. 경성제대 예과의 조선인학생회인 문우회(文友會)가 『문우』(文友)라는 문학 앤솔러지를 매 학기 발간하고 있었다. 장차 이 나라 문단의 선구자가 되겠다는 제국대학 문청(文靑)들의 오만한 자부심과 나르시시즘적인 경향이 엿보이지만 내면적 갈등도 있었다. 한 연구자는 이렇게 설명한다.

(『문우』에는) 변방인인 조선인으로서 갖는 자의식과 제국대학

＊ 이충우, 『경성제국대학』, 92쪽.

엘리트 지식인으로서 갖는 교양인, 세계인으로 갖는 감각이 뒤섞이고 혼재되어 드러나며, 경성제대 지식인의 교양과 문화를 이루는 한 축에 문학이 있었다. 그리고 마르크스주의를 호출함으로써 강박적 관념을 성격으로 드러냈다. 그들 지식인의 욕망 안에서 조선과 자아는 함께 완성시켜야 할 것이며 어느 한쪽을 위해 다른 한쪽을 희생시켜야 한다는 모순적 관계에 놓이기도 했다.*

소년 시절 반일적 환경 속에서 성장했고 3 · 1만세시위에 나섰던 우현이니 그런 갈등을 동기생들보다 더 크게 가졌을 것이다.

감성 깊은 시와 산문

우현은 뒷날 문인으로 명성을 떨친 유진오 · 최재서(崔載瑞, 1908~64) · 이효석(李孝石, 1907~42) · 김태준(金台俊, 1905~50) 등과 함께 『문우』에 많은 글을 썼다. 1925년 상반기 창간호에 「고난」, 「심후」(心候), 「석조」(夕照), 「해변에 살기」, 「성당」을 실었다. 통학생회 문예부 활동으로 미리 써놓은 글이 있어서 여러 편을 실을 수 있었던 것이다. 우현은 그해 발행된 제2호에 시극 「폐허」, 1926년 발행된 제3호에 「춘수」(春愁)와 「남창일속」(南窓一束)을 발표하고, 제4호에 「잡문수필」, 마지막 호이자 1927년 11월 발행된 제5호에 「화강소요부」(花江逍遙賦)를 발표했다.

---

* 하재연, 「『문우』를 통해 본 경성제대 지식인의 내면」, 『한국학연구』 제31권, 고려대학교, 2009, 213~234쪽 발췌.

우현의 작품은 일부 한자어를 많이 쓴 글이 있으나 감성이 풍부하고 문체가 신선하다. 우수 짙은 문학적 서정과 상상력, 개인적인 슬픔과 고뇌가 행문 아래 깔려 있다. 버림받은 어머니에 대한 연민, 가정이 불우하다고 느끼는 우울함에서 비롯된 것 같다. 일본의 지배를 받는 현실에 대한 비애도 있었을 것이다.

「고난」은 짧은 글이다. 우울하고 고뇌가 많던 젊은 날 우현의 내면을 엿볼 수 있다. 스스로 불행하다고 썼다. 그런 마음의 난관을 넘어야 인간승리가 실현된다고 의지를 드러내기도 했다. 「심후」는 복잡다단한 주변 인물에 대한 실망과 환멸을 담은 글이다. 어둡고 차고 나무도 풀도 없는 절기, 인천의 삭막함을 표현한 듯하나 "사람 뱃속으로 들어가 관찰한 인심(人心)의 기후(氣候)"라고 한 것은 같이 사는 서모와 서모의 모친을 환유한 것임을 느낄 수 있다.

「석조」와 「해변에 살기」와 「성당」은 인천을 배경으로 한 작품이다. 「석조」는 가을 낙조를 바라보며 쓴 격정적인 글이다. 싸리재 언덕에 있던 집에서, 아니면 '만국공원'으로 불리다가 '서공원'(西公園)으로 이름이 바뀐 항구 앞 공원에서 저녁 황혼에 물든 섬들을 바라본 것이다. 긴 가뭄 끝에 큰비가 내리고 황혼에 물든 하늘을 바라보며 갖게 되는 감흥을 화려체 문장으로 썼다. 「고난」과 「심후」에 보이던 우울함은 이 작품에서 인간에 대한 냉소로 바뀌어 있다.

보아라, 인간이여! 생사의 분계(分界)로 걸쳐서 섰는 말로(末路)의 인간의 안광(眼光)과 같이 너희의 자랑인 섬광(閃光)이 깜박거

림을! 검은 섬 사이에 실낱같은 장파제(長波堤)로 우보(牛步)를 치고 있는 너희의 자랑인 질주의 기관(機關)을! 창해(滄海)의 일속(一粟)은 잠길락 말락, 구름의 격랑은, 용암의 분화(噴火)는 처처(處處)의 도봉(島峰)을 삼켰다 뱉고, 뱉았다 삼킨다.*

「해변에 살기」는 율조와 시어로 보면 동시(童詩)에 가깝다. 전래의 것이 무너지고 있는 인천을 표현한 시라는 느낌이 든다.

1. 소성(邵城, 인천의 옛 지명)은 해안이지요.
그러나 그 성(城)터를 볼 수 없어요.
차고 찬 하늘과 산이 입 맞출 때에
이는 불길이 녹혔나봐요.

2. 고인(古人)의 미추홀(彌鄒忽)은 해변이지요.
그러나 성터는 보지 못해요.
넘 집는 물결이 삼켜 있다가
배알고 물러갈 젠 백사(白沙)만 남아요.

3. 나의 옛집은 해변이지요.
그러나 초석(礎石)조차 볼 수 없어요.
사방으로 밀려드난 물결이란
참으로 슬퍼요, 해변에 살기.

---

* 고유섭, 「석조」 일부, 『전집』 제9권, 30~31쪽.

쉬운 언어들로 쓰여서 단순해 보이지만 잃어버린 것, 변하는 것을 슬퍼하는 동심적 서정이 들어 있다. 오랜 기간 인천발전연구원에서 인천학을 연구한 김창수 문학평론가는 이렇게 해석한다.

우현은 국제무역항인 제물포가 화려한 근대문명의 쇼윈도였지만 한편으로는 '뿌리 뽑힌 도시'임을 제시하고 있다. 외세 혹은 제국주의의 표상인 '물결'에 의해 '흰 모래알'처럼 부서져야 하는 슬픔과 고통이 해변에 사는 사람들만의 몫이 아니라 식민지 조선과 시인 자신의 운명으로 여겨졌기 때문에 슬픔은 더욱 절절하다. 물론 이 시에서 상실감이 과도하다는 점을, 그리고 '밀쳐드는 물결'의 파괴력을 주체의 에너지로 전화시킬 수 있는 정서의 단초를 찾을 수 없다는 점이 지적될 수는 있다. 그러나 열렬한 근대주의자였던 육당(六堂)이 「해(海)에게서 소년에게」에서 '바다'를 새 문명의 창조자로 대책 없이 찬양한 것에 비하면 우현의 물결 형상은 훨씬 균형 잡힌 것이다.[*]

인천은 1883년 개항 이후 빠르게 변하고 있었다. 이 시에는 일본 제국주의의 팽창 욕망 앞에 속절없이 무너지고 있는 본연의 인천 것에 대한 애틋한 아쉬움이 실려 있는 것이다. 물결, 성터, 흰 모래, 옛집, 주춧돌은 상징이자 은유다.

「성당」은 싸리재 등성이 용리 237번지에 있던 그의 집 자기 방 창문에서 보이는 서남쪽 바다, 그 바다와 어우러진 답동성당

---

[*] 김창수, 「우현 고유섭과 인천문화」, 『황해문화』 제33호, 2001, 282쪽.

의 정경과 그 안에서 자유로운 이성교제를 하는 남녀 신도들의 모습을 그렸다. 시작(詩作) 노트를 앞에 붙였다.

한 간 방 서남 창으로 우곶좌곶(右串左串, 왼쪽 오른쪽 바다로 돌출한 육지) 창해(滄海)와 성당이 한눈에 들어옵니다. 그 성당과 방 안엔 성(性) 다른 사람들이 학업을 닦다가 저녁 생량(生涼, 봄 가을 공기가 서늘함)할 즈음 소풍(消風)을 하느라고 자주 내다들 보는 것이 일구(日久, 날이 깊음)하면 일구할수록 월심(月深, 달이 깊음)하면 월심할수록 춘련(春戀, 봄의 사랑)의 영(靈)은 친밀해지지요. 그러나 인간은 오직 정(情)의 화신(化身)만은 아닙니다. 지(知)한 것이 있고 의(意)한 것이 있습니다.

석조(夕照)는 종각(鐘閣)에 빗겼고
모종(暮鍾, 저녁종)은 흐르는데
선녀(善女)야 부즈럽다
네 세상 천당(天堂)이라니
일건수(一巾手, 손수건 하나) 나는 곳에
투추랑수추파(投秋浪受秋波, 가을 물결을 던지면 가을 파도가 받고)가
성전(聖殿)의 담을 넘네
마러라 백항선(白航船, 흰 돛배)
차화를 내 그 보리(그다음 그림을 내가 보리라).*

* 고유섭, 「성당」, 『전집』 제9권, 295쪽.

「춘수」는 시어가 섬세하고 아름다운 서정시다.

봄날은 슬픈 날
겨울날을 지나온
뜰앞에 치잣닢도
햇빛이 떤다
날은 두 시
북쪽 나라 젓소래도(피리소리도)
멀리 들려 즐거워라
옛날의 추억
서울 햇빛에도
시골 햇빛에도
영(鈴)을 울린다.[*]

「남창일속」은 부친이 이사해간 강원도 철원군 평강군 정연리에서 만난 포수와 노루사냥 이야기를 소설 형식으로 썼다. 「화강소요부」는 『문우』 마지막 책인 통권 5호에 쓴 작품이다. 폐간호가 될 것임을 알았는지 앞에 발표한 작품들보다 길고 내용도 깊다. 철원 정연리의 강변을 거닐며 착상해 쓴 글이다. 팔려버린 인천 집에 대한 아쉬움은 없는지 정연리를 '내 고을'이라고 표현했다. 시와 산문을 섞어 썼는데 감성이 물씬 드러난다.

---

[*] 고유섭, 「춘수」, 같은 책, 297쪽.

취우(驟雨)가 걷히자 금구(金鳩, 해)가 창명에서 사라질 때 희둥근 옥토(玉兎, 달)는 별보다 먼저 나타납니다. 이때에 달 돋는 동쪽 고개에서 무지개 같은 구름다리의 푸른 줄기가 부챗살같이 일어나서 해 드는 서산으로 한 점에서 합하여 쿡 박힙니다. 넓고 좁은 그 줄이 많으면 열이 넘고 적으면 한둘까지도 줄어듭니다. 시시(時時)로 몇 줄이 한 줄로 합치기도 하고 한 줄이 몇 줄로 나뉘기도 합니다. 그러자 해는 아주 떨어지고 말면은 그 줄이 불현 듯이 사라져버립니다. 나이 적은 아해나 조금 지긋한 젊은이나 머리 흰 늙은이에게 "저것이 무엇입니까?" 물어보면 주제넘은 이는 "무지개라오" 하고 아는 듯이 말하고, 제법 한 사람은 "모릅니다" 하고 순순연(純純然)하게 대답합니다.

이리 말하는 내 고을 이름은 화강(花江)이요, 알기 쉽게 말하면 군(郡)으로는 평강에 속하나 가깝기는 철원과 김화의 경계이외다. …억지로 기어가는 구름, 순순히 흘러넘는 구름, 훌쩍 높이 뜨는 구름, 헤매기만 하는 구름, 빙빙 산허리를 돌기만 하는 구름, 내리는 구름, 오르는 구름, 이런 구름 저런 구름이 한여름을 두고 쉬는 날이 없습니다.

이슬방울을 굴려 가며 밭 속으로 걷노라.
길 넘는 풀과 밭 아래 풀이 고스란히 나를 세례(洗禮)하노라.
지저귀는 뭇새 아직도 숲속에서 떠나지 못했노라.
닭의 소리 기운찰수록
하늘 봇장 위에 조각달은 희어가노라.
별! 새벽별!

그는 벌써 얼음같이 푸른 면사(面紗)로 가리워졌노라.

오직 나는 하늘과 땅에서 세 빛을 보나니

하나는 칠채(七彩)가 청초한 조양(朝陽)이요

하나는 백무(白霧)로 띠하고 섰는 검푸른 산이요

그리고 끝으로 하나는 모래와 시내가 닿은 가름 사이에

법열(法悅) 속에 자차(諮嗟, 탄식)하고 있는 백의(白衣)의 일존재

(一存在)로다.*

시도 산문도 잘 다듬어진 문장이다. 지금까지 우현이 쓴 것 중 가장 감각적인 산문이다. 해가 지고 달이 뜨는 순간의 푸른빛을 손으로 가리키며 그것이 무엇이냐고 묻는 것은 시인이나 하는 행동이다. 이때의 우현은 시인이었다.

우현의 문학 활동은 경인기차통학생회 문예부에서 활발히 이뤄지고 있었다. 이 작품도 합평회에 내놓았을 것이고 최고의 감성적인 문장이라는 우정비평을 들었을 것이다.

통학생회 간부

1925년 겨울, 우현은 경인기차통학생친목회 간부명단에 이름을 올렸다. 11월 28일 내리교회에서 열린 총회에서 간부로 뽑혔다.

경찰 당국의 간섭으로 인해 일시 조지(阻止, 막혀서 중지됨) 중

---

* 고유섭, 「화강소요부」, 같은 책, 36~40쪽.

이던 인천의 경성통학생친목회는 기간(其間) 당국의 양해가 성(成)하여 28일 야(夜)에 시내 내리(內里) 야소교회(耶蘇敎會) 예배당에서 성대히 발회(發會)했는데 당일에 선임된 간부는 좌(左)와 여(如)하더라.

총간사 한상봉(韓相鳳), 서무 고유섭(高裕燮)·이보운(李寶運), 감독 고유섭(高裕燮)·한상봉(韓相鳳), 회계 권태진(權泰鎭)·이대근(李大根), 서기 조인술(趙仁術)·김정윤(金正允).*

경인통학생친목회는 두목이던 곽상훈이 민족운동을 전개하다가 경찰에 쫓겨 상하이로 망명하고 일제의 간섭이 심해져서 모임과 활동이 중단됐었다. 그러다가 당국의 허가를 받아 한상봉, 고유섭, 이보운이 중심이 되어 다시 움직이게 된 것이다. 한상봉과 이보운은 재(在)인천 배재고보 친목회인 인배회(仁培會) 중심 멤버였다. 인배회 회원들은 기독교 신자였고 거의 모두 연희전문으로 진학했다. 이보운도 그랬고 한상봉도 그랬던 것으로 추정된다. 고유섭이 간부를 맡은 것은 경성제대생이 됐으니 해야 할 일이었다. 기차통학생 중에는 일본 학생들도 많았다. 그들과 대립할 때도 있고 싸울 때도 있었다. 경성제대 교모는 그럴 때 유리했다.

신태범(愼兌範, 1912~2001) 박사는 자신이 경성중학교에 입학해 통학을 시작하던 1925년에 본 우현을 이렇게 기억해 썼다.

---

*「경인의 통학생친목회」, 『매일신보』, 1925. 12. 1.

우현을 존경하고 따랐던
신태범 박사는
경성제대 의학부에 다녔고
우현의 업적을 드러내는
일에 늘 앞장 섰다.
조우성 전 인천시박물관장 제공.

(내가) 통학을 시작했을 때, 경성제대의 고유섭(고고학), 연희전문의 갈홍기(葛弘基, 전 공보실장), 법학전문의 조진만(전 대법원장), 치과의전의 임영균, 보성전문의 홍이표(洪利杓) 등 제 씨의 사각모자가 유난히 눈에 띄어 우러러보면서 다녔던 생각이 난다.*

신태범 박사는 대한제국 최초의 군함 광제호(光濟號) 함장 신순성(愼順晟, 1878~1944)의 아들로서 인천에서 성장해 경성제대 의학부에 입학했고 뒷날 우현의 업적을 드러내는 일에 늘 앞장섰다.

---

* 신태범, 『인천 한세기』, 155쪽.

우현은 예과 2학년으로 올라가기 직전 「경인팔경」을 『조선일보』에 투고했고 1926년 3월 8일 자에 실렸다. 필명을 '인천 용리 고생'(仁川 龍里 高生)으로 썼고 예스러운 고시조 운율을 살린 8수짜리 연시조다.

경인팔경(京仁八景)

인천 용리 고생(仁川 龍里 高生)

1. 효창원(孝昌園) 춘경(春景)
노합(老閤, 오래된 문)은 붉을시고 고림(古林)만 검소와라
종다리 높이 뜨고 신이화(莘荑花, 개나리) 만산(滿山)토다
혼원(渾圓, 온 세상)이 개춘색(皆春色, 모두 봄빛)커늘 엇지타 나만 홀로.

2. 한강(漢江) 추경(秋景)
청산(靑山)엔 벽수(碧水) 돌고 벽수(碧水)엔 백사(白沙)일세
유주(遊舟, 떠 가는 배)는 풍경(風景) 낚고 백구(白鷗)는 앞뒤 친다
아마도 간간(間間)한 홍엽단풍(紅葉丹楓)이 내 뜻인가 하노라.

3. 오류원두(梧柳原頭) 추경(秋景)
어허 이해 넘것다 서산(西山)에 자기(紫氣, 보랏빛 기운) 인다
유수(流水)만 길어지고 마량초(馬糧草, 말먹이풀) 백파(白派, 흰 물결)진다

어즈버 이 산천(山川)에 이내 마음 끝 간 데를 몰라라.

4. 소사도원(素砂桃園) 춘경(春景)

양춘(陽春)이 포덕(布德, 널리 퍼짐)하니 산장(山莊)도 붉을시고

황조(黃鳥)의 우름 소래 새느냐 마느냐

곁에 님 나를 보고 붉은 한숨 쉬더라.

5. 부평(富平) 하경(夏景)

청리(靑里, 푸르른 마을)에 백조(白鳥) 나라(날아) 그 빛은 학학(鶴鶴, 학처럼 흼)할시고

허공중천(虛空中天)에 우줄이 나니 너뿐이도다

어즈버 청구(靑邱)의 백의검수(白衣黔首) 한(恨) 못 풀어 하노라.

6. 염전(鹽田) 추경(秋景)

물빛엔 흰 뫼 지고 고범(孤帆, 외로운 돛배)은 아득하다

천주(天柱, 하늘)는 맑게 높아 적운(赤雲)만 야자파(也自波, 저절로 물결이 읾)를

어즈버 옛날의 뜻을 그 님께 아뢰고져.

7. 북망(北邙) 춘경(春景)

주접몽(周蝶夢, 나비 날아오르는 꿈) 엷게 치니 홍안(紅顔, 젊은 얼굴)도 가련(可憐)토다

춘광(春光)이 덧없은 줄 넨들 아니 짐작(斟酌)하랴

예스러운 고시조
운율을 살린
8수짜리
우현의 연시조
「경인팔경」.
1926년 3월 8일
『조선일보』.

그 님아 저 건너 황분(荒墳, 거친 무덤)이 마음에 어떠니.

8. 차중(車中) 동경(冬景)

앞바다 검어들고 곁 산(山)은 희어진다

만뢰(萬籟, 자연의 온갖 소리)가 적요(寂寥)컨만 수레 소리 요란
하다

이 중에 차중정화(車中情話)를 알려 적어 하노라.*

이 글은 인천의 경승을 그린 대표적인 근대시조가 되었다. 해
가 질 무렵에 인천행 기차를 타고 귀가하며 눈에 보이는 경승을
기차 이동 공간 순서와 시간 순으로 구성했다. 시공간이 함께
어우러진 독특한 구성이다. 그러나 시조는 꼭 그렇게 써야 한다

*「경인팔경」, 『조선일보』, 1926. 3. 8.

고 생각한 듯 고시조의 어투를 살리다 보니 앞서 살핀 「화강소요부」 같은 감각적인 문장은 쓰지 못했다. 시어(詩語) 하나를 고르기 위해 밤을 새우는 창작의 고통이 시조는 해당하지 않는다고 여긴 것이다. 육당 최남선의 시조집 『백팔번뇌』 발간보다 1년 전에 쓴 작품이다. 『백팔번뇌』 이후에야 시인들이 고시조 어투와 수사(修辭)를 벗어나 새롭게 변용시켜나갔다.

그래도 「경인팔경」은 인천에는 기념비 같은 작품이다. 그런데 통문관이 1958년 우현 소품집 『전별의 병』(餞別의 瓶)을 펴내면서 '『동아일보』 1925년'이라고 잘못 표시했다. 1,000개의 완벽함 속에서 발생한 1개의 오류였다. 우현이 세상에 없으니 필자 교열을 하지 못한 것이다. 통문관 전집과 열화당 전집도 그대로 실었다. 수많은 신문 기사와 논문들이 원전을 확인하지 않고 그대로 받아서써서 「경인팔경」은 '『동아일보』 수록'으로 잘못 굳어졌다. 인천의 초등학교, 중학교 교실에서 그렇게 가르치고 있다.

유진오의 회상에 의하면 이 무렵 글 잘 쓰는 경성제대 문과생들이 재미 삼아 문예작품 공모에 투고해서 상금 따먹는 재미에 빠졌었다고 한다. 하지만 우현은 '재미 삼아'가 아니라 돈이 궁해 글을 써서 공모에 투고한 것 같다. 그에게 한 푼의 돈이 아쉬운 매우 궁핍한 시기였다.

경성여고보생 이점옥

그 시절, 일본인 학생들은 거주 지역에서 가까운 경인선 종점인 인천역에서 기차를 탔고, 조선인 학생들은 거의 상인천역

(축현역이 1926년에 바뀐 이름. 현 동인천역)에서 탔다. 통학생회 문예부 회원들은 물론 여학생들도 「경인팔경」을 읽으며 우현을 칭송했을 것이다. 뒷날 우현의 아내가 된 이점옥 양이 이무렵 경성여고보에 다녔다. 5년 내내 기차통학을 한 것 같지는 않다. 기숙사에 들었어도 토요일에는 기차로 인천에 왔다가 월요일 아침에 올라갔을 것이다.

이점옥은 인흥(仁興)정미소 대표인 대부호 이흥선(李興善, 1877~1975)의 큰딸이었다. 용리에 살다가 아홉 살(1917년) 때 내리로 이사했다.* 1924년 사립박문학교를 수석 졸업하고 경성여고보에 진학했다. 어릴 적에 우현의 집과 가까이 있었고 부친끼리도 친했으며 우현과도 아는 사이였다고 한다.

경성제대생들은 느티나무 세 잎에 '대학'(大學) 두 글자 모표가 달린 사각모자를 쓰고 교복 위에 망토를 걸쳤다. 조선인에게는 44명만 허락된 교복이라 거리에 나가면 사람들이 모여들어 구경할 정도였다고 한다. 우현은 모두가 선망하는 존재로서 기차를 탔다. 이점옥도 인천 대부호의 딸로 천하의 재원(才媛)만 들어가는 경성여고보에 다니는 데다 미모까지 뛰어나서 도도했다고 전한다. 그러나 우현을 만나면 같은 칸에 올라 호감을 느끼며 '정감 있는 대화'를 나누었을 것이다. 시와 소설 이야기도 하고 어려운 수학 문제도 물었을 것이다.

---

* 「이점옥 여사의 기록」, 『아무도 가지 않은 길』, 170쪽. 이점옥 여사는 내리 집을 헐고 다시 지었으며 할머니와 둘이 조진만 씨 집에 머물렀다고 회고했다. 인척이었던 듯하다.

상인천역에서 경성까지 기차통학의 길은 멀었다. 학교 뒤편 소나무 숲에 매월 20원 내는 예과 기숙사 진수료(進修寮)가 있었고 한 달에 15원을 내는 창신동 하숙이 있었다. 우현은 기숙사에도 하숙에도 못 갈 정도로 형편이 궁했다. 그러나 서울 인천을 시계추처럼 얌전하게 왕복하기만 한 건 아니었다. 시험이 끝나거나 중요한 과제를 마쳤을 때는 친구네 하숙에서 화투치기를 넘어 마작(麻雀) 게임을 하고 술을 진탕 마셨다. 그런 일탈은 우현의 일기 여러 곳에서 드러난다. 『문우』에 실린 글들에도 보이는 것처럼 경성제대생에게는 특권 의식과 함께 그것과 괴리를 보이는 현실의 모순에 따른 내적 갈등이 있었다.

우현은 가장 절친한 벗 이강국의 신혼집에 가서 묵기도 했다. 이강국은 1926년 6월, 『시대일보』 발행인인 조준호(趙俊鎬)의 누이 조갑숙(趙甲淑)과 결혼해 숭삼동(崇三洞, 오늘의 명륜동)에 신혼살림을 꾸리고 있었다. 조준호는 백만장자 조중정(趙重鼎)의 장남으로 도쿄 주오(中央)대학에 유학했고 조갑숙은 숙명여고보 출신이었다. 조중정은 조중응(趙重應)과 6촌 간이었다. 조중응은 1907년 국권을 일본에 거의 다 줘버린 반역자 대신들을 일컫는 '정미칠적'(丁未七賊)과, 1910년 강제합방을 찬성한 '경술국적'(庚戌國賊) 양쪽에 이름이 있는 친일 매국노였다. 조중정이 친일 세도가 조중응을 등에 업고 부를 쌓았는데, 그 아들 조준호는 일본과 영국에 유학한 뒤 일본의 정세 변화를 잘 읽어 아버지보다 더 큰 재산을 모았고 신문사까지 경영하고 있었다. 나이는 매제인 이강국보다 세 살 많았다.

이강국은 처남이 마련해준 고래등 같은 큰 기와집에서 살았다.

성균관 근처였다. 가난한 대학생에서 금전에 전혀 구애되지 않는 귀공자로 처지가 바뀐 친구에게 가서 우현이 하룻밤 의탁하는 건 문제도 아니었다. 이강국과 마작을 하며 독한 술을 마시기 시작한 것도 이 무렵이었다고 전해진다. 궁핍하던 우현으로서는 어쩌면 자신도 이강국 같은 결혼을 할 수 있을지 모른다는 생각을 가졌을 만하다.

우현은 바쁜 일상을 보내면서도 시를 썼다. 아름다운 서정시 「춘수」를 발표한 것이 이즈음이었다.

봄날은 슬픈 날, 겨울날을 지나온
뜰앞에 치잣닢도, 햇빛이 떤다.

앞에서 전문을 소개한 「춘수」의 앞부분이다. 제목은 봄철에 일어나는 쓸쓸한 근심을 뜻한다. 봄에 여심을 흔들기 좋은 시다.
'얼굴 창백한 수재, 경인통학생 중 유일한 경성제대생 고유섭이 슬프고 쓸쓸하다고 하지 않는가?'

이 아름다운 서정시가 실린 『문우』는 경인선 기차 칸에서 돌고, 경성여고보에서도 돌았다. 경성여고보 4학년이던 이점옥이 읽고 마음이 끌렸을 것이다. 이점옥은 어쩌면 우현이 가정의 불행 때문에 괴로워한다는 것도 알고 있었을 것이다. 기차 칸에서 영시를 외우며 그녀의 마음을 사로잡으려는 남학생들도 있었다지만 이 시가 경성제대 문집에 실린 데다 슬픈 서정이 담겼으니 누가 우현을 그녀의 가슴에서 밀어낸단 말인가? 이점옥은 연민 가득한 마음으로 그를 바라보았을 것이다.

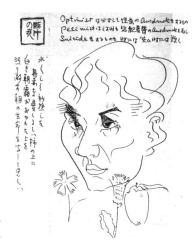

우현의 청년 시절 자화상.
동국대 중앙도서관 제공.

우현이 본과로 올라간 1927년 『문우』는 5호로 끝났다.

우현은 그렇게 독한 술과 시와 산문을 좋아하는 창백한 수재로 청년기를 보내고 있었다. 초기 경성제대 예과에는 축구, 야구, 유도, 연식정구, 승마 동아리가 있었다. 최고령인 이희승이 두목이 되어 여럿이 관동팔경을 도보로 답파하기도 했다. 원산에서 울진을 거쳐 평해까지 천 리를 걸었다.* 우현이 도보여행이나 운동부에서 뛴 증언은 없다. 천명을 다하지 못하고 세상을 떠난 걸 생각하면 운동을 멀리한 게 아쉽다. 인천 친구들과 한용단 야구 선수로 기량을 닦고 제국대학 야구팀에서도 뛰었다면 수명이 길었을지도 모른다.

---

* 이충우, 『경성제국대학』, 95쪽.

철학도의 삶

동숭동 캠퍼스

1927년 4월, 23세가 된 우현은 2년간의 예과 과정을 마치고 본과로 올라가며 전공을 선택하게 되었다. 본과 캠퍼스는 경성 동숭동에 있었다. 우현은 문과 B반의 문·사·철 세 분야 중 철학과를 선택했다.

경성제대에는 도쿄제대 철학과를 나와 서양이나 중국, 인도 유학을 다녀온 실력파 교수들이 와 있었다. 철학사를 강의한 아베 요시시게(安倍能成, 1883~1966) 교수, 심리학을 강의한 하야마 히로시(速水滉, 1876~1943) 교수, 철학개론을 강의한 미야모토 카즈요(宮本和吉, 1883~1972) 교수, 뒷날 강서고분 발굴 촬영으로 명성을 떨친 다나카 도요조(田中豊藏, 1881~1948) 교수, 문부성 사료편찬실에서 일하고 총독부박물관장을 한 역사담당 후지다 료사쿠(藤田亮策, 1892~1960) 교수 등이었다. 우현의 아버지 고주연이 도쿄제대에 갔다면 동창이 됐을 사람들이었다.

우현이 사업 실패로 고심이 컸을 아버지와 철학과 선택을 놓고 의논했는지는 알 수 없다. 그보다는 일종의 오이디푸스 콤플렉스로서 아버지를 넘어서고 싶은 욕망 때문이었을 것이다. 정신 내면에는 어머니를 쫓아낸 아버지에 대한 복수심이 있어서

'아버지가 하지 못한 철학 공부를 내가 해보겠다'는 의지 같은 것이 서 있었을 것이다.

철학의 여러 분야 중 특별히 미학을 선택한 것은 가까운 친구들과는 의논했을 것이다. 이강국의 회고가 있다.

군(君)에게 미학 전공을 권한 것도 나였으니 불우(不遇)에서 일생을 맞이한 게 책임을 느끼기도 하는 것이다.[*]

이강국이 책임을 느낄 정도라면 진정한 권유였을 것이다. "이왕 철학과에 갔으니 미개척 분야인 미학을 전공하면 독보적인 존재가 될 수 있다. 미학의 기초를 쌓은 뒤 네가 좋아하는 조선 미술사를 연구하면 분야의 개척자가 될 수 있다"라고 말했을 게 분명하다. 이 무렵에는 우현과 이강국의 보성고보 1년 후배인 임화와 윤기정(尹基鼎)·변영로(卞榮魯)·권구현(權九玄)·이태준(李泰俊) 등이 미술평론을 시작하고 있었지만 체계 있는 학문 연구를 거치지 않은 수준이었다.

우현이 미학과 미술사를 전공하기로 결심한 것을 다른 동창들은 어떻게 바라보았을까? 문과 동기생으로서 형제와 같은 우의를 나눈 일석(一石) 이희승 박사는 1958년 우현의 유고『전별의 병』서문에 이렇게 썼다.

필자와는 5개년 동안 연참(鉛槧, 붓과 종이. 읽고 쓰는 공부를 뜻

---

[*] 이강국, 「고유섭 군의 2주기」, 『현대일보』, 1946. 7. 12.

함)의 업(業)을 함께했을 뿐만 아니라 학창을 나온 후에도 어느 다른 동창보다 추수(追邃, 뒤따라서)를 자주 하는 금란(金蘭, 친구 간 두터운 정의[情誼])의 벗이었다.

다만 군(君)과 필자와의 사이에 커다란 차이가 있었다면 군은 어디까지나 고고불패(孤高不覇)의 풍도(風度)를 잃지 않은 데 대해 필자는 지극히 소심(小心)해 세속에 악착(齷齪)하는 범부(凡夫)의 테두리를 벗어나지 못한 것이다.

일정시대의 경성제국대학에는 그 법문학부에 미학 전공과가 있었으나 전공자는 제2회에 최초로 우현 한 사람뿐이었다. 그 이후 8·15광복에 이르기까지 고 군 외에 일인(日人) 한 명이 있어서 경성제대 역사 20년을 통해 오직 두 사람뿐이었다. 이로 미루어 보아 미학이란 것이 얼마나 세인의 주목을 끌지 못했던가를 넉넉히 짐작할 수 있다. 그런데 우현은 세인의 관심이 끌리지 않는 이런 분야에 일찍부터 매력을 느꼈던 것이다.*

우현이 미학을 전공하기로 결심한 데에는 막 독일 유학을 마치고 학기 초에 부임한 우에노 나오테루(上野直昭, 1882~1973) 교수의 존재가 가장 큰 이유가 되었다. 전공 분야의 지도교수가 없다면 불가능한 일이기도 했다.

우에노 교수는 도쿄제대에서 철학을 전공하고 그 대학 미

---

* 이희승, 「서(序)」, 고유섭, 『전별의 병』, 통문관, 1958, 2~4쪽. 인용문 중 미학 전공자가 일본인 1명밖에 없었다는 것은 잘못된 기억이다. 박의현(朴義鉉)이 1930년에 예과, 2년 뒤 본과 철학과에 입학해 미학을 전공하고 1936년에 졸업했다.

학연구소 조교로 일했다. 경성제대 교수요원으로 지명되어 1924년 독일과 미국에 유학해 미학과 미술사를 연구하고 1927년 경성에 왔다. 우현을 지도하고 우현이 본과 졸업 학기에 학사 논문을 제출한 뒤인 1930년 독일로 갔다. 베를린대학 교환교수로 있다가 1932년에 경성제대로 돌아와 1941년까지 재직했다.

우현과 우에노 교수의 첫 만남을 들여다볼 수 있는 자료가 있다. 1927년 4월 학기 초에 철학과 학생과 교수들이 수원으로 답사를 겸한 유람을 떠났다. 자기소개 발언을 하는 시간이 있었다. 우에노 교수는 그날 우현과의 첫 만남을 이렇게 회고했다.

내가 유럽에서 돌아와 경성대학에 부임한 것이 개교해서 1년 늦은 1927년 4월이었고 전해인 1926년에 대학이 문을 열었다. 학생은 2회째 입학이었고, 그 안에 고유섭 군이 있었다. 처음으로 군과 만난 것은 나의 부임 후 겨를도 없이 교관 학생의 합동회의로 수원에 하루치기로 돌아오는 그 유람을 한 적이 있는데 그때 신입생이었던 군이 소개되었다. 그때 이미 상당한 수재라는 연유를 듣게 되고 또 미학을 전공할 예정이라 말하는 것이었다.[*]

그렇게 다녀온 수원 여행 며칠 뒤였다. 교수들이 제자들의 전공 선택을 돕기 위해 면담하는 과정이 있었고 우현은 우에노 교

---

[*] 우에노 나오테루(上野直昭),「고유섭 군」(高裕燮 君),『고고미술』 1964. 7. 1, 548쪽. 일문(日文)을 그대로 받아 실었다.

경성제대 조수 시절의 우현(오른쪽)과
우현의 지도교수
우에노 나오테루(왼쪽).
열화당 제공.

수를 만났다. 그때 "집안이 넉넉해야 미술사 공부를 할 수 있다고 교수가 말했다"라고 우현은 뒷날 1938년 초 『조선일보』의 「묵은 조선의 새 향기」 인터뷰에서 회고했다. 집안 사정이 넉넉하진 않지만 그래도 한번 해보겠다는 제자를 교수가 말릴 수 없는 일이었다. 더구나 조선인 첫 수제자, 조선 땅 최초의 미학 전공자가 될 제자이니 기뻤을 것이다. 그리하여 우에노는 담임 교수이자 학사 논문 지도교수가 되었다.

가난한 대학생 약혼하다

우현은 학비 때문에 곤경에 빠졌다. 본과 1학년 2학기 등록금을 내지 못했다. 경성제대 학적부에 "소화 2년(1927) 11. 10 등학정지 제2기 수업료 미납 11. 26 해제"라는 기록이 있다.

법문학부 1회 졸업생 강성태(姜聲邰)의 회고에 따르면 수업료는 연간 100원이었고, 학적부의 '제2기'란 10월 16일부터 다음해 3월 말일까지의 2학기였다.* 그러니까 등록금 50원을 마련하지 못한 것이다. 아버지 고주연의 미두 투기가 계속 빗나가 결국 파산 상태에 이른 것이다.

그러면 누가 도와줘서 16일 뒤에 납부했을까? 우현의 두 아드님에게 여쭈었으나 잘 알지 못했다. 의사였던 숙부 고주철이 내줬을까? 그의 경력을 탐색해보니 1921년 만주로 떠났고 1931년에야 돌아와 싸리재 큰길 옆에서 개업했다.

우현의 생질녀 장숙현 여사의 노트에 이강국이 등록금을 내줬다는 기록이 있다. 장숙현 여사는 1944년 우현이 병사한 뒤 외가와 단절되었기 때문에 어머니 고정자 여사에게서 들은 대로 적었을 뿐이다. 아무 계산이나 꾸밈이 없어서 신뢰가 간다.

앞에서 인용한 안용백의 회고에 나오는 장학금일 수도 있지만 이강국이 처남 조준호를 설득해 장학금 명목으로 받았을 가능성이 크다. 혹은 인천의 부호 중 누군가가 내줬을 수도 있다. 그랬다면 뒷날 우현의 장인이 된 이흥선이었을 것이다. 그는 이 무렵 여러 가지 선행을 펼치고 있었으며 고주연과 잘 아는 사이였다. 정말 등록금을 내주었다면 속으로는 사위로 삼고 싶은 속셈도 있었을 것이다.

한 해에 조선인은 겨우 40여 명만 들어가는 대학, 경성제대생은 신랑감으로 인기가 치솟았다. 가짜 경성제대생이 경성과 개성에서 사기 행각을 벌이고 혼인을 빙자로 처녀 여럿을 능욕하

---

* 강성태, 「경성제국대학(11)」, 『중앙일보』, 1971. 5. 18.

는 사건도 일어났다.[*]

인천의 첫 경성제대생 우현은 최고의 사윗감이었다. 딸을 가진 부자들이 기차역에 나가 준수한 외모에 '大學' 모표가 달린 경성제대 교모를 쓰고 망토를 걸친 우현을 바라보며 탐냈다.

슬픈 일화가 있다. 이점옥 여사가 결혼한 뒤 들은 바를 기록한 것이다. 아니, 그 전에 이미 알고 있었는지도 모른다.

인천 최씨라는 분이 찾아와서 큰손녀와 혼인을 하자 하여 싫다고 했더니 다음엔 작은손녀딸과 혼인을 하면 땅 200석지기를 주겠다고 했는데도 싫다고 했다고 한다. 작은손녀는 사람만은 참 얌전하고 착하다. 일본 유학을 보내달라 했는데 할아버지가 보내주지 않아 자기 아버지의 말이 "내가 책 같은 것을 사줄게. 그거나 보고 인천고녀(仁川高女) 5학년 보습과에 들어가 공부나 더하라" 해서 인천고녀 5학년을 마치고 그 일이 벌어졌다. 월미도 뒤 바다에 가서 빠져 죽었는데 얼마 후 그 어머니도 문고리에 목을 매어 사망했다고 한다. 그 참혹한 이야기를 듣고 고 선생이 참 안 되어 몹시 언짢아했다고 한다.[**]

1928년 8월, 부산 발행 일본어 신문에 인천부 송림동에 사는 최씨 처녀가 월미도에서 투신자살한 기사가 실렸다. 송림동 거부 최응실(崔應實)의 딸 19세 최보배(崔寶培)는 경성 소재 고

---

[*]「대학생이란 무엇. 사기 범죄를 보고」, 『조선일보』, 1929. 10. 25.
[**]「이점옥 여사의 기록」, 『아무도 가지 않은 길』, 167~168쪽.

이점옥 여사의 인천 사립박문학교 졸업증서. 고재훈 선생 제공.

등여학교를 졸업하고 인천고등여학교 부설 보습학교에 재학 중
이었는데 부모가 일본 유학을 시켜달라는 간청을 물리치고 강
제로 족벌 결혼을 밀어붙이자 가출해 월미도에서 투신자살했
다'는 내용이다.[*] 우현이 청혼을 거절한 내용은 기사에 없지만
일본 유학과 인천고녀 보습학교 과정 이야기도 있고 최씨이니
같은 사건이다.

'한국 근대 학력 엘리트 DB' 웹사이트에 1927년 경성여고보
를 졸업하고 1928년 인천고등여학교 보습과정을 나온 최보배

* 「강제결혼 조선인 처녀의 가출」(強制結婚 鮮人娘の 家出), 『조선신
　보』(朝鮮新報), 1925. 8. 15. 처녀는 인천 객주단합소장, 인천부협의
　회 의원을 지낸 송림리 출신 거부 최응삼(崔應三)과 가까운 친척으
　로 보인다.

이점옥 여사의 경성여고보 졸업증서. 고재훈 선생 제공.

(崔寶培)가 있다. 같은 인물이 확실하다. 이점옥 여사는 1928년 졸업이므로 한 해 후배가 된다. 서로 모르는 사이가 아니었을 텐데 그렇게 회고했다.

　아무튼 인천 최고의 수재인 경성제대생 우현을 놓고 최응실과 이흥선이 경쟁한 것은 아니고 우현과 이점옥이 이미 서로 마음이 끌리고 있었던 듯하다.

　최씨 가문 딸의 사고도 있고 해서 아버지 고주연이 혼인을 서둘렀다. 이흥선도 '잘못하면 최고 사윗감 빼앗긴다' 하며 마음이 급했다. 부자가 사위 고르는 일은 신중해야 했다. 그와 가까이 지내는 거상(巨商) 심능덕(沈能德)처럼 낭패를 볼 수도 있었다. 심능덕은 싸리재 상인 박내홍의 아들 박창하 소위가 데리고 온 일본 육사 동기생 이종혁 소위를 붙잡아 큰사위로 삼았다. 일본군 장교 사위를 두면 경찰서장도 함부로 대하지 않으므로 사업 방패막이로 최고였다. 그러나 사위 이종혁이 독립전쟁 전선으로 탈출해 마덕창(馬德昌)이라는 가명으로 맹렬히 투쟁함으로써 곤경을 겪었다.*

이흥선의 눈으로 보면 인천 최고의 사윗감으로 전국에서 조선인 최초로 고등문관시험 사법과에 합격해 법관시보를 하는 조진만이 있었다. 그러나 가까운 인척이었다. 인천의 신흥 부호인 이흥선에게는 우현이 최상의 사윗감이었다.

고주연으로서는 아들이 경성제대를 졸업해도 철학과라서 취직이 어려울 테니 존경받는 부호인 이흥선의 사위로 보내자는 공리적 계산을 했을 것이다. 아버지 재산을 따지지 않더라도 이점옥은 인천에서 가장 매력적인 신붓감이었다. 아마 우현도 부잣집 딸과 결혼해 단번에 가난을 면한 친구 이강국을 생각했을 것이다.

이흥선은 입지전적인 실업가였다. 황해도 출신으로 굶주림을 벗어나려고 어린 시절에 온 가족이 김포 통진으로 이사했다. 그러나 여전히 가난했다. 이흥선은 아홉 살 때 인천으로 왔고 미

---

* 이종혁(李種赫, 1892~1935)은 충남 당진 출생으로 일본 육사를 졸업, 1915년 임관했다. 1924년 망명, 1928년 참의부 집행위원장으로서 무장항쟁을 펼쳤다. 펑톈(奉天)에서 일경에 피체, 5년 옥고를 치르고 후유증으로 병사했다(이원규, 「이종혁 중위 이야기」, 『애국인가 친일인가』, 범우사, 2019). 그의 가문 족보에, 독립투쟁 군자금을 목적으로 인천 거부 심능덕의 딸과 혼인했다가 장인과 뜻이 달라 이혼한 기록이 있다(『덕수이씨 세보』, 원광대 김주용 교수 제공).

우현의 장인 이흥선.
입지전적인 실업가로
"가난한 사람들 사정을 헤아리는
너그러운 부자"였다.
『경인일보』제공.

두취인소 사환이 되었다. 정직하고 성실하게 10년을 일해서 저축한 돈과 퇴직금을 합해 1,000원을 손에 들고 독립했다. 미두 거래를 잘 알면서도 투기에는 나서지 않았다. 그것으로 파멸에 이른 부자들을 무수히 봤기 때문이었다. 스무 살 나이에 내리에 작은 포목상을 열었다. 수완이 좋아 사업은 번창했고 정미업에도 뛰어들었다. 인천에서 가장 전망이 좋은 사업이 정미업이었다. 전국에서 수확한 벼가 인천으로 실려 와 도정(搗精)을 하고 경성은 물론 일본으로 실려 나갔다.

1916년 4월 26일, 친일 신문인 『매일신보』는 '인천 신사 신상 소개호'(仁川 紳士 紳商 紹介號) 특집을 발행해 40명을 소개했는데 이흥선에 대해서는 다음과 같은 글이 실렸다.

군은 가진 성품이 강직하고 굴하지 않으며 여간의 곤란한 경

이홍선을 인천의 대표적인
신상(紳商, 점잖은 상인)으로
소개한 『매일신보』 기사 앞부분.

우에도 인내하는 힘이 큰 까닭에 일을 감당하지 못하는 바가 없으며 심성이 따뜻하고 좋으므로 사람들과 교유할 때 그대로 따르기 위주여서 존경과 흠모를 받지 않는 바가 없으며 신용이 깊고 후하므로 계약 처사 상에 한 번도 위반한 바가 없음은 사람들이 모두 아는 바로다.

이홍선은 30세 나이에 전도유망한 실업인으로 뽑혔다. 그는 도정공장에서 "12명의 직원으로 연간 8천 가마를 생산한다"라고 소개되었다. 심성이 착하고 신용이 강하다는 평가도 있었다.
1925년에는 해변 매립지인 유정(柳町, 현재 중구 유동)에 인흥(仁興)정미소를 설립했다. 여공들을 공평하고 후하게 뽑은 일로 그는 "가난한 사람들 사정을 헤아리는 너그러운 부자"로 사람들의 입에 회자되었다.

1928년 봄, 우현은 이점옥과 약혼했다. 그해 고주연은 더 버티지 못하고 집을 팔고 강원도 평강군 남면 정연리로 이사했다. 미두 투기사업이 회복 불능 상태에 빠졌던 것이다. 우현은 일기에 "서모가 자식을 낳으면 자꾸 죽어 땅이 있는 정연리로 이사했다"라고 썼다.

이점옥 여사는 "싸리재 집을 금강산 유점사 포교원에 팔았다"고 들었다고 회고했다. 우현이 시 「성당」을 쓰며 답동성당과 바다를 바라본, 들창이 있는 그 집은 허무하게 팔려서 절집이 되었다. 앞에서 살펴본 '1920년 소유자 고유섭 용리 237번지 21평 가옥' 폐쇄등기에 1926년 4월 18일 용리 184번지에 주소를 둔 김봉옥(金奉玉)에게 매매된 것으로 실려 있다. 싸리재의 전망 좋은 집에서 6년을 산 것이다. 그런데 유점사가 아니라 건봉사(乾鳳寺)의 능인(能仁)포교원에 매각되었다고 보아야 한다. 포교원은 인천 토박이들이 '용동절'이라고 부른 곳으로 우현 출생 전에 이미 거기 있었다. 인천시 지명 자료에 연원 설명이 있다.

지금부터 58년 전 싸리밭 덤불 속에 토굴을 쌓고 불상을 모시고 수도하던 중 건봉사 주지승이 양수해 법당을 신축하고 포교소로 만들었고 그 후 여러 차례 주지승이 교체되어 현재는 금강산 건봉사 능인포교소로서 속칭 용동절이라 함.*

---

* 용동절, 좌표 905 494, 『지명조사표』, 1959년 인천시 중부출장소. 신연수 시인 제공. 강재철 · 김영수 · 이건식 공편, 『1959년 인천시 지명

우현 소유의 집 옆에 능인포교원이 있었고, 포교원이 우현의
집을 매입해 도량을 넓혔던 것이다. 이점옥 여사의 말이 맞는
다면 관할이 잠시 유점사로 넘어갔었거나, 같은 금강산 교구에
속한 두 사찰이 우현의 집을 사들여 포교원을 확장해서 공동 운
영했을 것이다. 지금 애관극장 옆 골목을 올라가면 설악산 신흥
사 포교원인 능인사가 앉아 있다.

같은 번지에 아우 고주철의 병원과 살림채가 몇 해 뒤에 들어
섰고, 1960년대 후반에 헐렸다. 고주철의 병원 개업은 당시의
신문 기사에 있다.

인천 도규계(刀圭界, 의학계, 의사 사회)에서 신임이 두터운 고
주철 씨는 금월 말로부터 인천 외리 237번지 애관(愛館) 인(隣)으
로 전(前) 두남(斗南)식당 적(跡)에 개업키로 결정되어 방금 준비
에 분망 중으로 씨의 개업은 인천 내외인사의 환영을 받는 터이
다. 씨는 경성의전 출신으로 다년 인천 부립병원 내과에 근무타
가 대정 11년 서백리아 출병 시에 종군의로 특별 발선(拔選)되어
2개년 간 해지(該地)에서 병상병(病傷兵)의 의료에 종사하고 귀국
즉시 도쿄제대(東京帝大) 의학부에 입(入)하여 내과를 전공한 이
로 씨는 의전 재학시대 이래 한방(漢方)에 관한 연구를 계속하는
중으로 개업 후에는 동서의 의방(醫方)을 병용할 터라 하므로 일
반으로부터 부단(不斷)한 주목을 끌게 되었다 한다.[*]

조사표』, 인천대 인천학연구원, 2023, 48쪽, 249쪽에도 실렸다.
[*]「고주철 씨 개업(인천)」,『매일신보』, 1931. 8. 22. 내용 중 '경성의전'

애당초 용리 237번지 넓은 토지를 우연의 조부 고운경과 아버지 고주연이 돈을 합해 공동지분으로 매입한 듯하다. 그래서 일부는 빚쟁이에게 넘어가지 않아 고주철 내과가 거기 개업한 것으로 보인다.

우현의 가족이 이사해간 정연리는 평강군으로서는 유일하게 휴전선 남쪽이라 지금은 철원군 갈말읍에 편입된 민통선 지역이다. 우현이 "땅이 있는 정연리로 이사했다"라고 쓴 걸 보면 토지를 사둔 것 같기도 하다. 고주연이 농사를 크게 지었는지는 알 수 없고 4~5년 뒤에 정연수리조합 평의원, 철원금융조합 역원을 맡은 기록이 있다.

우현은 식구들이 강원도로 떠난 뒤에 인천에서 하숙하며 통학했다. 기차 정기권과 인천 하숙비를 합해도 경성의 하숙비보다 돈이 덜 들기 때문이었다. 하숙집은 어디였을까? 우현의 보성고보 졸업 기념사진 뒤에 붙은 명부에 '인천부 외리 206번지'로 실려 있다. 큰숙부 고주철이 광복 후 대한적십자사 경기도 지부장을 할 때 작성한 신상 카드에 주소가 '경동 206번지'로 되어 있는데* 외리가 경동으로 지명이 바뀌었으므로 같은 곳이다. 우현은 숙부 집에 기숙하지는 않았고 하숙집 주소를 졸업생 명부에 올리기 싫어서 숙부 댁을 주소로 써낸 것으로 보인다.

우현은 기차 칸에서, 대학도서관에서 대출한 특별한 책을 거

은 그 전신인 조선총독부의원 부속 의학강습소를 그렇게 쓴 것이다(구한국『관보』, 1914. 4. 13, 「의학강습소 의과 졸업생 명부」).

* 1959년 작성 대한적십자사 경기지회장 고주철 신상카드. 신연수 시인 제공.

의 달달 외듯이 읽었을 듯하다. 위창 오세창의 『근역서화징』이 1928년 5월에 활자본으로 발간되어 있었다. 보성고보 시절에 일부를 보았다면 이번에는 전부를 읽고 발췌할 기회였다. 3권으로 된 순한문책이지만 어린 시절 김병훈의 의성사숙에서 제대로 배운 터라 독해는 문제가 없었다. 최남선이 신문에 쓴 그책 서평도 읽었을 것이다.

화가 392인, 서가(書家) 576인, 서화겸가(書畵兼家) 149인을 신라대·고려대·조선대로 대별해 거의 연대의 순서로 배별(排別)하고 성명의 아래에 사집안속(史集案續, 역사책과 관청 기록) 등에 견(見)한 바를 거의 연대의 차서(次序)로 초록(抄錄)하고 일일이 의거를 표시해 망의독단(妄疑獨斷, 망령된 의혹과 독단)의 혐(嫌)을 피한 것이 찬자(撰者)의 저술 양심의 높음을 볼 수 있는 동시에 후의 참고자로 하여금 자유로운 검토를 얻게 했다. …각 시대 각 방면의 주요한 사실(史實)에 직간접의 연락을 가지지 아니한 것이 없어서 예술 중심의 한 인명사전 혹은 조선사(朝鮮史)로도 볼 수 있다.*

우현은 최남선의 서평을 찬찬히 읽고 당대 지식인들이 원하는 조선미술사의 방향을 메모했을 것이다.

---

* 최남선, 「오세창 씨 『근역서화징』, 예술 중심의 일부 인명사서(人名辭書)」, 『동아일보』, 1928. 10. 17~19 연재에서 발췌.

경성제대 문과 B반 조선인 학생들. 앞줄 오른쪽 끝이 우현이다. 열화당 제공.

철학과의 일본인 스승들

이 무렵, 경성제대 본과에 경제연구회라는 공산주의 이념 동아리가 만들어졌다. 3·1운동이 좌절되자 젊은 지식층은 급격히 좌익으로 기울었다.

'조국의 독립, 민족의 해방은 일본을 타도해야만 가능하다. 일본 제국주의가 공산주의 혁명으로 붕괴될 때 길이 열린다.'

본과생들 중 그런 생각을 가진 사람이 많았고 그 선두에 이강국이 있었다. 우현은 그들의 이념에 공명(共鳴)했지만 경제연구회에는 들어가지 않았다. 어린 시절 태극기 만세사건으로 혹독히 당했고, 아버지와 큰아버지가 '고유섭이 다시 한번 시국에 반하는 언행을 할 시는 어떤 피해도 감수한다'라는 보호자 각서를 썼으며 전공인 미학과 미술사 공부에 전념한 때문일 것이다.

그는 다른 동아리인 낙산문학회 동인(同人)에 가입했다. 학교 뒷산인 낙산(駱山)에서 이름을 딴 이 동인은 경성일보사 사옥에서 강연회를 한 번 했을 뿐 동인지 한 권 못 남기고 해산했다. 우현에게 큰 부담은 되지 않았을 것이다.

학부 시절 우현에게 학문적 바탕을 마련하도록 이끌어준 스승은 우에노 나오테루와 다나카 도요조, 후지다 료사쿠였다. 우현은 우에노 교수의 '미학개론' '미학연습' '서양미술사' 강의를 들으며 서양의 미학을 바탕으로 한 예술학의 방법론을 익혔다. 다나카 교수에게서는 '강독연습' '중국미술사' '일본미술사'를 수강해 동양미술사를 파악했다. 후지다 교수에게서는 '고고학'과 '동양미술사' 특강을 들었다.

철학과 강의는 이렇게 진행되었다. 당시 미학 미술사 연구실 조수였던 나카기리 이사오(中吉功)가 1964년 우현 20주기 특집에 기고한 회고기에 우현의 모습을 선명하게 그렸다. 그는 우현보다 세 살 어렸다.

고 씨와 나의 첫 만남은 1928년 4월의 일이었다. 내가 서울대학의 전신인 경성제국대학 법문학부 미학미술사 연구실에서 처음 일하게 되었을 때, 고 씨는 미학 전공 2학년이 막 되어 있었다. 언뜻 보기에도 차분하고 온후한 사람이었고, 대인(大人)의 기품이 몸에 밴 대학생이었다. 주임교수인 우에노 나오테루 선생님(당시 연구실에는 우에노 선생 한 분만 계셨다)께 소개받았을 때 실로 호감이 가는 사람이라고 직감했지만, 아니나 다를까 교제하면서 점점 고 씨의 고상한 인품에 매료되었다. 서로 흉금을 털어

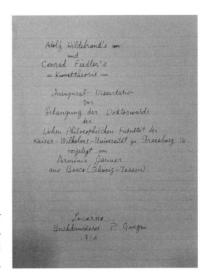

우현이 수업 시간에 메모한
아돌프 힐데브란트와 콘라드
피들러 수강노트. 동국대
중앙도서관 제공.

놓고 얘기하는 사이가 되어, 조선인이라든가 일본인이라든가 하
는 그런 격의 없이 어느새 형제 같은 친밀감이 솟아 올랐다. 당
시, 특히 인상에 남아 있는 것은 독일어 원서 '미학연습' 시간에
선생 한 명, 학생 한 명(물론 고 씨)인지라 얼마나 아쉬웠는가 하
는 점이다. 우에노 선생님과 고 씨가 마주 보고, 학생복 차림의
고 씨가 음독(音讀)하고는 일본어역하던 모습이 어제처럼 눈앞
에 떠올라 그립다. 고 씨는 늘 우에노 선생님의 탁월한 독일어가
얼마나 멋진지 나에게 얘기하던 것을 기억한다.*

나카기리의 글로써 차분하고 온후한 24세의 청년 우현의 풍

---

* 나카기리 이사오(中吉功), 「고유섭 씨의 추억」(高裕燮 氏の 思し出),
『고고미술』, 1964. 7. 1, 68~70쪽. 일문을 그대로 받아 실었다.

모를 짐작할 수 있다. '미학연습' 강의에 우에노 교수와 미학 독일어 원서를 놓고 교수와 유일한 수강생인 우현이 강독 수업을 하는 장면이 생생하다.

우현이 수강한 우에노 교수의 또 다른 강의 '미학개론'의 강의 노트가 서울대 미학과 고(故) 김문환(金文煥, 1944~2018) 교수에 의해 '이 땅 최초의 미학강좌'라는 부제가 붙어 국내에서 출간되었다.* 물론 우현이 수강한 그대로가 아니고 여러 해 거치면서 첨삭되었겠지만 크게 바뀌진 않았을 것으로 보인다. 권두에 실은 김문환 교수의 서문과 권영필 교수의 추천사를 읽고 찬찬히 책으로 들어가면 미학이라는 어려운 학문을 이해하는 데 도움이 된다. 우에노의 강의 중 무엇이 우현을 미학 연구로 이끌었고, 어떤 영향을 주었는가, 우현이 시도한 미술사학과 미학의 연결이 학문적 관점에서 어떤 의미를 갖는가, 그런 궁금증도 풀어준다. 그리고 그 시절로 돌아가 우현과 나란히 강의실에 앉아 있는 느낌이 든다.

민주식은 이 책에 대한 서평에서 다음과 같이 설명했다.

"우에노의 미학개론은 첫째, 20세기 초 심리학적 미학을 배경으로 하고 있다. 둘째, 재료미학을 강조하고 이를 바탕으로 형식미학, 내용미학을 논했다. 셋째, 색채론을 중심으로 재료미학의 체계화를 도모하는 가운데 색채미학에 입각해 일본 예술에 나타난 미의식을 해명하고 나아가 인상파, 후기인상파, 표현파

---

* 우에노 나오테루, 김문환 편역 해제, 『미학개론』, 서울대출판문화원, 2013.

의 작품 해명에도 성과를 보여주었으며 그것이 이후 우에노가 미학의 영역을 넘어서 미술사 연구로 나아가는 바탕이 되기도 했다."*

다나카 교수의 역대명화기(歷代名畫記) '강독연습'에는 고유섭 이외에 박종홍이 수강했다고 한다. 같은 해의 다나카 교수의 '특수강의' 영락조미술사(寧樂朝美術史, 명나라 3대 황제 영락제 시대에 융성했던 미술의 역사)에는 학생 신분은 우현 한 사람뿐이고, 뒷자리에 심리학 담당 하야미 히로시 교수와 철학사 담당 아베 요시시게 교수, 철학개론 담당 미야모토 가즈요시 교수와 역사담당 후지타 료사쿠(藤田亮策, 1892~1960) 교수 등 여러 교수가 앉아서 청강했다고 한다. 우에노 교수의 '서양미술사' 강의도 학생이 적어 매년 열 명을 넘은 적이 없었다고 한다.

우에노의 '미학개론'처럼 강의노트가 전해지지 않는 다른 학과목 강의에서도 우현이 마음으로 느끼는 경이로움은 컸을 것이다. 그것은 아마 콜럼버스가 신대륙을 발견했을 때에 가슴에 일어난 그것과 비슷했을 것이다.

우현이 그렇게 미학이라는 새로운 학문으로 들어가던 그 무렵, 박종홍이 철학과에 선과생(選科生)으로 와 있었다. 학생 정원에 결원이 생기면 편입생을 뽑았는데, 예과를 거치지 않고 전공학과를 선택해왔다고 해서 '선과생'이라고 했다. 예과를 거친 재학생보다 비범한 학력자니까 뽑았을 것이다. 1929년에 선과

---

* 민주식, 「우에노 나오테루의 미학강의」, 『인문논총』 제9집, 서울대 출판문화원, 2013, 493~506쪽.

철학도의 삶 153

생으로 왔고 철학과 졸업은 1932년에 했으니 우현의 2년 후배인 셈이다. 박종홍은 19세이던 1922년 『개벽』지에 조선미술사를 연재한 경이로운 인물이었다. 보성고보 다닐 때, 그 글을 읽고 매우 놀랐던 우현이 박종홍을 역대명화기 강의실에서 만난 것이 흥미롭다. 우현으로서는 그의 편입이 분발하는 계기가 되었을 것이다.

강의가 끝난 뒤 대학 근처 선술집에서 둘은 이런 대화를 나누었을 것이라 상상해봤다.

"여섯 해 전 종홍 형의 글을 『개벽』에서 읽고 내가 얼마나 놀랐던지… 일본 학자들의 고적 조사에 대해 형은 '오직 그 조사라는 명목을 고수해 조사함에 그칠 뿐이요, 그 보존법까지는 나아가지 못했다'라고 썼지요. 그러고 야나기 무네요시한테 한 방 먹였지요. '고구려 회화는 고구려인들이 웅혼한 기개에다 인도의 불교사상과 서방의 펠리스 계통의 기교를 받아들여 생산한 예술인데 비애의 특성을 가졌다고 한 건 피상적인 선입견이다. 조선의 미는 무한한 내재미(內在美)다'라고 했지요. 19세, 사범학교도 안 나와 독학으로 교원 자격 얻은 시골 학교 교원이 감히 그렇게 썼지요. 그런데 형은 왜 미술사를 공부했어요?"

우현의 말에 박종홍은 어깨를 으쓱하며 이렇게 답했다.

"3·1 만세 직후였소. 야나기가 쓴 「석불사 조각에 대하여」를 읽고 홍두깨 방망이로 한 대 맞은 느낌이었소. 겉으로는 조선 편을 들고 있지만 조선민족은 미개하고 열등하다는 일본인 학자들 말에 동조하는 속셈이 보였소."

우현은 눈을 빛내며 머리를 끄덕였다.

"나도 그렇게 느꼈어요!"

"우리 민족의 특장(特長)을 밝히려면 정신적인 특색이나 장점을 드러내야 한다, 그렇게 생각했지만 쉽지 않았소. 사상사를 쓰고 싶었으나 그건 추상적이지요. 민족성이 드러나는 게 뭘까 곰곰 생각했는데 음악이었소. 하지만 음악에 대해서는 아는 게 없어서, 또 그건 보이는 게 아니어서 미술을 잡아본 거였소."

"참 대단해요. 나는 그걸 하려고 대학에 왔으니 학문적 방법론을 익혀 제대로 한번 해볼 생각입니다."

박종홍은 그렇게 말하는 우현의 어깨를 잡고 격려했다.

"문학 하려는 사람은 많아도 미술사 연구하려는 사람은 없소. 한번 해보시오."

알려진 바와 같이 뒷날 우현은 한국미술사의 개척자로, 박종홍은 최고의 철학자, 사상가이며 서울대 철학과 교수로서 빛나는 이름을 세상에 남겼다. 우현의 생애에서 아쉬운 것 중 하나가 대학에서 전공 제자들을 키우지 못한 것인데, 만약 환갑이 지나도록 살았다면 박종홍처럼 서울대 교수가 되어 한국미술사를 넉넉하게 열어가며 후진을 양성했을 것이다.

그날 우현은 박종홍에게 붙잡혀 값싼 선술집에서 안주 섞어 한 사발에 5전을 받던 탁주를 마시느라 인천행 막차를 놓쳤을 만하다. 그랬다면 어디서 잤을까? 박종홍의 하숙이거나 여관방이었을 것이다.

이 무렵 본과생들은 어지간히 술을 마셨다고 한다. 예과 시절의 객기는 후배들에게 물려주었지만 술을 더 많이 마셨다고 한다. 강성태의 회고록에 그 시절 술 마신 이야기가 있다. 간추리면 이렇다.

　교수들과 학생들이 자유스러워서 맞담배를 피웠다. 어지간히들 술을 마셨다. 학생들 부형이 대개 부자들이었기 때문에 싸구려 선술집은 물론 요릿집에도 갔다. 선술집은 거리곳곳에 있었다. 주인과 작부 비슷한 주모가 가마솥을 걸어두고 약주, 탁주 등 싼 술을 양푼에 퍼서 가마솥의 끓는 물에 한두 번 휘저어 덥게 만들어주었다. 홀 안에 앉을 곳은 전혀 없었고 손님들이 술을 받아 땅바닥에 서서 마셨다. 큰 사발 한 잔에 안주를 섞어 5전씩이었다. 서민적인 분위기와 함께 신선한 야채, 생선 등 계절적인 음식을 빨리 갖춰놓았다.

　상술집은 일명 '내외주점'이었다. 양반의 집 과부가 얼굴 내밀지 않고 여러 작부를 내세워 장사했다. 기와집 방에 술상을 놓고 머리댕기를 한 작부들을 데리고 놀았다. 약주와 정종, 안주 20가지가 마련되어 푸짐했다.*

　우현이 술 마시는 일 말고 대학도서관에서 공부에 빠지다 보면 경인선 막차를 놓칠 때가 있었다. 동숭동에서 전차를 타고 가면 가끔은 제시간에 도착하지 않아 그런 일이 일어났다. 주머니에는 저녁 끼니를 때울 돈도, 하룻밤 묵을 여관비도 없었다. 그러면 숭삼동 이강국의 집을 찾아갔다. 이강국은 선뜻 맞아들였다고 한다. 마작을 하고 술도 마셨다고 한다. 서로 학문에 대

---

* 강성태, 「경성제국대학(11)」, 『중앙일보』, 1971. 5. 18.

우현은 대학 시절에 쓴 「강원도 평강군 및 김화군 결혼풍속 보고」 과제물. 동국대 중앙도서관 소장.

한 고민도 털어놓고 가정사도 이야기했을 것이다.

그러나 우현은 고민 탓에 술을 마시면서도 결국은 현실을 어쩔 수 없이 받아들인 듯하다. 방학이 되면 우현은 아버지가 누이동생 정자, 서모와 이복동생들을 거느리고 사는 정연리에 가서 지냈다. 앞에서 살핀, 예과 시절에 쓴 「화강소요부」가 내용상 하루 이틀 머물면서 쓴 것이 아님을 짐작하게 하며, 행문 중 "내 고을 이름은 화강(花江)이요"라는 구절이 있다. 1만여 장에 달하는 우현의 육필 원고 가운데 대학 시절 과제물이 하나 있다. 「강원도 평강군 및 김화군 결혼풍속 보고」다. 본과 시절에 조사해서 작성했다. 이런 과제는 여러 날 조사해서 써야 하므로 우현이 평강 정연리 집에 당연한 일처럼 머물렀음을 알 수 있다.

이 무렵에 소묘와 더불어 시어(詩語)로 쓴 일기가 있다. 배경이 철원 정연리인 듯하다.

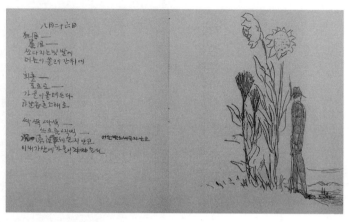

1928년 8월 26일 일기에 쓴 시어와 소묘. 열화당 제공.

광풍— 폭풍—

쏟아지는 빗발에

여름이 쓸려간 뒤에

화홀— 호로로—

가을이 몰려든다

하늘 높은 소리로

딱똑 딱똑 쓰르름 찍찍—

칠야(漆夜)를 서슴지 않고

이 내 가슴에 가을이 든다.*

---

*「1928년 8월 26일 일기와 소묘」, 『전집』 제10권, 176쪽에서 옮김.
  우현은 1934년 수필「애상의 청춘기」에 이 시를 넣었다(『전집』 제9

1928년 9월 11일 일기에 쓴
시어와 소묘. 열화당 제공.

24세, 우현이 대학 본과 2학년 시절 초가을에 느낀 서정을 시와 그림으로 표현했는데 청각적 감각도 선명하다. 우현은 뒷날 수필 「애상의 청춘기」에서 이 시를 다시 이야기했다.*

9월 11일 일기도 다시 소묘를 넣었는데 한시가 포함된 낙서 같은 시가 몇 줄 얹혀 있다.

짧고 굵은 일생 가늘고 긴 일생
짧고 가는 일생 굵고 긴 일생
폐병(肺病)
卽卽虫麟(즉즉충린, 벌레들이 시끄럽게 울어대고)

———————————

권, 66쪽 수록).
* 이 책, 293쪽.

夜氣傷感(야기상감, 차가운 밤공기 마음 아프게 하네)

秋豹耿耿(추작경경, 가을빛 깜빡거리고)

葉落蕭颯(엽락소삽, 낙엽 지니 차고 쓸쓸하다)

폐병으로 삼십 세 내외에 죽어버려

세상에선 천재를 잃었다 떠들어.*

1920년대에 경성은 폐결핵이 청년층에 급속도로 퍼지고 있었다. 우현도 폐결핵을 두려워하면서도 요절하는 천재의 생애를 자기 인생에 투영하고 있었던 것이다. 그는 낙서처럼 쓴 네 가지 삶의 길 중 '짧고 굵은 일생'을 살았다. 뒷날 폐결핵이 아닌 다른 병에 걸려 요절하듯이 떠났고 세상은 천재를 잃었다고 했다. 마치 운명을 예감한 듯하다.

그러면서 학기가 지나고 학년이 올라가고 우현은 점점 더 깊이 학문의 길로 들어섰다. 그러는 동안 가족들은 정연리에 자리를 잡았고 우현은 이점옥과 혼례를 올릴 수 있었다.

결혼

우현은 본과 졸업반이던 1929년 10월 28일에 이점옥과 결혼했다. 이 무렵에 쓴 우현의 일기가 남아 있다. 결혼식 날은 딱 한 줄이다.**

---

* 「1928년 9월 11일의 일기와 소묘」, 『전집』 제10권, 176쪽.
** 「우현의 일기」 1929년 1월 28일, 같은 책, 179쪽.

1929년 10월 28일 우현은 이점옥 여사와 결혼식을 올린다. 열화당 제공.

10월 28일

오늘이 결혼 날이다. 초야(初夜), 지금까지의 고난을 고백했다.

10월 31일

강원도 정연(亭淵) 본가(本家)에 갔다. 원래는 인천에서 살다가 서모가 자식을 낳으면 자꾸 죽으니 땅이 있는 정연으로 이사를 했다. 정연에서 이틀을 묵고 11월 2일에 인천으로 왔다.

11월 4일

우에노(上野) 교수를 찾아 결혼한 이야기와 취직에 대해 이야기를 했더니 될 수 있는 한 연구실에 남아 있도록 해주겠다고 했다. 조수 1년 내에 서양미술사를 하나 쓰고 2년까지에 경주 불국사 연구 및 불교미술사를 연구하자. 괴로운 나의 가정의 해결은 아편과 술 한잔에 있다. 누더기같이 매달리는 그들——삼촌·사촌 서자(庶子) 그들이 다 무엇이냐. 나는 모른다.

11월 4일의 일기 끝부분이 심상치 않다. 쫓겨난 생모 소식을 몰라 답답해했고, 혹은 생모 소식을 늘 알고 있었고 생모가 돈이 없어 끼니를 거른다는 말을 들었을 수도 있다. 삼촌들이나 삼촌의 아들들이 "대부호인 장인에게 말해서 가게를 얻어달라" 하고 매달렸거나, 이복동생들이 돈을 달라고 떼를 썼다고 상상할 수 있다. 시달림이 심했는지 차라리 아편을 피우거나 술을 마시는 게 낫다고 생각한 것이다. 아편은 내리 처가에서 가까운, 청관(淸館)이라 부르는 옛 청국 조계 중국인 거리에 가면 쉽게 구할 수 있었다. 다행히 아편에는 빠지지 않고 고민을 잊기 위해 술을 마신 듯하다.

그날 일기에 있는 대로 연구실 조수 자리를 얻게 된 것은 수많은 나쁜 일 중에 긴 좋은 일이었다. 3년 전, 학부과정 첫 학기 전공 선택 면담 때, "네 집에 먹을 것이 넉넉하냐? 이 공부는 취직 못 해도 좋다는 각오가 있고 또 돈의 여유가 있어야 할 수 있다"라고 말한 담임교수가 제자의 어려운 사정을 알고 대학에 자리를 마련해준 것이었다. 뒤에서 다시 이야기가 나오지만, 대학연구실 조수는 중등 교원 이상의 처우를 받던 시절이었다.

신혼살림은 내리에 있는 처가에서 했다. 아침 일찍 기차로 서울에 가고 저녁차를 타고 귀가했다. 책을 사고 싶은데 못 사는 일은 없어졌다. 간혹 이강국을 비롯한 친구들과 술 마시는 일이 있어도 돈 걱정은 안 했다. 아내가 지갑을 열어보고 용돈을 채워 넣었기 때문이다.

지도교수였던 우에노의 회고가 있다.

이후 3년 간은 학생으로서 고 군의 졸업논문을 심사하기도 했지만, 그 후 나는 다시 유럽으로 건너가게 되었고, 1932년 가을에 다시 돌아왔을 때 고 군은 이미 개성의 박물관장이 되어 있지 않았던가. 거기서 고 군은 굉장히 공부를 많이 한 듯, 탑에 관한 저서를 받은 기억이 있다. 경성대학에서 반도 출신은 수재가 적지 않았던 것 같으나, 고 군은 특히 뛰어나지 않았던가. 이미 30년도 더 전의 일이고, 나도 늙었기에 대부분은 잊어버렸지만, 개성부립박물관으로 고 군을 방문한 일도 한 번 있었던 것을 기억하는데 어떤 이야기를 했는지도 잊어버렸다.

…일반적으로 그런 일화를 만드는 사람도 아니고, 소박한 학자풍의 인간이며, 나와의 접촉도 그렇게 깊어지는 일 없이 꾸준히 성실하게 연구하는 식이었으므로 그다지 추억이라고 할 만한 게 없다. 갑자기 사거(死去)했다는 전보를 받고 아연실색했지만, 후에 공부를 너무 많이 했다는 얘기를 듣고 짐작 가는 부분도 없지 않았으나 아까운 사람이었다.[*]

우에노가 이 회고기를 쓸 때는 82세였다. 우현이 개성부립박물관장으로 간 것은 1933년 4월로 우에노가 독일에서 경성제

---

* 우에노 나오테루, 「고유섭 군」, 『고고미술』, 1964. 7. 1, 61~62쪽.

대로 돌아와 있을 때였다. 30년이 넘는 세월이 지난 데다 노쇠해서 자신이 개성으로 가라고 권한 사실도 잊은 듯하다. "탑에 관한 저서를 받은 기억"도 1939년 가을에 발간한『朝鮮の 靑瓷』(조선의 청자)를 잘못 말한 듯하다. 그 책이 유일한 우현의 생존 시 저술이었고 일본어로 썼기 때문이다. 탑에 관한 저서가 맞다면 광복 뒤인 1947년 12월에 출간한『조선탑파의 연구』를 우현의 유족이나 황수영 박사가 일본으로 우송해주었다는 뜻이다. 1944년 6월 우현이 사망하자 보낸 전보 부고 명단에 우에노의 이름이 있으므로 유족이 일본 주소를 알았을 것이고 3년 뒤 책을 보냈을 가능성은 있다.

맨 끝 문장에 "공부를 너무 많이 했다는 얘기를 듣고 짐작 가는 부분이 있었다"라는 표현을 보면 우현이 조국의 미술사 연구에 몸을 던져 전력을 다한 과로 때문에 단명했다고 여기면서도 그것이 민족정신을 지키려는 비장한 분투였음을 짐작했다는 뜻으로 보인다. 대학의 스승들은 우현을 그렇게 보고 있었던 것이다.

아무튼 보통학교 시절 조선미술사 연구를 소망했던 청년이 우선 미학 논문으로 준비를 마친 뒤 마침내 본격적인 연구에 들어간 것이다. 보성고보 재학 중 강화, 평양, 금강산, 경주 수학여행을 가서 여러 사찰의 건축미와 불상과 탱화들을 보며 조선미술의 독창성을 확신했고, 다나카 교수의 강의를 듣고 그 길을 선택한 것으로 보인다.

고독한 학문의 길

미학 주제 졸업 논문

1930년이 오고 우현은 26세가 되었다. 졸업 논문 「예술적 활동의 본질과 의의」는 거의 완성되어 원고지에 정서하는 일만 남았다.

이점옥 여사가 남편과 의탁해 사는 친정집에는 찬모도 있고 침모도 있었다. 그녀는 남편이 등교하면 심심풀이로 수(繡)를 놓거나 책을 읽으면 되었다. 책상을 정리하며 남편이 쓰다가 덮어두고 간 노트를 열어보았다. 미학이 뭘까, 미술사는 어떻게 공부하는 것일까 궁금했다. 그녀는 남편의 책상에 놓인 책이나 잡지와 신문 스크랩을 읽었다. 남편을 강하게 끌어당긴 우에노 교수의 강의를 필기한 노트도 읽었다. 일요일에 집에 있는 남편에게 졸업 논문에 관해서 물었다. 그러지 않으면 남편의 정신 영역에서 동떨어져 그저 평범한 지어미로 살게 된다는 걸 깨달을 줄 아는 현명한 여성이었다.

우현 부부의 대화 장면을 상상해본다.

"어제 낮에 당신 논문 노트를 열어봤는데 알 듯 말 듯해요."

아내가 말했다.

밖에서는 차디찬 바닷바람이 추녀를 스치고 거리를 휩쓸며

달리지만, 방 안은 머슴들이 군불을 때서 아랫목이 뜨끈뜨끈했다. 1킬로미터도 되지 않는 겨울 항구에서 출항하는 기선이 울리는 고동 소리도 들렸다.

우현은 아내가 권하는 간식을 먹고 차를 마시며 이렇게 말했다.

"우리나라에는 '미학'은 물론 '미술'이란 말도 없었어. 그림과 서예를 묶어 서화(書畫)라고 했지. 일본 유학 다녀온 내 보성고보 고희동 스승님도 만세운동 나기 전해에 화가 단체를 묶으면서 서화협회라 했고 지금도 그래. 일본은 미술협회지만 우리는 그랬지. 미학은 지금도 백지 상태야. 서양에서는 18세기에 바움가르텐(Baumgarten)과 칸트(Kant)가 미학을 하나의 학문으로 세웠어. 그 뒤 미술의 역사도 체계적으로 정리하게 됐지. 그 후 미학은 더 발전했고 일본은 그걸 수십 년 전에 받아들였어."

"콘라트 피들러는 누구예요?"

"직물업자의 아들로 어마어마한 재산을 물려받은 부자였어. 베를린미술관 관장 딸하고 결혼했대."

"아이 참, 그런 거 말고 미학, 미술학 연구 방향 말이에요."

"피들러는 미를 받아들이는 수용자 미학보다 예술가의 창작을 들여다보는 창작자 미학을 중시했어. 나는 콘라트 피들러의 「미술활동의 근원」이라는 논문을 바탕으로 내 연구 방법의 길을 찾았지."

"당신은 미학이라는 근대학문의 체계로 조선미술사를 쓰려는 거지요. 나도 당신이 책장에 꽂아놓은 책을 읽었어요. 당신 스승님 고희동 선생님이 몇 해 전 『개벽』에 쓰신 「조선의 13인 화가」는 너무 짧구요. 기미년 만세운동 앞장섰던 위창 오세창 선생도 회화사(繪畵史)를 쓰고 계시지요. 당신은 서화는 물론 도자기, 불상, 불탑까지 학술적 체계로 정리해 그것들을 뛰어넘으려는 거지요."

아내는 목소리를 크게 해 남편의 논문 노트의 첫머리와 중간 부분을 읽었다. 논문이 일본어이니 일본어로 읽었다.

제언(提言), 나는 나의 과제를 다음과 같이 제언한다. '일반적으로 인간이라는 소질(素質, 형식시[形式視]를 일으켜 이것을 형식의 형성에 이르도록 한다는 인간 일반의 능력)에서 출발해, 자명적(自明的)인 것에서부터 극히 필연적인 결과(보편타당해야 할 예술품에서의 합법성의 표출)에 이른다'에 있다고. 그리고 이 과제의 해결을 나는 피들러(K. Fidler)의 「예술론」에서 답을 구하고자 하는 것이다.

예술적 활동의 본질은 순수 가시성의 형식을 생산하는 데 있다. 따라서 그 소산의 법칙성은 가시성의 법칙에 의해 기초되어지지 않으면 안 된다. 따라서 이 가시성의 법칙은 예술성의 아프리오리(a priori, 경험에 선행하는 선천적 인식)다. 예술가는 이 아프리오리의 법칙성을 구현함으로써만 그 본래의 특색이 가치지어질 수 있는 것이다. 따라서 예술가는 이와 같은 목적을 위한 활동 이외에 어떠한 다른 관점에 의해서도 규정되어서는 안 된다.[*]

---

[*] 고유섭의 경성제대 졸업논문 「예술적 활동의 본질과 의의」, 『전집』 제8권, 33쪽 및 61쪽.

아내 이점옥은 낭랑한 목소리로 읽고 손뼉을 쳤을 것이다.

이점옥은 이 시대 인텔리겐치아 여성이었고 남편이 책상에 쌓아놓은 일본어 참고서적도 읽을 줄 알았다. 내리의 친정집에는 우현을 눈부시게 바라보는 그녀의 동생들이 있었다. 이정옥(李貞玉)과 이상래(李相來)는 꽤 컸다. 정옥은 인천고등여학교에 다니고 있었다. 상래는 공립보통학교에 다녔다. 이점옥은 남편의 연구를 설명하며 동생들에게 열심히 공부하라고 면학(勉學)을 독려했을 것이다.

우현은 이 무렵의 일기에 논문이 '미흡하기 짝이 없다'라고 썼으나 논문은 통과되었고 이제 졸업을 바라보게 되었다. 이 논문은 다른 육필 원고들과 함께 동국대학교 도서관에 소장되어 있다가 통문관의 4권짜리 전집 제3권 『한국미술사급미학논고』의 부록에 수록되어 1993년에 처음 세상에 나왔다.

3월 하순에 졸업하면 미학연구실 조교 임용이 내정된 터라 연구를 계속할 수 있게 된 것도 행운이었다. 연구실과 도서관에는 수많은 미술사 자료가 쌓여 있었다. 그는 이제 미학을 떠나 미술사 연구로 직행하기로 결심했다.

미학 미술사 연구실 조수였던 나카기리 이사오는 우현이 조수 자리를 얻은 경위와 졸업 논문을 미학 연구로 정해 썼으면서 미술사 연구로 방향을 바꾼 이유를 1964년 『고고미술』의 우현 20주기 특집에 기고한 글에서 이렇게 회고했다.

(고유섭 씨는) 1930년 3월, 개학 이래 최초로 미학 미술사학 전공 졸업자가 되었지만, 당시는 일본에서도 미학 전공으로는 취직도

여의치 않고 먹고살기 어려운 실정이었다. 조선에서는 더욱이 말할 것도 없어서, 고 씨는 이제부터 어떻게 할지 나는 슬며시 걱정이 되었지만, 고 씨는 마음속 깊이 정해놓은 바가 있어 오히려 먹고살 수 없는 것은 각오하고 미학을 전공했으리라 상상한다.

졸업 전에는 도쿄제국대학 문학부 미학과에 다시 입학하길 희망한다고 우에노 선생님께 들었으나, 가정 사정으로 그만두게 되었고, 전임자인 와타나베 하지메(渡辺一) 조수가 군에 입대해서 때마침 공석이 된 미학연구실 조수에 우에노 선생님의 주선으로 임명되어서 나도 한시름 놨던 기억이 난다.

그 이후로 1933년 3월까지 만 3년을 조수로 재임해서 나와 함께 많은 추억이 남은 연구실 생활을 보냈던 것이다. 이 3년 동안 고 씨의 학문적 흥미는 미학에서 구체적 미술사로 옮겨간 것으로 생각된다. 고 씨가 대학 2학년 2학기 끝날 무렵, 다나카 도요조(田中豊蔵) 선생님이 유럽에서 조선으로 오시고, 동양미술사의 특수강의에 강한 영향을 받았기 때문이 아닐까 상상된다.

거기에 고고학의 후지타 료사쿠(藤田良策) 선생님도 연구실에 주 1~2회 얼굴을 비치시고 갖가지 조선 고대문화 이야기를 해주신 것도 있어서 힘이 된 게 아닐까. 아마도 고 씨의 마음 깊은 곳에 자국의 고미술에 특별한 반성심을 불러일으키고, 멈출 수 없는 연구 의식을 일깨운 게 아닐까 추측된다.*

---

* 나카기리 이시오, 「고유섭 씨의 추억」, 『고고미술』, 1964. 7. 1, 69~70쪽.

우현이 한때 도쿄제국대학 미학과 학사편입을 놓고 고민한 사실을 알 수 있다. 도쿄제대로 갔다면 동급의 경성제대를 졸업 했으니 미(未)이수 과목을 듣는 선과생 신분이 되었을 것이다.

아무튼 우현의 미술사 연구 선택은 어릴 때부터 품어온 꿈이 었고 새로 부임한 다나카 교수의 미술사 강의가 매혹으로 끌 어당긴 것과 맞아떨어진 것이다. 게다가 우현에게 미학 연구의 문을 열어준 우에노 교수가 교환교수 자격으로 다시 독일로 떠 나게 되자 결심한 것으로 이해할 수 있다. 우현은 1930년 2월 25일 일기에 "도구(渡歐)하는 우에노 교수와 기념사진을 찍었 다"라고 썼다.

3월 18일, 철학과 1년 선배 배상하(裵相河, 1906~?)가 전보를 치고 인천으로 내려왔다. 그는 불교중앙학림에서 교편을 잡고 있었는데, 4월 신학기에 중앙불교전문학교로 승격할 것이라 우 현에게 출강을 부탁하러 온 것이었다. 우현은 그날 일기에 출강 을 승낙했다고 썼으나 실제로 출강은 이루어지지 않았다. 개학 한 4월 초 우현이 경성제대 철학과 미학연구실 조수로 일하기 시작한 터라 짬이 없어서 실현되지 못했다.

철학과 동기생 안용백의 회고에 의하면 이 무렵에 교수들과 후배 재학생들이 졸업생들의 송별회를 열어주었다. 다른 사람 들은 취직해서 직장을 찾아갈 것이니 공부가 끝난 셈이었다. 그 러나 우현은 연구실 조수로 채용되므로 일도 하고 연구도 호되 게 하는 자리라 공부가 끝난 게 아니었다. 계속 공붓벌레가 되 어야 한다는 것을 뜻했다.

1930년 3월 25일 오전 10시, 경성제대 졸업식이 열렸다. 4월

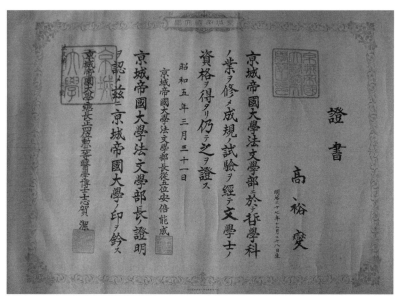

우현의 경성제대 졸업장. 고재훈 선생 제공.

11일 발행된 조선총독부 『관보』에 졸업자 명단이 실렸다. 우현은 철학과 11명 중 7번째로, 조선인 7명 중 5번째로, 원적이 강원도로 표시되었다. 아버지가 호적도 옮겨간 것이다.

졸업과 동시에 우현의 성적이 학적부에 기록되었다. 당시 성적은 오늘의 A학점을 '우'(優), B학점을 '양'(良), C학점을 '가'(可)라고 했다. 과락(科落)은 '불가'(不可)라 했다. 우현이 우 평점을 받은 과목은 교육학개론, 미학개론, 미학연습이었다. 양 평점은 심리학개론, 심리학연습, 심리학실험연습, 철학연습, 영어 후기(後期), 지나철학사개설, 미학특수강의, 서양미술사, 서양철학사개설, 미술사, 미술사특수강의 등이었다.

가 평점은 교육사개설, 철학사개설, 철학개론, 문학개론, 철학연습, 철학특수강의 등이었다. 불가를 받아 재수강한 과목은 영어전기(前期)였다.

인천의 친구들

1930년 3월 25일 우현이 경성제대를 졸업하고 경성제대 연구실 조수로 출근하기까지 열흘쯤 공백이 있었다. 우현은 책을 던져놓고 월미도나 만석포구 등 바닷가를 산책하며 처가에서 쉬었다. 건평 80평이 넘는 기와집에 우현 부부의 방은 별채에 있었다. 이 무렵에 띄엄띄엄 쓴 일기가 남아 있어서 소소한 일상까지 들여다볼 수 있다.

4월 5일, 대학에서 4월 7일부터 출근하라는 연락이 왔다. 대학을 졸업하고 취직까지 한 기념으로 부부 사진을 찍고 만국공원을 한 바퀴 돌았다.

다음 날 인천 친구 한형택(韓亨澤)이 찾아왔다. 그는 아동문학 동인 '꽃별회'에 참여한 아동문학가였다. 꽃별회는 1927년 조선 정조(情調)를 토대로 한 아동문학을 건설하고자 창립한 아동문학 동인으로 경성 관철동에 본부를 두었다. 인천에서는 김도인(金道仁)·한형택·진종혁 등과 경성에서는 염근수(廉根守)·강병주(姜炳周)·노수현(盧壽鉉)·주요한(朱耀翰) 등이 참여했다.

우현은 4월 6일 일기에 "한형택과 동반 상경해 한 군의 금옥(金玉)여관에서 잤다"라고 썼다. 다음 날인 월요일 출근 첫날부터 늦지 않으려고 그런 것 같다. 금옥여관은 종로통 단성사 영화관 근처에 있었다. 신간회를 주도한 인물들과 관련해 일제 관헌 문서에 많이 나오는 곳이다. 아마 인천 출신 한형택이 꽃별회 편집 일을 하며 임시숙소로 썼을 것이고 우현도 조수 출근 처음 며칠간은 기차통근을 피해 거기 묵었을 것이라고 짐작될 뿐이다.

4월 7일 월요일, 우현은 경성제대 철학과 미학연구실 조수로 첫 출근했다. 제일 먼저 한 일은 전국의 탑에 관한 기록을 읽고 정리하는 것과 규장각 문헌자료 중 회화(繪畵) 관련 기록을 필사하는 작업이었다. 평생 참고할 개인 노트를 만들어가는 것이었다. 우현은 미술 관련 문화유산을 체계 있게 정리하며 자기 지식으로 축적해갔다.

그렇게 일주일을 보내자 벚꽃이 만발하기 시작했다. 토요일인 4월 13일, 그는 아내, 처남과 함께 야앵(夜櫻, 밤 벚꽃) 구경을 하고 인천으로 내려왔다. 아마 이날쯤 아내에게 첫 임신 사실을 들었을 것 같다.

'처남들'이라고 복수형으로 쓰지 않고 단수형으로 썼으므로 큰처남 이상래를 말하는 듯하다. 보통학교 3학년쯤이었을 것이다. 둘째 셋째 처남 이영래나 이명래는 어렸다. 벚꽃 구경 간 곳은 왕조시대에 궁궐이었다가 동식물원으로 바뀐 창경원이었을 것이다. 왜성대, 장충단, 효창원에서도 벚꽃놀이는 이루어졌지만 창경원이 가장 볼 만했다고 한다.

4월 14일에는 철학과 1년 후배인 서병성(徐丙珵)과 마작을 했고 21일에는 71원 80전 6급봉 월급을 받았다. 대학교 연구실 조수가 후한 대접을 받았음을 알 수 있다. 1930년 공립보통학교 훈도(訓導, 교사) 초봉이 월 26원이었고, 은행원은 31원, 일반 관리직은 17~20원이었다.

이때부터 책 사고 기차 정기권 끊고 가끔은 처남들과 처제들에게 맛있는 것도 사주고 친구들에게 술도 샀다. 이 무렵의 일기에 인천 친구들 이름이 여럿 등장한다. 아동문학가 한형택 외에 김도인·장광순·유항렬·구연화 등이다. 우현이 경성제대 다니며 통학하기에 바빠도 고향 친구들을 잊지 않고 계속 교유했음을 알 수 있다.

김도인은 인천의 연극단체 칠면구락부 활동을 펼쳤고 경성에서 1927년 아동문학 『별나라』 편집동인으로 활동했다. 인천의 첫 문학동인지 『습작시대』에 참여해 작품을 발표했고, 1937년 월간지 『월미』 발간을 주도했다. 동년 6월 동아일보사 인천지국 기자를 지냈다.

장광순(張光淳, 1907~98)은 인천의 중망받는 유지 석계(石溪) 장석우(張錫佑)의 아들로 1927년 경기중학교를 나왔다. 청년기에는 문학 활동을 했고 이 무렵에는 용리에 있던 아버지 회사인 합명회사 광성(光成)의 전무로 일했다. 뒷날 아버지와 더불어 부평에 박문여학교를 설립했다.*

유항렬(劉恒烈, 1900~71)은 충남 공주에서 출생했다. 형 유승렬(劉升烈)이 일본 육사를 나와 나고야(名古屋) 주둔 연대에 있어서, 형에게 가서 중학교를 나왔다. 1925년 도쿄고등상선학교를 졸업해 항해사가 되고, 뒷날 조선인 최초의 도선사가 되었다. 우현과의 교유는 항해사 시절, 인천 내리에 집을 마련하면서

---

* 경인일보 특별취재팀, 『인천의 인물 100인』, 321쪽.

부터 시작된 것으로 보인다. 5년 위이니까 형이라고 부르고 따르던 친구 겸 선배였을 것으로 보인다.

구연화(具然和)는 인천의 객주 출신 거부 구창조(具昌祖)의 아들이다. 우현의 공립보통학교 졸업 동기로서 양정고보를 거쳐 수원농림고등학교를 나왔다. 용리 202번지에 집이 있었다. 우현과 어릴 적부터 같은 동네에서 자란 벗으로 보인다. 이 무렵에는 싸리재 큰길 용리 237번지에 있던 아버지 이름의 '주식회사 인일(仁一)상사'에서 일하고 있었다. 우현 소유로 있다가 팔려버린 집과 같은 번지다.

"장광순에게서 구연화의 탄축(誕祝) 건으로 전보를 받고 급히 인천에 내려와 셋이서 인천 요릿집 용금루(湧金樓)에서 새벽 한 시까지 놀았다"라는 일기가 있다. 주량이 워낙 세서 두 친구가 먼저 나가떨어졌을 것이다. 우현의 술 실력이 대단했다는 증언이 여러 사람 글에 있다.

5월 18일 토요일 일기에 의하면 이강국과 한기준이 경성에서 내려와 월미도로 가서 온종일 마작을 두기도 했다. 6월 4일에는 경성 본정통에 있는 미나카이(三中井) 백화점에서 37원을 주고 여름 맞춤 양복을 찾았다는 기록도 있다. 월급의 반이나 되는 금액으로 양복을 맞춘 것은 살림 비용은 신경 안 쓰고 살았기 때문일 것이다.

이런 기록들을 보면 우현이 1930년 대학 졸업 후 몇 달은 고향 친구들과 때로는 대학 친구들과 어울리며 한량처럼 놀기도 했음을 알 수 있다.

우현은 이 무렵에 중국 여행도 했다. 대학 회계과와 경비를 정산했다고 일기에 썼고, 뒷날 "공으로 기십(幾十) 원 써버려야 할 권리와 의무가 있어서 상하이(上海)를 간 적이 있지만…"이라고 수필 「명산대천」에 쓴 걸 보면 대학 직원에게 여행 경비를 주는 제도가 있었던 듯하다.*

유항렬은 인천 – 부산 – 상하이 – 칭다오(靑島) 항로 정기 연락 선인 헤이안마루(平安丸)의 일등항해사로 일하고 있었다. 7월 21일, 우현은 유항렬을 따라 11일간의 중국 여행길에 올랐다.

출장비를 받은 여행인 데다 부자인 장인이 돈을 주었을 것이고 친구들도 추렴했을 것이다. 선표는 공짜거나 반값이었을 것이고 낮에는 육지에 올라가 구경하고 밤에는 연락선 선실로 돌아가 잤을 것 같다.

헤이안마루는 7월 26일 상하이에 도착했다. 우현은 유항렬과 함께 번화가인 난징로(南京路)를 구경하고 귀로에 올라 30일 칭다오에 도착했다. 7월 30일 일기에는 "오전에 청도에 도착하다. 일단 청도를 곳곳이 잘 둘러보다" 한 줄만 쓰여 있다. 1934년 9월 『신동아』에 쓴 기행문 「금강산의 야계(野鷄)」에서 그때를 회상했다. 칭다오는 독일인들이 100년간 조차해 치외법권을 누리던 곳으로 우현의 고향인 인천의 월미도 해수욕장보다 몇 배 큰 해수욕장이 있었다.

군중의 전부가 색다른 양종(洋種)들뿐이었다. 거의가 양키들

---

* 「우현의 일기」 1930년 9월 8일, 『아무도 가지 않은 길』, 185쪽; 수필 「명산대천」, 『전집』 제9권, 226쪽.

같으나 국별(國別)을 구분할 수 없었다. 그리고 나에게는 어쩐지 남자보다도 여자가 더 많은 것같이 눈에 띄었다. 그들은 물속에서, 모래밭에서, 천막 속에서, 일산(日傘) 밑에서 하체만 가린 듯 만 듯한 순나체에 가까운 육체를 아낌없이 데뷔하고 있었다. … 어떤 것들은 남녀가 짝을 겨누어 모래밭에서 실연(實演)에 가까운 모션까지 연출하고 있다. 게다가 그 능글맞게도 충실한 곡선을 흐느적거리며 폭양(曝陽)의 세례를 받고 있다. 나이가 지긋한 것이나 핏덩이가 마르지도 않은 것이나 차(差)가 없었다. 나는 생전 처음 이러한 광경을 원관(遠觀)하고 설완(藝翫, 가까이 즐겨 구경함)했으나 호기심보다도 오히려 그것을 지나쳐 뇌쇄의 정도가 컸다. …이때에 나는 뇌쇄를 무던히도 당해가면서도 남이 보면 연연(戀戀)해서 못 떠난다고 할 만큼 관광하고 있었으니…*

26세 때의 일을 30세에 회상한 글이다. 이런 문화적 충격은 미학 연구자에게 우물 안 개구리 같은 안목을 벗어나게 했을 것이다. 유항렬이 상하이나 칭다오의 홍등가에도 데려갔을 만한데 흘러나온 말도 전설도 없다.

진정한 친구 이강국

1930년 여름 그즈음, 이강국과 우정이 더 깊어졌다. 이강국은 재정학 담당 미야케 시카노스케(三宅鹿之助, 1899~1982) 교수에게 경도되어 공산주의에 빠져들고 있었다. 미야케는 도쿄제

---

* 고유섭,「금강산의 야계」,『전집』제9권, 192~193쪽.

대 경제학부를 나왔으나 일본 사회의 모순을 마르크스 경제학에서 해결하려 했다. 호세이(法政)대학에서 가르친 조선인 제자들을 통해 들어서 조선 땅의 비참한 현실을 공감하고 있었다. 이재유(李載裕) 등 조선인 공산주의자들과 긴밀히 교류하며 마르크스주의 이론을 실천 영역으로 확대해가고 있었다.

이강국은 미야케에게서 '마르크스주의 경제학'을 배웠고 동기생 최용달·박문규와 더불어 미야케의 이름을 딴 경제학교실 조수로 있었다. 그들 3인은 유진오 등을 포함시켜 따로 '조선사회사정연구소'를 창립하고 미야케 교수의 지도로 코민테른에 조선의 정치 경제에 관한 기밀보고서를 작성하고 있었다.

우현도 대학연구실의 조수라 자주 얼굴을 보는데 이강국이 인천에 내려와 월미도에서도 마작을 했다는 우현의 일기 기록이 있다. 놀기만 한 게 아니었다. 끊임없이 토론하며 격려하고 때로는 질책하고 마작을 하며 술을 마셨다. 두 사람의 대화 장면을 상상해 본다.

이강국이 감시자가 있나 주변을 살피고 속삭이듯 말했다.

"유섭아, 나는 요즘 카를 마르크스와 엥겔스 책 읽고 코민테른에 보낼 보고서를 독일어로 쓰느라 정신없다. 넌 무슨 책에 매달리냐?"

친구를 이길 궁리를 하느라 도톰한 마작 블록을 도르륵 도르륵 손안에서 굴리며 묻는 이강국의 말에 우현은 이렇게 답했다.

"나도 미학책, 심리학책 독일어로 읽느라 머리가 깨질 지경이다. 우에노 교수가 분트(Wundt) 심리학이라는 독일 학문의 산을 넘어야 한다고 몰아붙인다."

"우리들 잡지 『신흥』(新興) 다음 호에 우리나라 미학 연구에 대한 원고를 써줘."

"제발 다음 호로 미뤄줘."

"어림도 없다. 난 네가 우리 조선의 미학, 미술사 개척자로 우뚝 서고 일본인 학자들이 왜곡시킨 민족정기를 회복하는 걸 보고 싶으니까 엄살하지 마라."

"알았어. 밤새워라도 쓸게."

막역지우의 대화란 이런 것이다.

그랬다는 기록은 없지만 두 동기생은 독일인 천주교 선교사 안드레아스 에카르트(Andreas Eckardt, 옥난안[玉樂安], 1884~1974)의 『조선미술사』에 대해 이야기했을 수도 있다. 에카르트는 두 사람이 젖먹이였던 시절(1909년) 조선에 와서 1928년까지 선교사업을 펼치고 귀국했다. 조선어 문법, 문학, 교육, 철학, 음악, 미술까지 세계사적인 안목으로 연구해 학문적 성과를 이루었다. 1년 전에는 『조선미술사』를 모국어인 독일어와 영어로 간행했다. 이때쯤 그 책이 경성제대로 들어왔고 우현은 학문의 첨단에 서 있었으니 독일어나 영어로 읽었거나 읽을 계획이었을 것이다.

이강국과 우현은 마작 블록을 굴리며 이런 대화를 했을 만하다.

"유섭아, 독일 신부 에카르트 책은 어떻더냐?"

"어, 그거 조선미술사 통사(通史)야. 통시적 관점과 미학이 바탕에 있어. 조선의 문화예술을 일본이나 중국과 다른 독자적인 걸로 인정해. 오히려 더 높은 수평에 올랐다고 썼어. 일본인 학자들은 우리 것을 독립적이지 못한, 중국에 예속된 아류로 정립하려 하는데 에카르트는 제대로 본 거야."

"고마운 에카르트, 술 한잔 사주고 싶군. 그래서 유섭이 네가 미술사를 해야 한다는 거야."

"알고 있어. 목숨 바쳐 할 거야, 내겐 이게 독립운동이니까."

상상해본 장면이다. 그때였든 그 후였든 우현은 에카르트의 책을 정독하고 저술 방법은 물론 집필 정신까지 받아 안았을 것이다.

이강국은 그 무렵 반연간(半年刊) 잡지 『신흥』의 발행인이었다. 『신흥』은 동인지 한 권 내지 못하고 해산한 낙산문학회 멤버들이 아쉬움을 잊지 못해 창간한 사회·인문학 잡지로서 학술의 장을 마음껏 펼쳤다.

한 연구가는 『신흥』이 "경성제대 졸업생들만의 잡지, 그들이 감정을 공유하던 그들만의 공동체였으며, 그런 감정구조는 경성제대의 학지(學誌)라는 장 속에 형성된 것이지만 그에 대한 조선인 학생의 대항과 저항 의식이 동시에 작용한 결과였다"라고 설명한다.* 그런 연유로 식민지 피지배라는 조국의 현실을 학술적으로 고민하는 경향의 글을 많이 실은 것이다. 첫 발행인은 문과 1회 출신 배상화가 맡았고 편집은 우현과 이강국 등 연구실 조수들이 맡았으며 서점에서 판매하기도 했다. 1930년 봄, 이강국이 발행인을 넘겨받은 터였다.

우현은 그해 7월 발간한 『신흥』 통권 3호에 미학 관련 첫 논

---

* 윤대석, 「『신흥』과 경성제대의 학지」, 『국제어문』 제73호, 국제어문학회, 2017, 139~175쪽.

문인 「미학의 사적(史的) 개관」을 기고했다. 미학을 주제로 한 첫 논문이었다. 그는 장차 자신이 연구하려는 미술사를 조선 땅의 지식인들에게 이해시키기 위해서는 유럽에서 전개된 미학의 역사부터 정리해야 한다고 판단했던 것이다.

그는 서론에서, 미학의 역사적 관계를 말하려면 반드시 체계에서 성찰해야 하므로 사적 개관이 필요하다고 했다. 이 글이 미학의 불모지인 "이 땅에 이식(移植)되어 개화결실(開花結實)의 미과(美果)를 이룰 미술의 소개 역이 되기"를 기대하는 의지를 완곡하게 피력했다. 자신이 이 일을 위해 희생하겠다는 것도 담보한다고 썼다.

본론에서는 고대의 플라톤에서 시작해 칸트까지를 약술했다. 근대미학의 출발점이 칸트에서부터 출발한다고 전제한 뒤, 이후 현대미학에 이르는 과정을 헤겔(G.W.F. Hegel)을 중심으로 한 형이상학적 미학과 헤르바르트(J.F. Herbart) 중심의 경험과학적 미학으로 나눠 소개했다.

결론에서 "근대미학과 근대미술사의 소개 역이 되고자 하는" 소망을 다시 피력하고, 뒷날 더 쓸 것이라고 했다. 마치 학문 연구의 길을 설정하는 스스로의 다짐 같기도 하다. 그는 훗날 몇 편의 미학 관련 글을 썼다. 물론 연구의 주력 방향으로 잡은 것은 조선미술사였다.

그 무렵, 우현은 미학연구실에서 규장각 자료를 필사하느라 이따금 밤새우며 온 힘을 다하고 있었다. 고문헌에서 미술사 자료를 속속들이 분석하고 정리해 자신만의 아카이브를 만드는 작업이었다.

이강국이 둘도 없는 친구인 우현에게 계속『신흥』에 글을 쓰라고 밀어붙였을 가능성이 크다. 이강국은 이우한(李愚漢)이라는 필명으로 잡지에 마르크스주의 철학에 관한 논문을 기고하고 있었다.* '이 어리석은 남자'라는 뜻을 가진 필명 '이우한' 사용에 대해 우현과 의논했을 것이다. 우현은 이강국의 친구들 중 언어 감각이 가장 탁월했으니까.

그런 가운데 우현은 학교 공부에 열중하며 본격 논문을 쓸 준비를 차근차근히 해나갔다.

우현은 학자이기 전에 한 여자의 지아비였다. 9월 1일은 월요일이었다. 저녁 무렵에 아내가 산통(産痛)을 시작하더니 새벽녘에 아들이 태어났다. 우현은 아기 이름을 병조(秉肇)라고 지었다. 아침을 먹는 둥 마는 둥하고 기차를 타고 경성행 출근길에 올랐다.

대학 업무와 연구할 일이 많아 학교 근처에서 아침밥과 저녁밥을 차려주는 여관을 임시 거처로 썼다. 그것은 아내의 당부이기도 했다. 하루를 거기서 지내고 출근했다. 아내 곁에 장모가 있어서 걱정 안 했는데 낮에 처가로 전화하니 아기가 아프다고 했다. 퇴근해 경인선 기차를 탔다.

내리의 처가 대문에 들어서니 아기 울음소리가 들렸다.

"어멈 젖이 안 돌아서 젖 먹이는 여자 불러 큰애가 먹는 젖 먹였더니 그게 잘못된 모양이네."

---

* 전명혁, 「1930년대 이강국과 그의 인민전선론 연구」,『마르크스주의 연구』, 경상대 사회과학연구원, 2008. 9.

장모가 말했다.

우현은 밤새 자지 못하고 간호만 했다. 아기는 젖도 못 먹고 똥도 못 싸고 자꾸 보채고 울었다. 부잣집 첫 외손자여서, 이생원(生員)이라는 용한 한의사가 밤중에 불려왔고, 아기를 많이 받아보아 병에 능하다는 일본인 산파인 시비(芝)가 불려왔다. 싸리재 중턱에서 평화병원을 하는 라시극 원장도 아침에 왕진 왔다. 인천의 일본인 의사 중 명성이 높은 키도 세이이치(城戸誠一)도 왕진을 왔다. 우현은 잠을 못 자고 기차에 올라 출근했다.

9월 7일 일기를 보면 우현이 통근하느라 고생하고 밤잠을 못 자서인지 중이염을 앓았다는 기록이 있다.

"생활과 다투어야 하고 세상 사람들과 다투어야 하고, 병과도 다투어야 한다."

우현은 비감한 심경을 일기장에 토로했다.

우현은 한동안 경성의 여관방에 머물며 출근했다. 밀렸던 일, 규장각의 회화(繪畵) 관련 기록을 필사하는 작업도 다시 시작했다. 이강국이 우현의 득남을 축하할 겸, 그간 고생한 걸 위로할 겸 저녁을 사주며 가정사도 이야기하고 아기 이야기도 했다. 그날 우현은 일기에 이렇게 썼다.

이 군은 운명이 강해 음덕이 두텁고 나는 운명이 약해 음덕이 얇다. 이것이 중학부터의 인상이다. 그는 가정적으로 불행한 일은 없다. 나는 가정적인 불행이 있다. 그의 고집은 통하지만 나의 고집은 통하지 않는다. 실로 환경은 성격을 결정하고 더욱이 성

격은 운명을 결정한다. 그는 낙관적이고 나는 비관적이다.[*]

며칠 뒤, 우현은 경성제대 조선인 졸업생 친목회인 '동숭회'로부터 득남 축하비 50원을 받았다. 우현은 이강국·이병남·서병성·한기준을 불러 청량리 천장산 아래 청량사로 가서 마작대회를 열었다.

그러나 아들 병조가 다시 아팠고 11월 5일 세상을 떠났다. 인천 북망산에 아기를 묻었다. 현재의 인천 남구 도화동 옛 인천대 캠퍼스 북쪽 구릉을 북망산이라 불렀다. 첫 아이였으므로 관을 멘 인부를 따라 우현이 그곳까지 걸었을 것이다. 그가 1926년 3월 『조선일보』에 발표한 「경인팔경」 제7연 '북망 춘경'의 배경인 그곳, 10년 뒤 이태준이 쓴 단편소설 「밤길」에도 등장하는 묘지 산이다. 「밤길」의 주인공은 우중에 죽은 아기를 안고 주안 쪽으로 걷는다. 같은 길이다.

우현은 아들을 잃은 슬픔과 허무함을 이기기 위해 책에 매달렸다.

---

[*] 「우현의 일기」 1930년 9월 7일, 『아무도 가지 않은 길』, 184~185쪽.

미술사 연구의 문

『신흥』에 발표한 논문들

　1931년 1월, 『신흥』 제4호에 우현의 조선미술사 관련 첫 논문인 「금동미륵반가상의 고찰」이 실렸다. 우현은 이 글에서, 이왕가박물관(이왕직박물관) 소장 '반라의 반가상'과 조선총독부박물관 소장 '장엄한 반가상'을 분석하고 양식과 예술적 가치를 비교 서술했다. 두 금동불상은 1,000년 전 신라 철기 공예의 정수다. 일본인 수집가들에게서 이왕가박물관은 2,600원, 총독부박물관은 4,000원을 주고 샀다는 골동(骨董) 내력을 갖고 있다. 우현이 글을 쓸 당시에도 가서 감상할 수 있었고 1916년 조선총독부가 발행한 『조선고적도보』 제3권에 도판이 실려 있었다. 뒷날 국보 제83호와 제78호로 지정되었고 지금 국립중앙박물관 특별 전시실 '사유의 방'에 모셔져 있는 명품이다.

　우현은 두 미륵반가상의 특징과 가치를 미학 이론을 대입해서 비교 평가했다.* 압축하면 이렇다.

　이왕가박물관 금동미륵반가상은 안면, 유미(柳眉, 미인의 눈

---

*　고유섭, 「금동미륵반가상의 고찰」, 『전집』 제2권, 164~179쪽.

썹), 콧마루(鼻梁)가 첨예 단아하고, 입 모양과 입꼬리(口角)에 보이는 고졸(古拙)의 미소, 입 아래 승장(承漿, 아랫입술 아래 가장 오목한 곳)이 다소 함요(陷凹)된 특징은 북위(北魏)의 수법이요, 목 부분의 횡선(橫線)은 밀교의 영향이다.

총독부박물관 소장인 금동미륵반가상은 장식적 요소가 풍부하고, 두용(頭容)이 풍만 과대함 때문에 아름다운 맛이 전자만은 못하고, 양어깨 양팔의 사실미가 적고 동체의 기교와 양다리의 수법에서 정신적 타폐(墮弊, 타락된 폐해)를 볼 수 있는 반면에 장식적 의장이 과다하며, 기법의 세련보다도 의장이 앞섰고 관조(觀照)를 떠나 기술의 농락(弄絡)이 있어 보이며, 수법으로 보아 이왕가 소장의 상(像)보다 후기에 속한 것으로 보인다.

우현은 독일의 예술사 방법론을 끌어와 야나기 무네요시의 글을 비판했다.

…야나기 무네요시는 그의 저(著) 『조선과 그 예술』에서 형(形)과 선(線)과 색(色)에서 그 특징을 설명했으나, 그러나 그것은 실제적으로 예술품에 적용해 국민적·국가적 소유로 환부(還付)시키기에는 너무나 시적(詩的) 구별임에 불과하다.

맨 끝 「후발」(後跋)이라는 소제목 아래 이런 말을 덧붙였다.

…후일에 조선의 부르크하르트(J. Burckhart)가 나오고 빈켈만(J. J. Winckelmann)이 나와 조선미술사를 쓴다면 반드시 이 반가

상에서 시대적 모뉴먼트(Monument)를 발견할 줄 믿는 바다.

여기서 유럽의 미술사를 간단히 살펴보자. 미술 양식의 탐구는 19세기 부르크하르트에서 시작되었다. 그는 예술의 양식 형성에 시대적·민족적·지역적 필연성을 제시해 양식론적 미술사를 정립했다. 빈켈만은 그리스의 위대한 예술작품을 만들어낸 것은 바로 그리스 사회라고 했다. 그 뒤 스위스 출신 독일 미술사학자 하인리히 뵐플린(Heinrich Bölfflin)이 이어받아 양식사 중심이론으로 이끌었다. 그는 양식의 변화를 인간정신의 발전이라고 여기고 그것은 개인에 따라 다르고, 민족이 선호하는 양식이 있으며, 시대마다 다른 양식이 생긴다고 했다. 그리고 다섯 가지 대비로써 파악하려 했다. 첫째는 선적(線的)인 것과 회화적인 것, 둘째는 평면성과 깊이감, 셋째는 폐쇄성과 개방성, 넷째는 다원성과 통일성, 다섯째는 명료성과 불확실성이었다. 첫째를 놓고 보면 이탈리아는 선적(線的)이고 북유럽은 회화성이 강하다는 것이다.

그 후 알로이스 리글(Alois Riegle)은 시대나 민족마다 예술 양식이 달라지는 것은 다른 세계관을 갖기 때문이며 그것은 인간 내면의 욕구, 예술 의욕에 의한다고 했다. 그 뒤 막스 드보르자크(Max Dvořák)는 미술이란 인류를 지배하는 여러 이념이 표현되고 미술사도 종교·철학·문예의 역사처럼 정신사의 일부라고 보았다.

우현은 그것들을 대학에서 배운 터라 양식사 중심의 이론을 자신의 근대적 미술사 연구 방법론으로 적용해본 것이다. 아울러 중국과 인도로부터 전래한 반가상 양식의 흐름을 분석하고 두 금동불상의 제작 연대와 시대를 비정(比定)했다. 그 방법은 아무도 하지 않았던 것이라서 새롭고 또 새로웠다. 지금부터 90년 전 막 학부를 졸업한 연구실 조수가 쓴 첫 미술사 논문인데도 안목과 깊이가 사뭇 넓다. 두 미륵반가상을 감상하러 다시 박물관에 가보고 싶게 만들 만큼 문체의 유려함과 밀도를 함께 갖추었다.

그렇게 분석한 「금동미륵반가상의 고찰」이 『신흥』 제4호에 실려 나가자 원고 청탁이 빗발쳤다. 우현은 『동아일보』의 「신흥예술」 연재를 수락했다. 1월 24일부터 28일까지 '첨단을 가는 건축에 대하여'라는 부제를 붙여 4회 연재 글을 썼다. 일종의 건축학 칼럼이었다. 1920년대 후반부터 조선인 지식층은 '신흥예술'이라는 용어에 매료되어 있었다. 모더니즘과 계급주의 예술론이 가장 뚜렷했다. 우현의 글을 읽어보면 조선 땅에는 근대건축사를 공부한 논객이 없어 우현이 최고 전문가가 되겠구나 하는 느낌을 받게 된다. 우현이 본명을 안 쓰고 채자운(蔡子雲)이라는 필명을 쓴 이유는 자신이 건축학 전공이 아니라는 이유에서일 것이다.

우현의 글은 개설적인 내용이지만 건축학 전공학자처럼 정연하고 분명하다. 그는 현대건축이 자본주의와 계급주의의 교차점을 띠고 두 이념을 아우르는 방향으로 가고 있다고 진단했다. 그런 다음 르코르뷔지에(Le Corbusier), 발터 그로피우스(Walter A. Gropius), 루드비히 힐버자이머(Ludwig K. Hilberseimer)의 이론을 제시하고 신흥건축의 미래가 다섯 가지 길로 갈 것이라고 예견했다.

첫째, 대담성이다. 한 개의 건축으로 종합도시가 형성될 것이다. 둘째, 구조가 명료하고 경쾌할 것이다. 셋째, 형식은 세력적일 것이다. 넷째, 기교가 정확할 것이다. 다섯째, 재료의 취급 방법은 합리적일 것이다.

우현의 글이 나오고 90년이 넘어 100년으로 가고 있는 오늘 그의 예언은 맞아들어갔음을 알 수 있다.

금강산 기행

우현은 그해(1931년) 3월 하순, 경성제대 소속 사진사인 엔조지 이사오(円城寺勲)와 더불어 서남 지방 답사에 나섰다. 연구실에서 규장각 문헌과 『조선고적도보』 등 도판만 보고 공부할 수는 없었다. 발품을 팔아 직접 실측하고 눈으로 보고 만져보아야 했다.

동행한 사진사 엔조지 이사오는 소중한 협력자였다. 두 사람은 충남의 온양, 보령, 대천, 청양, 공주, 논산을 거쳐 전라도로 넘어가서 김제, 전주, 광주, 능주(오늘의 화순), 보성, 장흥, 강진, 영암, 구례를 답파했다. 문헌 기록을 눈으로 확인하고 거기서 빠진 유적과 유물 들을 찾아 실측하고 탁본하고 촬영했다. 탑이란 탑은 발품을 팔아서 모두 돌아보았다.

돌아와서는 연구실에 묻혀 견문 노트를 정리하고 책을 읽었다. 인천 집에 내려갈 시간이 없었다. 결국 5월 20일 처가살이를 접고 경성 숭이동(崇二洞) 67번지 집을 사서 이사했다. 학교가 가깝고 이강국의 집도 멀지 않았다.

이삿짐을 풀기가 무섭게 다시 사진사 엔조지와 더불어 금강산 답사에 나섰다. 1923년 10월 보성고보 수학여행으로 가고 9년 만에 금강산으로 떠난 것이다. 일정은 학술적 냄새가 덜 나는 기행문으로 집필되어 「의사금강유기」(擬似金剛遊記)라는 제목으로 그해 7월 발간된 『신흥』 제5호에 실렸다. 우현은 "여행기 같기도 하고 같지 않기도 하고, 고로 왈 의사금강유기다"라고 앞머리에 썼는데 '본연의 것과 비슷한'이라는 뜻의 '의사'(擬似)를 제목에 넣은 것에는 춘원 이광수가 쓴 「금강산유기」가 본연이고 이것은 뒤따른 것이라는 겸손한 유머가 들어 있다. "편집자가 '금강산유기'를 재삼 종용하나 용이하게 승낙할 용기가 없다"라는 문장도 있는데 편집을 맡은 친구들은 물론 발행인인 이강국이 "춘원을 능가하는 기행문을 쓰게" 하고 끌어당긴 듯하다.

이광수의 「금강산유기」와 최남선의 「백두산 근참기」, 현진건의 「경주 기행」, 이병기의 「낙화암을 찾아서」를 한국의 4대 기행문이라 한다. 우현의 글을 5대 기행문이라 이를 만하다.

「금강산유기」는 춘원이 31세이던 1922년에 쓴 글로 금강산의 절경에 대한 격조 높은 정감과 심오한 불교적 사유의 문장으로 쓴 명문이다. 우현의 「의사금강유기」는 1931년 7월이니 그보다 9년 늦고 나이는 27세로 춘원보다 네 살 젊을 때 쓴 글이다. 우현의 글은 학술적 수준이 높고 미술, 회화, 조각, 건축, 문학을 아우르는 종합예술 판이다.

미술은 철학이 아니요, 과학이 아니요, 시가(詩歌)가 아니다. 과거 미술을 논하자면 안전(眼前)에 제시할 수 있는 미술품이 필요한 것이다. 그러나 다만 미술품의 물질성만을 문제로 하는 것이 아니라 거기서 정신을 수습할 수 있어야 한다. 미술사(美術史)는 역사만이 아니다. 이러한 의미에서 조선미술사의 전제로 미술품의 수집을 필요로 한다. 이미 경성을 중심으로 경주, 부여, 평양 등 수삼지(數三地)에서 계획적 수집을 전위(專爲)하지만 역시 지방에 산재한 유물은 일일이 편답(遍踏)하는 이외에 별도리가 없다. 그러면 미술은 무엇을 문제로 삼느냐. 일왈(一曰) 건축, 이왈(二曰) 조각, 삼왈(三曰) 회화, 사왈(四曰) 공예, 총시(總是) 조형미술을 운위(云謂)함이다.*

우현은 강원도 철원의 도피안사(到彼岸寺)의 삼층석탑을 설명한다. 여정을 계속해 장안사(長安寺) 기차 정거장 건너편의 삼층석탑을 설명하고, 장안사의 산문에 들어선 뒤 단청을 바꿔 칠한 것을 보고 장엄미가 사라진 것을 아쉬워한다. 『신증동국여지승람』의 기록을 인용하기도 한다. 표훈사(表訓寺)와 정양사(正陽寺) 길에서는 "고우(故友)들아, 과거를 회억하느냐?"라고 함께 수학여행 왔던 보성고보 친구들을 불러본다. "살어리 살어리랏다. 청산에 살어리랏다." 고려속요 「청산별곡」도 읊조린다. 그런 다음 "얼마나 아름다운 시냐? 조선에 문학이 없다고 누가 말하는가?" 하고 묻는다.

---

* 고유섭, 「의사금강유기」, 『전집』 제9권, 138쪽.

5월 28일, 유점사에 이르러 오십삼불(五十三佛)의 유래를 간단히 설명하고 그 보존 문제를 제시한다. 그밖에 탑과 불상, 탱화 들에 대한 해설에서 우리는 우현이 이미 이 땅의 최고 수준의 미술사가로 올라서고 있음을 발견하게 된다.

우현은 이날 유점사 오십삼불 촬영에 성공했다. 그때의 곡절과 비화를 「의사금강유기」에서는 생략하고 3년 뒤 1934년 9월 『신동아』에 발표한 수필체 기행문 「금강산의 야계」에 소설 같은 서사(敍事)로 썼다. 유점사에 도착하기 전날 마하연의 일본식 료칸(旅館)에서 시중들던 여급이 색정으로 우현과 사진사 엔조지를 유혹하는 이야기로써 독자들을 끌어당긴다. 성적(性的) 욕망을 물리치는 흥미로운 이야기이기 때문이다. 「의사금강유기」와 「금강산의 야계」를 읽으면 별도의 여행처럼 느껴지는데 날짜가 같다.

폭음하는 청년 학자

1930년대 초반 이 시기에 우현은 술을 많이 마셨다. 애주(愛酒)라고 할 정도가 아니라 폭음(暴飮) 수준이었다. 일본인 동료들과도 그랬다. 연구실 조수 나카기리와 사진사 엔조지와 우정이 깊어지고 있었는데 그들과도 인사불성이 되도록 마셨다. 나카기리의 회고에 놀라운 내용이 있다.

프랑스 교회 가까이에서 하숙하고 있던 사진기사 이마제키 고렌(今関光天) 씨 거처에 우리 연구소 사람 셋(고 씨, 엔조지 씨, 나카기리)이 하룻저녁 식사 초대를 받았다. 추운 겨울 길에 구두 소리가 꽝꽝 울리는 밤이었다. 자세히는 잊었으나 집에 있는 노파가 샤미센을 연주하기도 해서 꽤 흥청거렸던 것만은 기억하고 있다.

고 씨는 정종 한 되 정도는 마셨음에 틀림없었고, 말도 횡설수설하니 혀가 꼬부라질 지경으로 취했다. 엔조지 씨와 고 씨는 서로 "어이! 얘끼! 이 바보 자식!"하며 너무 친한 나머지 난폭한 말다툼으로 번졌고, 일본어로는 최악의 어조가 이어졌다. 나는 고씨가 이토록 취한 것을 처음 봤는데, 지금 생각해보면 20대 청년으로서 이 정도로 활력이 넘쳐도 이상할 건 없지만, 어쨌든 혈기왕성한 엔조지 씨였으므로 그만 거기 휩쓸려 고씨도 야비한 일본어를 연발해서 입 밖으로 내보내는 난맥상에는 놀라지 않을 수 없었다. 하지만 조금의 악의도 없는 일이었다.

12시를 넘길 무렵까지 통음(痛飮)했던 것 같다. 이미 마지막 전차를 타기에도 늦은 시각이었다고 기억한다. 엔조지 씨는 요령 있게 화장실에 가고 나서 모습을 감추었다. 정직한 고 씨는 함께 마시던 엔조지 씨가 사라졌기에 그 뒤를 좇아 코가네마치(黃金町, 지금의 을지로 일대) 2가 전찻길로 나서서, "엔조지는 어디로 갔어?" "이놈, 엔조지! 엔조지!"를 연호하며 심야의 거리를 갈지자 걸음으로 나아가는 것이었다. 아무리 불러도 보이지 않는 게 당연했는데, 엔조지 씨는 야마토쵸(大和町, 지금의 중구 필동)에 살았으므로 고 씨와는 정반대 방향으로 이미 모습을 감추었던 것이다. 그것도 모르고 고 씨는 여전히 소리를 지르고 있기에, 나는 고 씨의 몸이 염려되어 뒤를 좇아 손을 잡고 보살펴주려 했으나, 기분만 활기찬 고 씨는 내 팔을 뿌리치고 "걱정하지 말라고. 이 정도 술에 질까 봐?" 하고 호언장담하며 흐트러진 발걸음으로 겨우 숭삼동 자택에 돌아갔던 것이다.

고 씨는 평소 근직(謹直)하고 진지한 인품이므로 나는 그날 밤의 술꾼 노릇에 놀라고 말았다. 고 씨는 일본어로 말하자면 본래 말씨가 곱고 점잖은 사람이었다. 그는 군음식을 탐하지 않았다. 때때로 내게 "나카기리 군은 대식가다. 나는 소식가다"라고 말했던 것이 기억난다. 그런 사람이었으므로 그날 밤의 술주정을 생각하면, 그다지 식사를 하지 않고 공복인 채로 손 가는 대로 벌컥벌컥 술을 마신 것 같다.*

이날의 폭음은 그동안 억제했던 일본에 대한 저항심이 일본인 친구에게 투사된 듯하다. 미술사 연구를 위해 어쩔 수 없이 일본인들 비위를 맞추며 살아온 것을 굴종이라고 여기는 자의식의 내면이 노출된 것으로 보인다. 그러나 그는 인내심 강한 견인(堅忍)주의자였다. 다음 날은 일본인 친구와 화해했고, 정신을 다잡고 탑파(塔婆) 연구에 눈을 돌렸다.

상황이 갑자기 우현에게 유리하게 펼쳐지기 시작했다. 조선총독부 중추원의 촉탁으로 조선에 와서 유적 발굴에 합류했던 일본 사학자 오하라 도시타케(大原利武)가 평안남도 용강군의 의산리 석탑에 관한 논문을 발표했다. 치밀하게 쓴 글이지만 어

---

* 나카기리 이사오, 「고유섭 씨의 추억」, 『고고미술』, 1964. 7. 1, 74~76쪽 내용 중 '프랑스 교회'는 명치정(明治町) 2가, 현재의 중구 명동 2가에 있었다.

딘가 핵심을 관통하지 못한 아쉬움이 있었다. 중국이나 조선이나 일본이나 불탑이 많지만 크기와 양식과 재료의 분석 외에 정신사적 특징이 있는데 그걸 통찰하지 못했다.

우현이 그걸 깨닫고 주목하고 있는데 일본인 조수 나카기리 이시오가 "조선탑파 연구의 적임자는 당신이다" 하며 마치 꿰뚫어 보듯 권했다. 우현이 결심하고 나서자 미술사 전공 교수들이 적극적으로 지지하며 돕기 시작했다. 만취하여 싸웠던 사진사 엔조지도 뒤끝이 없는 사람이라 우현을 존경하고 사진 자료를 함께 분석하며 도왔다.

나카기리 조수의 회고 글에 그 이야기가 있다.

마침 중추원 소속인 오하라 도시타케 씨의「고구려식으로 생각되는 의산리석탑」이라는 논문을 읽고 나서 이를 고 씨에게 보여준 일이 있다. "고씨는 한번 조선석탑에 대해 연구해보면 어떨까요? 이제까지의 연구는 세키노 박사의 석탑론 정도로, 본격적인 연구는 조선사람이 아니면 제대로 인정되지 않는 게 아닐까요?"라고 얘기한 적이 있다. 그 후 고 씨가 신라석탑 연구에 심혈을 기울이게 되었음은 주지의 사실이지만, 어느 날 "나카기리 군이 말해준 게 내 석탑 연구의 애당초 동기가 되었다"고 한 번 입에 담아 얘기한 적이 있다. 원래부터 우에노, 다나카, 후지타 각 선생님들의 신뢰도 두터웠고, 특히 우에노, 다나카 두 선생님은 애제자로서 고 씨에게 특별한 애정을 쏟고 계셨던 것으로 생각된다. 이는 당시 연구실 분위기를 아는 내가 단언해서 거리낌 없는 바이다.

원래 미술사 연구는 현재도 마찬가지이지만, 편의상 사진을 필요로 하는데, 다행히 경성대학에는 사진실이 있어서 주임교수인 우에노 선생님의 직접 감독하에 있었기에 고 씨의 석탑 연구에는 이보다 더 나을 수 없을 정도로 형편이 좋았다. 당시 사진실에는 엔조지 이사오(円城寺勲)라고 남에게 지기 싫어하는 사람이 있어서 원만한 성격과는 거리가 멀었는데, 근본은 단순해서 이상하리만큼 고 씨의 인품에 반해 고 씨의 석탑 연구에 전면적으로 협조를 아끼지 않은 것도 다행이었다. 이는 고 씨에게는 호랑이에게 날개를 단 격으로 더할 수 없는 행운이었다고 생각한다. 이렇게 해서 고 씨의 연구는 엔조지 씨의 기술적 협력에 의해 점점 본격적으로 추진돼갔다.[*]

우현은 연구 기간이 짧은 연구실 조수지만 나카기리의 표현처럼 호랑이가 날개를 단 듯한 상황이었다. 우현은 '우리나라 탑파 연구는 내 것이다. 우리 문화의 독창성과 우수성을 증명하자. 차분하게 첫걸음 떼자'라고 결심했다. 그는 우선 전체적 윤곽을 잡는 개설 원고를 써나갔다. 학문의 길은 고단하고 지난했다.

아내 이점옥이 왜 탑 연구냐고 물었다면 그는 이렇게 대답했을 것이다.

"우리 문화유산 중 탑이 가장 많아. 불교 신앙 때문이고 대부

---

[*] 나카기리 이사오, 「고유섭 씨의 추억」, 『고고미술』, 1964. 7. 1, 70~71쪽

분이 석탑이지. 돌은 불변하는 소재니까 말이야. 석탑은 삼국시대 세 나라에서 각각 다른 양식으로 생성되어 1,000년을 지나며 변천해왔고 시대정신을 반영하고 있어. 그리고 인도, 중국, 일본 탑의 양식과 뚜렷하게 비교되는 특징이 있단 말이야. 우리 민족문화의 독창성이야."

우현은 아내의 손을 잡으며 그렇게 말하고 따뜻한 차 한 잔을 부탁했을 것이다.

「협전관평」을 쓰다

10월이 되자 서화협회전이 열렸다. 동아일보사에서 「협전관평」을 써달라고 했다. 우현이 재학하던 시절 보성고보에서 열린 것이 2회부터 7회였는데 협전은 그새 11회에 이르러 있었다. 보성을 졸업하고도 그는 매년 협전에 가기는 했을 것이다. 미술사를 연구하려면 현재 작가들의 경향도 알아야 하기 때문이었다. 그러나 관람평은 어려웠다. 애써서 글을 써야 하고, 화가들에게 박한 평을 쓰면 인심을 잃거나 서먹해지기 쉬워서였다.

우현은 며칠 고심하다가 집필을 결심했다. 전시장에 가서 작품들을 보고는 엉뚱한 생각을 했다. 딱딱한 평설이 아니라 연극과 소설의 대사처럼 대화체로 썼다.*

17일 제11회 '협전'(協展)이 휘문고보(徽文高普) 강당에서 개최

---

* 고유섭, 「협전관평」, 『전집』 제9권, 147~154쪽.

된 지 제이일, 예(例)에 의해 구경을 가려고 나설 때 모군(某君)이 막 당도한다.

모군 어디 가나?

나 '협전' 구경 가려 나서는 판인데, 축객(逐客) 같지만 날도 음산하니 방보다 밖이 나으니 같이 가세.

모군 전람회? 무엇 볼 것 있다고?

나 아니야. 우리는 의무적으로 보아주어야 할 무엇이 있네.

모군 자네 심정이 기특하이만 조선놈이 아니꼽게 예술이 다 무어야? 제일 먹을 것이 있어야지!

나 군(君)의 말도 그럴듯하이. 그러나 군의 논법은 속한(俗漢)의 논법일세. 군의 논법대로 말하면, 국부병강(國富兵强)한 북미합중국에는 위대한 예술이 있을 것이요, 정치적 혁명을 바야흐로 벗어나 경제적 회복을 완전히 건설하지 못한 방금 러시아에는 예술이 없어야 할 것인데, 사실은 이와 반대이니 어쩌나?

우현은 민족이 일본의 압제에 억눌려 있어도 그럴수록 예술은 더 빛날 수 있다고 주장한다. 그러고는 작품들에 대한 평설로 들어갔다.

모군 이 추운 날 오세창 씨 소선단찰(小扇短札)이 웬 말인가?

나 부채 전람(展覽)이 아니라 금석문(金石文)일세. 조선의 유일한 금석대가(金石大家)이시니까.

모군 그 도장(圖章) 묘한 것이 많으이. 그 노인이 손수 파시나?

나　그전에는 손수 조각하시었다데만, 지금은 어떤지… 이 사
　　람아, 알고 보면 도장도 이궁무진(理窮無盡)한 것일세. 음
　　양(陰陽)의 이치와 오행(五行)의 이치를 모르고서는 인각
　　(印刻)을 감상할 자격이 없는 것일세. 그림에서는 지척만
　　리(咫尺萬里)의 묘미가 있지만, 도장에서는 운도삼매(運刀
　　三昧)란 지자지지(知者知之)야…

모군　허허, 그렇게 어려운 것인가? 그렇다면 인장포(印章鋪) 제
　　군(諸君)은 모두 현인철사(賢人哲士)일세.

나　무식한 사람, 간판 글씨와 주련(柱聯, 기둥이나 벽에 써붙
　　이는 문장) 글씨가 가치가 같은가?

　보성고보 스승인 춘곡 고희동의 「만산홍엽」(滿山紅葉)은 의
도가 의식적으로 실현되어 있다고, 낙관(落款)이 구투(舊套)를
벗지 못했다고 꼬집는다. 춘곡의 그림이 항상 명쾌한 것은 경
향이라고 말한다. 그러고는 원고 끝에서 한 번 더 말한다.

　나　춘곡의 「만산홍엽」을 다시 한번 보세. 오른편 산협(山峽)
　　이 터지고 왼편에 총석(叢石)이 서지 않았나? 저것이 아무
　　래도 형식상 통일을 얻지 못한 것 같지 않은가? 즉, 오른
　　편 산협이 터진 연고로 기(氣)가 허해졌고 왼편 총석이 막
　　혔으므로 서기(敍氣)가 갈곳이 없어졌네. 또 화면의 관점
　　이 그리 높지 않은데 배가 너무 작기 때문에 앞산과 관자
　　(觀者)와 주즙(舟楫, 배와 삿대. 배 전체를 뜻함)의 석 점 간
　　거리가 불합리하지 않은가?

이 글을 읽은 춘곡이 제자의 평설에 얼굴이 벌게지지는 않았을 것이다. 인생길에서 산전수전 다 겪은 데다 제자의 성공을 가장 기뻐한 스승이었기 때문이다.

이들 외에 오일영(吳一泳, 1890~1960)의 작품은 조강(糟糠, 거칠다)하며 장기(匠氣, 장인의 기질 혹은 매너리즘)가 너무 심하다고 하고, 일주(一州) 김진우(金鎭宇, 1882~1950)의 「고풍」(古風)에 대해서는 "갈대에 부는 고비(高飛)인가?" 하고 되물었다. 정대기(鄭大基)의 작품도 모군이 "그런 듯하다"라고 하니까 "조선 산야에 수기(水氣)가 없으니 그 역시 조선산 수죽(瘦竹, 오래 묵은 대나무)의 인상을 면치 못할 노릇이다"라고 답한다.

모군이, 성당(惺堂) 김돈희(金敦熙, 1871~1937)의 글씨도 말라비틀어져야 할 텐데 살이 두둑하게 쪄 있다고 하자 "먹이 많다고 살이 많은 건 아닐세"라고 답한다. 안종원(安鐘元, 1874~1951)의 서(書)는 "성당보다 억지는 적은 모양일세. 성당은 먹이 항상 많네" 하고 답한다.

모군이, 향당(香塘) 백윤문(白潤文, 1906~79)의 「추정」(秋情)을 가리켜 "갓 쓰고 왜목(倭木)신 끄는 쟁이로군" 하니까, "그야 상관있나? 제정신, 제 안목만 잃지 않는다면 양식(洋食)을 먹거나 채식(菜食)을 먹거나 상관없다"라고 답한다. 민족의 자주성을 잃지 않으면 된다는 뜻이다.

모군이, 자네의 평성은 우의(寓意)가 많다고 하니까 "평이란 것은 일종의 간(諫)과 같으니, 옳은 말이라면 아무 소리나 함부로 하라는 것이 아니라고, 될 수 있는 대로 그 효과가 많도록 방법을 취해야 한다"라고 답한다.

그밖에 장운봉(張雲鳳)·이도영·김용준(金瑢俊)·정현웅(鄭玄雄)·장석표(張錫豹)·강관필(姜寬弼) 등 당대에 명성을 떨치고 뒷날 한국 화단에 거목이 된 분들의 작품을 평했다. 그러고는 마지막 연재 말미에 이런 말을 붙여 양해를 구했다.

필자가 감히 문외(門外)의 일학도(一學徒)로 집필한 뜻은 화가 제씨 중 스스로 온축(蘊蓄, 그동안 쌓은 성과)을 기울여 평할 제 자화자찬에 빠지기 쉬움을 주저함이 많으신 뜻을 촌탁(忖度, 미루어 헤아림)하고 이에 횡설수설 부언했거니와, 역사상, 특히 조선 회화사상 상고(上古)는 막계(莫揩, 제쳐두고)하고 고려에서는 불화가 성행했고 조선조에서는 초상화가 성행했음은 다 그 소이연(所以然, 까닭)이 있을 것이니 현하의 요구가 있을 바이라. 화가 제씨는 한층의 분투를 아끼지 마시고, 독자 제씨는 이 그릇된 평이나마 이 평을 동기로 심신의 도야(陶冶)와 그들의 사업을 북돋우는 의미로 성시적(成市的, 문전성시를 이루는) 관람이 있기를 바라는 터이다.

읽어보면 우현이 숙소를 나설 때 정말 찾아온 친구와 동행해 전람회에 가서 나눈 대화가 아니라는 걸 일반 독자도 알 수 있다. 이희승 박사의 회고 글에 함께 선전(鮮展, 조선미술가협회전)에 갔다는 표현이 있다. 우현의 30주기 특집에 이화여전 출강 시절을 회상해 쓴 글로서 함께 교수직에 있던 동창생 서두수도 동행했다고 했다. 우현의 관평은 협전을 보고 1931년에 쓴 것이고 이희승 박사가 함께 간 선전은 1936년이라 거꾸로 시차가 난다.

90년 전에 이 정도의 관람평을 쓴 것이 경이롭다. 대화체를 쓴 효과도 크거니와 조심스럽게 할 말 다 하며 꼬집는 문장에 함축성이 강하다. 규장각의 회화(繪畵) 관련 기록 모두를 정독하고 필사하고 발췌하는 작업을 몇 해에 걸쳐서 해오고 있는 그였다. 안목이 한껏 높은 수준에 이르러 있었다. 특히 인생의 사표(師表)로 여기며 존경하는 위창의 작품과 보성고보 은사인 춘곡의 작품에 대해 그의 표현 그대로 '간(諫)하듯이' 말했으니 두 스승은 마음이 언짢기보다는 흐뭇했을 것이다.

그렇게 4회 연재를 해나가니 협전에 관람객이 늘어나고, 그의 명성은 전국에 퍼졌다고 한다. 그러나 우현은 전시회 관평을 다시는 쓰지 않았다. 협전은 물론 총독부를 등에 업은 조선미술가협회가 생기고 선전(鮮展)이 협전을 압도해가던 시절에도 전시회 관평을 쓰지 않았다. 신문사에서는 원고를 청탁했을 텐데 서화계 원로들이 불쾌하다고 말했는지, 아니면 스스로 불편했는지 알 수 없다.

「협전관평」 연재를 쓰고 우현은 늦가을에 「조선탑파 개설」을 썼다. 서론이라 할 수 있는 제1장 전언(前言)에서는 조선 조탑(造塔)의 기원을 설명하고, 제2장은 내용적 분류, 제3장은 재료적 분류, 제4장은 평면 형식의 분류로 나눠 이 나라 탑들을 분석했다. 1931년 12월 『신흥』 제6호에 실린 이 글은 우현의 초기 연구성과 중 가장 주목되는 글이다. 우현이 남긴 업적 중 가장 큰 것이 탑파연구이고 그가 1944년 6월 세상을 뜨기 직전 붙잡고 있던 원고도 『조선탑파의 연구』 일본어판이었다.

대학 조수 시절. 왼쪽에서 다섯 번째가 우현이다. 열화당 제공.

한편 그의 아내 이점옥은 12월 19일에 딸을 출산했다. 경성제대 친목회 동숭회에서 축의금 15원이 왔다고 우현은 일기에 적었다. 낳고 두 달 만에 잃은 아들 때는 50원이었다. 첫아이는 축의금이 많고 둘째는 적었던 듯하다.

우현은 며칠에 한 번 이강국·한기준·서병성·이병남·성낙서 등과 모여 마작을 두며 우의를 다졌다. 자기 고장에서 최고의 수재라는 말을 들으며 경성제대로 온 동창들, 대개들 단단히 자기 위치를 다지고 있었으나 세상에 드러난 성과는 우현이 제일 컸다. 우현은 연구실 조수 1~2차년도인 1930~31년에 논문 2편, 학술적 기행문 1편, 그리고 신흥건축에 관한 칼럼을 써서 주목받고 있었다. 조선미술사 조선인 최초 전공자로서 학문의 주춧돌을 놓은 셈이었다.

이 무렵, 공석이 된 개성부립박물관 관장으로 가라는 말이 교

대학 조수 시절 연구실에서. 왼쪽부터 우현, 다나카 교수, 나카기리 조수,
우에노 교수. 열화당 제공.

수들 입에서 처음 나왔다. 우현은 숙고했으나 가지 않았다. 그때
결심했으면 두 해 빨리 27세에 박물관장이 되어 개성으로 갔을
것이다.

우현 고유섭의 1931년은 그렇게 기울어갔다.

1932년, 신문 잡지에서 계속 원고 청탁이 왔으나 우현은 조수
임무와 연구에 열중하느라 많은 글을 쓰지 못했다. 5월 『동방평
론』에 「고구려의 미술: 조선미술사화」를 발표하고, 『조선일보』
에 「조선고미술에 대하여」를 기고했다. 앞글은 월간 잡지이므
로 3월 말쯤 써 보냈을 것이고 뒤의 글은 일간신문이니 그보다
늦은 4월 말에 송고했을 것이다. 두 편 모두 대학 조수 시절에
작성한 충실한 노트를 기반으로 쓴 것이었다.

우현은 「고구려의 미술: 조선미술사화」에서 고구려의 미술을

건축미술, 회화미술, 공예미술 세 가지로 나눠 설명하고 이런 견해를 덧붙였다. 땅이 험해서 생활에 물기가 없고 문화에 외래 요소가 지배하고 있으나 자기의 특색을 끝까지 발휘했으며 한 개의 선, 한 개의 획에 팽창미와 분방한 패기가 있으며, 풍유한 생활의 소산, 여유로운 유희가 아니라 떡심 있고 뻗댈심 있는 예술, 각고한 예술, 우렁찬 예술이라고 했다. 뵐플린의 민족양식을 설명하며 독일 게르만 양식은 북방적이며 이탈리아 라틴 양식은 남방적이라고 한 그 방법론을 적용했다.

「조선고미술에 대하여」에서는 조선고미술이 "조선역사와 함께 자라나고 망국으로 사라진 예술"이라고 해 국가 존립과 연결시켰다. 과거 성분을 살펴보면 퉁구스적인 요소, 대양적 요소, 한족적 요소, 서역인도계적 요소가 혼재했다고 썼다. 수천 년 조선문화의 동맥은 한화(漢化) 작용이 컸으며 오행(五行) 사상과 선가(仙家) 사상과 유교감계(鑑戒, 잘못을 거울로 삼아 다시는 그렇게 저지르지 않도록 경계함)의 예술의욕이 보인다고 기술했다.

삼국시대, 특히 고구려는 고전적인(classical) 요소보다는 고딕(Gothic) 경향이 강하고, 개인의식이 약하며 국가사회와 계급중심 단체의식이 강했다고 했다. 통일신라 때도 귀족사회 전권시대로서 국가, 계급, 단체의식이 강하고 대양적 요소가 급히 약해졌다고 했다. 고려시대는 개인의식이 농후해지고 국가적 위세를 담은 작품은 적어지고, 불화(佛畫)와 청자(靑磁)도 귀족사회가 수용한 것이었다고 썼다.

고려시대는 문화 배경이 불교였으나 귀족은 불력에 의뢰해서 자가의 현세 복록과 미래 왕생을 도모했다고 했다. 조선시대는

『신흥』제7호 표지. 동국대 중앙도서관에 소장된 우현의 육필 원고들에 끼어 있다.

문화 배경이 유교였으며 귀족은 현세의 환달과 면목과 발전을 추구했다고 썼다.

여기서 우리는 우현의 미술사 기술 태도가 양식사 중심에서 정신사 중심으로 바뀌어감을 알 수 있다. 학자 생활의 출발이었으나 많은 지식인이 그의 글을 탄복하며 읽었다. 조선미술사를 그렇게 분석해 쓰는 사람은 없었다. 그는 조선인 최초 미술사 학자로서 존재감을 선명히 드러냈다.

그는 학자의 길에 대체로 만족하고 있었다. 12월에 발간된 『신흥』제7호에는 「노서아의 건축」을 기고했다. 이 책 원본이 동국대 중앙도서관에 소장된 우현의 육필 원고들 속에 끼어 있다. 발행인은 유진오, 책값은 27전이었다. 1쪽짜리 짧은 글로서 러시아 건축물이 경제적 근거에 입각한 탄력적 귀납이라는 도시계획

아래 형성되고 있다고 썼다. "실질 있는 작업이 결국은 예술품이 되리라"는 신념 아래 만들어지고 있다고 했다. 5개년 계획이 성공하면 커다란 예술의 모뉴먼트가 될 것이라고 내다보았다.

이해(1932년) 겨울에 수필체 칼럼 「굶어 죽는 취미」를 신문에 썼는데 그즈음 생활에 안도하는 심경이 엿보이고 약간은 냉소적인 해학도 드러난다.

지금 백림(伯林, 베를린)에 가 있는 일우(一友)가 나에게 농담 삼아 동심(童心)을 의식하면서 '무엇하려 공부하느냐'고 물은 적이 있다. 나는 본능적으로 '할 것 없어 공부한다' 했다.

내가 처음에 전공과를 선택할 제 남 아니하는 미학을 취했다. 담임교수는 넌지시 불러서 하는 말이 가세(家勢)에 여유가 있거든 해도 좋지만 없으며 고만두는 것이 좋다고 충고를 받았다. 그러나 나는 원래 가세커녕 남의 밥을 먹고 남의 돈을 써가며 공부한 터이다. 그러므로 타산(打算)할 여지도 없이 돈을 벌어야 집안사람을 살리고 나를 살릴 수 있을 것이다. 그러나 아무리 생각해도 나 이외의 몸은 고사하고 나 자신을 살릴 아무 승산(勝算)이 없다. 위선(爲先) 나의 무능(無能)도 무능이려니와 대세(大勢)가 틀렸는데야 할 수 없지 않은가? …기왕(已往) 굶어 죽을진댄 취미(趣味)에서나 죽자. 굶어 죽어도 취미에서 – 이것이 나의 운명(運命)을 결정(決定)한 나의 논리(論理)였다. 이것이 6년 전 일이다. 그 후 3년 본업을 바치고 동(同) 연구실(研究室)에 남아서 있는지 우금(于今) 3년 그야말로 문자(文字) 그대로의 상아탑생활(象牙塔生活)을 하고 있다. 예술(藝術)이 어떠니 미(美)가 어떠니

하고 담배의 푸른 연기(煙氣) 같은 환상(幻想)을 창공(蒼空)에 고
물고물 그리고 있다.*

행문 중 "백림에 가 있는 일우"는 이강국이다. 이강국은 1932
년 2월 독일로 유학을 떠나 베를린대학 법철학과에서 공부하고
있었다. 미야케 교수의 추천서를 보내고 처남 조준호의 재정적
지원을 받아 유학길에 오른 것이었다. 그는 대학에 적을 둔 채
독일공산당에 가입해 일본인 그룹 책임자가 되고, 조선의 해방
을 위해 코민테른과 연락하면서 『혁명적 아시안연맹·통보』라
는 매체에 조선에 관한 글을 쓰고 있었다.**

우현의 인용문 중 "나는 원래 가세커녕 남의 밥을 먹고 남의
돈을 써가며 공부한 터이다"라는 문장은 냉소적이다. '남의 돈'
은 장인 이흥선의 지원을 뜻하거나, 재학 중에 받았다는 어느
장학회의 장학금을 뜻하는 것일 듯하다. 앞에서 나온 철학과 동
기생 안용백의 회고담에 나오는 이야기다.

우현에게 관심 많은 독자는 '집안 사정이 어떠냐고 교수가 묻
고, 그냥 넉넉하지 않지만 공부합니다'라고 답한 대화가 우현의
대학 시절을 인상적(印象的)으로 상징함을 알고 있을 것이다.
우현은 1937년 신문 인터뷰 때도 같은 말을 했다. 표현만 조금
다르게 다시 실렸다.***

---

* 고유섭, 「굶어 죽는 취미」, 『조선일보』, 1932. 12. 3.
** 전명혁, 「1930년대 이강국과 그의 인민전선론 연구」, 『마르크스주
　의 연구』, 경상대 사회과학연구원, 2008. 9.
*** 이 책, 330쪽.

이 무렵 우에노 나오테루 교수가 말했다, 개성부립박물관장으로 가면 연구하기에 좋을 것이라고. 대학연구실의 조수는 또 다른 후배 예비학자를 키워야 하는 자리였다. 우에노 교수는 총독부 관리들의 존경을 받고 있었다. 그는 후지다 료사쿠 교수와 의논해 우현에게 조선고미술 연구의 문을 활짝 열어주려 했다.

후지다 교수는 1923년 조선 땅에 와서 총독부 의뢰로 유적 발굴과 조사를 맡고 평양의 고구려 왕릉을 발굴했고, 총독부 편수관을 거쳐 경성제대 조교수와 총독부박물관장을 겸하고 있었다. 1931년 신고적연구회라는 일본인 연구자들 중심의 학회를 만들어 간사를 맡고 뒷날 만주 지린성(吉林省) 지안(集安)에서 장군총(將軍塚)을 발굴 촬영한 거물이었다. 2년 전 개성부립박물관을 개관하기 전에 여러 날을 머물며 진열을 지휘했고 개관식에서 소장품을 해설하기도 했다.* 교수들은 우현을 개성부립박물관 관장으로 보내기 위해 소매를 걷어붙였다. 다나카 교수는 "고 군, 닭 머리가 될지언정 소 꼬리는 되지 말라는 말이 있듯이 꼭 개성으로 가시게"라고 말하고, 일요일에 개성까지 가서 박물관 사정을 살피는 실사도 했다.

1933년 3월 말, 우현은 개성행을 결정하고 미학연구실 조수 직을 사직했다. 그러나 아내 이점옥은 개성행이 불안했던 듯하다. 우현의 일기에 이런 내용이 있다.

---

* 「개성박물관 개관식 11월 1일에 거행」, 『매일신보』, 1931. 10. 31;
「성황리에 거행된 개성박물관 개관식」, 『매일신보』, 1931. 11. 3.

어느 날인지 날짜는 잊어버렸는데 밤 2시 반쯤 되었을 때 (아내가) 나를 깨우면서 "여보, 나는 지금 죽을 꿈을 꾸었소" 하기에 무슨 꿈이냐 했더니 문에서 나를 부르는 소리가 나기에 마루 분합문을 열고 내다보니, 머리에 수건을 질끈 동여맨 놈 세 놈이 들어와 나를 쳐다보고 하는 말이 우리 고을 관장 오실 분이니 그냥 가자고 하며 돌아갔다 한다. 돌아갔는데 무슨 죽을 꿈인가 했다.[*]

염라대왕의 사자(使者)들이 남편인 우현을 데려갈 뻔한 불길한 꿈, 우현의 일기나 아내 이점옥의 회고에는 꿈 이야기가 여러 번 나온다. 이점옥은 당대 명문인 경성여고보 출신이지만 꿈이나 민간신앙을 중시하는 보통의 여염집 여인들과 다르지 않았다. 개항도시 인천에는 가톨릭과 개신교가 일찌감치 자리를 잡았고 그 계통의 학교도 있었으나 이점옥 여사는 전통 신앙에 젖어 있었다.

---

[*] 「우현의 일기」 1931년 5월 28일, 『아무도 가지 않은 길』, 188쪽.

제3부

아무도 걷지 않은 길

박물관장이 되어

오세창의 선물 받고 개성으로

개성부립박물관은 1930년 개풍군 개성읍에서 개성부(開城府)로 승격한 기념으로 설립되었다. 개성의 인삼 판매를 독점한 미쓰이(三井)물산과 한성은행, 식산은행의 기부금과 개성부 유지들의 기부금 2만 8,000원으로 개성의 중심에 자리 잡은 자남산(子男山) 남쪽 기슭에 들어섰다. 선죽교와 숭양서원에서 가깝고 관광 권역 구축이 유리한 곳이었다. 토지도 개성부 향교 재산이라 마음대로 쓸 수 있었다. 전망이 좋아 박물관 앞뜰에 서면 개성 시내 동반부가 한눈에 들어왔다.*

개관 직후 골동품 수집가인 일본인 아유가이 후사노신(鮎貝房之進)의 소장품 다수를 미쓰이물산이 매입해 기증한 유물이 기초 자산이 되었고, 개성고적보승회를 비롯한 민간인 유지들도 기증해 보탰다.

1910년 강제합병을 전후해 일본인들의 도굴과 골동품 수집이 노골적으로 일어났다. 가장 큰 피해를 본 곳이 고려의 왕도

---

* 국립중앙박물관, 『유리 건판으로 보는 개성의 궁궐과 능묘』, 2019, 177~178쪽.

였던 개성이었다. 이토 히로부미(伊藤博文)가 그 중심에 있었다. 그자는 수백 년 동안 발굴하지 않고 보존되어온 개성 일대의 고려 고분을 닥치는 대로 발굴해 비싸게 팔아먹고 명품 100여 점을 천황에게 바쳤다. 그 후 일본에서 고려자기 수집이 유행처럼 퍼져 도굴꾼과 수집꾼 들이 대거 몰려왔다. 1만 점 이상의 고려 유물이 일본으로 건너갔다.

개성보승회는 황폐해진 고려 유적지와 도굴당해 흩어진 유물을 수집·보존하기 위해 개성의 유지들이 결성한 단체였다. 박물관 건립의 필요성이 대두되고 1930년에 개성부립박물관이 건립되었다. 개성인들은 민족적 자부심이 강해 중요한 직위에 개성 출신 조선인이 아니면 군수와 부윤(府尹) 자리도 용납하지 않았다. 초대 관장에 경남 창원 출신으로 교토(京都)제국대학 사학과를 나온 이영순(李英淳)이 부임했는데 개성부민들이 배척해 물러나 공석으로 있었다. 개성 유지들의 눈에 차지 못했던 것이다. 그런 그들이 학문적 명성을 듣고 관장으로 초빙함으로써 우현은 29세에 관장직에 올랐다.

우에노·후지다 두 교수가 서명한 추천장이 개성으로 갔고, 개성부의 초빙 결정에 공성학(孔聖學, 1879~1957)·공진항(孔鎭恒, 1900~72) 부자(父子)가 영향을 준 것으로 보인다. 공성학은 일제가 기존의 성균관을 폐지하고 조선의 유학을 뜻대로 관리하려고 만든 경학원(經學院)의 부제학을 지낸 거물이었다. 1910년 강제합병 후 가업인 인삼 재배에 뛰어들어 손봉상(孫鳳祥)과 더불어 품종을 개선하고 경작법을 경신해 거부가 되었다. 개성 상인으로서는 이색적으로 시문(詩文)에 능했다. 박물관 건립에도 앞장섰고 기부금도 많이 냈다. '開城博物館'(개성박물관) 현판이 그의 글씨였고, 11년 뒤 우현이 요절하듯이 세상을 떠나자 장례식에서 조사를 읽었다.

이 시기에 개성은 그의 아들 공진항을 비롯한 신진 엘리트들에게 주도권이 넘어가고 있었다. 자본가들의 2세, 3세인 그들은 아버지 세대의 자본을 바탕으로 일본, 유럽, 미국에 유학한 참신한 인물들이었다. 대표적인 인물이 공진항이었다. 그는 보성고보를 거쳐 일본 도지샤(同志社)중학, 와세다대학, 영국의 런던(London)대학, 프랑스의 소르본(Sorbonne)대학에 유학했다. 8·15 광복 후 초대 프랑스 공사와 농림부장관, 천도교령을 지냈다.* 이들 부자 곁에는 개성 출신으로 와세다대 서양사학과를 나와 『조선일보』 기자를 지내고 『고려시보』 주필을 맡은 이선근(李瑄根, 1905~83)이 있었다. 『고려시보』의 발간 주체가 그들 신진 엘리트들이었다. 『고려시보』는 요즘 용어로 타블로이드판으로 한 달에 두 번 발간했다. 초기에는 동인지 성격이 강했으나 주식회사로 전환했고 공진항이 1대 주주였다.

그랬다는 기록은 없으나 우현의 보성고보 선배인 공진항과 역사학 전공자인 이선근은 우현이 발표한 글을 이미 읽었거나 이때 읽었을 것이다. 『신흥』에 발표한 「미학의 사적 개관」과 「금동미륵반가상의 고찰」, 『동방평론』에 쓴 「고구려의 미술: 조선

_____

* 1930년대 개성의 신진 엘리트들에 대해서는 정종현의 「일본제국기 '개성'의 지역성과 (탈)식민의 문화기획」, 『동방학지』 제151집, 2010, 279~329쪽 참조.

미술사화」와『조선일보』에 발표한「조선고미술에 대하여」,『동아일보』에 발표한「협전관평」을 보았다면 어찌 반하지 않았겠는가. 그들은 원로들에게 이렇게 말했을 것이다.

"고유섭은 조선미술사의 정점을 향해 가는 인재, 더 바랄 게 없는 최고의 인재입니다. 어서 붙잡으십시오."

우현이 부임한 날은 1933년 4월 3일 이후로 보인다. 그날 일기에 위창에게서 인장(印章)과 낙관(落款)을 선물로 받았다고 썼기 때문이다.

위창 오세창 선생으로부터 친각(親刻)의 인신삼정(印身三丁)을 받았다. '고유섭인'(高裕燮印)의 회문인(回文印, 음각)과 우현(又玄, 양각)과 찬하(粲霞, 음각)의 인(印)이다. 70 노인의 수각(手刻)이므로 감사했다.*

위창은 우현보다 41세 위였다. 조혼을 하던 당시 관례로서는 할아버지뻘이었다. 유홍준은 "한국미술사의 할아버지는 위창이고 아버지는 우현이다"라고 했다. 나이를 따지지 않더라도 둘 사이에 위창의 제자이자 우현의 스승인 춘곡 고희동이 있었다. 일찍이『근역화휘』『근역서휘』『근역서화징』을 쓴 위창으로서는 자신의 미술사 연구를 넘어서고 있는 우현을 고맙고 대견하게 지켜보았을 것이다. 그래서 박물관장 부임 축하선물로 인장

---

* 우현의 1933년 4월 3일 일기, 김영애,「고유섭의 생애와 학문세계」,
『미술사학연구』, 1991. 9, 126쪽 주석 재인용.

세 개를 개성으로 가기 직전에 준 것으로 보인다.

위창이 자석식 전화기 손잡이를 돌려 "개성 가기 전에 같이 밥 한번 먹어야지. 오늘 점심때 내 집에 와" 하고 말해서, 만해 한용운의 방문기로도 유명한 돈의동 위창의 자택을 우현이 찾아갔는지, 위창이 경성 황금정(黃金町, 현 을지로)쯤의 음식점에서 밥을 샀는지, 짧은 일기 몇 줄로는 알 수 없다. 우현이라는 아호를 지어주지는 않은 듯하다. 그랬다면 '놀랍게도 선생께서 내 아호까지 우현으로 지어서'라고 일기에 썼을 것이기 때문이다.

'우현'의 의미는 노자의 『도덕경』맨 앞 제1장에 나오는 말로서 뜻이 사뭇 심오하다. '노자'를 읽겠다고 나서는 많은 독서가를 첫 시작부터 쩔쩔매게 만드는 문장 속에 들어 있다.

此兩者同出而異名(차양자동출이이명, [무와 유] 양자는 나온 데는 같은데 이름만 다르다)
同謂之玄 玄之又玄(동위지현 현지우현, 둘을 함께 이르는 것은 오묘하고 또 오묘하다)
衆妙之門(중묘지문, 온갖 오묘한 것들의 근본이 되는 문이다)

정통 철학자나 학문이 높은 한문학자의 해석들이 있으나 모두 다르고 원문만큼 이해하기 어렵다. 정세근 교수는 쉽게 풀어내서 우현의 삶과 이렇게 연결한다.

무명과 유명, 무욕과 유욕이라는 상반된 성질을 어떻게 다룰 것인가? 노자는 이 둘을 하나로 모은다. 둘은 같은 데서 나왔고 이름만 다르다. 함께 부르자니 검을 현(玄)이다. 검으면 나뉨이 안 보인다. 남과 나, 미움과 고움이 모든 어둠 속에 감춰진다. 검고도 검으니 모든 오묘함의 문이 열린다. '노자'는 쉽게 말하면 어둠의 철학이다. 어둠은 미추(美醜)뿐만 아니라 피아(彼我)조차 나누지 않는다.

고유섭이 이 구절을 얼마나 좋아했으면 자신의 호로 삼았을까 생각해보자. 그의 어법이 노자와 매우 닮았다는 것은 노자를 읽어본 사람이라면 쉽게 느낀다. '무기교의 기교' '무계획의 계획'은 노자의 어법과 똑같다.[*]

정세근 교수의 판단처럼 '우현' 아호는 이미 고유섭이 갖고 있었고, "선생님, 저는 『도덕경』의 앞부분이 좋아서 아호도 그렇게 쓰고 늘 화두로 안고 삽니다. 우리 조선의 미도 그런 듯합니다"라고 말했고 위창이 '우현'을 전각으로 새겨준 것으로 보인다. 어떻든 우현은 이 무렵부터 이 '우현' 아호를 사용했다.

그런데 일기에 있는 '찬하'(粲霞, 음각)의 뜻을 알 수 없다. '맑은 노을'이라는 뜻인데 또 다른 아호로 지어 보냈는지, 우현의 존재가 황금빛 저녁노을처럼 맑고 고결하다는 은유인지 알 수 없다.

우현은 경성제대 퇴직금 228원을 받고 1933년 4월 초순 어

---

[*] 정세근, 『동양 미학과 한국 현대미학의 탄생: 캉유웨이, 야나기, 고유섭』, 파라아카데미, 2022, 190~192쪽.

느 날 개성에 부임했다. 4월 19일에는 식솔까지 경성을 떠나 박물관 관사로 이사했다.

우현에게 개성은 낯선 곳이 아니었다. 보성고보 1학년 수학여행 때 처음 갔고 두 해 전에도 답사한 적이 있었다. 개성부립박물관 주소는 개성부 동본정(東本町) 5정목(丁目) 5호였다. 1931년에 완공 개관한 건물은 조선식 기와집으로 87평 본관과 사무동과 관사로 되어 있었다. 이 시기에 관립박물관은 이왕가박물관, 조선총독부박물관과 그 경주분관, 부여분관, 그리고 평양과 개성에 부립박물관이 있었다. 사립박물관은 없었다. 뒷날 간송박물관으로 바뀐 전형필의 보화각(葆華閣)도 1938년에 개관했다.

앞에서 "관장직에 올랐다"라고 썼지만 이점옥 여사 회고에 의하면 수하의 직원은 겨우 둘이었다. 사무원은 우현 부임 당시에는 한수경(韓壽景)이었는데 김경배(金敬培)로, 다시 조동윤(趙東潤)으로 바뀌었다. 소사(小使)는 장남재(張南在)였다가 김창복(金昌福) 부부로 바뀌었다.*

1934년, 1937년, 1939년 조선총독부가 작성한 직원록을 보면 개성부(開城府) 직원은 부윤(府尹)까지 37명~38명, 박물관의 정식 직원은 우현 하나였다. 이점옥 여사가 회고한 사무원은 정규직이 아닌 고원(雇員)이었다. 우현은 촉탁(囑託) 직위로서 부임 첫해는 월급을 85원, 1937년에는 95원, 1939년에는

---

* 「우현의 일기」 1933년 4월 19일, 『아무도 가지 않은 길』, 191쪽. 「우현의 일기」에 이점옥 여사가 덧붙인 글이다.

100원을 받았다. 부청 직원들 월급이 30~50원, 과장급이 70원이었으니 우현이 받은 처우는 후한 편이었다. 제국대학 5년 학력과 대학 교직원 3년 경력을 고려한 급여였다. 고원은 1인으로서 월 34원~35원을 받았다.

급여를 비교할 수 있는 자료가 우현의 철학과 후배이자 벗이었던 서병성의 글에 있다. 우현의 박물관장 부임보다 한 해 늦게 송도고보 교사로 간 그는 초임 75원을 받았고 일반직 관리는 45원 정도였는데 한 달 생활비가 30원이면 가능했다고 말했다.*

박물관 건물은 웅장하고 아름다웠다. 외벽은 은은한 핑크빛이 났고, 잔디밭이 있고 흰 모래밭 마당은 항상 깨끗했다. 이점옥 여사 회고에 의하면 사택이 사무실과 붙어 있었는데, 조그만 밭이 딸려 있었고 벚꽃이 많이 피어 있어서 경치가 좋았다. 개성 신사(神社)가 박물관 가까이 있었다.

관장실은 물론 사무실은 따로 없고 관람 전시실 안에 연구와 집필 공간이 칸막이로 만들어져 있었다. 우현은 반대편 구석진 공간에 사진 현상을 위한 작은 암실을 만들었다. 그는 박물관을 유물이나 늘어놓고 보존이나 하는 보관소가 아니라 개성의 역사적 전통과 개성사람들의 역사적 삶의 흔적을 보여주는 살아 있는 공간으로 바꾸어가기 시작했다. 스승 후지다 교수의 진열을 조금 바꾸었다.

---

* 「생계의 위협 속에서. 전 휘문중고 교장 서병성 씨」, 『중앙일보』, 1969. 5. 15.

개성부립박물관 원경. 열화당 제공.

그는 개성부민들이 열심히 모금해 박물관 건물을 짓기만 하고 오지 않는 것을 안타까워하는 글을 개성의 지역신문 『고려시보』에 기고했다.

학교는 귀로 듣고 배우는 곳이요 박물관은 눈과 귀로 배우는 곳입니다. 그러므로 서양에서는 학교보다 박물관을 중히 여기는 경향이 많다 하겠으니 개성에 박물관이 설립된 이전과 이후와의 개성의 성망(聲望)은 적어도, 외지에서 문제되는 개성의 성망은 실로 월등한 차이가 있습니다.*

---

* 고유섭, 「개성부민의 실공」, 『고려시보』, 1933. 5. 16.

1933년 6월 우현이 연필로 그린 개성부립박물관 소묘. 열화당 제공.

우현은 그렇게 쓰고 나서 "와서 보고 공부하고, 아이들을 보내야 많은 기부금을 내서 박물관을 지은 공덕이 살아난다"라고 호소하니 관람객들이 늘었다. 그의 친절하고 정성스러운 해설에 모두 고개를 숙이며 감사해했다.

"고맙습니다. 우리는 개성인으로서 긍지를 느낍니다."

우현은 그렇게 개성사람들의 마음을 사로잡아놓고 미술사 연구에 몰입했다. 저명학자의 조수 신분을 떠나 자기 학문을 쌓아가는 학자의 길로 들어섰다. 대학 5년, 조수 3년 동안 익힌 조선미술사에 대한 지식을 확장하고 박물관 연구조사 예산으로 직접 탐사에 나설 수 있게 되었다. 우현은 희망과 행복감에 빠졌던 듯하다. 이 무렵 그림 솜씨를 발휘해 개성부립박물관과 명승지들을 소묘해 남겼다.

기가 막힌 선물이 도착했다. 독일에서 이강국이 박물관장 취임 축하선물로 카메라를 사서 보냈다는 기록이 이점옥 여사 회고기에 있다. 미술사 연구자에게 카메라보다 큰 선물은 없었다. 우현은 뛸 듯이 기뻐했다고 한다. 독일제로는 성능 좋고 사용하기 간편한 라이카(Leica)가 그때도 유명했는데 그것일까? 아니면 위에서 들여다보는 이안(二眼) 롤라이코드(Rolleicord)였을까? 인터넷 웹사이트를 보면 1930년대 카메라 가격이 일본 돈으로 라이카 3A가 820원, 롤라이코드가 320원이었다. 선물은 당시 일본과 조선인 부자들에게 유행했던 이안 롤라이코드였을 것으로 추정된다. 아무튼 개성부 촉탁이던 우현의 박물관장 첫 월급은 85원이었으니 이강국이 월급의 3~4배가 되는 어마어마한 선물을 보낸 것이다.

이 무렵, 우현은 박물관 일에 회의(懷疑)도 있었던 듯하다. 8월 하순의 일기에 회의하는 심경이 들어 있다.

8월 26일. 서울에서 한기준·서병성·정순택·성낙서 넷이 왔다. 서 군은 매일신보사에 입사할 예정을 말하고 나를 종용한다. 나도 여차 즉하면 신문사에 들어갔다가 서서히 다른 곳으로 옮기기로 하겠다.[*]

---

[*] 「우현의 일기」 1933년 8월 26일, 『아무도 가지 않은 길』, 192~193쪽. 그렇게 종용한 서병성은 기자가 아닌 교육자로 살았다. 우현이 있어서인지 개성에 자주 가더니 송도고보 교사가 되고, 1969년 휘문중학교 교장으로 정년퇴임했다(「생계의 위협 속에서. 전 휘문중고 교장 서병성 씨」, 『중앙일보』, 1969. 5. 15).

친구들은 사흘을 머물고 떠났는데 그들이 하고 있는 일에 비해 우현은 자신이 초라하다고 느꼈거나 수하 직원이 적어 힘들었던 듯하다.

아내 이점옥 여사는 여자로서 꺼림직한 느낌이 있었던 듯하다. 이점옥 여사는 아기를 잉태하고 있었다. 위의 우현의 일기에 덧붙인 메모에 이런 이야기가 이어진다.

저녁에 가만히 있을 때면 부엌에서 사기그릇 박살나는 소리가 난다. 나는 무서워 꼼짝을 못하고 소사가 나가보면 깨끗한 채로 있는데 그런 소리가 들려서 사람을 놀라게 한다. 한두 번이 아니고 몇 번 그런 일이 종종 있었다. 사람들 말이 집터가 세면 그런 일이 종종 있다 한다. 몇 번을 그러더니 몇 달 후에는 아무 일이 없고 조용했다.

혹시 "이래서 나는 개성이 싫어요"라고 이점옥 여사가 우현에게 말했는지도 모른다. 그러나 우현은 마음을 다잡고 박물관 일과 미술사 연구에 몰입했고, 10월에는 차녀 병현(秉賢)이 태어났다. 그는 아내를 다독이고, 딸들에게 극진한 사랑을 쏟으며 자상한 지아비와 아버지로서 살았다.

고려자기 명품이 많이 소장되어 있었기 때문일까. 가을에 최고 귀빈이 개성부립박물관에 왔다. 우가키 가즈시케(宇垣一成, 1868~1956) 총독이다. 그날의 신문 자료가 남아 있다.

[개성] 우가키(宇垣) 총독은 마스모토(松本) 경기도지사, 다케우

치(竹内) 도경찰부장, 사사키(左左木) 관방주사를 수(隨)하여 24일 오전 9시 경성발 연천군 모범촌 시찰을 마치고 장단 고랑포를 경유, 군계(郡界)까지 출영(出迎)한 양(梁) 개풍군수, 칸다(神田) 개성 서장(署長)의 안내로 오후 1시 개성 착, 관민, 학교 생도의 환영을 받고 부청(府廳)에 들어가 부윤실(府尹室)에서 소게(少憩, 짧은 휴식) 후 …자동차로 박물관에 가서 관장 고유섭 씨 안내로 500여 년간의 고려조 문화적 유물 및 고려조의 찬란하던 역사를 장식하는 백자기(白磁器), 청자기(靑磁器)를 보고, 소년형무소로부터 상황보고가 있고…*

총독의 행차를 기다리며 우현은 무슨 생각을 했을지 상상해 본다.

'우가키 총독은 조선 보물 고적 명승 기념물 보전명령을 내린 사람이지. 그러나 침략국의 통치자다. 지난여름 중국 상하이에서 독립투사들이 총독을 암살하려고 밀파됐다가 검거되지 않았는가? 열다섯 살 때 태극기 사건으로 유치장에 갔던 내가 아닌가? 우가키 총독 얼굴을 똑똑히 보아두자.'

우현은 그렇게 생각했다. 그러나 막상 총독이 박물관으로 들어서자 허리를 45도 굽혀서 절하고 정중한 어조로 소장 유물에 대해 해설했다. 그는 총독이 떠난 뒤 안도하는 표정을 짓는 아내에게 슬픈 표정을 하고 말했다.

---

* 「소춘일(小春日) 화중(和中)에 총독 개성 시찰」, 『매일신보』, 1933. 11. 28. '소춘일'은 음력 10월의 일본어, '화중'은 포근한 날을 뜻한다.

"총독 앞에서 설명한 건 자랑이 아니라 슬픈 일이오. 우리를 지배하는 자니까. 나는 조국 독립을 잊어본 적이 없소. 그래서 내 마음이 슬프니 술이나 한잔 줘요."

그 마음을 잘 아는 아내는 고개를 끄덕이고 술상을 차렸다. 술잔에 술을 부어주며 말했다.

"박물관에 고려시대 명품이 많아서 장차 일본 귀빈들이 많이 오게 생겼어요. 두 개의 얼굴을 가지세요. 그들 앞에서는 충성하는 척할 수밖에 없어요."

이점옥 여사가 정말 그렇게 말했다면 예언이 맞았다. 신문을 검색하면 그 후 무수히 많은 일본인 고관대작이 개성을 시찰하고 박물관을 방문했다.

우현이 1933년에 발표한 글은 『신동아』 11월호에 일어로 쓴 「현대 세계미술의 귀추」 한 편이 전부였다. 박물관장으로 간 직후라서 해야 할 업무가 많고 귀빈 방문도 많아서 글을 쓰지 못했다고 여길 수 있다. 그러나 뒷날 유고로 남은 역저(力著) 『조선 건축미술사 초고』를 이때 썼다. 초고라고 표시했고 미완성 느낌이 나지만 열화당 전집에서 200쪽이 넘는 분량이다. 연구가들은 이 책의 가치를 크게 보고 있다.*

「현대 세계미술의 귀추」는 그것보다 분량이 적은 글이다. 그는 미술의 자율성(미술을 진정한 미술로서 판단하는 태도를 뜻하는 듯하다)에 대해 썼다. "콘라트 피들러의 이론적 전개가 있었으나 미술 자체로는 인상파에서 비롯된다"라고 했다. 그런 다음

---

* 이 책, 493쪽 이강근의 논문 인용 참조.

후기인상파, 다다이즘, 초현실파, 순수주의, 절대주의, 사실(寫實)주의, 신즉물주의 등이 대두되는 복잡한 과정을 설명했다. 결말에서 미래 미술의 추이를 "예술은 모방이 아니요, 창조가 아니요, 실로 몽타주다. 나는 자신을 갖고 조선화가(朝鮮畵家)에게 이것을 명백히 제시한다"*라고 직접화법으로 예언했다. 자신만만한 태도가 보인다.

금강산 유점사 가는 길

1934년이 오고 우현은 서른 살이 되었다. 2월에 딸이 태어났고 이름을 병숙(秉淑)으로 지었다.

3월에 경성제대는 중강당에서 예정대로 우현의 연구성과를 집합한 '조선의 사진전관'(朝鮮の 寫眞展觀) 행사를 열었다. 탑파를 중심으로 한 조선미술 사진전이었다. 호평이 이어졌고 미츠코시(三越)백화점 경성점(현 소공동 신세계백화점) 갤러리에서도 요청이 와서 전시회를 열었다.** 탑파와 불상 등을 보는 우현의 안목이 뛰어난 데다, 크게 취해서 거리를 휘젓고 싸우기도 했던 경성제대 전속 사진사 엔조지 이사오가 헌신적으로 준비해준 덕이었다. 일본인 교수들도 크게 주목했고, 보성고보의 은사와 동창 들, 제국대학의 동기생과 선후배 들은 관람하고 큰 박수를 보냈다. 이 발표에 대한 평가는 매우 긍정적이어서 일본

---

* 고유섭, 「현대 세계미술의 귀추」, 『전집』 제8권, 155쪽.
** 이기선, 「우현 고유섭 그의 삶과 학문세계 9」, 『인천일보』, 2013. 9. 10.

문부성으로도 전해졌고, 뒷날 도쿄의 학회에 초청되는 발판이 되었다.

두 달 뒤인 5월, 우현은 진단학회(震檀學會) 창립에 발기인으로 참여했다. 역사학, 국어국문학, 민속학 전공자들, 경성제대와 와세다(早稻田)대학 출신 연구자들이 중심이 된 최고의 학술모임이었다.

당시 역사학 연구는 두 갈래로 나뉘어 있었다. 정인보·안재홍(安在鴻) 등이 주도하는 민족주의 중심 그룹, 백남운(白南雲)·인정식(印貞植) 등이 이끄는 마르크스주의 사회경제학을 중시하는 그룹이 있었다. 두 그룹과 달리 진단학회는 근대적 학문의 방법론을 익힌 학자들로서 실증주의를 중시하는 관학 아카데미즘을 지향하고 있었다. 민족주의 성향이 강했지만, 정신으로서의 학문에는 동의하지 않고 오로지 객관적이고 수준 높은 실증적 논문을 중시하며 자기들의 정체성을 구성해갔다.

미술사 연구가들은 우현의 미술사 연구 시각과 방향이 이전의 양식사적 접근을 벗어나 사회경제사적인 관점으로 변환했다고 분석한다. 우현은 미학과 예술학을 전공한 미술사가로서 실증성을 중시하고 사회경제사학도 받아들이는 태도를 보였다. 그는 백남운의 저술 『조선사회경제사』에 대체로 동의하고 있었다.

『동아일보』가 1934년 5월 9일, 이틀 전의 진단학회 창립 대회를 보도하고 사설도 실었다. 국학 분야 최고 석학들이 모인 학술단체로서, 우현은 두 번째로 젊은 이상백(李相栢, 1904~66)보다 한 살 젊어 막내 격이었다. 발기인 24명을 가나다순으로 한 터라 명단의 맨 앞에 이름이 올랐다.

　　학자들이 대동 회합해 진단학회 조직

　작(昨) 7일 오후 5시에 시내 '플라타누' 다방에서 진단학회 발기 총회가 있었다 한다. 이 회는 조선과 및 인근 문화를 연구하는 학자들로서 조직되었으며 학회의 회명인 '진단'이란 것은 조선을 진단이라고도 한 옛 비문 가운데서 가져온 것이라고 한다. 학자들의 대규모 회합은 이것이 처음인 만큼 이같이 완전한 조직을 보기까지는 여러 번의 준비회합이 있었을 뿐 아니라 또한 일반 사회에서도 신중한 기대가 있다고 한다. 그 발기인 및 일 년간 상무위원의 씨명은 아래와 같다.

　고유섭, 김두헌, 김상기, 김윤경, 김태준, 김효경, 문일평, 박문규, 백낙준, 손진태, 송석하, 신석호, 우호의, 이병기, 이병도, 이상백, 이선근, 이윤재, 이은상, 이재욱, 이희승, 조윤제, 최현배, 홍순혁.

진단학회에 대해 뒷날 『민족문화대백과사전』은 이렇게 설명한다.

　1934년 한국인 학자들이 조선총독부 또는 일본인 학자들이 주도하는 관변적 연구 풍토에서 벗어나 한국 및 인근지역 문화의 독자적인 연구풍토를 구축하기 위해 만든 학회로서, 이들 중 일부는 일제의 식민사관과 관변적 학풍을 탈피하지 못했다는 평가를 받기도 했으나, 일제강점기는 물론 해방 이후 현재까지 대학

강단을 중심으로 넓은 인맥을 유지하고 그 학술적 전통을 유지하고 있다.

우현은 개성부립박물관이 본궤도에 올라 있어 한숨 돌리던 차라 초여름부터 부지런히 글을 쓰기 시작했다. 7월호에 「사적 순례기」를 완성했다. 지난겨울에 교수들과 떠났던 경기도와 강원도 일대 유적 답사기였다.

「사적 순례기」는 학술적인 성향이 강하지만 우현의 개성이 잘 드러나는 글이다. 오직 문헌 증거만 중시하는 일본인 교수들과 더불어 '교수들의 방식'으로 답사를 따라다닌 게 불만이었던 듯 툴툴거리는 부분들이 눈길을 끈다.

동일민족의 문화와 동일민족의 생활이 부합되지 아니하고 '교수들의 문화'만이 남아 있다는 것은 문화의 비극이요 생활의 참경(慘景)이다. 실로 개탄할 일의 하나다. 그러나 기도회복(旣倒回復)이 꿈일진대 '교수의 조선(朝鮮)'이나마 그려봄이 뜻 없는 일이라 못할 것 같다. 이곳에 1933년도 다 간 12월 하순에 '교수들의 조선'을 편력(遍歷)한 의미를 발견한다.*

우현은 그렇게 운을 뗐다. 이미 엎어진 것을 일으켜 회복한다는 '기도회복'이란 말이 아슬아슬하다. 고등과 경찰이 소환해, "빼앗긴 나라를 회복한다는 뜻인가?" 하고 따질 만한 말이고 끌

---

* 고유섭, 「사적 순례기」, 『전집』 제9권, 154쪽.

로 파내 삭제할 만한 부분인데 아리송한 모호함 때문인지 탈 없이 넘어갔다.

우현은 본론으로 들어가서, 기차를 타고 가서 내린 수원역에서 일본인들이 새로 지은 역사(驛舍)가 "순진한 조선이 아니라 견강부회(牽強附會)된 조선"이라고 지적했다. 견강부회란 '가당치도 않은 것을 억지로 자기주장에 맞도록 끌어댄다'라는 뜻이다. 기와집이라고 번듯하게 지었는데 조선식 전통보다는 일본 양식이 더 많이 들어간 역사 건물이라고 빈정거렸다. 조선시대에 지은 수원성을 보고는 그 조영(造營, 건축)의 최외(崔嵬, 오뚝하게 높고 험함)함과 배치의 미묘함과 경개(景槪)가 어우러져 성곽미의 우수함이 집대성을 이룬 것이라 칭송했다.

경편차(輕便車)로 여주에 도착했다. 우현은 읍의 서북쪽 보리밭 가운데 선 삼중탑을 주목했다. 아취(雅趣)가 있는 보존할 만한 작품인데 기원(祈願) 행사를 탑의 기단에서 하는 풍습으로 기단이 파괴되는 것을 안타까워했다.

신륵사에서는 장강(長江)의 석조(夕潮)와 원포(遠浦, 먼 포구)의 귀범(歸帆, 멀리 나간 돛배가 돌아옴)의 풍치가 일품이라고 칭송했다. 절의 창립에 관한 문헌 기록을 더듬고 돌종 형식의 부도(浮屠)를 통도사의 계단(戒壇, 스님에게 계를 수여하는 공간)과 구례 화엄사의 사자탑, 김제 금산사의 부도 등을 대비하며 설명했다. 오층전탑도 문헌 기록을 더듬고 나서 세키노 다다시와 이마니시 류(今西龍)의 학설이 잘못 짚은 것임을 조목조목 지적했다.

강원도 오대산 월정사로 가는 길, 5시에 하진부(下珍富)의 월

정교(月精橋)에서 차를 내려 걷는 20리 여정을 그린 부분이 인상적이다.

기한(飢寒)이 심하나 갈 길은 가야 한다. 먼 산에 눈이 끼고 저녁 올빼미 소리가 음흉하게 산곡(山谷)을 울린다. 검푸른 하늘에는 아직도 석조(夕照)가 남을 듯 말 듯했는데 언월(偃月, 보름 전후의 반달)은 이미 높이 뜨고, 별 하나, 셋 반짝이기 시작한다. 울울(鬱鬱)한 송림 속에선 알지 못할 짐승의 소리가 나고, 살얼음 밑으로 흐르는 물소리도 우렁차게 들린다. 폐천장림(閉天長林, 키 큰 나무들이 하늘을 가린 숲)으로 기어들 때는 이미 사문(寺門)에 도착한 때이다. 사역석축(寺域石築, 사찰 경내의 돌 축대)을 끼고 돌 적에는 칠야(漆夜)에 보이는 것이 없었으나 사관(寺觀, 불교 사원과 도교의 도관)의 속(俗)됨을 눈감고 느꼈다.*

문학적 수사(修辭)의 문체 수련을 하지 않은 사람은 쓰지 못하는 유려한 문장이다. 저녁 무렵에 월정사와 상원사 사이 산길을 걸어본 사람이면 실감을 느낄 수 있다.

우현은 감성적인 문체를 그렇게 뽐내고 나서 월정사의 팔각구층석탑 설명을 다시 학술적이고 이지적인 문체로 이어간다. 두 페이지에 걸쳐 탑을 설립한 연원을 제시하고 견해를 덧붙인다. 찬찬히 읽어 들어가면 탑파 연구 제1인자의 글임을 실감하게 된다. 뒤에 나오는 상원사, 원주 법천사와 홍법사 이야기도

---

* 같은 책, 173쪽.

그렇다. 탑파에 대한 몰랐던 지식을 얻은 소득이 있다.

그런데 궁금증이 남는다. 위에서 인용한 노정 말고 그 앞 여정, 상원사에서 월정교까지 오전 10시부터 오후 5시까지 80리를 걸어 하산했다는 부분이다. 경편차라는 것을 타지 않고 혼자 걸은 것이다. 왜 일행과 떨어졌을까? 우현은 어떤 연유로 교수들과 틀어졌다고 글에 쓰지 않았다. 동행한 교수들과 의견이 안 맞았거나 조선 문화가 미개하다는 말에 빈정 상했을 것이다. 민족 자존감과 오기(傲氣) 때문에 80리 산길을 혼자 걸은 것이다.

우현은 인내심이 강하고 신중한 편이고 일본인들이 무시하지 못할 정도로 실력도 있어 민족적 차별을 별로 당하지 않고 살았다. 운 좋게도 대학의 은사들이나 연구실 조수들과 인간적인 유대를 쌓았다. 그러나 그게 전부는 아니었다. 화가 나서 80리를 혼자 걸었다는 것은 일본인 교수들의 언행이 용납할 수 없는 정도였음을 뜻한다. 그것은 우현에게 일본보다 우수한 조국의 미술사 연구라는 필생의 목표에 더 분발해 달려가게 하는 요인이 되었을 것이다.

우현은 『신동아』 1934년 9월호에 「금강산의 야계(野鷄)」를 써서 기고했다. 1931년 5월에 쓴 「의사금강유기」에서 못다 한 이야기를 썼다. 외금강 유점사가 중심 배경이다. 유점사는 석가모니 열반 후 북인도 교살라국(憍薩羅國)의 왕도 사위성(舍衛城)에서 문수보살이 주조한 오십삼불이 월씨국(月氏國)을 거쳐 여러 나라를 지나 신라 땅에 도착했다는 연기설화를 바탕으로 세운 금강산 최대이자 최고(最古) 사찰이었다. 6·25전쟁 중

폭격으로 파괴되고 휴전선 북쪽이라 지금은 절터에 갈 수도 없다.

우현이 두 해 전에 유점사 참배 이야기를 포함해 「의사금강유기」를 쓰고 「금강산의 야계」로 다시 썼으니 재탕인가 생각할 수 있지만 그렇지 않다. 더 흥미롭고 더 깊고 넓은 지식을 독자에게 안겨준다. 고구마 줄기처럼 드러나는 불교사와 미술사 관련한 지식도 좋고, 서사(敍事)가 매우 흥미로워서 책을 내려놓기 어렵다. 서사는 매혹적인 별미(別味)와도 같다.

유점사에 도착하기 전날 마하연의 일본식 료칸(旅館)에서 시중들던 들닭(野鷄) 같은 여급이 색정으로 유혹하는데 아내에 대한 신의와 불교에 대한 외경심 때문에 거부한 정황도 리얼하게 썼다. 이 마하연 부분 서술은 150편이나 되는 우현의 글 중 가장 통속(通俗)에 가까이 간 것으로서 고유섭이라는 인간의 '사람 냄새'가 가장 많이 난다. 물론 동행했던 헌신적인 사진사 엔조지 이사오의 사람 냄새가 더 진하다.

그때 금강산으로 간 우현과 경성제대 전속 사진사 엔조지는 장안사에서 유점사로 가는 도중에 마하연에서 일본인이 경영하는 료칸에 하룻밤 묵게 되었다. 일본인 여급이 둘인데 그중 하나가 저녁식사 시중을 들다가 우현의 동행(엔조지가 분명하다)과 다른 방으로 자러 갔다.

저녁이 끝나자, 처음부터 그랬지만, 동행이 실없는 농담을 함부로 털어놓으니까 여급이 좋아라 하고 수작이 늘어난다. 한 방에서 같이 자야 할 동행이 마침내 자리를 다른 방으로 펴라 하고 그 여급과 옮기고 말았다. 나는 '에이 시원하게 잘되었다' 하고 자리에 누우니, 자려야 잘 수가 없었다. 이때까지 농담 수작 떠드는 바람에 모르고 있었으나, 바람 부는 소리, 나무 우는 소리는 집을 뒤흔들고 마루창이 들먹거리고 문창호가 요란하다. 바위를 치고 쏟아져 내려가는 물소리는 처음부터 베개 밑에서 나는 것 같더니, 조금 있다가는 자리 밑에서 나는 것 같고, 우렛소리 번갯불이 뒤섞여서 위협을 한다. 이 소리가 잠깐 잔 듯하면 옆방에서 이상스러운 소리가 들리는 것 같다. 무섭고 휘원하고 쓸쓸하고 섭섭하고, 도무지 여러 감정이 뒤섞여 신경이 무던히 과민해졌다. 자리에 누워만 있지도 못하고 일어섰다 앉았다 하니 가끔 철없는 아이 모양으로 집 생각까지 나게 된다.

…아침때가 되니까 자리를 옮겼던 아담과 이브가 다시 몰려왔다. 아담은 눈이 패고 허리를 못 쓰고 기운을 못 쓸 만큼 쇠약해진 모양이다. 이브는 만족을 못 느낀 모양이다.

…넓적다리, 젖통이 함부로 들락날락하고, 뒹굴며 뒤적거리며 에로를 성(盛)히 발한다. …이러한 이브는 전날 밤의 미흡을 나에게서 얻으려고 했다. 비가 오니 못 갈 거라는 둥, 하루 더 쉬어가라는 둥, 부인이 딱정 떼냐는 둥, 별별 소리가 다 나온다.*

일본인 친구가 옆방에서 료칸 여급과 성행위를 할 때 홀로 남은 그가 느끼는 감정을 바람 소리, 물소리에 이입한 것은 우현답다. 그는 여기까지 쓰고 문득 유항렬과 1930년 중국 칭다오

---

* 고유섭, 「금강산의 야계」, 『전집』 제9권, 190~191쪽.

의 해수욕장에서 벌거벗은 남녀 군상이 애무하는 정경을 목도한 일을 회상해 독자에게 들려준다. 그런 다음 스토리의 시공간을 다시 이브가 유혹하는 마하연 료칸으로 돌리며 이렇게 독백한다.

이때껏 수절한 동정(童貞)을 네게 빼앗겼으랴? 집에는 사랑하는 사람이 기다리고 있다. 게다가 이 몸은 장차 오십삼불을 배관(拜觀)하고, 도쿄(東京)·교토(京都) 등의 대학에서까지 와서 촬영하려다가 못하고 간 그 오십삼불을 일일이 촬영하러 가는 나다. 석가를 본받아 설산(雪山)의 여마(女魔)를 극복할 용기는 없다 하더라도 불벌(佛罰)이 무섭도다. 더욱이 이번 여행은 안 되는 걸 간다고 총독부박물관장까지 빈정대고 말리는 것을 장담하고 나선 내가, 만일 오십삼불을 일일이 촬영하지 못하고 돌아가는 날에는 조소(嘲笑)만이 나를 환영할 것이요, 체면은 보잘것없이 사라지는 날이요, 장래의 신망까지 없어지는 날이다.

나는 뿌리치고 일어나서 행낭을 둘러메고 미련이 남은 듯한 동행을 독촉해 비를 맞으며 나섰다. 이리하여 나의 목적인 유점사의 오십삼불 촬영은 완전히 성공했다. 지금 경성대학에 남아 있는, 현재 가장 완전히 잔존된 오십삼불의 유일한 원판이다. 이때의 일을 생각하니, 당시에 소개장을 써주신 이혼성(李混惺) 씨와 곤란을 무릅쓰고 편의를 도와주신 김재원(金載元) 씨 및 제씨(諸氏)에 대한 감사한 마음이 다시금 난다.*

---

* 같은 책, 193쪽. '배관'은 작품에 절하고 감상한다는 뜻이다.

오십삼불은 일본인 고고학 연구자인 세키노 다다시 등이 『조선고적도보』에 사진과 더불어 그 가치를 기술함으로써 귀한 보물임이 알려져 있었다. 자작나무 뿌리에 금동불상 53개를 올린 것인데 일본인들 손에 17개를 도둑맞고 9개가 돌아와 45개만 남아 있었다. 이 귀중한 유물이 일본인 학자들 손에 조사되고 보고서가 작성되는 상황에서 우현은 일본인들을 넘어서려고 결심했던 것이다. 1916년의 도난사건 뒤에 유점사 스님들이 목숨 걸고 막아서 45개 불상 낱낱은 도쿄제대와 교토제대 조사반도 촬영하지 못했고, 아마 총독부박물관도 하지 못한 터였고, 그래서 총독부박물관장이 사진 못 찍는다고 말리며 비웃었다는 것이다.

1931년 5월, 우현의 유점사 오십삼불 낱낱 촬영을 말린 총독부박물관장은 바로 경성제대 은사인 후지다 료사쿠였다. 우현은 기어이 촬영에 성공했다. 유일한 조선인 미술사 연구자로서 일본인들을 넘어서야 한다는 결의를 가졌던 것이다.

협조해주었다는 이혼성은 유학파 스님이었다. 1914년 일본에 유학 가서 도쿄 조동종대학림(曹洞宗大學林)에서 공부했다. 만해 한용운이 유학한 학교였다. 귀국한 뒤 총독부의 불교정책에 대체로 타협하는 태도를 보였고 1927년 유점사의 주지를 지냈다. 우현이 졸업한 직후인 1931년 보성고보는 불교재단으로 넘어갔고 이혼성이 정대현의 뒤를 이어 교장으로 취임했다. 이혼성은 우현이 보성 출신이라 특별히 호의를 가졌을 것이다.

'김재원 씨'는 뒷날 국립박물관장을 지낸 미술사학자 김재원(金載元, 1909~90) 박사일 것이다. 독일 뮌헨대학에 유학했는

『조선고적도보』에 실린 유점사 오십삼불. 작은 불상들이 보인다.

데 이때는 돌아와 있었다. 우현은 이혼성·김재원의 추천서 덕분에 촬영이 가능했지만, 아무렇게나 버려졌던 전국의 불탑들을 연구해 새로이 빛나게 한 공덕(功德)과 색녀를 멀리한 불심이 만든 또 하나의 공덕으로 촬영할 수 있었다는 정신적인 면이더 보인다.

마하연 료칸 여급의 색정 이야기는 학문적 업적으로 찬란히 빛나는 우현의 인간적 진면목을 드러낸다. 아내 이점옥에 대한 극진한 사랑도 보인다. 우현은 죽을 때까지 아내 외에는 어떤 여자도 거들떠보지 않은 순결한 남편이었다. 아내와 금실이 좋아서 자녀 아홉을 출산해 둘은 잃고 일곱을 세상에 남겼다.

우현의 생애에 의미 있는 장소이기도 한 유점사는 6·25전쟁 때 폭격으로 소실되었다. 오십삼불은 산산이 부서져 다 날아갔다는 설도 있고, 일부가 원산역사박물관에 있다는 설도 있다. 우현은 유점사 오십삼불 이야기를 수필체로 두 번 썼으나 집중 탐구한 학술적인 글은 남기지 않았다. 한참 세월이 지난 뒤 제자인 황수영 박사가 정리해 쓴 논문과 나카기리의 논문이 남아 있다.

신문·잡지 글로 명성을 얻다

우현은 1934년 가을을 정신없이 바쁘게 보냈다. 『신동아』10월호와 11월호에 「조선고적에 빛나는 미술」을 분재하고, 10월 초중순 『동아일보』에 「우리의 미술과 공예」를 10회에 걸쳐 연재했다. 관례로 보아 월간인 『신동아』 원고가 더 빨리 8월쯤에 집필되었을 것이다.

「조선고적에 빛나는 미술」은 『신동아』10월호에 전체 개관을 한 도입부와 소제목을 붙인 "평양의 고구려 회화" "부여·익산의 백제탑파"가 먼저 실렸다. 11월호에는 "경주의 신라 조각" "개성의 고려도자 공예" "경성의 조선 건축"이 실렸다. 아마 편집자가 계절을 고려해 가을과 관련 있는 문장들을 넣어 달라고 주문한 모양이다. 우현은 그러기는 어렵다고 하고 나서 본문에서 가끔은 가을 이야기를 넣었다.

10월호 도입부를 읽을 때 사소하지만 주목할 것이 있다. 통문관 전집과 열화당 전집에서 보면 첫머리가 "아닌 게 아니라 미(美)의 추(秋)라는 술어가 근년에 생겨"로 되어 있다. 『신동아』 발표 원본을 보면 '미술(美術)의 추(秋)'를 잘못 옮긴 것이

우현이 『신동아』 1934년
10월호와 11월호에 기고한
「조선고적에 빛나는 미술」.

고, '아닌 게 아니라'와 '미술의 추라는' 사이에 7음절이 끌질을
당해 지워진 흔적이 있다. 일제의 검열로 삭제된 것이다.* '빛나
는 우리 조선'일까? 삭제당한 어구가 무엇인지는 알 수 없다.

그런 곡절이 있었고 내용도 긴 편인데 술술 잘 읽혀서 전혀
어렵지 않다. 우현의 미술사 관련 글들은 넓고 깊은 지식으로
독자를 압도하는 듯하고 함축된 단어와 문장 밀도, 한자어가 많
은 의고체 문장이라 단단히 마음먹고 덤벼들지 않으면 읽기 힘
들다. 그러나 이 글은 밀도가 깊지 않고 당대의 『신동아』 독자

---

* 고유섭, 「조선고적에 빛나는 미술」, 『신동아』, 1934. 10, 46쪽. 최수일,
  「잡지 『신동아』와 검열의 역학」, 『한국학연구』 제57집, 2020. 5, 부록
  222쪽 참조.

들, 고등보통학교쯤 졸업한 사람들 또는 독학으로 그 정도 수준에 이른 지식인들을 우리 문화예술에 푹 빠지게 만들 만한 매혹이 있다. 우현의 문체가 갖는 여러 특장(特長)이 집중되고 1,000년에 이르는 조선 미술의 빛나는 부분들을 잘 요약했기 때문이다.

"평양의 고구려 회화"에서는 고구려 고분 15기(基) 중 4기가 만주 지안(集安)에 있다며 그쪽으로 안내한다. 고분벽화들에는 종교적 요소와 속세간 요소가 있고, 종교적 요소는 불교적 요소와 비불교적 요소로 나눠볼 수가 있다고 내용적으로 분류해 준다. 불교적 요소로는 쌍영총(雙楹塚) 등에 있는 승려의 공양도(供養圖) 등을, 비불교적 요소로는 사신도(使臣圖)와 일월도(日月圖)를 설명한다. 양식사 중심의 서술인데 상세화한 부분도 지루하지 않다. 사진들을 포함해 10쪽쯤 되는 내용이지만, 다 읽고 나면 '고구려 벽화에 대해 나도 말할 수 있다'는 행복감을 가질 수 있다.

"부여·익산의 백제탑파"에는 정림사지 오층석탑 설명부터 나온다. 탑신에 새겨진, 당나라 군대가 절을 파괴하고 전공을 기록한 내용을 소개하고는 "절대의 안정감, 위대한 내재(內在) 박력(迫力), 관대한 기품, 장중한 중에서도 아담한 기품을 가진 것이 이 탑의 예술적 감흥이다"라고 썼다. 그러고는 형식만을 들어 '신라초의 탑'이라고 한 세키노 다다시의 주장을 우스운 논리라고 일축하고 백제의 탑이라는 논증을 했다.

"경주의 신라 조각"에는 석굴암의 기원이 되는 유적들이 인도에 1,200여 개가 있고 대부분이 불교적인 것이라는 점, 그 특색은 석굴 깊은 곳에 중요한 불상을 안치하는 차이티아와 그 옆 굴실에 만들어진 스님들의 공간인 비하라로 구성된다는 점을 알려준다. 중국의 둔황(燉煌), 윈강(雲崗), 룽먼(龍門)의 석굴에는 차이티아는 있고 비하라는 없다고 알려준다.

돌이켜 조선을 보건대 이만한 석굴을 경영할 만한 대암석면(大岩石面), 특히 조각에 적당한 석질을 가진 암석면이 없다. 남산에 불적이 없지 않으나 그것은 한 개의 변태적 발로다. 예술심에 서려 있던 신라인은 그로서 만족을 느끼지 못했다. 감연히 일어서서 인공적으로 석굴을 축조하게 되었다.*

"개성의 고려도자 공예"는 빛나는 고려의 여러 도자 공예 중 다 제쳐놓고 청자(靑瓷)만 갖고 이야기하겠다고 선언하며 시작한다. 그런 다음 『선화봉사고려도경』(宣和奉使高麗圖經)의 기록을 인용해 청자를 이렇게 설명했다.

'천 개 봉우리 푸른빛을 빼앗아온 듯하네'라든지, '하늘같이 푸르고 거울같이 환하고 종이같이 얇고 경쇠같이 소리 나네'라든지, '비 지난 뒤 푸른 하늘 구름 헤쳐 열린 곳에 지난번의 얼굴빛이 다시 장차 나타날 듯하다'라든지, 당대 중국인으로 하여금 '국자감에서 각한 글씨, 궁정에서 빚은 술, 단계(丹溪)의 벼루, 낙양(洛陽)의 꽃, 건주(乾州)의 차, 고려의 비색(翡色, 질은 녹청색), 이

---

* 고유섭, 「조선고적에 빛나는 미술」, 『전집』 제1권, 200~201쪽.

242

것이 천하 제일이다'라는 극도의 찬사를 바치게 하던 고려의 청자이니, 고려인들이 자기의 산물을 천시했을 리가 없다.

'그릇들은 대부분 금을 바르거나 혹은 은을 발랐는데 청자도기를 귀하게 여겼다'라고 해 고려인들이 청자를 한껏 사랑하던 소식을 전했다. 이리하여 고려인은 청자를 비색(翡色)이라는 아명(雅名)으로 부르기까지 소중히 여겼다. 그것도 흙그릇이 아니요 실로 한 개 옥기(玉器)의 중가(重價)를 가졌던 것이다. 인종조에 내도한 『고려도경』의 필자 서긍(徐兢)이 '도기의 빛깔이 비색이라고 하는데 근래에 와서 만든 것은 정교하고 빛깔도 더욱 좋아졌다' 하며 대서특서(大書特書)함이 있으니 청자의 기원은 인종조보다 오래 이전에 있었을 것이다.*

우현은 이렇게 시작하고 나서 고려청자의 전반적인 가치를 열거한다. 형태, 곡선, 색채, 유택(油澤), 도안, 문양, 조화와 통일, 그것들에다 시각, 청각, 촉각, 후각 등 감각적 충족 요소를 무궁무진하게 갖췄다고 썼다. 자신만만하게 서술하는 학술적 논증이 더 많은 부분을 차지하지만 이런 감각적 요소들이 독자를 끌어당긴다. 이런 문장은 우현의 글에만 있는 묘미이며 우리

---

* 같은 책, 212쪽. 우현은 『선화봉사고려도경』 원문을 한문 그대로 인용했다. 통문관 전집은 한문은 그대로, 행문은 국어 어법만 고쳐 실었고, 열화당 전집은 한문의 번역문을 병기해 실었다. 『선화봉사고려도경』은 1123년 송나라 서긍(徐兢)이 고려에 사신으로 왔다가 견문한 문화와 풍속 중 송나라와 다른 것만 추려서 기록한 40권의 책이다.

문화가 우수하다는 긍지에서 우러난 것이다.

"경성의 조선 건축"은 덕수궁 석조전, 경복궁 경회루, 창덕궁 승화루, 창경궁 명정전 등을 아쉽게 그냥 넘긴다 하고 비원(祕苑) 한곳에 집중한다.

이렇게 『신동아』에 기고한 「조선고적에 빛나는 미술」은 전문적인 지식, 리얼한 기행문, 소설 같은 서사, 패망한 조국의 자랑스러운 미술품에 대한 사랑과 긍지를 담은 터라 특징이 각각 다르면서도 친근하다.

기획연재에 참여

「우리의 미술과 공예」는 『동아일보』 지령 5,000호 특집으로 '대기획 명사 10인 특별 독물(讀物) 5,000년 문화재 음미(吟味)'라는 주제를 가진 대대적인 기획연재였다. '1인(人) 1제(題) 10회 내외로 사계(斯界)의 권위자'가 집필하는 것이었다. 우현은 세 번째 연재를 맡았다. 1부 '내 자랑과 내 보배' 시리즈 필자 5명은 「1. 우리의 독창과 발명」의 이윤재(李允宰), 「2. 우리의 명물과 명저」의 정인보(鄭寅普), 「3. 우리의 미술과 공예」의 고유섭, 「4. 우리의 위걸(偉傑)과 거장(巨匠)」의 이은상(李殷相), 「5. 우리의 전공(戰功)과 훈업(勳業)」의 현상윤(玄相允)이었다. 2부 '조선심(朝鮮心)과 조선색(朝鮮色)'은 손진태(孫晋泰), 그 외 김윤경·백남운·김원근(金瑗根)·권덕규(權悳奎)가 맡는다고 했다.*

---

* 고유섭, 「내 자랑과 내 보배」, 『동아일보』, 1934. 9. 5.

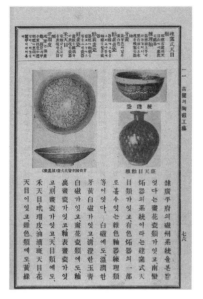

우현의 글이 실린 일제강점기 중학교 교과서 『중등교육 조선어 및 한문 독본』 표지와 내용. 국회도서관 자료.

　우현의 「우리의 미술과 공예」 연재 첫 회는 '서두화'(序頭話)라는 소제목을 달고 10월 9일 조간 3면에 실렸다. "보편성을 가진 한 개의 가치다" "본질을 떠나서 그 작용의 결과" "원시시대에는 극히 간단하고" "미적 감정의 발로를 이곳에서 본다" 등 중간 제목이 관념적이고 내용도 그렇다. 이미 이윤재·정인보 두 석학의 연재가 성공적으로 집필되어 화제가 된 뒤라서인지 그는 앞의 『신동아』 연재 때보다 묵직하게 미학의 의미를 제시하며 시작했다.

　우현의 연재는 일반 독자들의 주목을 받으며 계속되었다. 새로운 안목에다 행문의 구성과 균형이 좋고 문장의 표현도 좋아

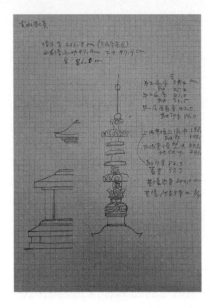

우현이 스케치한 전북 남원 실상사탑.
동국대 중앙도서관 소장.

서 3회 연재 「백제의 미술」, 4회 연재 「신라의 금철공예」, 7회 연재 「고려의 부도미술」, 8회 연재 「고려의 도자공예」는 조선총독부 『중등교육 조선어 및 한문 독본』에 실렸다. 조선 땅의 모든 중학교와 고등보통학교가 독본으로 가르쳤다.

「백제의 미술」에서는 국파(國破)된 지 1,300년이 지나 황량한 폐허로 변하고 유물이 적어 왕조의 기구한 말로(末路)와 같다고 했다. 그래도 『삼국사기』에 실린 호사스런 왕궁 기록 등이 놀라우며, 부여의 정림사지 오층석탑은 혼자서 백제의 예술을 대표하고 있다고 썼고, 미륵사지 석탑도 칭송했다. 백제의 회화는 일본 호류지(法隆寺)의 벽화 등 일본의 명화들이 백제 화공의 작품임을 강조했다. 백제의 예술은 유려(流麗)하고 아윤(雅潤)하고 표일(飄逸, 뛰어나다)하고 섬세하고 명랑하고 더욱 교지(巧智, 교묘한 재주와 지혜)까지 흐르는 정서(情緖)는 고구려·신라에서는 볼 수 없는 특색으로서 건축 회화뿐만 아니라 조각미술에 더욱 현저하게 표현되어 있다고 했다.

「신라의 금철공예」에서는 금관, 금요대, 금신, 금귀거리는 다른 나라에는 없는 진품(珍品)이라고 규정하며 신라가 삼국통일을 한 나라답게 풍부한 유물과 문헌을 남겼다고 썼다. 금관은 외관과 내관으로 나눠 양식을 설명하고 고구려 벽화의 변관(弁冠, 벼슬 모양의 관) 형식이 보이고 동방제국의 관모(冠帽) 형식과 서구제국의 코로나관 형식의 혼합도 보인다고 썼다. 신라 종도 언급했다. 가장 고고한 것은 상원사 종이고 가장 우수한 것은 경주 봉덕사 종이라고 평가했다. 단아하고 온엄(溫嚴)한 기품을 지녀 동아시아 3국은 물론 세계 어느 종보다도 우수하다고 썼다.

「신라의 조각미술」은 고구려·백제가 중국 육조(六朝)를 직수입한 데 비해 두 나라에서 전화(轉化)된 것을 수입해 썼다고 했다. 그런 다음 총독부박물관과 이왕가박물관에 있는 금동미륵반가상을 비교 설명했다. 그 이야기는 1931년 『신흥』에 썼는데 학회지에 실은 글이라 독자 폭이 좁아 신문 독자 대상으로 다시 언급했다. 우현의 글에 재탕은 없다. 앞글과 다른 각도로 쓰며 보충했다.

「신라의 탑파미술」에서는 삼국시대에 목조탑파가 성행했으나 영구보존을 위해 고안한 것이 석조탑파이며 최고 걸작은 백제의 정림탑과 익산의 미륵탑이라고 했다. 신라는 목조탑을 번안하는 것으로 출발했다고 하고 경주 분황사탑, 불국사 석가탑,

우현의 『동국여지승람』 사찰
관련 초록 노트. 동국대
중앙도서관 소장.

남원 실상사탑 등을 들어 서술했다. 그의 연구는 치밀하다. 문
헌조사도 정밀하고 스케치와 사진 스크랩을 위한 현지답사도
확실하다.

「고려의 부도미술」은 양식에 따라 네 가지, (1) 층탑 형식의
부도(浮屠), (2) 석종(石鐘) 형식의 부도, (3) 신라 석등 형식의
부도, (4) 특수 형식의 부도로 나누었다. 고려 부도를 대표하고
우리나라의 부도를 대표한다고 썼다.

「고려의 도자공예」에서는 고려문화를 단적으로 상징하는 것
이 도자공예이며, 외국인이 코리아라고 하면 도자(陶瓷)의 별
명으로 안다고 썼다. 고려자기의 특장(特長)은 청자에 있으며
인종(仁宗) 때에 이미 극도로 발달한 것으로 미루어 그 기원을
100년쯤 앞으로 잡았다.

고려청자의 특색은 세루상감법(細鏤象嵌法)으로서 그릇 표면에 무늬를 음각(陰刻)한 다음 그 부분에 흑토, 백악(白堊, 새하얀 흙), 진사(辰砂, 수은과 유황의 화합물)로 메우고 유약을 덮어 구운 것이라고 상세하게 설명한다. 끝으로 우현은 고려청자는 한갓 골동적 완상물이 아니고 국제적인 외교 단상에까지 올랐으나 고려 멸망과 함께 청화백자에게 그 운명을 맡기고 말았다고 애석해했다.

여담이 하나 있다. 1차 연재 '서두화'(序頭話)가 나간 직후 대학동기 안용백이, 우현이 '아름답다'의 어원을 알다(知)의 어근 '알'에 형용사화 접사가 붙어 변환했다고 본 것을 잘못이라고 지적하며 알(卵)을 어원으로 두고 '먹음직하다'와 유사한 단어라고 주장한 편지를 보냈다. 우현에게 답장을 받지 못했다. 만나지 못해 토론하지 못한 것이다.* 짐작에 우현은 국어학자 이희승의 자문을 구해 쓴 것이고 확신이 커서 응답하지 않은 듯하다.

1934년도 가을이 기울어가고 있었다. 친일 신문 『매일신보』는 10월 26일 우현이 고향 인천에 가서 1박을 하고 귀임했다고 '지방인사'란에 실었다. 경성에서 발간되는 중앙지에 동정이 실리는 것은 전국적 명사가 됐음을 뜻했다. 당대 최고의 지면인 『동아일보』와 『신동아』에 계속해서 글이 실리므로 그럴 만했다. 박물관장이 되고 1년 반 동안 눈부시게 명성을 떨쳤으니 인천

---

* 안용백, 「고 우현 고유섭 형의 회억」, 『미학』 제3호, 1975. 7. 31, 11~12쪽.

행은 금의환향(錦衣還鄉)이었다.

경의선 열차로 개성역에서 서울역까지, 다시 경인선 기차를 타고 상인천역까지 아이들을 업고 안고 걸리며 귀향했을 것이다. 부부는 기차통학생 시절을 추억했을 것이다. 달력을 찾아보니 목요일과 금요일이었다. 결근하고 갈 정도라면 처가에 들를 일이었을 듯하다.

장인 이홍선은 사위 어깨를 툭 치며 한마디 했을 것이다.

"고 서방, 나는 미술사라는 게 뭔지 몰라. 허지만 아주 잘 허고 있다는 건 안다."

장인은 1877년생이니 이때가 회갑 잔치는 아니었다. 혹은 숙부 고주철이나 고주홍 쪽의 일이었을 수도 있다. 고주철은 내과 병원을 높은 명성 속에 운영하며 지역유지로 떠올라 있었다. 고주홍은 인천세관의 관세관으로 있었다.

우현이 아직도 의성서숙을 열고 있는 어릴 적 스승 김병훈을 찾아가 최상품 개성소주를 한 병 드리며 큰절을 올렸을 듯하다. 옛날부터 친구들을 좋아한 그가 저녁에 시간을 내서 그들을 불러 모아 술을 샀을 것이다. 원고료도 두둑하게 받았을 터이니 그럴 만했다.

주말 조수 최희순

1935년 1월, 31세가 된 우현은 경성제대 문과 조수회가 발간한 『학해』(學海) 창간호에 「고려시대 회화의 외국과의 교류」를 일문(日文)으로 기고했다. 5월에는 『신흥』 제8호에 「고려의 불사 건축」을 기고했다.

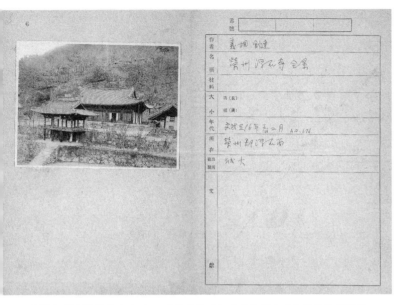

우현의 영주 부석사 답사 카드. 경성제대 전속 사진사 엔조지가 촬영한 사진에
우현이 메모를 붙였다. 동국대 중앙도서관 소장.

    우현은 「고려의 불사 건축」에서 고려가 태조 왕건의 '훈요(訓
要) 10조(條)'로 인해 불교가 융성해 왕궁과 귀족의 집은 곧 불
교 도량이나 다름없었다고 했다. 왕성인 개성에만 사찰이 70개
였다고 썼다. 『송사』(宋史), 『선화봉사고려도경』『파한집』『동
국여지승람』『삼국사기』 등의 문헌 기록과 현존하는 사찰인 경
북 영주 부석사 무량수전의 서까래에 적힌 기록까지 인용하며
상세히 서술했다. 그런 다음 태조 원년에 창건한 태안사(太安
寺)부터 1384년 태조 이성계가 시창한 석왕사까지의 사찰들을
연대순으로 제시했다.
    인용하고 제시한 원본 자료들이 풍부해서, 우현의 독서량이

방대하다는 것을 느낄 수 있다. 긴 시간 읽고 연구하며 독후감 노트를 만들어 놓았어야 집필이 가능한 글이다. 고려 때 융성했던 불교에 대해 정리한 논문이 없어서 첫 단계로 이것부터 해놓자는 생각으로 쓴 듯하다. 전체를 관통하는 분석을 통해 획득한 통찰적 특징보다는 사찰 대장(臺帳) 같은 단순성이 눈에 보이는데 이것은 뒷날 미술사 연구자들로부터 통시성이 배제되었다는 지적을 받게 되었다.

우현은 6월 8일부터 3회에 걸쳐 『동아일보』에 「미의 시대성과 신세대 예술가의 임무」를 기고했다. 당대의 예술가들에게 미학과 예술현상에 대해 전위적인 태도를 가질 것을 요청했다. 그것을 법신(法身)과 응신(應身)이라는 불교적 화두로써 설명했다. 법신은 불변하는 진리와 지혜 그 자체를 뜻하고 응신은 중생을 구제하기 위해 형상을 바꿔 나타나는 현상적인 몸을 뜻한다.

법신과 응신이 불(佛)의 양상(兩相)인 동시에 본연의 일상인 것처럼 변(變)과 불변(不變)이 미의 양상인 동시에 본연의 일상임은 누구나 알 것이다. 미라는 것이 한 개의 보편타당성을 요청하고 있는 가치 표준이란 것은 법신을 두고 이름이요, 미가 시대를 따라 지역을 따라 양상을 달리한다는 것은 미의 응신의 일상(一相)을 두고 말함이다. 그러므로 미는 변함으로써 그 불변의 법을 삼나니 미의 시대성이란 것이 이러한 양상의 일모(一貌)를 두고 말함이다.*

---

* 고유섭, 「미의 시대성과 신세대 예술가의 임무」, 『전집』 제8권, 165쪽.

생각해보면 그의 아호인 우현(又玄)이 중심 주제가 되는 노자의 『도덕경』에 들어 있는 화두도 그러하다.

이 무렵에, 황수영·진홍섭(秦弘燮, 1918~2010)과 더불어 우현의 제자가 되어 뒷날 '개성삼걸'로 불리고 '송도학파'라는 호칭을 들은 최희순(崔熙淳, 1916~84, 최순우[崔淳雨]의 본명)이 박물관에 자주 왔다.*

최희순이 박물관에 처음 온 것은 이해(1935년) 여름이었다. 최순우 전기들은 이 무렵에 갔다고 쓰여 있다. 그는 부청(府廳) 앞에서 대서소를 하는 최종성(崔鐘聲)의 아들이었다. 윤치호가 설립한 기독교계 사립학교 송도고보 졸업반이었으며 재학 중에 시를 써서 『동아일보』에 두 번이나 실린 적이 있었다. 여름 방학이라 한가한 날 박물관에 들러 유물을 감상했다고 하는데, 유물에 대한 관심보다는 신문 잡지에 실린 우현의 글을 읽고 끌려갔을 것이다. 우현은 이 준수한 청년이 고려 유물에 깊은 관심을 가진 것을 알고 친절히 대하며 몇 가지 설명을 해주었다. 최희순은 그 후 송도고보를 졸업하고 개풍군청 고적과(古蹟課)에 일자리를 얻었다.

당시 우현의 경성제대 한 해 후배인 서병성이 송도고보에 재직하고 있었으므로 최희순의 됨됨이를 말해주고 믿어도 좋다고 보증했을 수도 있다. 그러나 우현이 남긴 기록이나 최순우

---

* 예로부터 황진이(黃眞伊), 서경덕(徐敬德), 박연폭포가 송도(개성)를 상징한다 해 '송도삼절'(松都三絶)이라고 불렀다. 뒷날 우현의 제자 황수영·진홍섭·최순우가 고미술의 대가가 된 뒤 사람들은 이들을 '개성삼걸'이라 불렀다.

우에다 대장의 박물관 시찰을
보도한 『매일신보』 1935년 기사.
아랫단 제6행에 고유섭의 이름이
있다.

의 회고에 서병성 스승 이야기는 없다.

　애당초 개성부가 개풍군 송도면에서 독립해 나온 터이고 박물관 업무 때문에 이따금 개풍군과 연락하는 참이라 우현으로서는 편리하기도 했다. 최희순은 신혼살이를 하는 중인데도 개성과 개풍 지역에 답사하러 나가는 우현을 따라가곤 했다. 주말 조수를 하나 얻은 셈이었다.

일본인 고관 대작들

　우현은 연구와 집필에 열중하면서 개성부립박물관장으로서 박물관의 존재감을 드러내고 위상을 높이는 일에도 충실했는데 신경 써야 할 일도 있었다. 일본인 고관 대작들이 걸핏하면 개성에 와 박물관에 들렀다. 재작년 우가키 총독이 다녀간 뒤부터 그랬다. 우현은 정중히 그들에게 박물관 소장 유물을 설명하고 유적지를 안내해야 했다.

1935년 7월 20일에는 도쿠가와 요시미츠(德川慶光, 1913~93) 공작(公爵)과 조선군사령관 우에다 겐키지(植田謙吉, 1875~1962) 육군대장이 각각 다른 시간에 개성부립박물관에 와서 우현은 정신없이 하루를 보내야 했다.

도쿠가와 요시미츠는 야마오카 소하치(山岡莊八)의 대하소설로 잘 알려진 전설적 쇼군(將軍) 도쿠가와 이에야스(德川家康)의 친손자였다. 이해 겨우 22세였으니 이 새파랗게 젊은 애송이 귀족을 보며 우현이 무슨 생각을 했을지 궁금하다.

우에다 겐키지 대장은 3년 전인 1932년 중국 주둔 9사단장으로서 상하이를 무차별 공격해 양민 수만 명을 학살했다. 그는 홍커우(虹口) 공원에서 열린 천황 생일축하식 겸 승전기념식장에서 윤봉길 의사의 거룩한 폭탄에 왼쪽 다리를 잃은 자였다. 죽지 않고 살아서 대장으로 승진하고 조선군사령관이 되어 우현 앞에 간 것이다.

우현은 총독이 왔던 날처럼 긴장하지 않고, 아내가 해준 말 그대로 두 얼굴을 하고 임했을 것이다. 그러고는 송도고보 교사로 있는 서병성을 불러서 개성소주를 한잔했을 것이다. 개성에는 고려 때 몽고군이 남기고 간 소주 제조기법이 전래되어 개성소주는 조선반도 최고의 명주(名酒)로 인정받고 있었다. 둘의 대화를 한번 상상해보자.

"나는 정중하게 설명했고 끝난 뒤엔 비애만 남았어. 윤봉길 의사의 폭탄에 날아간 다리에 의족을 하고 지팡이 짚고 걸어나가서 자동차에 오르는 우에다에게 허리 숙여 절하며 내가 지금 여기서 뭘 하고 있는 건가 하는 생각이 들고 눈물이 나더군."

그렇게 말하고 우현은 서병성이 부어주는 독한 개성소주를 단숨에 들이켰다.

"형, 그러니까 미술사 연구도 학문으로써 일본을 넘어서려는 저항심으로 밀어붙이세요. 형에겐 그게 독립운동이니까요."

우현과 서병성 두 사람은 만취하도록 마셨다.

본격 연구의 중심으로

황수영이 오다

1935년 여름이 끝나갈 무렵, 우현의 일생에 중요한 전기가 되는 좋은 일도 있었다. 개성 출신의 총명한 젊은이가 또 하나 박물관에 왔다. 뒷날 우현이 요절하듯 세상을 떠나자 그의 유지를 잇고 연구성과를 이어나간 황수영이었다.

황수영은 조부가 대규모 삼포(蔘圃)를 경영해 집안이 부유한 덕에 개성 제1보통학교를 나와 경성에 유학해 제2고보(뒷날 경복고) 5학년에 다니고 있었다. 신임 관장이 온 뒤 박물관이 활기차게 돌아가고 있다고 들은 데다 그 관장이 신문과 잡지에 미술사에 관한 글, 특히 개성의 고려유적에 대한 글을 계속 발표하고 있어 학생층에 화제가 되었다. 경성의 제2고보 학생들도 『신동아』에 실린 우현의 글 「조선고적의 빛나는 미술」을 돌려가며 읽었다.

황수영은 「개성의 고려도자 공예」 부분을 거듭 읽고 감명받았다. 고향 개성의 고려 예술을 본격 연구한 성과를 보여주었기 때문이다.

여름방학을 맞아 개성에 돌아온 황수영은 박물관으로 갔다. 그는 어릴 적부터 호고(好古)의 취향이 있었다. 어린 시절에 고

경성 제2고보 시절의 황수영.
아드님 황호종 교수 제공.

려 왕궁터 만월대에 갔을 때, 비가 갠 뒤 쉽게 눈에 띄는 청자 쪼가리를 주워 주머니에 가득 넣어 집에 가서 할머니에게 꾸중을 들은 적도 있었다. 재작년 경주 수학여행 때는 황룡사지에서 그곳 마을 아이들이 직접 파낸 기와 두 점을 주머니를 털어 사서 학교에 둔 일을 자랑스러워하고 있었다. 황수영은 박물관에 도착해 진열품들을 돌아보고 고유섭 관장을 뵙기를 청했다. 상담 승낙이 떨어지자 모자를 벗고 정중히 허리 숙여 절했다.

"관장님, 고려청자는 천하의 명기(名器)로 이름이 높았는데 왜 하루아침에 없어졌습니까? 청자를 빚는 장인(匠人)이 비법을 전수하지 않은 까닭으로 봐야 합니까?"

눈을 빛내는 명문학교 학생의 질문에 우현은 성의를 다해 답했다.

"고려청자는 그같이 사람 사이 비법의 전달이라는 문제에서 고찰하기보다는 그 당시의 역사와 문화, 사회의 상황에서 생각해야 이해가 이뤄질 것이야. 고려청자는 비법의 전수가 안 돼서 사라진 게 아니고, 청자는 다시 분장회청사기(粉糚灰靑砂器)로서 새롭게 발전한 걸로 보아야 해. 역사와 사회의 변천 속에서 고찰해야 이해할 수 있지."*

황수영은 며칠 뒤 또 박물관에 갔다. 진열된 상감청자를 들여다보고 있는 그에게 우현이 본격적으로 해설해주었다.

"청자 유약(釉藥)의 원료로 조달유(曹達油)를 쓴 것이 있어. 조달유란 탄산나트륨이야. '소다'라고 하는 거지. 연유(鉛釉)에 의한 것도 있는데 연유는 납이 들어 있는 잿물이야. 철염(鐵鹽)에 의한 것 등이 있는데, 철염이란 쇠솥에 바닷물을 끓여서 고아낸 소금을 말해. 청자는 좁은 뜻으로는 철염을 쓴 걸 말하지. 철염할 때 가능하면 산소 공급을 줄여서 끓이는 환원염(還元焰) 방식에 의해 깊이 있는 청색을 띠게 된 것이야. 그런데 고려 후기에 소성(燒成)이 충분하지 못해 산화(酸化)를 보이고 회황(灰黃), 즉 검누런 색이 나타나고, 회유나 조달유의 혼입(混入)이 일어나 이른바 미시마테(三島手)라는 걸로 가까워져 갔어. 사회와 문화의 변화에 따라 변모해간 거지. 고려청자 제조에 있어서 형태와 형상에 조소 기능이 발휘된 건 예종 때부터 인종 때까지였고 상감술(象嵌術) 발달은 의종과 명종 때, 회채도자(灰彩陶瓷)는 고려 말 충렬왕 때부터 조선조 초기까지였어."

---

* 이하 대화는 여러 자료를 보고 상상한 것이다. 황수영, 『황수영 전집』 제5권, 혜안, 1997, 446쪽.

"일본 도자기 미시마테는 임진왜란 때 끌려간 우리 도공들이 재현시킨 것이지요?"

"그렇지. 미시마테는 분장회청사기(粉粧灰靑砂器)에 일본 사람들이 근원도 모르고 붙인 명칭이야. 『조선고적도보』에 일본 사람들이 미시마테로 분류해 넣은 조선도자 사진이 백 개도 넘어."

우현은 황수영을 연구실로 데리고 가서 『조선고적도보』 제15권을 열어 보여주었다. 황수영은 수첩을 꺼내 받아 적고 우현은 한자 말 몇 개를 거기 써주었다. 세상에 널리 알려진, 우현 고유섭과 황수영의 사제 인연은 그렇게 시작되었다.

뒷날 황수영·최순우와 더불어 '개성삼걸'로 불린 또 한 사람 진홍섭은 아직 우현의 곁에 오지 않았다. 진홍섭은 황수영과 보통학교 동창이자 친구였는데 개성상업학교 졸업반이었다.

『진단학보』에 논문을

이 무렵, 우현은 개성에서 발간되는 반월간 『고려시보』에 「개성고적 안내」를 연재하기 시작했다. 1935년 6월 1일과 7월 1일로 나눠 실은 「연복사(演福寺)와 그 유물」이 첫 글이다. 7월 16일 「순천관(順天館)의 연혁」, 8월 1일 「왕륜사(王輪寺)와 인희전(仁熙殿)」, 8월 16일 「흥국사(興國寺)와 그 주변」, 그 후 11월 1일 「수창궁(壽昌宮)과 민천사(旻天寺)」로 이어졌다. 그렇게 이어져 1940년 10월 1일 「고려왕릉과 그 형식」까지 5년여 기간에 31꼭지를 기고했다. 문헌자료를 바탕으로 철저한 현장 답사를 통해 고증한 원고였다.

그는 그해(1935년) 9월에 발간한 『진단학보』 제3권에 「고려 화적(畫籍)에 관하여」를 기고하고, 10월 발간 『조광』 창간호에 「신라의 공예미술」, 12월 경성제대 문과조수회가 간행한 『학해』 제2집에 「조선의 전탑(塼塔, 벽돌탑)에 관하여」(일문)를 기고했다. 모든 원고가 거대한 지식의 창고에서 알갱이만 빼낸 듯 알찼다. 「조선의 전탑에 관하여」는 조선 땅에 와 있는 일본인 학자들은 물론 일본에 있는 연구가들도 주목했다.

「고려 화적에 관하여」는 꾸준한 노력의 결실이고 함량도 컸다. 그는 경성제대 조수 초년 시절부터 방대한 규장각 문헌 중 미술사 자료를 정독해 필사하고 발췌하며 자신의 의견을 적는 노트를 갖고 있었다. 동료 조수이자 친구였던 나카기리 이사오의 회고에 의하면 개성부립박물관장으로 간 뒤에도 대학에 들러 고문헌을 빌려서 노트하고 반납하고 다시 빌리기를 거듭했다. 그 노트는 일본인 학자, 조선인 학자 누구도 갖지 못한 지식의 보물창고였다. 그의 목표는 모든 것을 아우르는 조선미술사를 쓰는 것이었고 그 노트는 그것을 달성하기 위한 최고의 지식 자산이었다. 「고려 화적에 관하여」는 그중 고려의 것만 뽑아놓은 것으로서 회화사(繪畫史)의 시작점과도 같았다.

우현은 「고려 화적에 관하여」에서 끊이지 않고 지속된 병화(兵禍)와 예도(禮道)에 대한 무교양과 무관심으로 고려에 회화가 거의 없었다고 제대로 공부하지 않고 단언하는 논자들의 무지함을 지적했다. 고려 초기에 도화원(圖畫院)과 화국(畫局)이 있었음을 『고려사』 『파한집』 『동문선』 등의 기록으로 제시하며 반론을 폈다. 수많은 문헌 증거를 제시하며 고려에 얼마나 많은 서화(書畫)가 있었는지를 밝혀냈다.

각론으로 들어가서는 인물화로서 아좌태자(阿佐太子)가 그린 일본 황실 소장「우마야도(廐戸) 황자상(皇子像)」과 이색(李穡)과 정몽주(鄭夢周), 안향(安珦), 이제현(李齊賢) 등의 초상화를 화가의 이름과 더불어 사진으로 제시하며 출처를 설명하고 논증을 이어나갔다. 전국 도처의 불교 도량에 있는 불교화, 유교화, 도교화, 신도화(神道畫) 등을 설명하고, 자유화로서 산수화, 화훼영모도(花卉翎毛圖, 꽃과 짐승 그림), 사군자도, 궁중누각도, 금기도서도(琴棋圖書圖, 문인이 갖추어 할 네 가지 기예인 거문고 타기, 바둑, 서예, 회화 장면을 그린 작품), 은일도(隱逸圖, 유유자적한 삶을 표현한 그림) 등과 실용화(實用畫)로서 천문지리도, 경적도(經籍圖, 경서를 그린 것), 기타 잡화(雜畫)로 나눠 설명했다. 모두 그것이 실려 있는 문헌을 소개하고 증명함으로써 지금까지 한미했을 것으로만 알았던 고려의 회화가 융성(隆盛)했던 본연으로 살아났다.

우현은 부기(附記)에 이렇게 썼다.

극히 국한된 서적에서 눈에 띄는 대로 나열함에 불과하였은즉 충분하지 못함을 어이 자량(自量)하는 바이요 그중에서도 외래의 화적은 문제 삼지 않았으니 그에 대해서는『학해』제1집「고려시대 회화의 외국과의 교류」라는 졸고를 참고하기 바란다.*

---

* 고유섭,「고려 화적에 관하여」,『전집』제2권, 240쪽.

1935년 10월 1일, 적조사지 철불 석가여래상 봉안식 박물관 내부 모습.
왼쪽 스님 뒤 양복 차림이 우현이다. 열화당 제공.

　최고급 국학 연구자들의 학술회지 『진단학보』를 본 사람들이
경의를 표했을 만한 글이다.

　「고려 화적에 관하여」가 학계와 언론의 주목을 받고 있던
1935년 10월 1일, 우현은 개성부립박물관을 위한 큰 과업에 성
공했다. 1,000년이 지난 고려 초의 철불 석가여래상을 총독부박
물관에서 돌려받아 박물관 내부에 모시고 봉안식을 열었다. 본
래 개풍군 영남면 적조사(寂照寺) 터에 있던 것으로 1916년 박
람회를 위해 경성으로 옮겼고 경복궁 근정전에 모셔져 있던 국
보였는데 여러 차례 돌려달라고 청원해 성공한 것이다. 경성제
대 은사인 후지다 료사쿠 총독부박물관장이 개성부의 건의를
받고 제자인 우현을 배려해 결정한 듯하다. 후지다는 자신이 하

지 못한 유점사 오십삼불 촬영에 성공한 우현에게 무한 신뢰를 가졌을 만하다. 이날 석가여래 철불과 함께 경기도 장단군에 있던 석관(石棺)도 옮겨 갔다. 천인(天人)과 보상화(寶相花)와 화조(花鳥) 들이 미려하게 조각된 가치가 큰 유물이었다.*

총독부와 총독부박물관은 고유섭이 잘하고 있으니 개성부립박물관으로 보낼 만하다고 판단한 것이다. 세상일은 '그때는 매우 잘한 일이 뒷날 잘못한 일'이 되는 경우가 있다. 적조사지(寂照寺祉) 철불은 우현이 세상을 떠나고 5년 뒤인 1949년 5월 남북한 군대가 개성 근방에서 빈번히 충돌할 때 박물관을 관리한 최희순(최순우)이 고려청자 등 수백 점을 급히 사과 상자에 담아 서울로 옮길 때 무거워서 가져오지 못했다. 적조사지 철불은 지금 북한의 국보 제137호로 보존되어 있다. 그러나 문제는 시간이 해결한다. 남북통일이 되면 다시 잘한 일이 될 것이다.

적조사지 철불 석가여래상 봉안식을 보도한 신문기사로 우현의 존재감이 커진 무렵, 『진단학보』 제3권 게재 논문들에 대한 김태준의 서평이 『조선중앙일보』에, 이청원(李淸源, 1914~?)의 서평이 『동아일보』에 각각 실렸다.

김태준이 쓴 우현의 글 「고려 화적에 관하여」에 대한 평설은 칭찬 일색이다.

---

* 「천 년 전 불상과 석관 고향 찾아 다시 송도에」, 『동아일보』, 1935.
9. 17; 「천 년 전 불상 석관 고도(古都) 개성으로」, 『조선중앙일보』,
1935. 10. 1.

고려의 불탑과 '탑파'를 말하고 고려의 미술서화를 말하는 이는 엑칼트(『조선예술사』의 저자)와 관야정(關野貞, 『조선미술사』의 저자)이 있는 외에는 나의 기억에는 머리에 떠오르지 않는다. 더구나 회화에 있어서는 『근역서화징』밖에는 선배의 모아 놓은 참고서도 없다. 이러한 난경(難境)을 혼자 개척해나가는 곳에 고씨의 고심이 있다. 문외한인 필자로서 씨의 앞에 무엇을 다언(多言)할 수 있을 것인가.[*]

김태준은, 알려진 고려화가 겨우 10종이며 그것도 "관야정(세키노 다다시)의 눈에 띈 것이 전부다"라고 하고, 우현의 글이 고려화적을 인물화, 종교화, 자유화, 실용화로 대분류하고 18개로 소분류했다고 소개했다. 그런 다음 당부를 붙였다.

여기서 보여준 것은 고려 때도 풍부한 회화가 있었다는 것이라 하나 나는 후일 씨에 의해 이 봉건전제(封建專制)의 불교 융성한 자연경제시대의 종합주의, 전설주의적인 회화가 어떻게 그 후 인상주의 고전주의에 영향 발전된 것인가 하는 사회미학적인 서술이 있으리라고 기대한다.[**]

김태준은 우현의 경성제대 1년 후배로 나이는 동갑이었다.

---

 * 김태준, 「『진단학보』 제3권을 읽고」, 『조선중앙일보』, 1935. 11. 19. 엑칼트는 독일인 신부 안드레이스 에카르트다.
** 같은 글.

중국문학 전공으로 예과 시절 『문우』와 본과 졸업 후 『신흥』에
함께 글을 발표했다. 졸업 직전인 1931년 1월 고전문학 연구의
총아로 떠올랐다. 『동아일보』에 그해 1월부터 시작해 「조선소
설사」를 1년 이상 연재했다. 졸업 후에는 『조선한문학사』 등을
써서 명성을 떨쳤다. 그리고 우현과 함께 진단학회 회원이 되었
다. 이해(1935년) 1월에는 『동아일보』 신춘 원고 모집에 「춘향
전의 현대적 해석」이 당선되어 1월 1일부터 9회에 걸쳐 천태산
인(天台山人)이라는 필명으로 연재되고, 「우리 문학의 회고」가
같은 지면에 김태준 본명으로 3회 분재되었다. 그는 본과 재학
중 이강국과 함께 경제연구회 서클에 들어서 사회주의 이론을
공부한 사람답게 『춘향전』을 유물변증법적 방법론으로 풀어낸
데다가 정밀하고 객관적인 분석을 함으로써 주목받고 있었다.

그의 글들은 날카롭고 명확하나 이번에는 학번 1년 선배의
논문에 대해 후한 평을 썼다. 사회주의 미학적인 서술을 요청한
것도 보인다.

그는 뒷날 경성콤그룹 사건으로 검거당했고, 중국공산당 근
거지 옌안(延安)으로 망명 탈출, 김무정(金武亭)이 지휘하는 조
선의용군에 합류했다. 광복 후 1945년 12월에 귀국해 경성대학
교수로 있으면서 남로당 문화부장 겸 특수정보부장을 지내다가
1949년 7월 체포되고 11월 군법회의에서 사형 판결, 그달에 처
형되었다.*

---

* 이윤석, 「김태준 관련 새 자료 몇 가지」, 『동방학지』 제183호, 연세대
학교, 2018. 6.

이청원은 일본에 유학했거나 경성제대에서 근대적 학문의 방법론을 익힌 진단학회 학자들의 실증주의와 관학 아카데미즘의 정반대편에 선 청년 공산주의자였다. 일본 도쿄에서 막노동하며 사회주의 투쟁에 나서 감옥에 갔다가 석방되어 조선 땅으로 온 23세의 청년으로, 뒷날 8·15 광복 후 북한 정권에 참여해 조선역사편찬위원회 위원장을 맡은 인물이다. 『동아일보』는 서평 기사를 내보내기 전, 이청원의 『조선사회경제사』가 일본 백양사(白楊社)에서 출간된다고 보도한 바 있었고,* 그의 날카로운 필력을 주목해 4회에 걸쳐서 「『진단학보』 제3권을 읽고」라는 서평을 받아 실었다. 이청원은 1차 기고에서 논문들이 문헌 중심으로 연구되고 합리성을 추구하고 있으나 사회성이 결여되는 한계가 있다고 지적했다. 11월 12일의 2차 기고에 우현의 「고려 화적에 관하여」를 비판하는 글을 썼다. 매우 잘나가고 있는 우현에게 딴지를 걸었다.

　　우리가 화적을 문제 삼을 때 그것은 단순한 골동품으로서보다도 이 기념품들은 그 당시의 복잡한 사정을 거울 또는 사진적 조형미술처럼 복사하지 않는다 할지언정 그 어느 정도까지의 반영(反影)인 것이며, 따라서 그 당시의 왕조적 세계관, 또는 사정을 무언으로써 말하고 있는 때문이다. 그런데 씨는 고려의 화적에서 인물화, 종교화, 자유화, 사실화 등에 긍(亘)하여 구체적인 사료를 배열하고 끝으로 신라대의 회화관과 대조하면 회화의 객

*『동아일보』, 1935. 11. 5.

관주의에서 주관주의에로의 변천의 커다란 자취를 볼 수 있다고 했다. 그러나 고려에 이러이러한 명화가 있고 또 이 자기의 주장을 위해 많은 문헌을 인용하나 이것은 통속사가들의 고증욕(考證慾)을 만족시킬 따름이라는 것이다. 오직 문제는 그를 통해 그 배후에서 너울거리고 숨쉬고 있던 묻히고 왜곡된 사회의 발굴 그것이다.*

이청원은 헐벗은 민초들의 삶을 담은 미술을 중시했으며, 우현의 글을 한낱 "통속사가들의 고증욕만 만족시킨다"라고 비판했다. 우현이 이 비평을 읽고 어떤 반응을 했는지는 알 수 없다. 이 무렵, 백남운의 『조선사회경제사』를 읽었고 그쪽으로 기울어가고 있었다고 하므로 겸허하게 받아들였을 것 같다.

2회 연재가 나가고 며칠 뒤 둘이 만날 기회가 있었다면 우현은 독학으로 우뚝 선 아홉 살 아래 사회주의자 논객에게 이렇게 엽엽하게 말했을 것이다. 상상해본 장면이다.

"내 책 서평 고맙네. 자네의 지적은 옳은 말이네. 역사는 무지렁이 백성들의 삶을 다뤄야 하고 미술사도 마찬가지네. 우리 미술품들이 특히 그렇다는 데 나는 동의하네. 다만 미술사도 학문이므로 미학과 역사학의 방법론을 적용해 논증해야 하네. 그리고 자네 저서의 출간을 축하하네. 백남운 선배 책과 더불어 좋은 역사의 길잡이가 될 걸로 믿네."

"고맙습니다. 내 책은 과학적 통사 구조로 썼습니다. 그런데

* 이청원, 「『진단학보』 제3권을 읽고」, 『동아일보』, 1935. 11. 12.

제목 말입니다. 책 제목이 백남운 선배 책하고 같아서 『조선사
회사 독본』으로 하려고 합니다."

"제목 바꾸는 건 나도 찬성하네."

그랬다면, 정말 우현이 이청원과 더불어 선술집에서 탁주 잔
이라도 기울였다면 둘도 없는 친구 이강국에 대해서도 슬쩍 말
했을 것이다. 이청원에게 이강국은 우상이었을 테니까.

"내 친구 이강국은 독일 유학에서 돌아오고 있는 모양인데 도
착하자마자 고등계 경찰에게 끌려갈 테니 걱정이네. 귀국 중이
라는 걸 그 친구 부인도 알고 고등계 형사들도 알고 있네. 나는
그 친구가 유학 기간에 어떤 활동을 했는지는 잘 모르네."

상상해본 대화다. 우현이 이강국의 귀국 동정을 말해준 데 이
청원이 감동했다면 우현이 알지 못하는 사실, 이강국이 독일에
서 『혁명적 아시아인 연맹 통보』라는 책자에 실은 「일본제국의
왜곡하에 있는 조선」, 「조선인은 무엇을 먹고 있는가」 보고서에
대해 말해주었을 것이다.* 일본은 조선 땅보다 사회주의 서적의
수입, 번역과 독서가 쉬운 형편이라 이청원은 일본에서 읽었을
것이다. 이날, 두 사람은 이강국의 기밀을 공유했다는 사실 하나
만으로 급격히 가까워졌을 것이다.

우현은 박물관장 공직에 있어서 발을 담그지는 못했으나 사
회주의 이념에 동의하고 있었다. 미야케 교수와 최용달·박문규
등 '경성제대' 그룹이 경찰에 적발된 것은 지난해(1934년) 여름

---

* 전명혁, 「1930년대 이강국과 그의 인민전선론 연구」, 『마르크스주
  의 연구』, 경상대 사회과학연구원, 2008. 9, 186~187쪽.

이었다. 미야케와 최용달·박문규가 구속된 소식을 보도한 신문 기사에는 이강국의 이름도 떴다. 이강국은 독일 나치 정권의 탄압과 일본영사관의 위협으로 귀국길에 올라 미국을 거쳤고, 이 해 11월 20일에 귀국했다. 체포당해 끌려간 날은 11월 27일 이후였다.* 우현은 이강국과 가장 가까이 우정을 나눈 사이였으므로 아마 두 사람은 그 일주일 사이에 만났을 것이다. 다시 마작을 두고 술을 마시며 회포를 풀었을 것이다.

계급주의자 이청원의 비판적 평설이 있었으나 우현은 동산 위에 솟은 보름달처럼 떠오르고 있었다. 『진단학보』나 『학해』는 학술지라서 일반인들이 볼 수 없는 책이지만 『조선일보』 『동아일보』 『조선중앙일보』와 잡지 『조광』 『신동아』는 인천의 사업가나 오피니언 리더 들이 너도나도 읽는 매체였다.

어릴 적 스승인 인천 우각리(牛角里)의 의성서숙 김병훈 숙장은 어깨를 으쓱했을 것이다. 장인 이홍선도 무릎을 쳤을 것이다. 자석식 전화기의 발신 손잡이를 열심히 돌려 인천에서 장거리 교환망을 거쳐 개성부립박물관의 사위에게 축하 전화를 했을 것이다.

"박물관장아, 축하헌다. 아주아주 자알허구 있어. 인천 바닥에 네 칭찬이 자자허다. 그런데 말이다. 쪼끔만 살살 해라. 너무 급히 달리면 발병 난다. 내가 우체국 전신환으로 돈 좀 보낼 테니

---

* 「독일 유학 중의 이강국 씨 귀국」, 『조선일보』, 1935. 11. 27. 이강국이 유학 3년 만에 지난 20일 귀국했고, 경성제대 동창회 모임 낙산구락부가 28일 명월관에서 귀국환영회를 연다고 보도했다.

까 찾아 써라."

돈은 아마 사위의 한 달 월급보다 많은 200~300원쯤 보냈을 것이다. 이홍선은 가난한 집에서 태어나 미두취인소 사환으로 일했으나 돈의 흐름을 읽는 수단을 갖게 되고 운도 따라 주어서 인천 상공업계 세 손가락 안에 들어가는 부호가 됐다. 그는 여기저기서 사위 칭찬을 하면 기분 좋게 술을 살 만했을 것이다.

그는 사위처럼 승승장구하고 있었다. 세상의 모든 재운(財運)이 모두 그에게 내려진 듯 손대는 일마다 성공했다. 그는 질 좋은 벼를 엄격히 골라 매입해서 자신의 이름을 딴 '이홍선 정미소'에서 최고의 쌀로 도정해 일본 미곡시장으로 직수출해 보냈다. 오사카와 고베(神戶) 등 오사카만(大阪灣) 연안의 중심 미곡시장 한신(阪神)시장에서 '이홍선 정미소'의 성가(聲價)가 드높았다. 그는 인천상공업계의 최고 거두로 떠올라 사위만큼이나 자주 신문에 이름과 사진이 실리고 있었다. 사업 성공 외에 선행과 기부로 칭송받는 기사도 있었다. 1934년과 1935년 두 해만 보아도 대단했다.

1934년 5월 일본어 매체 『조선매일신문』(朝鮮每日新聞)은 「한신(阪神)지방의 호평 이홍선 정미소」라는 기사를 냈다. 정미소 건물 사진도 크게 실었다.* 10월에 『조선일보』는 이홍선의 선행을 보도했다. 어린 시절 고생하며 자란 김포에 토지를 소유

---

* 「둥근 흰쌀 한신지방의 호평」(丸ク 白米 阪神地方で 好評), 『조선매일신문』, 1934. 5. 23.

해 소작을 주고 있는데 월곶면에만 논이 50정보(15만 평)에 달하고, 지주인 이흥선이 소작료를 혹독하게 거두지 않고 병든 사람 있으면 면하거나 감해주어, 소작인들이 감사하는 비석을 세웠다는 내용이다.* 이 신문은 또 '인천의 중진 인물 소개' 기사에서 「미(米)의 인천의 이흥선」이라는 제목으로 그를 조명했다. 1935년 9월, 또 다른 일본어 신문 『조선신문』(朝鮮新聞)은 이흥선이 인천공립보통학교 확장을 위해 2,200평에 달하는 교지를 매입하는 자금으로 2,385원 상당의 기부금을 냈다고 보도했다.** 조선어 친일 신문인 『매일신보』도 지지 않았다. 11월, 「곡도(穀都) 인천의 큰 자랑 이흥선 정미소, 한신시장에서 성가 쟁쟁」이라는 기사를 실어 칭송했다.***

우현이 짧지만 매우 인상적인 수필 「학난」(學難)을 쓴 시기가 이 무렵이었다.

내가 조선미술사의 출현을 소망하기는 소학시대부터였다고 생각한다. 그것이 내 스스로의 원성(願成)으로 전화(轉化)되기는 대학의 재학 시부터이다. 이래 '창조(創造)의 고(苦)'는 날로 깊어간다. 동양인의 독특한 미술품에 대한 골동적(骨董的) 태도는 조선의 미술품을, 그리 많지도 않은 유물을 은폐시켜, 세상의 광명을, 학문의 광명을 받지 못하게 하는 한편 무이해한 세인의 백안

* 「이흥선 씨 기념비」, 『조선일보』, 1934. 10. 22.
** 「인천제일공보에 2,500원 기부」(仁川第一公普へ 二千五百圓 寄附), 『조선신문』, 1935. 9. 28.
*** 「곡도 인천의 큰 자랑 이흥선 정미소」, 『매일신보』, 1935. 11. 20.

시적(白眼視的) 태도는 유물의 산일(散佚)뿐만 아니라 학구적 열정의 포기까지도 조장(助長)하려 한다.

물론 그것에는 세키노(關野) 씨의 물품목록적 미술사가 있다. 그것은 한 재료사(材料史)로서의 가치는 충분히 갖고는 있다. 그러나 그것이 곧 미술사가 될 만한 것은 아니다. 독일 신부 에카르트(Eckardt) 씨의 민족감정에 허소(許訴)하려는 비학구적 조선미술사가 또 하나 있다. 그러나 역시 그것이 어떠한 예거를 ○○지간에 감사한 일 존재임에 불과할 뿐이다.

문제는 다만 이러한 유물 그 자체의 수습(收拾)과 통관(通觀)에 있지 아니하다. 뵐플린(J. Wölfflin) 일파가 제출한 근본개념과 리글(A. Riegle) 일파가 제출한 예술의욕과의 환골탈태적(換骨奪胎的) 통일원리와 프리체(V. M. Friehe) 일파의 역사적·사회적 배경을 이미 후지와라(藤原) 씨가 지적한 바와 같이 [중국의 육법론(六法論)은 평가의 기준이요 사관(史觀)이 기준이 아니된다] 그 기계론적 사회보다도 변증적(辨證的) 이과(理果)를 어떻게 통일시켜 적응해야 할까! 이는 방법론 고민이다.

…근래의 운명론적·관념론적 서술은 하등 소용이 아니된다. [그러나 근자에 백남운(白南雲) 씨의 『조선사회경제사』는 제목만이라도 대단한 기대를 준다] …미술사를 다만 형식 변천사로만 보지 않으려는 나의 요구는 이와 같이 망양(茫洋)하다.

…이미 문제가 이러한지라 나의 조선미술사는 비너스의 탄생이 천현해활(天玄海濶)한 대기(大氣) 속에서 일엽패주(一葉貝舟)를 타고 천사(天使)의 유량(嚠喨, 또렷또렷한)한 반주(伴奏)를 듣는 ○과는 너무나, 실로 너무나 멀다. 칠일을 위한(爲限)하고 우주만

상(宇宙萬象)을 창조하던 조물주의 기적적 쾌감을 가져볼 날이 없을 것 같다. 오히려 메피스토(Mephisto)에게 끌려가려는 파우스트(Faust)의 고민상이 나의 학난(學難)의 일면상(一面相)이라고나 할까.*

육필 초고가 대학노트 2장 남짓한 짧은 글인데 학문의 어려움과 연구의 방향과 자신의 신념 등 많은 내용이 함축되어 있다. 특히 주목되는 것은 세키노 다다시의 연구를 "물품 목록적"이라고, 에카르트를 "민족감정에나 호소하는 비학구적"이라고 비판한 부분이다. 세키노가 진행한 정체성(停滯性)과 반도적 성격론 등 식민사관에 대한 언급은 하지 않았다. 에카르트에 대한 태도도 그렇다. 우현은 학자로서 출발하던 1930년 에카르트의 『조선미술사』를 읽고 영향받은 게 분명한데 그렇게 썼다. 둘 다 극복의 대상으로 여긴 것이다.

그리고 두 사람의 단면적인 태도는 물론 지금까지 우현 자신이 붙잡았던 양식사 중심의 태도를 지양하고, 뵐플린식의 양식사적 관점과 리글이 말한 '인간 내면의 욕구, 예술의욕'에 의한다는 관점, 프리체가 강조한 사회경제적 배경도 함께 수용하는

---

* 고유섭, 「학난」(學難), 『전집』 제9권, 26쪽. 이 자료는 김영애 미술사학자가 동국대 중앙도서관에 보존 중이던 우현의 육필 원고 더미 속에서 발굴해 석사논문 「고유섭의 생애와 학문세계」의 부록으로 붙임으로써 알려졌다. 『미술사학연구』 190·191호 합본(1991. 9)에도 실렸다. 흘려 쓴 글이라 학난(學難) 뜻 그대로처럼 읽기 어렵다. ○표시는 판독 불능이다.

태도로 가야 한다고 스스로 고민하고 다짐하는 면이 보인다.

우현은 실제로 1935년을 전후해 형식사와 정신사를 함께 아우르고 역사적·사회적 배경도 중시하고 거기에다 실증사학의 태도를 강화하는 방향으로 선회했다. 문명대 교수를 비롯한 미술사 연구자들은 그것이 백남운의 『조선사회경제사』(1933)의 영향과 자신의 진단학회 가입에 따른 것이라고 보고 있다.

우현의 저술목록을 보면 1935년 한 해에 우현이 신문·잡지, 학회지에 낸 글은 63편에 달한다. 허투루 쓴 것은 하나도 없다. 『고려시보』 연재와 박물관장 업무도 바쁘고 힘든데 초인적으로 쓴 것이다. 글을 써본 사람은 안다. 한 해 동안 63편 원고 쓰기가 피를 말리는 고통을 이겨낸 결과라는 것을. 세상이 원했고 우현은 그것이 민족의 문화적 긍지를 높이는 일이라 쉬지 않고 달린 것이다.

1936년이 왔다. 『동아일보』는 새해 벽두의 연재물로 '옛 자랑 새 해석'이라는 시리즈를 기획했다. 일본인 학자들이나 종래의 학설을 뛰어넘는 새로운 안목으로 바라보는 민족사의 우수한 분야, 그리고 민족의 얼이 될 만한 인물을 조명하는 것이었다. 민족적 정기를 고취하려는 목적이었다.

우현은 고구려 고분과 고려시대 도자기 공예 두 가지 주제를 맡았다. 1월 1일 자에 게재된 1차는 손진태의 「고구려의 민족 사상」, 2차는 이병도의 「고산자(孤山子)의 지도」, 3차는 김상기의 「장보고의 해상활동」, 4차가 1월 5일 자와 6일 자 지면에 나눠 실린 우현의 「고구려의 쌍영총」이었다. 5차가 우현의 보성고보 스승인 황의돈의 「원효대사의 업적」, 6차가 이상백의 「조선 동활(銅活)의 공헌」, 7차가 김상기의 「백제문화의 매전(媒傳)」, 8차가 이병도의 「이조의 학술 특히 유교」, 9차가 11일 자와 12일 자에 실린 우현의 「고려도자(陶磁)」였다.

이렇게 학계의 권위자 여럿이 나눠 전통문화와 전통예술을 집중조명하는 연재 시리즈는 『동아일보』가 1934년 10월 지령 5,000호 명사 10인 특집 '내 자랑 내 보배'라는 주제로 기획했고 우현은 「우리의 미술과 공예」를 써서 참여한 바 있었다. 이번에 주제 방향을 조금 바꿔 1년 반 만에 다시 하는 것이었다. 필진이 대폭 달라졌는데 우현이 다시 포함되니 『동아일보』가 '고유섭은 31세이지만 우리 시대 최고 권위자다'라고 나팔 불며 소리쳐주는 것이나 다름없었다.

우현은 당대 최고 권위자답게 원고 두 꼭지를 모두 딱딱하지 않은 유려한 문장으로 풀어나갔다. 1월 5, 6일의 「고구려의 쌍영총」은 지나치게 학술적인 분석과 주장으로 빠지지 않고 해설하듯 쓰고 쌍영총의 특징을 이렇게 정리하며 끝맺었다. 양식사나 미학적 관점에만 머물지 않고 넓혀간 게 보인다.

이와 같이 당대의 예술표현은 상념적이요, 도안적이요, 개별적이요, 밀화적(密畫的)이다. 그러므로 순수미학적 규범에서 평가하자면 순수미학적 지경에 도달하기 위한 초보적 미술이라 하겠으나, 그러나 역사적·사회적 입장에서 볼 때 실로 당대의 기풍을 가장 구현하고 있는 만고(萬古)의 걸작이라 할 것이다. 역사적 유물은 실로 역사안(歷史眼)만이 살릴 수 있다.

1월 11일과 12일에 발표한 고려의 도자기 이야기는 1934년 10월 『동아일보』 릴레이 시리즈 「우리의 미술과 공예」에서 중요한 일부로 썼고 『신동아』 10, 11월호의 「조선고적에 빛나는 미술」에서 썼는데 또 쓰는 것이었다. 그는 자신의 두뇌가 끊이지 않고 솟는 지혜의 샘물인 양, 정신의 창고에는 민족 미술의 찬란한 빛들이 가득 쌓여 있다는 듯이 앞에 쓴 글들과 방향을 달리해 썼다.

그는 우선 도자기의 예술적 감상 가치에는 골동적 감상 가치와 미학적 감상 가치와 역사적 문화재로서의 가치가 혼융(混融)되어 평정(評定)된다고 했다. 또한 중국·일본에서는 도자의 전래(傳來) 유서(由緖)라는 것이 있지만 고려의 도자는 거의 고분에서 발굴되는 것뿐이므로 그곳에 유서의 정통성이라는 것을 찾아볼 수 없다고 썼다. 그러면서 도자에는 골동적 가치가 있으니 이것이 역사적·사회적 문제에 관련되는 취미성이라는 것이며, 고려도자의 가치는 본질적으로 취미성에 있다고 했다.

한편 서양의 도자 예술품에 대해서는 처음부터 예술을 감상하는 태도로써 임함을 요하나 동양 도자는 처음부터 한 개의 생(生)의 역사를 들여다보려는 심리로써 보아야 한다고 했다. 서양자기의 평가 조준은 미술적 규범에 있으나 동양 도자의 평가 조준은 인생관이나는 데 있다는 것이다.

고려 도자기에서 들면 누구나 먼저 고려자기의 형태 곡선이 단아하고 적요(寂寥)하고 솔직하고 유려함을 볼 수 있다. 형식적 과장과 긍시적(矜恃的) 장세(張勢)가 없고, 순진한 지조(志操)와 귀족적 겸양이 있다. 서수상금(瑞獸祥禽, 상서로운 짐승과 새들)을 모형한 호화로운 형태에도 역(鬲, 다리 굽은 솥)에서 정(鼎, 솥), 노(爐, 화로), 준(尊, 술동이)을 번안한 고전적 형태에도 진취보다 연잎[荷], 국화[菊]·표주박[瓢]·참외[瓜]를 상형한 시적 정서, 강철의 고움보다 초적(草笛, 풀피리)의 유향(幽響, 그윽한 소리), 이러한 것들이 보는 눈을 통해 마음껏 스며든다.

이러한 곡선은 요컨대 만들어진 형식이 아니요 실로 곧 생(生)에서 빚어나온 형식이다. 뿐만 아니라 고려자기에서는 이러한 정서를 유택(釉澤, 광택)과 도안(圖案)이 더욱 돕고, 더욱 조장하고 있다. 보편적 특색을 이루고 있는 청자만을 들더라도 "푸른빛을 빼앗아온 듯하네"니, "비 지나가자 푸른 하늘 맑게 개었다"니, "하늘같이 푸르고 거울같이 환하네"니 하여 그 무르녹은 듯한 형철(瑩澈, 환하게 내다보이도록 맑음)한 색태는 초현실주의 화폭에서 많이 볼 수 있는 그러한 문학적 정서, 몽환적 정서를 느끼게 한다. 무한에 대한 시적 동경성을 볼 수 있다.

또 도안 무늬에서도 모란·국화·연화·포도·갈대 등과 운학(雲鶴)·수금(獸禽)·어룡(魚龍)·봉접(鳳蝶, 봉황과 나비) 등 기타가 독립된 회화나 조각의 가치를 갖고 부가되어 있는 것이 아니라, 기물의 공용을 주로 해 그 화엄성을 돕고 있되 철두철미 상술한 역사적·사회적 계급 정서를 충분히 발휘하고 있다.[*]

'옛 자랑 새 해석'이라는 주제에 맞게 고려자기의 우수성을 새

---

[*] 고유섭, 「고려도자」, 『전집』 제2권, 368~369쪽.

로운 시각으로 풀어 가장 적확(的確)하게 설명했다. 결코 엄숙하거나 무겁거나 딱딱하지 않고 문체가 유려하다. 경성제대 스승 우에노 나오테루 교수의 미학개론 강의노트에 있듯이 심리학적 미학을 배경으로 하고 있는 것, 수용자 미학을 바탕에 깔고 있는 것이 주목된다. 또 하나, 앞에 발표한 고려자기 관련 글에서는 재료미학을 강조하며 형식미학을 중시해 양식사 중심으로 담론을 이끌어갔는데 내용미학을 중시하는 방향으로 가고 있음이 보인다. 우현은 미술사를 이렇게 미학 이론의 체에 여과시키고 있는 것이다.

또 하나 주목할 것은 「학난」에서 다짐했듯이 역사적·사회적 계급 정서를 언급한 것이다. 우현 연구가들은 우현이 이 무렵부터 사회주의 경제사학의 태도를 보였다고 했는데 이 글에 그것이 보인다.

흥미로운 상상도 할 수 있다. 릴레이 기획연재가 다 끝난 뒤 동아일보사가 필자들을 모아 기념 회식이라도 열었다면 우현은 보성고보 시절 가장 많은 영향을 준 스승 해원 황의돈을 만났을 것이다. 47세로 원로 대접을 받는 스승과 주목받는 신진 학자로 떠오르는 32세 제자의 만남을 상상해보자.

우현은 넙죽 엎드려 큰절을 했다.

"스승님, 건강하신 모습 뵙게 되어 기쁘고 함께 동아일보에 글을 쓴 것이 영광스럽습니다."

해원은 맞절하며 제자의 어깨를 어루만졌다.

"우현, 자네 글이 매우 좋아. 형식사와 정신사를 아우르고 사회경제사적 측면을 받아들이는 논리가 좋아. 자네를 가르친 내가 영광이지. 청출어람(靑出於藍)이야. 스승을 능가하지 못하는 제자는 스승을 모욕하는 것이네."

90년이 지났지만 우리는 알 수 있다. 인터넷에서 '네이버 뉴스 라이브러리'를 열어 황의돈의 「원효대사의 업적」과 우현의 「고구려의 쌍영총」「고려도자」를 불러내 읽으면 된다. 제자인 우현의 글이 월등해 '근대사학의 개척자'라는 말을 듣는 스승의 글이 평이해 보인다. 그러나 『소학』에 있는 소박한 표현, "알 수 있고 행할 수 있음이 모두 다 스승의 공이다"라는 말을 생각한 다면 스승의 이름도 빛을 발할 것이다.

바쁜 일상 속에서 우현은 아무리 달려도 지치지 않는 말처럼 열심히 연구하고 글을 썼다. 주말에는 개성 주변 지역 답사를 계속해 보름마다 한 번 『고려시보』에 연재하는 「개성고적 안내」 원고를 기고했다. 답사 때 이따금 최희순이 따라나섰다.

우현은 『사해공론』 2월호에 「동양화와 서양화의 구별」을 썼다.

내가 아끼는 보물

우현은 『조광』 1936년 3월호에 「와제보살두상」(瓦製菩薩頭 像)을 썼다. 잡지 원본을 열어보면 "내가 가진 귀중품, 내가 아 끼는 가보(家寶) 공개"라는 큰 제목을 달고 각계 명사 16인에게 짧은 글을 받아 실은 것이다.

맨 앞이 우현의 글이다. "품명은 와제 보살두상" "가격은 일금 삼십 전"이라고 썼다. 함께 글을 실은 명사들을 보면 안재홍(安 在鴻)이 수선화, 안호상(安浩相)은 시계, 양주동(梁柱東)은 완 당의 글씨 2첩, 이태준이 서안(書案, 책상), 김진섭(金晉燮)이

회중시계, 이선근(李瑄根)이 구한국시대 관보(官報), 박화성(朴花城)이 40년 된 다듬이돌 등 꽤 비싼 것을 가보라고 썼는데 미술사 연구가 고유섭이 30전짜리라니 뜻밖이다.

1934년, 한 여인이 개성부청 앞 모래 자갈 위에서 주워온 것을 샀는데 몸은 없고 머리만 있는 길이 2촌 9푼 5리(7.366센티미터)짜리 작은 불상이다. 우현은 제조형식을 분석해 추론을 펼친다. 눈이 일(一)자로 가늘고 긴 봉안(鳳眼)이 아니라 삼각적으로 크게 뜬 모습으로 그려진 것은 북만주 요(遼)와 금(金)나라 유지(遺址)에서나 볼 수 있다는 것이다. 그러므로『선화봉사고려도경』의 기록을 빌려 이것이 거란의 침입 때 항복한 병사들 중에 누군가가 들고 왔던 것이라고 결론을 내린다.

2페이지가 채 안 되는 짧은 글이지만 독자는 '우현만큼 골동품의 가치를 판단할 만한 사람은 없다'라고 느꼈을 것이다. 개성부립박물관장이 되고 3년, 개성지역 답사를 무수히 다녀온 터라 귀중품도 손에 들어왔을 터인데 아무것도 개인 소유로 하지 않았음을 알 수 있다. 그는 양심적이며 여전히 가난한 학자였던 것이다.

그 시절은 일본인들이 시작한 골동품 수집이 조선인 부자들에게도 확대되어 관심을 끌고 있었다.『조광』에 실은 "내가 가진 귀중품, 내가 아끼는 가보 공개" 글 때문인지『동아일보』는 우현에게 골동품과 고서화를 보는 안목과 감정(鑑定) 이야기를 써달라고 했다. 우현은 4월에「만근(輓近)의 골동 수집」이라는 제목으로 3회,「고서화에 관하여」라는 글로 3회 연재했다.

「만근의 골동 수집」은 "빈번한 부장품의 도굴" "위조의 기술과 감정법" "기만과 횡재의 골동세계"라는 세 개의 소주제로 나눠 기고했다. 찬찬히 읽어보면 개탄스럽기도 하고 놀랍기도 하다. 사뭇 흥미롭기도 해서 글 속으로 끌려 들어간다.

첫 주제 "빈번한 부장품의 도굴"에서는 경상북도에서 겪은 일을 쓰며 도굴로 귀한 유물들이 사라지는 것을 개탄했다.

한번은 경북 선산(善山)에서 자동차를 타려고 그 정류장인 모(某) 일본인 상점에서 시간을 기다리고 있다가, 그 주인과 말이 어우러져 내 눈치를 보아가며 하나둘 끌어내어 보이는데, 모두 고신라(古新羅)의 부장품들로 옥류(玉流), 마형대구(馬形帶鉤), 금은장식품, 기타 수월치 않은 물건들이 족히 있었다. 묻지 않는 말에 조선 농민이 얻어온 것을 사서 모은 것이라 변명을 하지만 눈치가 자작(自作) 도굴까지는 아니한다 하더라도 사주(使嗾)는 시켜 모을 자였다. 그자의 말이 선산의 고분은 구로이타 가쓰미(黑板勝美) 박사가 도굴을 사주시킨 것이라는 것이다. 어느 날 구로이타 박사가 선산에 와서 고분을 발굴한 것이 기연(起緣)이 되어가지고 고물열(古物熱)이 늘어 도굴이 성행케 되었다는 것이나, 일견 춘추필법(春秋筆法)에 근사한 논리나 죄상의 전가(轉嫁)가 가증스럽기도 했다.*

셋째 주제 "기만과 횡재의 골동세계"에서는 속아 넘어가는 어리숙한 예를 들었다. 어스름한 저녁때 농군이 망태에 넣어 메고

---

* 고유섭, 「고서화에 관하여」, 『전집』 제9권, 55~65쪽.

온 가짜 골동품에 속아서 큰돈을 주고 산 뒤 다음 날 가짜임을 알고 가슴을 치는 이야기부터 썼다. 그렇게 당한 사람도 이력이 나면 불과 사오 개월 안에 근 만 원을 벌었다는 소식이 도니 알 수 없는 것이 골동세계의 변화라고 했다.

고만(高慢, 뽐내며 거만함)하고 편벽(偏僻)되고 고집된 것이 골동이다. 가질 만한 사람이 아닌 곳에 물건이 있는 것으로 보면 조만간 누가 찾아갈 입질물건(入質物件)을 찾지 못하고 유질(流質, 갚을 기한이 지나서 채권자 차지가 된 저당물)된 물건으로밖에 아니 보인다. 따라서 가지고 있는 사람까지도 전당포 수전노 주인으로밖에는 더 보이지 않는다. 요사이 이러한 전당포주가 매일같이 늘어난다. 이곳도 통제의 필요가 없을는지?*

당시 신문들을 검색해보면 위조품 골동 행상이나 판매꾼들이 체포된 기사가 많이 보인다.

「고서화에 관하여」는 1936년 4월 25일부터 상, 중, 하 3회 연재되었다. 이것도 앞의 골동 수집 이야기처럼 흥미롭게 독자를 끌어당기는 글이다. 고서화 수집은 일반 골동품보다 더 깊은 안목이 있어야 하기 때문에 더욱 그러하다.

서화라는 것은 반드시 식자(識字)가 중심 문제이므로 생판 무식으로는 애완할 수 없는 탓에 다른 골동보다 한층 고위에 처해

---

* 같은 글.

있다. 식자라 해도 보통의 식자가 아니라 사도(斯道)에 대한 다소의 온축(蘊蓄, 오랜 연구로 학식을 많이 쌓음)이 없으면 아니 되는 것이니, 섣불리 일지반해(一知半解, 하나쯤 알고 반을 이해함)의 지식만 가지고 서화를 운위(云謂)했다가는 웃음거리가 되는 수가 많다.

…현재 이왕가박물관에 있는 단원의 「투견도」(鬪犬圖)라는 것도 날인(捺印)은 후인(後人)의 장난이요 원래 작자 불명의 작품인 것이다. 화폭도 완전한 것이 아니어서 인적(印跡)도 그 자리를 찾지 못하고 있고 단원의 필치로 보기에는 너무 치밀한 흠이 있다. …그러나 서화계에 이만한 위조는 보통이요 아주 의식적으로 서화의 전필법(全筆法)을 본떠 위조하는 것이 많다.

…조선의 모(某) 장년 화백이요 수집가라는 사람은 남의 것을 빌려다가 반환 안 하기쯤은 보통사요 심한 때는 수하(手下) 병정한 명을 소장가의 들창 밖에 세워두고, 보이지 않겠다는 진본을 강청(强請)해 보다가는 뚤뚤 말아서 들창을 열고 내던지면 그 병정이 가지고 달아난다 한다. 이리해 남의 것을 강탈 수집한다 하니 미불과의 거리가 가까운 듯하나 매우 먼 사람이다.

…골동상의 정직한 고백을 들으면 안작(贋作, 위조된 작품)이 없으면 장사를 해먹을 수 없다는 것이다. 가장 자본을 적게 들이고서 가장 많이 남길 수 있는 것은 안작에서라 하니 서화골동의 수집가는 요컨대 이러한 상인의 농락에서 일희일비의 연극을 보여주는 꼭두각시에 지나지 아니하는 모양이다.*

---

* 같은 글.

이 글은 본인이 원하지 않았더라도 속지 않고 제대로 고르는 법, 가치를 알고 호고(好古)를 즐기는 법을 점잖게 알려주는 지침이 있다. 주제와 맥락이 같은 「만근의 골동 수집」과 「고서화에 관하여」를 읽고 문득 느끼는 것은 당대에 우현만큼 감정 안목을 가진 전문가는 없을 것이므로 개성에 있지 않고 경성에 있었다면 감정료를 받고 여기저기 불려 다녔을 듯하다. 그러나 우현은 그런 일에 담을 쌓고 개성에서 묵묵히 연구에만 열중했다.

그해(1936년) 4월, 딸 병복(秉福)이 태어났다. 이 무렵, 박물관에 기쁘고 보람이 있는 사건들도 있어서 우현은 정신없이 바빴다. 양력 4월 초순, 개성 근교인 개풍군 청교면 덕암리의 일본인 지주 소유 논에서 큰일이 터졌다. 소작농이 봄 논갈이를 하던 중 쟁기에 무엇인가가 걸려 파보니 큰 석물(石物)이었다.

우현은 개성부청에서 걸려온 전화를 받고 달려갔다. 농부가 웅덩이 물을 퍼내어 닦아낸 그것은 고려 때 석등(石燈)이 분명했다. 우현은 카메라로 촬영하고 개풍군수에게 우선 보존을 부탁한 뒤 박물관으로 돌아와 문헌자료를 샅샅이 훑어 고증해냈다.[*]

충렬왕 9년 제조한 것임. 길이 5척 8촌, 폭 4척. 석등에 연꽃무늬가 양각되어 있음. 이곳은 사찰 남계원(南溪院) 혹은 역원(驛

---

[*] 「개성부외 남교동서 7백 년 전 석등 발견」, 『조선중앙일보』, 1936. 4. 13.

院)이 있던 곳으로 추정. 고려시대 외국사신들이 올 때 석등을 켜서 환영의 뜻을 나타낸 것으로 사료됨.

우현은 이런 메모와 사진, 실측한 도면을 들고 개풍군청과 개성부청을 방문해 협의를 계속했고, 조선총독부에 개성부립박물관 영구보존 조치를 내려줄 것을 건의했고 마침내 승인을 얻어냈다.

그리고 4월 개성의 청년단체 고려청년회가 송도나성도리 행사를 한다며 우현은 강사로 초대했다. 그는 고성 앞에 모인 청년 100여 명 앞에서 고려의 역사와 고성의 원형과 양식에 대해 강연했다.*

『개성부립박물관 안내』라는 51쪽짜리 일본어 책자를 1936년 4월 30일 자로 냈다. 김병태(金秉泰) 부윤의 「박물관기」, 손봉상이 짓고 공성학이 쓴 제2의 「박물관기」와 박물관 평면도, 적조사지 철불 석가여래상 등 소장품 도판 10개가 실려 있다. 권말 판권지에 우현의 이름은 없으나 제1장 「고려조의 사적 고찰」(高麗朝の 史的 考察) 등 우현의 육필 원고가 동국대 중앙도서관에 있다. 전체 내용으로 보아 우현의 노고로 만들어진 책임을 알 수 있다. 우현의 원고 두 편은 뒷날 『송도고적』(1946)에 실렸다.

5월 초순에는 개성 남대문 누각에 올려져 있던 연복사(演福寺) 범종을 박물관으로 옮기는 일도 해냈다. 개성에 관광차 오

---

*「송도나성도리」, 『동아일보』, 1936. 4. 5.

는 사람들은 꼭 들러서 보는 범종이었는데 비바람에 노출되어 제대로 된 관리가 시급한 실정이었다. 우현은 개성부윤을 설득하고 경기도청을 거쳐 총독부에 승인을 요청하는 건의문을 올려 승인을 받아냈다.* 두 해 전 총독부박물관에 있던 적조사지 철불 석가여래상을 옮겨온 일보다는 크지 않지만 박물관은 다시 위상이 커졌다.

바쁘지만 보람 있고 안정된 일상, 소소한 행복이 이어지던 시절이었다. 어린 딸들은 무럭무럭 컸으며 첫째와 둘째는 관사 앞을 아장아장 걷다가 박물관 관람객들이 줄지어 입장하면 뒤따라 들어가서 까르르 까르르 웃곤 했기 때문에 이점옥 여사는 아이들을 붙잡아내느라 바빴다.

전문학교 강단

우현을 좋아하는 친구들이 찾아왔다. 기차통학을 하며 문학을 논했던 인천 친구들, 보성고보와 경성제대 동창들도 왔다. 우현을 친아우처럼 아끼고 좋아하던 아홉 살 많은 경성제대 동기생 이희승도 왔다. 함께 이화여전 교수로 있는 동기생 서두수가 동행했다. 출강을 부탁하러 갔다고 이희승이 회고기에 썼다.

필자는 그 당시 이화여자전문학교에서 교유(敎諭) 생활을 하고 있던 중이었는데 동창이자 동료인 우촌(又邨) 서두수(徐斗銖) 군과 함께 개성박물관으로 우현 형을 찾아가서, 가깝지 않은 거리

---

* 「대범종을 박물관으로 이전」, 『조선중앙일보』, 1936. 5. 7.

우현의 이화여전 교원 신분증.
우현은 이화여전에서 '미학 및 미술사'를
강의했다. 동국대 중앙도서관 제공.

에 기차 편으로 괴롭기는 하겠지만 일주일에 한 번씩 이전(梨專)에 출강해줄 것을 요청해 승낙을 받은 일이 있었다. 그 후로 일주일에 한 번씩은 우현과 대면하게 되었고 시간이 끝나면 시내로 들어와 서울의 정경을 만끽하게 했다.

마침 선전(鮮展, 오늘의 국전과 같은 것)이 개관 중이면, 이곳에 동행해 필자와 같은 문외한으로는 이해하기 어려운 화폭에 대해 우현의 설명을 듣고, 그 감상의 식견이 탁월한 데 감탄한 일이 한두 번이 아니었다.*

우현은 이화여전 출강을 받아들였고 2학기부터 강의하게 되

---

* 이희승, 「인간 고유섭」, 『기전문화연구』 제4집, 인천교육대학, 1974.
6, 3~6쪽.

이화여전 문과 3학년 미학 과목 답안지철. 우현이 평어(評語)를 쓰고 채점했다. 동국대 중앙도서관 제공.

었다. 연희전문 문과에서 어차피 하루 경성에 오시니 그날 우리 학교 강의도 해주십사 요청했다. 그리하여 가을부터 목요일 하루 기차 타고 경성에 가서 두 학교에서 강의하게 되었다. 오전 은 이화여전에서 '미학 및 미술사'를, 오후에는 연희전문에서 '미학개론'을 강의했다.

이화여전 교원 신분증이 남아 있다. 동국대 중앙도서관이 보존 중인 우현의 육필 원고들 속에 이화여전 1940년 '미학' 과목 을 채점한 시험지철이 있고 연희전문 강의 노트도 있다.

그때 이화여전 교장(아직 교장대리였다)은 인천 출신 김활란 (金活蘭, 1899~1970)이었다. 첫 출강 날 우현이 교장실에 인사 차 들러 차를 한잔 마셨다면 이런 대화를 했을 것이다. 상상한 장면이다.

김활란은 동네 누나처럼 따뜻한 미소를 지으며 말했다.

"호호! 우리는 인천 싸리재에서 자랐잖아요. 내가 고 선생 꼭 모시라고 이 교수님과 서 교수님께 성화 부렸지요."

"열심히 하겠습니다."

우현은 마음 편하게 대답했다.

김활란은 우현보다 6년 앞서 싸리재 동쪽 밑자락 배다리에서 상인의 딸로 출생해 내리교회에서 세례를 받았다. 우각리 영화여학교를 다니고 경성으로 이사했다. 출생지와 다녔던 학교가 가깝고 각자 유명한 인사가 됐으니 서로 알았을 것이다.

김활란네는 경성으로 떠났지만 우현은 작은숙부 고주홍을 통해서, 또는 인천 싸리재와 배다리가 소문이 빠른 곳이라서 김활란의 언니 김애란(金愛蘭)의 불행을 알았을 것이다. 김애란의 남편 김달하(金達河)는 중국 베이징(北京)에서 애국자처럼 위장해 살았으나 일본 밀정임이 들통나서 의열단과 다물단에 처형당했다. 사건을 보도한 신문 기사*에는 이름이 안 올랐으나 인천상업학교 출신 이을규와 아우 이정규가 처형 작전에 참여했다. 이을규는 우현의 작은숙부 고주홍의 동기생이었다. 이런 소문은 쉬쉬하는 가운데 빠르게 퍼지게 마련이었다. 이화여전에는 인천 율목리 태생으로 영화여학교를 나온 서은숙(徐恩淑, 1900~77)도 있었다. 이때는 이화보육학교 학감 자리에 있었다.

오후에 출강한 연희전문에는 인천 싸리재 상인의 아들로서 일본 육사를 나온 박창하(45세)가 군사학 교수로 있었다. 중위

---

* 「일본 정부의 밀정 김달하 필경 사살」, 『동아일보』, 1925. 4. 4; 「심방 왔던 괴청년 일거 후에 유혈 참시」, 『동아일보』, 1925. 8. 6.

때 퇴역해 고등보통학교 체조(체육) 교사로 일하고 조선체육회장을 지낸 명사였다.* 우현의 숙부들 친구였거나 집안끼리 아는 사이였을 것이므로 반기며 밥 한 끼 사주었을 만하다.

상학과에는 백남운 교수가 있었다. 우현의 출강을 계기로 가까이 교유했을 가능성이 크다.『조선사회경제사』를 읽은 독후감을 말해주고, 그 이론을 미술사 연구에 적용하고 싶다고 했을 것이다.

곧 여름이 왔고 일본 유학 중인 황수영이 방학을 맞아 박물관으로 왔다. 수영은 지난봄 경성의 제2고보를 졸업하고 일본에 유학 가서 마스야마(松山)고등학교에 입학해 있었다. 조선반도에는 없고 일본 본토에만 있는 고등학교, 그곳을 졸업하면 제국대학 본과로 갈 수 있었다.

우현은 황수영을 개성지역 답사에 데리고 나갔다. 황수영은 조수처럼 수행하면서 유적을 실측하는 우현의 사다리를 잡아주고 탁본(拓本)하는 기술도 배우고 지식을 쌓아갔다. 이때 우현과 황수영은, 우현이 8년 뒤 요절하듯이 세상을 떠나고, 황수영이 자기 생애의 많은 부분을 바쳐 스승의 유고를 출간하고 한국미술사 연구라는 스승의 비원(悲願)에 찬 유업을 이어가리라고는 예상하지 못했을 것이다.

---

* 이원규,『마지막 무관생도들』참조. 박창하는 민족문제연구소의
『친일인명사전』에 올랐으나 친일 행적은 미미하다.

감성과 지성

「애상의 청춘기」

우현이 『고려시보』에 쓰는 연재물 「개성의 고적안내」가 매우 알차고 재미있다는 소문이 나자 『조선일보』가 그런 내용이면 지방신문이 아니라 우리 독자들도 환영한다고 하며 한번 묶어서 써달라고 요청한 듯하다. 그래서 쓴 것이 1936년 9월 29일과 30일에 실은 「고려 구도(舊都) 개성의 고적」이다.

그보다 앞서 우현은 『조광』 1936년 9월호에 「애상(哀傷)의 청춘기(青春記)」를 기고했다. 10월호에는 「정적(靜寂)한 신(神)의 세계」를 기고했다. 두 편 모두 감성이 깊고 품격이 높은 서정문이다.

「애상의 청춘기」는 문학적 서정에 젖어 살았던 1928년 8월 26일의 일기를 꺼내 거기 적힌 시와 소묘를 읽는 상황으로 시작한다. 학문 연구와 논문 쓰기를 옆으로 밀어놓고 다시 문학에 젖어본 것이다. "쏟아지는 빗발에 여름이 쓸려간 뒤에 화홀 호로로 가을이 몰려든다"라는 8년 전 학창시절에 쓴 시를 옮겨 쓰고는 「신량(新涼)일기」라고 시 제목을 붙였다.* 그리고 수필 문

---

* 1928년 8월의 일기에 쓴 시와 소묘는 이 책, 158쪽에 실음, 1936년

장으로 이어나갔다. 수필의 제목은 「애상의 청춘기」다. 우현은 "그때만 해도 문학청년으로서 시적 정서가 다소 남아 있었던 듯해 이러한 구절이 있다. 물론 지금은 이러한 정서는 그만두고 일기까지도 적지 않는 속한(俗漢)이 되어 버렸다" 하고 8년 전보다 변해버린 자신을 아쉬워했다.

그 무렵에 쓴 "비가 온다. 가을의 바다, 버러지 소리가 높아졌다"라는 문장도 불러냈다. 그런 다음 그해 9월 1일 일기에 있는 산문도 옮겨 썼다.

추풍이 건듯 불기로 교외로 산책을 했다. 능허대(凌虛臺)로 가는 길에 도공(陶工)의 제작을 구경하고 다시 모래밭 위에 추광을 마시니 해향(海香)이 그윽히 가슴에 스며든다. 벙어리에게 길을 물어가며 문학산(文鶴山) 고개를 넘으니, 원근이 눈앞에 전개되고, 추기(秋氣)가 만야에 넘쳤다. 산악의 초토에도 추광(秋光)이 명랑하다. 미추홀(彌鄒忽)의 고도(故都)를 찾아 영천(靈泉)에 물 마시고 대야(大野)를 거닐다가 선도(仙桃)로 여름을 작별하고 마니라.*

우현은 그렇게 8년 전 일기를 옮긴 뒤 그때 기억을 더듬고 감흥을 되살려내 글을 덧붙여 썼다. 일기에 썼던 글이 감흥을 다

발표한 수필 「애상의 청춘기」는 「애상의 청춘일기」로 『전집』 제9권에 실렸다.
* 같은 책, 67쪽.

옛 능허대 정경. 인천에서 해안선을 끼고 남쪽으로 십 리 떨어져 있는
모래섬으로 백제시대 때 사신이 중국으로 떠난 유서 깊은 포구다.

담아내지 못했다고 느낀 것이다. 위에서 인용한 글은 1928년 일
기에 있는 글이고 아래 인용문은 1936년에 덧붙인 글이다.

　능허대라는 것은 인천서 해안선을 끼고 남편(南便)으로 한 십
리 떨어져 있는 조그만 모래섬이나, 배를 타지 않고 해안선으로
만 걸어가게 된 풍치 있는 곳이다. 이 조그만 반도 같은 섬에는
풀도 나무도 바위도 멋있게 어우러져 있고, 허리춤에는 흰 모래
가 규모는 작으나 깨끗하게 깔려 있다. 이곳에서 내다보이는 바
다는 항구에서 보이는 바다와 달라서 막힘이 없다. 발밑에서 출
렁대이는 물결은 신비와 숭엄과 침울을 가졌다. 편편이 쪼개지
는 가을 햇볕은 나에게 항상 정신 쇄락에 도움이 있었다.
　이 능허대로 이르기 전에 산기슭 바닷가에서 독 굽는 가마가
있었다. 물레(녹로[轆轤])를 발로 차고 진흙을 손으로 빚어 키만

한 독을 만들어낸다. 엉성드뭇하게 얽어 맞춘 움 속에서 만들어지는 질그릇에도 가을의 비애가 성겨 있었다. 이곳에서 문학산이란 고개를 넘기는 그리 어려운 것이 아니었으나 가을풀이 길어 길이 매우 소삽(蕭颯, 서늘하고 쓸쓸함)하였던 모양이다. 이러한 곳에서 한참을 헤매다가 촌사람을 만나는 것처럼 기쁜 일이 또 어디 있으랴마는, 희망을 품고 물어본 그가 벙어리일 줄이야 누가 염두에나 기대하였으랴? 우연치 않은 곳에서 인생의 적막과 신비를 느꼈던 모양이다. 가을의 비극, 인생의 애곡(哀曲)은 도처에 기대치 않은 곳에 흩어져 있다.*

인천의 나이 많은 토박이들은 아는 길이다. 우현은 1928년 그때 혼자 싸리재 집을 나와 배다리와 쇠뿔고개를 거쳐 동남쪽으로 걸어서 독정리를 지나 구읍면 관청리(현재의 남구 관교동)에 이르렀다. 문학산 중턱 삼호재 언덕을 넘어 서쪽으로 직진해 능선길을 타고 옥동(현재의 연수구 옥련동)을 거쳐 옹기가마가 있던 옹암(瓮岩) 마을을 지나 현재 LG아파트 단지 아래에 있는 능허대로 간 것이다. 능허대는 백제시대 때 사신이 중국으로 떠난 유서 깊은 포구였다.

지난날 내가 지금 같은 속한(俗漢)이 되기 전에는 밤잠이 늦었다. 대개 오전 한 시 두 시까지는 쓰거나 읽거나 자지 않고 있었다. 이러한 때 멀리서 들려오는 개구리, 맹꽁이, 두꺼비 소리가

---

* 고유섭,「애상의 청춘기」,『전집』제9권, 67~68쪽.

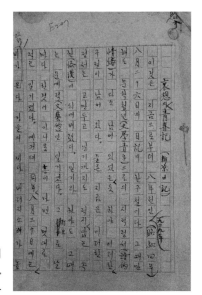

문체가 아름다워 한국문학의
명수필로 평가되는 「애상의 청춘기」,
동국대 중앙도서관 소장 육필 원고.

항상 신량(新涼)의 맛을 먼저 가져오는 것 같다. 그 울음소리는
고요한 늦밤의 새파람을 결 속에 스미게 한다. 이 바람이 스밀 때
정신은 점점 쇠락해지나 가슴에는 비애의 싹이 돋기 시작했다.
그때는 비애를 느끼고 적막을 느끼고 번민을 스스로 사는 것이
유일한 낙이었다.

　…검은 하늘의 맑은 별 눈에서 반짝이는 대로 새어 나와 자리
밑으로 스며든다. 이러한 고요한 마음으로써 불 밑에 앉아 글을
읽어라. 쓰기는 여름에 하고 읽기는 가을의 신량 때라. 비가 오는
밤이면 더욱 좋다.*

---

* 같은 책, 68쪽.

찬찬히 이 산문을 읽어보면 우현이 걱정하는 바처럼 논문에만 매달려 문학적 서정을 잃어버린 것 같지는 않다. 소년시절에 익힌 문체의 감성을 잃지 않았음을 알 수 있다. 우현의 생애를 타고 흐른 비애, 그를 문학으로 이끈 불면과 슬픔의 근원이 버림받은 어머니라고 표현하지 않아서 더 슬프게 느껴진다.

이 「애상의 청춘기」는 문체가 아름다워 신문·잡지에 자주 인용되는 한국문학의 명수필 중 하나다. 그런데 1958년 통문관이 『전별의 병』에 「애상의 청춘일기」로 제목을 고쳐 실어 그렇게 굳어졌다. 그 후 통문관 전집과 열화당 전집도 그대로 받아 실어 연구자들의 논문은 물론 인터넷상의 수많은 자료에는 「애상의 청춘일기」라고 쓰여 있다. 통문관이 이 글을 『전별의 병』에 처음 수록할 때, 글의 내용이 청춘 시절에 쓴 일기를 열어보고 인용하며 덧붙여 쓴 것인 데다, '청춘기'(靑春記)는 일반에게 생경하고 '청춘일기'(靑春日記)가 더 익숙한 단어이므로 개제(改題)한 듯하다. 혹은 단순 실수였는지도 모른다. 우현의 육필 원고와 『조광』에 수록된 원문은 둘 다 「애상의 청춘기」다. 우현이 선택한 원제이므로 「애상의 청춘기」로 돌려놔야 할 것이다.

「정적한 신의 세계」는 청년 고유섭의 정신 내면이 가장 잘 드러나는 글이다. 주제는 청년을 괴롭히는 성욕의 본능과 그것을 벗어나려는 내면의 갈등이다. 소설과 희곡의 중요한 요소 중의 하나가 갈등과 분규이고, 그것은 주인공과 사회 환경과의 갈등, 다른 인물과의 갈등 혹은 자기 무의식 내면 두 개의 자아가 충돌하는 갈등이다. 우현은 색정으로 유혹하는 여인과의 갈등, 그리고 자기 자신과 싸우는 내면의 갈등, 이렇게 두 가지 분규를

「정적한 신의 세계」육필 원고.
동국대 중앙도서관 제공.

붙잡아 서사를 풀어나간다.

첫 번째 화소(話素)는 보성고보 1학년 때 통학하던 경인선 기차 칸에서 읽은 톨스토이의 단편소설 「신부 세르게이」다. 나이 많은 상급학교 선배로부터 "어린 네가 성욕의 종교적 승화를 이해할 수 있느냐" 하고 핀잔받았다는 이야기는 앞에서 잠깐 언급한 바 있다.

어둔 밤, 무섭게 어둔 밤, 비바람에 회오리쳐 떠나가는 낙엽 소리가 소연(騷然)한 밤, 산을 뚫고 땅을 파는 모든 악령이 이 천지를 뒤집어놓을 듯이 소연한 밤이 깊고 어두운 밤에 수도원을 찾아올 사람이 없건마는, 바람에 섞여가며 여자의 애원성(哀願聲)이 두려운 수도원의 문틈으로 밀려 쏠어들 제 그는 이미 오래인

과거의 육욕적(肉慾的) 생활을 청산하고, 청산하려고 이 깊은 외로운 조그만 암자에서 홀로 도를 닦고 있었으나, 그러나 모든 것은 청산할 수 있었지만 …그는 무서움에 떨지 않을 수 없었다. 가슴은 두근거리고 몸은 뻣뻣해버리고 말았다. 그는 주문(呪文)과 같이 성경의 일절(一節)을 외우고 있었다. 밖에서는 구원의 소리가 절박하게 들려온다. 그는 문을 열지 않을 수 없게 되었다.[*]

우현이 톨스토이의 소설을 많이 읽은 것은 분명하고, 육체적 욕망에 따르는 삶은 속물적인 것이라고 동의했다 해도 톨스토이와 우현은 완연히 다르다. 톨스토이는 방탕한 여성 편력이 있었던 자신의 젊은 날을 노경에 돌아보며 성찰한 것이고 우현은 오직 한 가지 소원인 조국의 미술사를 연구하느라 방탕해보지도 못했기 때문이다. 우리는 문득 우현이 유점사 오십삼불을 촬영할 때 유혹한 마하연 료칸의 색정녀를 물리친 자신을 톨스토이의 소설에 투영한 느낌을 갖게 된다.

톨스토이의 단편 「신부 세르게이」의 스토리 라인은 이렇다.

제정러시아의 수도 페테르부르크, 황실 근위대 장교 스테판 카스츠키 공작은 황제의 시녀로 일하는 아름다운 약혼녀 마리아가 자신이 니콜라이 황제의 정부(情婦)였다고 고백하자 충격에 빠진다. 공작은 마리아와 파혼한 뒤 퇴역하고 러시아정교회 수도사의 길을 가며 '세르게이 신부'로 살게 된다. 조용한 기도소에서 순결한 영혼을 지키며 사는 그에게 한 탕녀가 찾아와 유

---

[*] 고유섭, 「정적한 신의 세계」, 『전집』 제9권, 69쪽.

혹하자 육체적 욕망으로 동요하다가 도끼로 자신의 손가락을 절단하고 이겨낸다. 그 후 신부의 명망이 높아져 정교회 신도들이 병든 자식을 데리고 찾아오면 안수기도로 회복시킨다.

어느 날 한 상인이 22세 된 딸의 병을 고쳐달라고 찾아온다. 세르게이는 욕망을 이기지 못하고 딸과 정사를 나눈 후 "너는 악마다"라고 여자에게 말하고 이름을 물으니 첫사랑 여인과 같은 마리아였다. 그는 파계해 수도복을 벗고 부랑자 생활을 한다. 그러다가 체포되어 시베리아 유형지로 끌려가고 그곳의 농부 집에서 병든 사람들을 고치며 이타적인 삶을 살아간다.

육체적 욕망을 이기지 못하는 갈등과 고뇌, 종교적 승화를 주제로 담은 이 소설을 읽는 일은 그 시대 문학도들에게 통과의례 같은 것이었다. 내용이 그러한지라 경인기차통학생회 문예부 또는 보성의 동급생 친구에게 그 소설집을 빼앗긴 것이다.

소설가 김동인도 비슷했다. 1935년 11월 톨스토이 25주기를 맞아 쓴 글에 이 소설에 대한 짧은 감상을 회고했다.

15세 때 일본 도쿄 간다(神田)의 고서점에서 톨스토이의 『은둔』을 사다 읽었다. 그 『은둔』(거기에는 「신부 세르게이」 이하 몇 편의 단편이 수록되어 있었다)을 읽고 놀라운 박진감에 가슴이 뛰었으며, 문장이라 하는 것으로 사람의 마음을 이렇게 격동시킬 수 있다는 점과 그것이 문학이라는 점을 안 것이 그때였다.*

---

* 김동인, 「고개를 숙일 뿐」, 『매일신보』, 1935. 11. 20.

김동인도 우현도 「신부 세르게이」를 15세에 읽었다. 김동인은 1915년이고 우현은 1920년이다. 김동인이 그랬듯이 문학소년이던 우현도 인간존재의 근원을 해명하는 문학과 소설의 힘, 문장과 문체의 예술성을 깨달았을 것이다. 우현은 말년에 소설을 쓰고 싶은 희망을 표현하기도 했는데 청소년 시절 독서의 영향 때문이었을 것이다.

우현은 김동인의 글을 읽고 '나도 그랬는데 똑같군' 하며 15세 때의 기억을 소환했는지도 모르겠다. 그는 「신부 세르게이」를 다시 찾아 읽었다.

오늘 끝없이 맑고 맑은 창공에 저 산을 넘고, 내를 끼고, 들을 덮어 길 넘는 뜰 앞의 풀덤불을 스치며 기어드는 금풍(金風)을 가슴으로 맞이하며 톨스토이 작품집에서 「신부 세르게이」(이와나미본[岩波本] 12집)를 찾아 다시 읽어보았다. 휘몰아 읽다가, 벅차면 코스모스에서 눈을 쉬고, 다시 읽다가는 이름 모를 청화(靑花)에서 눈을 쉬다가 얼마 아니하여 독파하고 보니, 인상은 새로웠다. 사실 '알겠느냐'고 물음을 받을 만큼 기억하고 있던 당시 인상은 이야기로서의 일절(一節)의 기억에 불과한 것이었고, 작품의 정신을 기억하고 있던 것은 아니었다. 스토리에도 다소 상위(相違)를 발견하였지만 그것은 문제가 아니요, 수법과 기법에도, 예컨대 『부활』의 결말과 비슷한 서백리아(西伯利亞)로의 출분(出奔), 신을 찾아서 모든 속세적 인연을 던져버리는 장면 등 재미있는 특성을 발견할 수 있었으나 그것도 문제가 아니요, 신을 얻기 위하여 무아(無我)에 철(徹)하고, 신을 보기 위해 몰세간적(沒世間

302

的)이 되고 몰문명적(沒文明的)이 되는 등 동양적인, 특히 불교적 정신이 힘차게 표현되어 있던 곳에, 소설이란 것보다도 한 개의 종교적 이설(理說)을 읽고 있는 감이 있다.[*]

우현의 글이 이 정도로 나가고 말았다면 독자는 '고유섭의 문학 수준은 그저 그렇군. 미술사 전문이니까 당연한 일이지' 하며 시큰둥했을 것이다. 그러다 좀더 읽고는 입을 떡 벌리고 말았을 것이다. 고려의 고전문학과 러시아 문학을 대비하는 '비교문학'의 전개이자 논리와 흥미를 갖추고 종교적 승화를 공통주제로 갖춘 격조 높은 담론이기 때문이다.

나는 이 소설의 플롯에서 '신에 대해 충실(充實)될 방법'과 '불(佛)에 대해 충실될 방법'이, 하나는 톨스토이를 통해, 다른 하나는 이규보(李奎報)를 통해 설복(說服)되어 있는 것을 발견하고, 성(聖)된 것에 대한 공통된 심리를 보았다. …『이규보 문집』권25 「왕륜사장륙금상영험수습기」(王輪寺丈六金像靈驗收拾記)에도 이러한 이야기가 있다.[**]

장륙(丈六)의 이야기는 고려의 시중(侍中) 최당(崔讜)이 장륙이 진정한 불심을 찾는 과정을 소설 같은 기문(奇文)으로 엮은 것이다. 톨스토이 소설의 세르게이 신부가 안았던 육체적 욕망

---

[*] 고유섭, 「정적한 신의 세계」, 『전집』제9권, 71쪽.
[**] 같은 책, 72쪽.

의 승화와는 결이 다르다.

왕륜사는 개성에 있었던 고려시대의 불교 사찰이다. 우현이
이 글을 쓸 때, 절터는 거의 폐허가 되고 유람도로가 관통해 망
가져 있었다. 우현은 1935년 8월 1일 『고려시보』 연재에 「왕륜
사와 인희전」을 기고한 터라 현장을 밟아보고 옛날 그 사찰에
있었다는 금불상과 장륙의 설화를 이규보의 『동국이상국집』에
서 읽은 터였다. 그러므로 즉시 비교문학적인 글을 쓸 수 있었
던 것으로 보인다.

상상을 조금 더 해본다면, 우현이 외래교수로서 강의하던 연
희전문과 이화여전 제자들에게 어떤 파문을 던졌을까, 특히 젊
은 명사 교수 고유섭을 흠모했다는 이화의 여학생들이 강의 때
어떤 질문을 던졌을까, 한번 그려볼 수 있다. 우현의 부인 이점
옥 여사의 회고에 의하면 이화여전 학생들이 우현을 몹시 흠모
해 도시락을 싸 들고 자주 개성으로 찾아왔다고 하는데 세르게
이 신부에 대한 짓궂은 질문도 했을 것이다.

"교수님이 세르게이라면 어떡하셨겠어요?"

송도고적과 개성사람들

우현은 그해 가을에 그렇게 잠시 문학의 길로 나가 한숨을 돌
리고 미술사 연구자 본연으로 돌아왔다. 감성의 시간에서 지성
의 시간으로 돌아온 것이다. 월간 『조광』 1936년 11월호에 「송
경(松京)에 남은 고적」을 기고했다. 이 글은 지식층을 위한 역
사기행 안내 자료 겸 기행문이다. 양식사는 물론 정신사와 사회
경제사를 포괄하며 실증적 논거도 제시하고 독자의 호기심도

자극하는 소재들을 잡아가며 유려한 수필 문체로 썼다.

뒷날, 정확히 말하면 우현 생전에 출판사에서 조판까지 해놓았다가 사후 2년 만에 『고려시보』 연재 글들을 묶어 1946년에 박문출판사에서 『송도고적』을 출간했다. 그 책에서는 꼭지 제목을 「송도고적 순례」로 고치고('舊題, 송경에 남은 고적'이라는 안내를 넣었다) 처음 쓴 것인 양 맨 앞에 넣었으나 절반 이상이 연재하며 쓴 글이다. 『조광』 원본에는 「송경에 남은 고적」 제목 옆에 '금일 그 자취를 찾는 감회'라는 부제와 '고대 문화지 인상(印象)'이라는 부제가 붙어 있다.

가을을 타고 온 차에서 튀어나와 혼잡한 역외(驛外)로 이 몸이 내어 놓이게 되자 푸른 하늘 밑에 복기(伏起, 엎드리고 솟음)되어 있는 눈앞의 구릉 일맥(一脈)이 벌써 고려의 고정(告情, 감정을 고백함)을 잔뜩 품어 안고 이 몸을 첫 맞이해준다. 서북에 도톰한 구릉의 이름은 그 뒤에 보이는 오송산(蜈蚣山, 지네산)의 낙맥(落脈)으로 야매산(夜昧山)이라고도 한다. 기가 막힐 만큼 앞에 막혀 있는 이 산밑에 꽉 들어찬 근대식 주택군(住宅群)! 골 속으로 깊이 들어갈수록 솟아 있는 관사군(官舍群)! 이 자리를 누가 고적지라고 하랴마는 이 몸은 항상 커다란 고적지임을 이곳에 상정하고 있다.*

첫 문장 "가을을 타고 온 차에서 튀어나와"는 여행지에 도착

---

* 고유섭, 「송경에 남은 고적」, 『고유섭 전집』 제4권, 통문관, 1993, 89쪽.

한 흥분과 기대감을 담은 서정적인 문장이다. 마치 개성역에 처음 도착한 것처럼 상황을 꾸몄다. 소설이나 서사적 수필에 쓰는 독자 동일시 기법이다.

글을 따라 읽어 들어가면 어느 것 하나 소홀하게 쓰여진 것이 없다. 국파(國破)당한 뒤 500년 동안 버려졌던 패망한 나라의 왕도가 퍼렇게 눈을 뜨고 일어나는 듯하다. 그런가 하면 일본인들에 의해 도굴당하고 파헤쳐진 역사에 대한 쓸쓸한 아쉬움이 행문 아래로 흐른다.

인간이 새로운 사회에 가면 구성원들에게 신뢰를 얻고 상호작용으로 원만한 관계를 만들어야 살기에 편해진다. 우현은 조선 땅 제일의 장사치라는 송상(松商)들의 도시에 빠르게 녹아들었다. 인천 출신이라 눈치가 빨랐다. 박물관 운영을 일신하고 신문에 개성의 고적과 유물을 소개하는 연재를 시작했다. 개성의 인사들은 당연히 고마워했다. 우현을 박물관장으로 오게 했고 보이지 않는 힘이 되어주었을 보성고보 선배 공진항과 이선근, 메이지(明治)대학을 나온 김정호(金正浩) 등 개성의 신진 엘리트 그룹은 그를 끌어안았다. 주말마다 밀짚모자를 쓰고 답사 다니며 장터에서 국수 먹는 모습에 서민들도 유물·유적 정보를 알려주며 고마워했다. 우현은 존경받는 존재로 떠올라 송상의 도시 개성에 자리 잡았다.

우현이 개성에서 교유한 인물로 뚜렷하게 기록된 인물은 욱천(旭泉) 진호섭(秦豪燮, 1905~51)과 홍이표다. 공진항과 이선근은 북만주에서 만몽산업이라는 회사를 열어 한 달에 한두 번 개성에 왔다. 진호섭은 그들처럼 신진 엘리트 그룹의 하나로서 개성부립박물관과 관사에서 가까운 동본정 466번지에 집이 있었다. 인삼 사업과 금전대부업으로 거부가 된 부친의 슬하에서 개성공립보통학교, 송도고등보통학교를 거쳐 1930년 보성전문학교를 나왔다. 여운형의 『조선중앙일보』 개성지국장과 『매일신보』 지국장을 지냈다. 1935년 『고려시보』가 주식회사로 바뀔 때 전무가 되어 경영 일선에 나섰다. 공진항의 만몽산업 경영에 참여해서 재산을 불렸다.*

우현이 「개성고적 안내」 첫 연재 「연복사와 그 유물」을 『고려시보』에 실은 것이 그해 6월 1일 자와 7월 1일 자이므로 그것이 인연이 되어 만나 의기투합하고 친구가 되었다. 나이도 동갑이었다. 욱천은 이때부터 고미술품 수집에 열중하기 시작했는데, 우현에게서 감식안(鑑識眼)을 배운 것으로 보인다. 이때부터 9년, 우현이 죽는 날까지, 아니 죽은 뒤에도 우현의 곁을 지킨 소중한 친구로 남았다. 술을 좋아한 우현이 술친구로 삼았을 것 같기도 하다.

홍이표는 월미도에서 익사할 뻔한 우현을 구한 사람임이 확실하다. 신태범 박사 등의 회고기에 보성전문에 다니며 기차통학한 한용단 멤버였다고 등장한 인물이다. 우현이 '월미도에서 내 목숨 구해준 홍이표 형과 개성에서 해후했다'라고 기록하진 않았으나, 한자 이름이 같고 본적이 제주, 보성전문 출신, 식산은행 개성지점에 다닌 기록이 한국학중앙연구원 데이터베이스

---

* 권형인, 「욱천 진호섭 컬렉션 연구」, 『한국근대미술사학』 제44집, 한국근대미술사학회. 2022, 229~259쪽.

우현이 개성에서 교유한 인물
홍이표·우현·진호섭(왼쪽부터).
열화당 제공.

에 있다. 1937년 공진항·이선근 등과 토성요업이란 회사의 이
사로 등재된 기록, 1938년 공진항·이선근·진호섭 등과 만몽산
업의 이사로 등재된 기록이 있다. 식산은행은 개성의 금융거래
를 독점한 은행으로서 개성부립박물관 설립 시 큰 출연(出捐)을
한 바 있었다. 홍이표는 신진 엘리트 그룹에 들었고, 은행을 대
표해 박물관에 협조하고 『고려시보』의 발기인이 된 터라 저절
로 우현을 후원하는 든든한 언덕이 되었을 것이다.

　경성여고보 1928년 졸업생 박진임(朴辰任)의 주소가 '개성부
고려정 946-2번지 홍이표 방'이라고 기록된 자료가 위 데이터
베이스에 있다. 홍이표의 아내일 것이다. 우현의 아내 이점옥 여
사도 1928년 졸업생이고 데이터베이스에 개성부립박물관으로
주소가 실렸다. 박진임과 이점옥 여사는 여고 동창생이니 부부

가 서로 왕래하며 가깝게 지냈을 것이다.

그밖에 우현의 말년 일기에 박이현(朴二鉉)·김홍식(金弘植)·김준배(金準培)·이희창(李熙昌)·이종근(李鍾根) 등 개성 친구들 이름이 보이는데 박이현만 1903년생으로 1926년 송도고보를 졸업하고 개성인쇄소를 경영한 자료가 남아 있다.

『조선탑파의 연구』

「송경에 남은 고적」이 발표될 무렵인 1936년 11월 『진단학보』 제6권에 우현의 가장 빛나는 저술의 일부가 된 「조선탑파의 연구 기일(其一)」이 실려 나왔다. 우현이 생애의 결정판으로 여길 만큼 긴 시간 공들인 연구의 첫 번째 매듭이었다.

그는 1930년 봄 경성제대 학부를 졸업하고 미학연구실 조수가 된 직후 탑파에 대한 연구와 조사를 시작했고 첫 원고인 「조선탑파 개설」을 1932년 1월 『신흥』에 발표한 바 있었다. 개성부립박물관장이 된 이후인 1934년 모교 중강당에서 조선탑파사진전을 열어 크게 주목받았고, 1934년 10월 『신동아』에 「조선고적에 빛나는 미술」을 쓰면서 "부여·익산의 백제탑파"를 넣었다. 1935년 『학해』에 「조선 전탑에 대하여」(일문)를 내놓았고 마침내 본격 논문인 「조선탑파의 연구 기일」을 『진단학보』에 발표하게 된 것이다.

학계에서는 우현이 길지 않은 생애에서 남긴 연구성과 가운데 탑파 연구를 가장 크게 여긴다. 많은 후배 전공자에게 마치 밤바다의 등대와도 같이 방향을 명확하게 제시하며 우뚝 섰다. 한국의 문화유산 중 탑파가 질적으로나 양적으로 가장 크고 다른 나라에 비해 뚜렷하게 비교되는 우수한 특징이 있다. 우현은 탑이 생성된 삼국시대부터 1,000년을 지나며 변천해온 과정을 적확히 짚어 연구함으로써 빛나는 성과를 남겼기 때문이다.

그 성과는 제자 황수영에 의해 1948년 을유문화사 판 단행본 『한국탑파의 연구』로 발간되고 1993년 통문관 전집 제1권, 2010년 열화당 전집 제3권과 제4권에 재수록되었는데 과정과 내용이 단순하지 않다. 새로운 큰 분류 기일(其一)과 기이(其二)로 구성되는데 '기일'은 1936년에 발표된 「조선탑파의 연구 기일」부터 1940년까지 3차에 걸쳐서 『진단학보』에 발표된 논문을 합한 것이다. 새로운 분류 '기이'는 일본어로 고쳐 쓴 것이다.

첫 원고 『진단학보』 제6권의 원문은 제목 아래 자장율사(慈藏律師)의 불탑게(佛塔偈)가 리드처럼 나온다.

불탑게(佛塔偈)

자장(慈藏) 작(作)

萬代輪王三界主

(만대륜왕삼계주, 만대의 전륜성왕 삼계의 주재자가 되어)

雙林示滅幾千秋

(쌍림시멸기천추, 쌍림에서 열반하신 뒤 몇천 년이 흘렀는고)

眞身舍利今猶在

(진신사리금유재, 부처님 사리 오늘까지 오히려 남아 있네)

普使群生禮不休

(보사군생례불휴, 널리 중생에게 예불 멈추지 않게 하네)

맨 처음 서설에서 탑파의 산스크리트어 어원과 범위를 살피고, "미술사적 견지에서 조선탑파의 변천을 고찰하려 한다"고 서술 방향을 제시했다. 그런 다음 중국탑파의 기원, 고구려의 불교 수입으로 비롯된 탑파의 기원, 그리고 백제와 가락국과 신라의 탑파 기원을 설명했다. 그 양식의 원초적 형태가 둥구 바가지를 엎은 듯이 흙벽돌을 쌓는 인도의 복분식(覆盆式) 전탑인가, 벽돌로써 누각을 쌓아 올린 중국 고대의 누각식(樓閣式) 전탑인가 하는 의문 앞에서 누각식이라 규정하고 그 실마리를 목조탑파에서 찾겠다고 했다.

본론은 첫 항목이 목조탑파다. 인도에서 발생한 복분식 탑파가 중국을 거치며 신도들의 공덕과 탑신 내부에 방실(傍室)을 장치하게 됨으로써 점차 누각식으로 번안되었다고 설명한다. 목조탑파가 조선탑파의 시원(始源)임은 분명한데 현존하는 것은 조선 중기 이후에 만든 2기뿐이니 전체적 경향이라 판단하기 어렵고, 매우 적은 문헌 자료와 거칠고 황폐해진 유적지에서 가늠할 수밖에 없다고 했다.

현재 가장 확실한 자료는 백제 미륵사, 신라 흥륜사와 황룡사 등에 관련되어 있는데 미륵사는 『삼국유사』를 보면 동편과 중앙부에 목조탑이 있었음이 입증되나 그 이상은 없다는 것이다. 흥륜사도 『삼국유사』에 기록이 있으나 유적이 남아 있지 않아 입증하기 어렵고, 가장 대표적인 문헌 증거로 남은 것이 황룡사 9층탑 하나라고 아쉬워했다. 고려조의 목조탑파는 개경과 서경, 남원에 목조탑이 있었다는 문헌 자료와 현장 유적이 있으며, 조선조에는 화순 쌍봉사의 삼중각과 보은 법주사의 팔상전이 있는데, 팔상전이 탑파의 규약을 지킨 것이라고 했다.

두 번째 항목이 벽탑(甓塔, 전탑[塼塔])에 대한 논증이다. 구운 벽돌이 아닌 작은 돌조각에서 출발한 점을 짚어주고, 경주 분황사탑과 구황리 일명사지(逸名寺址)탑을 예로 들었다. 그리고 경북 안동 신세동의 칠층전탑과 조탑동의 오층석탑, 여주 신륵사의 오층전탑을 토대로 규명했다.

결론에서는 목조탑파는 영구히 보존하기 어렵고, 전탑 역시 비경제적이고 건립이 용이하지 않았던 것에 비해 사찰 창립이 증가하면서 재료 얻기가 쉽고 공기(工技)가 단순하고 영구 보존성이 강한 석탑 건립으로 이행되었다고 했다.

1935년 9월 『진단학보』 제6권에 실린 1차 연재 분량은 총 31쪽에 불과하고 다수를 차지한 석탑 양식을 다음 발표로 돌렸음에도 학계의 비상한 주목을 받았다. 우현은 큰 눈으로 차분하게 앞을 보며 속편 집필을 준비했고 그것들을 1939년과 1941년에 발표했다.

그는 쉴 새 없이 오는 원고 청탁에 응해 많은 글을 신문·잡지에 기고하고, 일주일에 하루는 강의에 나가며 바쁜 나날을 보냈다. 강의 가는 날은 이강국을 만났을 것이다. 이강국은 지난해 말 증거 불충분으로 기소유예 처분을 받고 석방되어 처남 조준호가 경영하는 황금정(현 을지로)의 동아증권주식회사에서 사원으로 일하고 있었다. 표면상 공산주의 활동을 접었지만 우현이 공직에 있음을 고려해 조심스럽게 만났을 것이다.

이점옥 여사 회고에 의하면 우현은 이 무렵에 토요일 오후와 일요일은 거의 도시락을 두세 개씩 싸들고 카메라를 메고 개성과 그 주변의 유적을 찾는 답사와 탐사에 나섰다. 황수영은『진단학보』의 탑파 원고를 읽고 우현에게 더욱 경도되어버렸다. 토요일이면 경의선 열차를 타고 와서 박물관으로 향했고 이것저것 서류 정리나 노트 정리를 돕고 답사를 따라 나갔다.

1937년 새해가 왔다. 연초 우현의 움직임은『고려시보』와『조선일보』지면에서 볼 수 있다.『고려시보』는 1월 1일 자에 조만식 · 이극로 · 김동환과 우현 등에게 '새해 계획하시는 것'이라는 질문을 던지고 짧은 답을 받아 실었다. 다른 필자들은 개인적 소망을 말했는데 우현은 개성 문화 유물 보존단체인 개성보승회에 대한 부민들의 후원을 간곡히 부탁하는 글을 실었다.

고려문화의 유적 유태(遺態)를 500여 년간 이교(異敎)의 잔학한 푸대접에서 건너내어 송도의 혼을 찾아내고 문화사상의 고려의 자랑을 다시 남에게 알리려는 보승회의 사업을 부내(府內) 여러분이 적극적으로 이해해주시고 원조해주시와 송도인으로서의 면목을 살려보시려는 노력이 계시기를 바라나이다.[*]

개성에 대한 애정이 이토록 많으니 공성학 · 김정호를 비롯한 개성 유지와 부민들이 고마운 마음으로 그를 바라보았다. 두 해 전에 총독부박물관에 있던 적조사 철불을 모셔온 것도 대단한 일이었다. "우리가 박물관장 잘 모셔왔다"고 했다고 한다. 박물관에 불상을 봉안하는 행사 사진을 보면 개성인들의 애정을 알

---

[*] 고유섭, 「고려문화의 유적을 들추어」, 『고려시보』, 1937. 1. 1.

수 있다.

박물관 아랫마을 사람들도 그랬다. 대부분 천자문이나 겨우 읽고 가갸거겨 언문 줄이나 읽는 사람들이었지만 우현을 존경하며 따랐다. 여름에 박물관 정원 풀이 자라면 낫을 들고 찾아와서 베어내고, 겨울에 눈이 내리면 제설을 해주곤 했다. 우현이 격의 없이 대하는 데다 부인 이점옥 여사가 수더분한 마을 여자들과 잘 어울려서 친근히 여겼다.

우현이 퇴근 후 머리를 식히려고 산책을 나가면 남녀노소 꾸벅 고개를 숙여 인사하고 남자들은 술추렴이라도 하고 있으면 모시고 싶어 했다. 개성은 오랜 옛날 주둔했던 몽고군이 남기고 간 소주 빚는 비법이 전승되고 있어서 우현이 가끔 얻어 마시고 술값을 내기도 했다. 그게 일상의 작은 위안이었다.

1937년 1월 『조선일보』 신춘 기획은 '고문화의 재음미' 특집이었다. 1차로 1월 1일 자에 이은상·방종현(方鍾鉉, 1905~52)·이희승·박치우(朴致祐, 1909~?)·함화진(咸和鎭, 1884~1948)의 글을 실었다. 2차로 1월 4일에 우현의 글 「고대미술 연구에서 우리는 무엇을 얻을 것인가」를 받아 실었다.

그 후 민속학자인 송석하(宋錫夏, 1904~48)가 「인멸되어 가는 고속(古俗)의 부지자(扶持者)인 고대소설」을, 이병기가 「고대가사의 총림은 조선문학 발상지」를, 우현의 경성제대 철학과 6년 후배인 박치우가 1일 자에 실은 「고문화 음미의 현대적 의의에 대하여」의 속편을 실었다. 박치우만 빼고 모두 진단학회 회원이었다.

우현의 글 「고대미술 연구에서 우리는 무엇을 얻을 것인가」에는 고구려 강서고분 벽화 사진을 첨부했다. 처음 고미술사 연구의 문을 열어나가는 고충을 자기 자신에게 하는 다짐처럼 토로한 뒤 차분하게 미학이론에 입각한 논리를 펼쳤다.

연구는 잡다한 미술품을 횡(橫, 공간적)으로 종(縱, 시간적)으로 계열과 체차(遞差)를 찾아 세우고, 그곳에서 시대정신의 이해와 시대문화에 대한 어떠한 체관(諦觀)을 열고자 한다.

즉, 체계와 역사를 혼융(混融)시켜 한 개의 관(觀)을 수립코자 한다. 조선미술사는 삼국시대 미술은 상징주의, 통일신라는 고전주의, 고려시대는 낭만주의에 해당하고, 조선시대 미술은 예술의 주도권을 상실하고 철학에 매몰되었다. 이처럼 우리는 횡(橫)으로 시대의 문화를 체계 잡을 수 있고 종(縱)으로 역사 발전의 과정을 이해할 수도 있다.

빈학파처럼 예술을 의욕을 통해 구체적으로 이해할 수도 있고 뵐플린처럼 양식 중심으로 파악할 수도 있다. 다만 우리는 미술 연구를 통해 그 시대를 애무하고 관조하고 이해하려 하며 전적으로 어떤 인생관과 세계관을 얻느냐는 각자의 일이니 물을 바가 아니다. 각자의 입장, 노력, 재분(才分)에 의해 내용이 달라질 것이다.*

마치 우현 자신이 걸어가는 연구의 길을 압축적으로 설명하

---

* 고유섭, 「고대미술 연구에서 우리는 무엇을 얻을 것인가」, 『전집』 제8권, 184~185쪽 압축.

는 듯하다. 공시적인 방법과 통시적인 방법을 함께 갖추며 양식사와 함축된 주제라는 내용성을 아우르는 연구 태도, 그것이 그가 지향한 길이었다.

처음으로 우현의 생애사를 논문으로 쓴 김영애 미술사학자는 우현을 다음과 같이 분석·정리했다.

"1930년대 중반기에 들어서부터 뵐플린의 시형식(視形式)으로 대변되는 형식사와 리글의 예술의욕으로 대변되는 정신사를 통일하고 당시에 유행되던 역사적인 방법론을 적용해 좀더 총체적인 시각으로 우리나라 미술을 바라보게 되었다."*

동해 용당포

1937년 2월에 들어서자『조선일보』는 '향토문화조사대사업'을 펼쳤다. 전국 13도 방방곡곡을 답사하고 산천, 문물, 명승고적, 민속, 기타 문화자료를 수집해『동국여지승람』같은 책을 내되 읽기 쉬운 책으로 묶자는 것이었다. 우현은 보성고보 은사 황의돈을 비롯해 권상로(權相老)·이병도·송석하·이병기·문일평·이선근·최현배·이여성(李如星)·이은상 등과 더불어 편찬위원에 이름을 올렸다.

2월 16일 우현은 조선호텔에서 열린 편찬위원회 첫 모임에 불참했다. 그달에 둘째 딸을 잃었다는 기록이 이점옥 여사의 메모에 남아 있어 추적해보니『고려시보』에 짧은 기록이 있는데 날

---

* 김영애,「미술사가 고유섭에 대한 고찰」, 동국대학교 미술사학과 석사논문, 1989, 39쪽.

짜가 달라 그 때문은 아닌 듯하다.

고유섭 씨(개성박물관장) 2월 26일 박물관 주택에서 차녀 참척
(慘慽).

날짜를 적지 않은 이점옥 여사의 메모는 이렇다.

친구가 북산(北山)에 놀러 가자 하여 아이 보는 아이에게 업혀
가지고 갈 때에는 생둥생둥하던 아이가 북산 박 군수(朴君守)네
별장 침대에 눕혔었는데 올 때 업혀 놓으니 그렇게 몹시 앓는 소
리를 했다. 와서 댓새가 되는 날 새벽에 일어나 보니 어린것이 죽
어 있었다. 참 가엽고 불쌍하기 말할 수가 없었다. 개성 북산에
가서 병들면 사는 사람이 없다고 한다.*

북산은 고려 공민왕 때 익제(益齋) 이제현(李齊賢)이 노래한
「송도팔경」의 세 번째 "북산연우"(北山煙雨)에 들어 있는 명승
지다. 박 군수란 대한제국 시기 대한천일은행 개성지점장과 개
성군수를 지내고 개성보승회 창립을 주도했던 고(故) 박우현
(朴宇鉉)을 말하는 것일 듯하다.

당시 영아 사망률이 41퍼센트였으니 흔한 일이지만 이번에

---

*「우현의 일기」 1933년 10월 26일, 『아무도 가지 않은 길』, 191~192
쪽. 이때 잃은 딸은 병현(秉賢)이었다. 이밖에 첫아들 병조(秉肇)와
딸 병수(秉壽)를 잃은 기록이 우현의 일기와 이점옥 여사의 회고담
에 나온다.

는 두 돌을 넘겨 정을 쏟은 터라 부부의 슬픔은 컸다. 우현의 고종사촌 장현숙 여사 회고에 의하면 우현이 식음을 전폐하고 몹시 슬퍼해 모친(고정자)이 오빠 문호를 데리고 가서 위로하며 한동안 머물렀다고 한다.

박물관 아랫마을의 장씨(張氏) 집안 형제들이 죽은 아이를 북망산 애총에 묻는 일을 자기 집안 일처럼 해주었다. 우현은 이때부터 장씨 형제들을 믿었다. 그들 형제의 넷째인 장경달(張慶達)은 우현보다 서너 살 위인데 세상 경험을 많이 한 사람이었다. 이점옥 여사의 회고기에 그 모친과도 가까이 지낸 일이 기록되어 있다. 어느 해 낙뢰(落雷)가 일어나 감전 위기를 겪은 일을 회고한 글에 장씨 가족이 나온다. 장경달은 아마 박물관 난로 연통을 바꾸는 일이나 전기 장치를 고치는 일도 척척 하고 박물관 암실을 제대로 만들게 도와주곤 했던 것 같다.

봄은 우울하게 흘러갔다. 우현은 4월 초에 고려청년회 주최 나성도리 행사에 나가 열변을 토하며 강연했지만 슬픔을 잊기 위해서였다.

『조광』이 1937년 5월호에 싣는다고 향수(鄕愁)에 관한 설문지를 보냈다. 우현은 빈칸에 답을 써서 우편으로 보냈다. 거기 고향 인천에 대한 그의 생각과 심정이 실려 있다.

1. 고향은 어디?
— 인천.
2. 잊을 수 없는 풍경은?
— 월미도 낙조. 서공원 신록.

3. 태어나신 집은 지금 어떻게?

── 지금 어떻게 되었는지 나도 자세히 모르겠습니다.

4. 고향이 그리울 때는 언제?

── 없습니다. 오히려 지긋지긋할 뿐입니다.

고향 인천을 아꼈고, 고향을 소재로 아름다운 시와 수필을 여러 편 쓴 우현의 심사가 왜 "지긋지긋하다"고 할 정도로 바뀌었는지는 알 수 없다. 그의 재산으로 등기되어 있던 싸리재 집을 매각하는 과정에서 숙부들과 다툰 일 때문일 것이라고 짐작될 뿐이다.

1937년 5월 1일 자에 신는다고 『고려시보』가 우현에게 시조를 청탁해서 한 편을 썼다. 소나무와 대나무를 좋아하는 선비의 정신이 깃들어 있다.

범백화(凡百花, 모든 꽃) 봄에 피고 천만과(千萬果, 온갖 과일) 추실(秋實, 가을 열매)일세.

독고송(獨孤松, 고독한 소나무) 유절죽(有節竹, 절개 있는 대나무)만 춘추(春秋) 없다 이르오니

어즈버 배울 것은 송여죽(松與竹, 소나무와 더불어 대나무)일까 하노라.*

『고려시보』 지면을 찾아보면 신문사 전무 진호섭과 우현, 우현의 철학과 1년 후배 서병성, 이렇게 세 사람의 시조가 「즉흥

---

* 「즉흥단장」, 『고려시보』, 1937. 5. 1.

단장」(卽興斷章)이라는 제목으로 나란히 실려 있다. 우현을 몹시 좋아하던 서병성은 매일신보사 기자로 취직이 안 됐는지 송도고보에 교사로 와 있었다.

「개성고적 안내」 연재는 보름에 한 꼭지씩 계속되고 있었다. 4월에는 「흥왕사의 역사」, 5월에는 「구재학(九齋學)과 중화당(中和堂)」, 6월에는 「일월사(日月寺) 광명사(光明寺) 변(辨)」과 「취적봉(吹笛峰) 천수사(天壽寺)」, 7월에는 「숭교사(崇敎寺)의 운침루(雲針樓)」「서교(西郊) 서쪽의 국청사(國淸寺)」, 8월에는 「수덕궁(壽德宮) 태평정(太平亭)」을 실었다. 9월에는 「선죽교(善竹橋) 위교석(危橋石) 노하(老罅)」, 10월에는 「영창리(靈昌里) 쌍명재(雙明齋) 계회지(契會地)」, 11월에는 「복흥사(福興寺)의 쌍탑(雙塔) 고적」과 「원통사(元通寺)의 법화경 석탑」을 기고했다.

8월부터 원고가 매달 한 꼭지씩만 나간 것은 도쿄미술연구회 발간 『화설』(畵說)지에서 청탁받은 글 「승(僧) 철관(鐵關)과 석(釋) 중암(中庵)」을 일문(日文)으로 써야 하고 『진단학보』에 또 다른 원고를 쓰느라 바빠서였다. 앞 글은 고려 말에 개경에 와서 머물렀던 일본인 승려 두 사람의 전기다. 철관은 일본의 화적(畵跡)을 조선에 남긴 최초의 인물이었다. 중암은 공민왕 때 서중원(西中原)으로 유학갈 때 탔던 배가 풍파를 만나 고려에 와서 많은 시와 회화를 남겼다. 우현은 일본인 독자들에게 충분하고 상세한 지식을 제공했다.

『고려시보』가 또 『고려시보』다운 특집을 했다. '소하(銷夏, 더위를 잊게 하는) 설문' 다섯 개를 던지고 답해 달라고 한 것이다.

1. 아직 못 가신 산수(山水) 중에 가보시고 싶은 곳은?

── 꼭 가보고 싶지 않습니다. 좌관천리(坐觀千里)하고 입견만리(立見萬里)하니까요. 그래도 안 보이면 지구를 돌리면 보이지요.

2. 일찍이 명승지에서 얻으신 로맨스는?

── 잠깐 여행 중에 그런 로맨스를 맺으려는 여자가 있다면 먼저 사절하겠습니다.

3. 특별히 고안하신 척서법(滌署法, 더위를 씻는 법)은?

── 대소사는 물론하고 일에만 몰두한다면 척서거한(滌署去寒, 더위 씻고 추위 물리침)에 미흡함이 없지요.

4. 제일 좋아하시는 여름 풍경은?

── 구름, 별.

5. 바다와 산 중 무엇을 좋아하시는지?

── 산도 바다도 좋아하고 낮은 권태롭고 평범합니다.

개성 출신 역사학자 이선근, 시인 김광균(金光均) 등 명사 여러 명에게 던진 질문인데 우현의 답은 마음이 불편해 보인다. 딸을 잃은 슬픔을 아직 이기지 못했는지, 혹은 박물관에 온 일본인 고위층 관람자들이 거들먹거려서인지 알 수 없다.

이 여름에 위창 오세창이 우현에게 써준 휘호가 있다. 2020년 KBS TV의 「진품명품」에 등장한 전서체(篆書體) 휘호인데 '정축(丁丑) 하(夏) 오세창(吳世昌)'이라고 쓰여 있다. '황금과 단단한 돌과 같고 정신은 가을 달과 봄 구름과 같도다'라는 내용이다. 1933년 개성부립박물관 부임 축하선물로 낙관을 받고 이

1937년 여름 오세창이
우현에게 써준 휘호.
KBS TV「진품명품」
2020년 10월 4일 방영 화면.

번에는 휘호를 받은 것이다. 위창에게 우현이 자주 찾아가고 교훈을 얻었음을 짐작할 수 있다.

1937년 11월, 우현의 논문「불교가 고려 예술의욕에 끼친 영향의 일 고찰」이 실린 『진단학보』 제8권이 나왔다. 고려 때 권력자는 향락(享樂) 안일(安逸)하고, 승려는 무위(無爲) 한거(閑居)에 빠지고 민생은 참생(慘生)에서 헤어나지 못해 예술에 고전적 명랑성이 없다고 했다. 불교의 역할로 인해 신라는 음영이 적어 명랑 장엄하고, 조선조는 불교 분위기가 적어 윤기 없는 소조(疏燥, 건조함)함이 특징인데, 고려조는 애조와 적조의 분위기가 강했다고 했다.

탑파도 그렇고, 왕궁의 건축도 그러하고, 정원의 모습도 일본은 다도(茶道)를 통한 선기(禪機, 암시적으로 깨닫게 됨)를 위한 건축이라 인공의 미, 노력의 미가 적미(寂美)이고 고려의 정원 경영은 자연회귀에 머물러 무위의 미를 통해 얻은 적미(寂美)라고 했다. 그 예술의욕이 활발하지 못한 것이 불교 때문이라고 했다.

그는 불교가 고려의 예술의욕에 끼친 영향을 뵐플린의 이론에서 말하는 '회화성'(繪畫性)이라고 짚었다.

회화적인 것에서 고려 미술의 특색을 발견할 수 있을 것이다. 회화적이란 회화 자체를 뜻함이 아니요 뵐플린이 말한 말러리쉬 (malerisch)를 뜻함이니 …이리하여 우리는 고려 예술의 불교와의 관계를 그 외면적인 형해적 관계를 밟고 지나 그 사상성에서, 정신적 영향에서 더욱 중요시한다. 즉 불교는 생활과 정신에 해소되어버리고 말았으니, 고려 예술은 이로부터 출발했다.*

뵐플린의 말러리쉬(malerisch)란 무엇인가? '회화'가 아니라 '회화적인'으로 번역되는 개념이다. 앞에서 말한 바 있는, 뵐플린의 바로크시대 미술양식을 결정하는 다섯 가지 대비 중 첫 번째 것인 '선적(線的)인 것과 회화성'이 바로 그것이다. 외곽선을 선명하게 했는가, 형상을 중요시했는가 하는 것이다.

---

* 고유섭, 「불교가 고려 예술의욕에 끼친 영향의 일 고찰」, 『전집』 제 1권, 368쪽.

하늘에서 본 동해 대왕암. 황수영의 『신라의 동해구』(열화당)에서 옮김.

　1937년 11월 중순, 우현은 신라의 고도 경주로 답사를 떠났다. 보성고보 시절 수학여행에 이어 두 번째 경주여행이었다. 석굴암의 조각이나 불국사의 다보탑과 석가탑, 황룡사 구층탑 등 탑파 실측을 위해서가 아니라 이번에는 용당포 앞바다에 있는 대왕암(大王岩)이 목표였다.

　짐작하기에 우현은 『삼국사기』의 신라 문무왕 기록 및 그 바위섬이 문무대왕 수중릉이라고 한 『세종실록지리지』『신증동국여지승람』 등의 기록에 온 정신을 쏟아 매달렸다. '대왕암과 감은사와 석굴암의 전면 방향이 동해를 향하고 만파식적(萬波息笛)의 설화와 상통하는지라 틀림없이 문무왕과 깊은 관련이 있을 것'이라고 믿어 갑자기 답사 일정을 잡은 듯하다.

　안내자의 설명을 듣고 촌로들에게서 설화를 듣고 해녀들의 증언도 들은 뒤 물때에 맞춰 섬 주변을 돌아본 듯하다. 그는 이 견대 동산의 작은 바위에 앉아 바다 위의 대왕암을 굽어보며, 안내자 노인이 준 맥주를 마셨다. 그리고 시 「문무왕」을 지었다.

> 대왕의 우국성령(憂國聖靈)은, 소신(燒身)하신 후 용왕이
> 되시어,
> 저 바다 저 길목에, 숨어들어 계셨다가,
> 해천(海天)을 덮고 나는, 적귀(敵鬼)를 조복(調伏)하시고.
>
> 우국지성이 중(重)코 또 깊으심에 불당에도 들으시다
> 고대(高臺)에도 오르시다
> 후손은 사모하여 용당(龍堂)이요 이견대(利見臺)로다.
>
> 영령이 환현(幻現)하샤 주이야일(晝二夜一) 간죽세(竿竹勢)로
> 부왕부래(浮往浮來) 전해주신 만파식적(萬波息笛) 어이하고
> 지금은 감은고탑(感恩高塔)만이 남의 애를 끊나니.
>
> 대종천(大鐘川) 복종해(覆鐘海)를 오작(烏鵲)아 뉘지 마라
> 창천(蒼天)이 무심커늘 네 울어 속절없다
> 아무리 미물(微物)이라도 뜻있어 운다 하더라.*

 그러나 우현은 경주에 다녀와서 즉시 대왕암 관련 논문을 쓰

---

 * 고유섭, 「경주기행의 일절」, 『전집』 제9권, 246~247쪽.

지 않았다. 대왕암이 문무왕릉이라는 논증을 하기에 자료가 부족한 데다 수중릉이라 답사가 불가능하고, 왜구의 침입을 막기 위해 온 힘을 쓴 호국의 화신 문무왕의 사적을 논하면 조선총독부를 자극할 우려가 있어서였을 것이다.

뒷날에 쓴 이 답사의 기행문 「경주기행의 일절」과 「나의 잊을 수 없는 바다」는 가히 국내 기행문 중 최고라 이를 정도로 유명하다. 시 「문무왕」은 「경주기행의 일절」에 넣었다.

이 무렵에 우현은 미학을 쉽게 설명한 글 「형태미의 구성」을 써서 이화여전 교지 『이화』에 기고했다. 이화 강단에서 강의하던 주제의 연장이었음을 짐작할 수 있다. 여학생 독자들을 끌어당기는 흡인력 있는 문체를 써서 수필에 가깝다.

미(美)는 눈으로 보는 미와 귀로 듣는 미가 있다. 눈으로 보는 미가 바로 '형태미'인데 여러 개의 낱(介)의 미가 결합되기 마련이다. 방향이 같은 결합은 '반복'이고 다른 결합은 '상칭'(相稱)인데, 작은 것들의 반복은 안정한 정서와 정숙미를 느끼게 하고, 양(量)의 반복은 파르테논 신전의 기둥들이 그 예로서 숭고한 장엄미를 준다. 그러나 단조로운 자장가처럼 졸립게 하고, 사랑하던 사람이 보기 싫어지듯이 반복에는 약점이 있다.

상칭은 어긋난 배열이 주는 미이다. 초승달은 충만되기 기다리는 희망찬 미적 존재요 그믐달은 낙백(落魄)을 상징하는 슬픈 미이다. 그러나 상칭에는 무활동성의 약점이 있다.*

---

* 고유섭, 「형태미의 구성」, 『전집』 제8권, 107~129쪽 압축.

우현은 이렇게 규율적인 미(美)와 거기서 상실되는 미를 설명하고는 조선 땅의 예술가들에게 충고한다.

"욕(欲, patos)과 규(規, logos)를 항상 생생하게 종합하도록 힘써라. 죽은 종합이 아닌 창조적 종합을 힘써라. 최고의 예술은 그곳에 비로소 나오느니라."

1930년 『신흥』 제3호에 우현이 기고한 미학 관련 첫 논문 「미학의 사적(史的) 개관」에서 다짐한 대로 우현은 자신이 근대미학과 미술사의 개척자를 자임하고 있는 느낌이 든다.

우현은 자신의 연구 본령인 조선미술사 완성을 위해 꿋꿋이, 지금까지 아무도 걷지 않은 길을 걸었다. 집중된 연구로 내공이 쌓여가고, 집필하는 글들은 점점 질량이 풍부해져 갔다.

생애의 절정기

고구려 유적 찾아 만주로

1938년이 오고 우현은 34세가 되었다. 이해 『조선일보』 신춘 특집은 '묵은 조선의 새 향기'였다. 기자들이 궁술(弓術), 화단 (畵壇), 가무(歌舞), 소설, 민속, 고미술 등을 분야별로 분석하고 분야의 전문가를 탐방해 질문하는 방식으로 기획되었다. '고미 술' 분야는 기자가 우현의 일터이자 연구실인 개성부립박물관 을 탐방해 인터뷰한 것을 올렸다.

기자가 이렇게 리드 문장을 썼다.

여기 역사의 중경(中京)에 오늘의 개성시가를 내려다보며 수천 년의 조선의 예술을 말하는 이는 개성박물관장 고유섭(高裕燮) 씨, 겨울날은 차고 매우나 지금 말하는 상대(上代) 조선의 옛 예 술 '묵은 조선의 새 향기'에는 우리 선조의 기운찬 힘과 따스한 맛 이 우리 몸을 싸고 돈다.

우현은 매우 소탈하고 겸손하게 응답했다.

여기 박물관에 있게 된 것이 만 오 년이 됩니다. 우리가 캐고

파 들추려는 길고 큰 목표를 두고 말한다면 아주 짧은 시일입니다. 글쎄 오 년? 아무것도 한 것도 없고 얻을 수 없었습니다.

대학에서 미학이라고 해서 조선미술사를 연구하겠다고 했더니 담임교수의 말이 "네 집에 먹을 것 넉넉하냐?" 하고 묻습디다. 그래 먹을 것이 있다기보다도 간신히 공부를 할 뿐이라고 했더니 교수의 말이 "그렇다면 틀렸다. 이 공부는 취직을 못해도 좋다는 각오가 있고 또 돈의 여유가 있어야 연구도 여유롭게 할 수 있는데…" 하며 전도를 잘 생각해보라 하는 것을, 이왕이면 내가 할 공부이니 취미 있는 대로 하고 싶은 공부나 해보자고 한 것이 이 공부인데, 요행이라 할지 이 박물관에 책임자로 있게 된 것만은 다행이나, 어디 연구하려야 우선 자료난(資料難), 즉 우리가 보고 싶은 것, 조사하고 싶은 것 등이 용이(容易)히 우리 손에 안 미치는 것을 어찌합니까…

…고려자기에서 받는 이 아담한 맛은 고려에만 국한된 것이 아니고 조선의 그릇, 또 조각, 건축물 등 전부를 통해 받을 수 있는 인상인데, 그 아담하다는 것을 다시 말하면, 아무리 물건이 크다고 해도 조그마하게 보이고 따스한 가운데 또 구수한 맛이 있음을 발견할 수 있습니다.

보십시오. 중국 것은 물건이 작으면서도 크고 육중해 보이나 조선 것은 표표하고 가볍고 탐탁해 보이는 것이 특색이라 할 것입니다.

고려자기로 보아도 그릇이 밑으로 내려오면서 동그스름히 밑이 빨라진 것이며, 또 건물로 보아도 광화문 같은 것도 상당히 크면서도 날아가는 듯한 자태는 조선 것이 아니고는 찾을 수 없는

맛이라 할 것입니다.[*]

우현이 기자에게 박물관 소장 유물을 보여주며 설명한 이 말에서 우리는 우현이 민족 미술의 특질을 미학적 언어로 압축해 쉽게 말할 수 있는 준비가 되었음을 발견하게 된다. 그리고 특별히 광화문에 대한 애정도 느낄 수 있다.

또 하나는 "네 집에 먹을 것 넉넉하냐?"라고 한 담임교수의 말을 다시 쓴 것이다. 그는 여섯 해 전인 1932년 『조선일보』에 기고한 「굶어 죽는 취미」에서 이 말을 약간은 냉소적으로 쓴 바 있었다. 이번에는 처가살이가 아니고 개성에서 사니 처가 눈치를 안 보아서 좋은 데다 연구도 잘 되어서인지 박물관장 직업에 안분지족하는 느낌도 든다.

그해 5월 하순부터 6월 초순까지 우현은 고구려 유적을 찾아 남만주 지역을 답사하고 『조광』 9월호에 「고구려 고도 국내성 유관기」를 고청(高靑)이라는 필명으로 기고했다. 한창 문명(文名)을 날리고 있을 때인데 왜 본명을 안 썼는지는 의문이다.

자동차 한 대에 탑승할 정도의 소규모 대학교수 답사반이 서간도로 고구려 유적을 답사하러 간다는 말을 듣고 우현이 합류했다. "K대학 U교수 일행"이라 했는데 역사 전공자들이고 이니셜 K가 모교 경성제대이거나 교토제대쯤이었을 것 같다. 그들

---

[*] 「무궁무진한 옛것의 새 맛을 탐구하는 고유섭 씨」, 『조선일보』, 1938. 1, 13~14. 통문관 전집은 제4권 부록에, 열화당 전집은 제9권 부록에 각각 합쳐서 실었다.

우현은 『조광』 1938년 9월호에
「고구려 고도 국내성 유관기」를
고청(高靑)이라는
필명으로 기고했다.

이 미술사 전문가인 우현의 동행을 원했을 수도 있고, 조선일보
사가 르포르타주 기고를 요청하며 여비를 지원했을 수도 있다.

찬찬히 읽어보면 보름쯤 걸린 여정임을 알 수 있다. 국록을 받
는 공무원, 걸핏하면 일본인 고관대작들이 찾아와 안내해설을
해야 하는 공립박물관장이라 여러 날 자리를 비우기가 어려웠
을 텐데 잘도 빠져나갔다. 고청이라는 필명을 쓴 것도 그 때문
이었을 것이다.

계절도 단오를 앞둔 때라 북방여행에 안성맞춤이었다. 우현
은 신바람이 나서 이강국이 선물한 카메라를 메고 나섰을 것이
다. 찰거머리처럼 달라붙는 두 딸을 선물 사다 준다고 하며 떼
어 놓고 개성역으로 가서 경의선 기차를 탔을 것이다.

글은 탐사 르포르타주와 기행 수필의 결합인데 한문 인용과

한자 단어가 많아 읽기가 쉽지는 않다. 한문을 번역해 실은 열화당 전집도 어렵다. 학교에서 한문을 안 배운 젊은 세대라면 사전을 놓고 한자어 풀이를 책에 적어야 할 듯하다. 하지만 역사에 대한 통찰력이 있고 자연을 묘사하는 문체가 좋아 끌려든다. 책을 손에 들고 압록강 국경 단둥(丹東)쯤으로 가서 차를 빌려 지안(集安)의 광개토대왕비를 목표로 떠난다면 최고의 해설 텍스트가 될 것이다.

우현은 글 첫머리에서 지금까지의 역사 유적 답사 경험을 이렇게 정리했다.

신라의 고도(古都) 경주 2회, 백제 고도 부여 2회, 공주 1회, 미추홀은 고향이 인천이라 근처에서 성장, 궁예의 철원은 부친이 낙거(落居)한 곳이나 아직 유허(遺墟) 찾지 못함, 백제의 광주(廣州)는 아직 못 갔고, 견훤의 전주도 미답(未踏), 임나(任那)의 김해도 미답, 탐라와 울릉도 미답, 강화 섬은 20년 전 끌려서 수학여행, 단군의 고허(古墟)는 미답, 한사군의 낙랑과 위만조선의 왕검성과 고구려 평양과 고려의 서경인 유도(柳都)는 수십 차례 답사.*

그의 연구는 빠른 독해력으로 엄청난 자료를 재빨리 자기 것으로 만든 능력에다 발품을 팔아 답사하며 만져보고 실측하고 탐구하는 가운데 이룩된 것임을 다시 실감할 수 있다.

---

* 고유섭, 「고구려 고도 국내성 유관기」, 『전집』 제9권, 194~195쪽 압축.

눈에 거슬리는 부분은 "임나(任那)의 김해"와 "한사군의 낙랑"
이다. 그가 교과서처럼 여기던 『조선고적도보』는 제1권에 낙랑
군을 넣고 제3권에 마한·백제와 더불어 임나시대를 넣어 발굴
유적 도판들을 실었다. 우현은, 세키노 다다시가 평안도에서 낙
랑의 유적을 마치 행운과 기적의 연속인 듯 조작하며 발굴해 낙
랑이 조선 역사의 시작인 것처럼 꾸민 것, 광개토대왕비를 변조
해 일본이 한반도 남부를 지배했다는 임나일본부설을 조작한
것을 속절없이 믿은 것 같지는 않다. 그는 역사학자가 아니라서
자기주장을 펴지 않았다.

우현의 고구려 유적 답사 여정은 5월 29일 평양역에 내려서
K대학의 U교수 일행과 더불어 다시 북방행 기차를 타는 것으
로 시작되었다. 순천, 성천, 개천, 안주를 거쳐 강계를 지났다. 그
는 평안도와 함경도의 산야를 둘러보고 고구려 벽화가 바로 이
런 산수를 묘사한 양식임을 발견한다. 우현은 그런 양식이 조선
조에 끊긴 걸 아쉬워한다.

특출히 돌올(突兀)한 원산일령(遠山一嶺)에 고송(古松) 우거진
풍경이, 그대로 곧 고구려 고분벽화에 나타나는 산수(山水) 양식
이 실제함에 놀랐다. 이 경(景)은 강계(江界)에 이르러 더욱더 느
껴진 실감이지만, 이 경의 사실적이요 양식적인 수법이 육조(六
朝)에 발달되고 고구려에 계승되고 다시 물 건너 일본화의 전통
을 이루었는데, 조선에서는 유야무야(有耶無耶, 있는 듯 없는 듯
흐지부지되어)한 사이에 이 수법이 없어져 아니 보이고 유독 남
화풍(南畫風)만이 남아 있으니 그래도 자세히 살펴보면 고려조까

지는 유행하던 수법임을 나는 입증할 수 있다.*

우현은 고난 어린 3,000년의 민족사를 더듬고 고려속요 「청산별곡」을 읊조린다.

"살어리 살어리랏다 청산에 살어리랏다. 멀위랑 다래랑 먹고 청산에 살어리랏다."

우현은 『위서』(魏書)에 있는 고구려인의 삶을 떠올리며 그때 그대로가 곧 조선의 현상이며 오늘날의 상황임을 인식한다.

대부분 크고 깊은 골짝이고 들과 못이 없어 산과 골짝을 따라 거처를 삼고 시냇물을 식용하며 좋은 전답이 없는지라 비록 힘써 소작해 경작하였으나 가족의 배를 채우기에는 부족하니…**

마침내 우현은 압록강을 건너 언덕의 마을을 보고, 강에 뜬 정크를 보고 고향 인천에서의 추억, 산둥반도에서 왔던 정크선을 떠올려본다. 지안현성의 성곽과 성문에 대한 묘사도 하고 마침내 광개토대왕비를 만져보고 장군총(將軍塚)도 본다.

비는 지금 초소(草疎, 성긴 풀로 된)하나마 육각정 속에 보안되었고 제삼면이 대로에 면해 있음으로써 이편에 비각통구(碑閣通

---

* 같은 책, 198쪽.
** 같은 책, 202쪽. 『조광』에 실은 원문은 "多大深谷하고 無原澤하여" 식으로 한문에 토씨만 붙였고 열화당 전집은 번역해 실었다.

口)가 있으나 비의 제일면은 통구의 배측(背側)인 동남편에 가 있다. …석재는 각력응회암(角礫凝灰巖, 화산재가 땅에 눌려 형성된 모가 난 바위)이라 하지만 알기 쉽게 말하자면 표면이 극히 추조(麤粗, 매우 거칠다)한 조선의 맷돌 종류다. 비면이 철요(凸凹)하고 포공(泡孔, 거품이 만든 구멍)이 자획과 곁들여 불일(不一)한 중에 발견 초에는 이끼가 몹시 덮여 있어서 이것을 우분(牛糞)을 발라 소제(掃除)한 까닭에 비면도 손상되고 자획도 박락(剝落, 떨어져 나감)되고 또 그 박락된 부분은 비탁장(碑拓匠, 비문을 새기는 석공)이 이토(泥土)를 전충(塡充)해, 혹 적의(適宜, 알맞고 마땅한) 신자(新字)로 보궐도 했다 하니 비문의 정확은 상당한 주의를 요한다 하겠다.*

단체관광단에 끼어 광개토대왕비 등 남만주의 고구려 유적을 견학하는 분들이 많다. 일본군 정보장교가 비문을 변조해 임나 일본부설의 증거로 날조하려 했다는 부분을 우현이 어떻게 썼는지 살펴볼 만하다. 우현이 쓴 이 글을 읽으면 안도하게 될 것이다. 우현은 결코 그대로 따라가지 않았다.

그는 장수왕릉인 장군총을 이렇게 썼다.

장군총은 한 개의 모뉴먼트다. 복원을 한다면 태왕릉(太王陵, 지안에 있는 광개토대왕릉), 천추총(千秋塚), 서대총(西大塚) 등이 장군총에 비해 기경(其徑)이 거의 배수(倍數)에 달한다고 하지만,

* 같은 책, 211쪽.

위용이 호장(豪壯)하기는 다시 없는 명물이다. 칠층 계단의 방형 피라미드다. 각층의 축석(築石) 물림이 긴치(緊致)할뿐더러 주위에는 각 변 세 개씩의 대석(大石)이 돌려 있다. 그중 큰 돌의 장광(長廣)이 15척에 9척인데, 이만한 대석이 능석(陵石)의 한 모도 다치지 아니하고 자연스러이 기대 놓여 있다. 이것은 가장 놀라운 기법의 하나다. 제4층, 제5층 간(間)에는 연도(羨道, 고분에서 무덤의 유해를 안치한 방까지 이르는 길) 입구가 있고, 이를 통해 들어가면 약 세 간 입방의 축석거실(築石巨室)이 엄연히 경영되어 일종의 위압을 느끼고 …이 현실(玄室)의 위장(偉莊)한 품은 커다란 태왕릉의 미칠 바가 아니다.[*]

우현이 쓴 『조광』 원본에 실린 글 끝에는 "7. 18"이라는 숫자가 있다. 탈고한 날을 뜻한다. 1938년 5월 29일 답사길에 올라 십여 일 뒤인 6월 중순에 집에 돌아왔고 원고는 한 달 뒤에 쓴 것으로 짐작된다. 85년 전, 만주 땅 국내성의 고구려 유적을 답파한 여행기인데 정보가 풍부하고 문장 감각도 좋다.

인물 열전을 쓰다

우현은 만주 고구려 국내성 유적 답사를 다녀온 1938년 여름부터 유독 일본어 원고를 많이 썼다. 도쿄의 후잔바오(富山房) 출판사의 『국사사전』(國史辭典)에 보낼 안견(安堅), 안귀생(安貴生), 윤두서(尹斗緖) 3인 열전을 집필했고, 『고고학』 9월호에

---

[*] 같은 책, 215쪽.

「소위 개국사탑에 대하여」를 써보냈다. 그리고 도쿄미술연구소 『화설』(畵說) 10월호에 「수구고주」(售狗沽酒)를 기고했다. 대학 조수 시절 동료였던 나카기리의 회고에 의하면 앞서 쓴 「승철관과 석 중암」과 이 글들이 대학 은사 다나카 도요조 교수의 추천과 권유로 지면을 얻어 쓴 것이었다.* 일본어로 출판되었으나 통문관 전집과 열화당 전집에 국역되어 실려 있다.

안견은 일본인들이 신품처럼 모시는 「몽유도원도권」(夢遊桃源圖卷)을 그린 화가이기 때문에 당연히 일본 『국사사전』에 오르는 것이다. 「몽유도원도권」은 조선조 초기 문화예술의 기념비적인 명화로 안평대군의 삶과 죽음에 얽힌 구구절절한 사연이 얽힌 작품인 데다 임진왜란 때 일본에게 약탈당한 것이니 그런 사정을 조금 아는 사람이라면 우현이 일본 『국사사전』에 보낼 원고를 어떻게 썼는지 궁금할 것이다.

우현은 사전에 오르는 글이라 짧게 썼다. 그는 삼국시대부터 1,000년 간의 화적(畵蹟)에 대한 최고 권위자였으므로 일본에게 약탈당한 사실에 분노했을 텐데도 매우 담담하게 썼다. 이 명품이 일본 소노다 사이지(園田才治)의 소장품임을 밝히고, 안견이 경남 지곡(池谷, 함양군) 사람이며 세종 대에 활동했고, 안평대군의 총애를 받았다고 썼다. 그런 다음 조선 중종 때 성현(成俔)이 쓴 『용재총화』(慵齋叢話)를 인용했다.

안견은 성품이 총명하고 민첩하고 정통하면서도 널리 알았고,

---

* 나카기리 이사오, 「고유섭 씨의 추억」, 1964. 7. 1, 72쪽.

또 고화(古畫)를 많이 보아서 모두 그 요점을 잘 알았다. 여러 사람의 장점을 모아 절충해 산수에 특히 뛰어났으니 지금 사람들이 안견의 그림을 아끼고 간직하기를 금옥과 같이 여겼다.*

우현은 현존하는 화적으로 이왕가박물관의 「적벽도」(赤壁圖)와 「한천도」(寒天圖)가 있으나 관기(款記)가 없어 인정하기 어려우므로 「몽유도원도권」이 유일하다고 썼다. 안평대군이 세종 29년(1447년) 4월에 몽중에서 놀던 도원(桃源)을 안견에게 명해 그리게 했다는 사연과 작품이 왜 최고의 걸작인지를 설명하고 다음과 같은 결론을 내렸다.

'전체에 세치주도(細緻周到, 자세가 꼼꼼하고 빈틈없이 찬찬함)한 용필(用筆) 중에 활대(濶大, 넓고 큰)한 기우(氣宇, 기개와 도량)와 청정화아(淸淨和雅, 맑고 깨끗하고 온화우아함)한 경지를 묘득(妙得, 요령을 깨달아 알다)하여 조선시대 500년을 통해 비류(比類)가 없는 걸작이다.'

한 연구자의 글에 의하면 우리가 「몽유도원도」라고 부르는 이 작품은 안평대군이 계유정란으로 죽음을 당하기 전에 경기도 고양의 대자암에 맡겼는데 그가 죽은 뒤 임진왜란으로 출병 온 시마즈 요시히로(島津義弘) 장수에게 약탈당해 일본으로 갔다. 그 가문의 파산으로 다른 이의 손에 넘어가 소노다 사이지 손에 갔다가 또 다른 두 사람을 거쳐 현재는 덴리(天理)대학에 소장되어 있다. 1986년 국립중앙박물관 개관기념전 때 현해탄을 건

* 고유섭, 「안견」, 『전집』 제8권, 294쪽.

너와 전시되었고, 1996년에도 호암미술관에 전시된 바 있다.[*]
그런가 하면 재일한국인 장(張) 모 씨가 1949년 「몽유도원도」
를 일본에서 가져와서 팔아달라 하여 여러 소장가에게 알렸으
나 거래가 성사되지 않아 다시 현해탄을 건너갔다는 설도 있다.

안귀생과 윤두서에 대한 서술은 안견에 비해 짧다. 안귀생은
세조 때 세자의 용모를 그린 일로 유명해져서 세종비 소헌왕후
와 세조와 예종의 어진(御眞)을 그렸다는 정도로 썼다. 윤두서
는 서(書)와 화(畵)에 능했고 인물 및 말(馬) 그림을 잘 그렸고
국립중앙박물관에 그림이 몇 점 소장되어 있다는 정도로 기술
했다. 『국역 근역서화징』을 보면 한문 원문을 포함해 윤두서에
대한 글이 4쪽에 달하고 윤두서가 그린 「심득경 초상」도 실렸
으나 우현은 사전에 실을 글이라서인지 압축해서 썼다.

「소위 개국사탑에 대하여」는 『송도고적』으로 묶인 『고려시
보』에 연재한 글 「개국사와 남계원」을 보충한 것으로 열화당
전집 제2권 『조선미술사 하 각론편』에 실려 있다. 우현은 그것
으로도 만족스럽지 않은지 다음 해 같은 잡지 『고고학』 1939년
7월호에 「'소위 개국사탑에 대하여'의 보(補)」를 써서 보냈다.
이 연구는 잘못 전해진 유적의 위치를 바로잡은 큰 성과였다.
탑과 연구의 최고 권위자인 우현이 개성에 있었기에 가능했던
일이다.

개국사는 고려 초 935년 태조 왕건이 세운 고려 10대 사찰로
지금은 헐려서 없고, 이규보의 시 「개국사의 연못가에서」 등으

---

[*] 김경임, 『사라진 몽유도원도를 찾아서』, 산처럼, 2013 참조.

우현이 치밀한 답사와 문헌
분석으로 증명해낸
남계원터 칠층석탑.
동국대 중앙도서관 소장
우현의 유고 사진첩.

로 그 존재만 알려져 있었다. 개성부 덕암동에 오랫동안 '개국
사터'로 불려온 절터가 있고, 그곳에 칠층석탑이 있어 '개국사
탑'이라고 불렸다. 우현이 글을 쓸 때 탑은 총독부박물관으로
옮겨가 있었다. 자태가 아름다워 1915년 총독부박물관으로 갔
고 개성으로 돌아오지 못했다.

우현이 『신증동국여지승람』 등의 기록을 보고 오류가 있음을
알고 치밀한 답사와 문헌 분석으로, 칠층탑이 있던 그곳은 남
계원(南溪院) 터이고, 개국사는 다른 곳임을 증명해냈다. 그 탑
은 '남계원터 칠층석탑'이라는 이름으로 수정되었고 2005년 용
산 국립중앙박물관에 옮겨 서게 된 것이다. 개국사터에 있던 거
대한 석등은 이미 1년 전에 우현이 박물관 정원으로 옮겨온 터
였다.

우현이 김홍도 작품이 아니라고 한 「투견도」(위)와 김홍도와 필치가
비슷하다고 지적한 김두량의 「목우도」. 두 그림은 『조선고적도보』에
실려 있다.

「수구고주」는 조선 후기 회화의 걸작인 「투견도」가 김홍도의 작품이라고 알려지게 된 경위와 그게 아니라는 고증, 그리고 우현 자신의 생각을 얹어 쓴 미술평론이다. 번역된 글이지만 흥미롭고 문체는 수필에 가깝다. 우현은 1936년 4월 『동아일보』에 기고한 「고서화에 관하여」에서 「투견도」가 위작(僞作)이라고 쓴 적이 있었다. 이번에는 일본 발행 잡지에 일본어로 썼다.

「수구고주」는 조선 땅에서 삼복(三伏)에 개고기를 먹는 관습을 이야기하는 것으로 시작했다. 그림 한 점 때문에 '개(狗)를 팔아서(售) 술(酒)을 산다(沽)'는 말이 호사가들의 입으로 한동안 은어(隱語)처럼 떠돌아다녔다고 했다. 그 개는 길에서 뛰어노는 보통 개가 아니라 경성의 어느 미술관에 김홍도의 작품이라는 명찰을 달고 소장되어 있는 그림 「투견도」라고 썼다.

우현은 「투견도」가 조선의 그림으로서는 진귀할 만큼 사실적이고 육부(肉付, 살진 부분)의 요철(凹凸)과 일어선 개털이 세밀하며, 그것이 먹 색깔의 농담(濃淡)에 의해 생생하게 표현되어 있다고 평가했다. 그림의 모델인 개는 서양개 불독과 흡사하며 영맹(獰猛, 모질고 사나움)함이 더할 수 없다고 하고, 『조선고적도보』에 김두량(金斗樑)의 「목우도」(牧牛圖)와 작자 미상의 개 그림이 실려 있는데 필치가 비슷하다고 지적했다.

심전(心田) 안중식(安中植, 1861~1919)을 지목하고는 자신이 위창 오세창 선생에게서 직접 들은 말을 옮겨 썼다. 심전은 성품이 지극히 방일쇄탈(放逸灑脱, 제멋대로 난봉부리며 놀고 탁 트임)하며 술을 즐겨서 깨는 날이 거의 없고, 그림을 완성하지 못해 제자인 이도영(李道榮)이 완성하곤 했다는 것이다. 「투견도」는 돈 많은 광산가인 김 아무개가 소장했으나 몰락하면서 그 그림이 심전에게 왔는데 술값이 필요했다는 것이다.

원래 이 사람들은 평소 죽림의 칠현으로서 자임해 물외(物外)에 소요하고 두주(斗酒)를 위해서는 만전(萬錢)이라도 아끼지 않은 생활방식인데, 모처럼 갖고 있던 개도 낙관 없이는 술이 되지 않는다. 그림은 분명히 잘되었지만 그렇다고 근세(近世)의 화인(畵人) 중에서 이를 찾아본다면 단원을 두고서는 없을 것이라 하여 무엇이고 해서 못할 바 없던 심전이 즉석에서 각인(刻印)해 시(市, 서화 거래시장)에 내놓았다고 한다. 지금도 저 그림의 백문주인(白文朱印)의 '사능'(士能)이란 단원의 자인(字印)을 볼 때마다 심전 안중식의 취한 눈이 떠오르는 듯한 느낌을 갖게 된다.*

이야기가 사뭇 흥미롭다. 작자 미상의 그림을 심전이 술값이 필요해서 김홍도 것으로 변조해 돈을 얻었다는 것이다. 자료를 더 추적해보면 심전이 그렇게 할 때 우현의 보성고보 스승 춘곡 고희동도 끼었다는데 우현은 그 사실은 쓰지 않았다.

우현은 한국미술사 담론으로 써야 할 것들이 너무 많아서인지 여간해서는 같은 이야기를 반복해 쓰지 않았는데 김홍도 이야기는 한 해 뒤 일본의 『역사사전』 필자가 된 터라 거기에 짧게 다시 썼다. 사전이니 김홍도를 써야 하는 것이었다.

---

* 고유섭, 「수구고주」, 『전집』 제9권, 75~77쪽.

「아포리스멘」

우현은 『박문』(博文) 1938년 12월호에 수필 「아포리스멘」을 써보냈다. 『박문』은 석 달 전 창간한 30~50쪽 분량의 수필 전문 잡지로 우현의 글이 실린 것은 통권 제3호였다. 목차를 보면 박월탄(朴月灘)·김안서(金岸曙)·박노갑(朴魯甲)·김동인(金東仁)·홍명희(洪命憙)·이원조(李源祚)·김기진(金基鎭)·이태준(李台峻) 등의 수필이 함께 실려 있다. 당대 최고 문인들과 우현이 수필 작품으로 어깨를 나란히 한 것이다.

이 글은 주제의식의 집중이나 문체 감각이나 소재의 참신성이 선명한데 인생의 의미를, 특히 예술가의 삶의 의미를 시간철학으로 투시해보는 내용이라 여러 문인의 수필과 비교하면 색다르다.

제목 「아포리스멘」은 '체험적 진리를 담은 잠언, 격언의 말들'이라는 뜻이다. 우현은 도쿄제대 출신 시인이자 화가인 샤쿠 효사이(釋瓢齋, 1881~1945, 필명 나가이 효사이[永井瓢齋])가 후소사(扶桑社)에서 낸 책 『속인어록』(俗人語錄) 서문의 한 구절을 인용하면서 글을 시작했다. "어제는 지났고 내일은 모르오니 세상사는 오늘뿐인가 하노라" 하고 마치 인도의 선철학(禪哲學) 같은 철학적 화두를 내놓고는 이렇게 썼다.

내일을 위해 오늘이 있는 것이 아니요 오늘을 위해 어제가 있었던 것이 아니라면 목적과 방편이 다 같이 '오늘'의 성격이다. 목적은 자태(姿態)요 방편은 거동(擧動)이다.

그러고는 독일 낭만주의 시인 노발리스(F. H. Novalis, 1772~1801)의 작품「화분」(花粉)의 한 구절을 인용한다.

생(生)은 사(死)의 시초니라. 생은 사를 위해 있느니라. 사는 종말인 동시에 시초니라. 사(死)를 통해 한원은 완성되나니라.

맞는 말씀이다, 시간은 유한한 인간존재가 안아야 하는 숙명적 한계니까. 인도철학에서는 인간존재가 매 찰나마다 생겨나서 매 찰나마다 사라진다고 하지 않는가. 과거는 방금 지나간 현금(現今)이고 미래는 곧 다가올 현금인 것이다.

우현은 기승전결의 구조로 이 글을 짜나갔다. '기'와 '승'에서 인간과 시간에 대한 철학적 화두를 위의 표현처럼 펼친 뒤 '전'으로 넘어간다. "영원한 현금(現今)의 찰나"는 항상 진지로운 완전이어야 하며 예술은 진정한 생명 그 자체라고 주장한다. 그러므로 예술은 "잉여력의 소비"도 아니고 "고상한 유희"도 아니라고 역설한다. 그리고 그는 '결'에서 이렇게 썼다.

나는 지금 조선의 고미술(古美術)을 관조(觀照)하고 있다. 그것은 여유 있던 이 땅의 생활력의 잉여잔재(剩餘殘滓)가 아니요, 누천년 간(累千年間) 가난과 싸우고 온 끈기 있는 생활의 가장 충실한 표현이요, 창조요, 생산임을 깨닫고 있다.
…나는 가장 진지로운 태도와 엄숙한 경애(敬愛)와 심절(深切)한 동정을 가지고 대하고 있는 것이다. 만일에 그것이 한쪽의 '고상한 유희'에 지나지 않았다면, '장부(丈夫)의 일생'을 어찌 헛되

이 그곳에 바치고 말 것이냐.*

우현의 인생관과 예술관을 집약한 글이다. 철학과 출신 미학 전공자답게 쓴 글이고 평소에 깊이 사유(思惟)해서인지 수심(水深)이 깊다. 정말 그는 "영원한 현금(現今)의 찰나"는 항상 진지로운 완전이어야 하며 진정한 예술은 진정한 생명 그 자체라고 믿은 것일까? 어떤 연구자가 말했듯이 그는 1분 1초도 아끼며 짧은 생애를 불사르듯이 미술사 연구에 쏟아붓고 세상을 떠났으니 마치 이 글은 자기 생의 예언 같기도 하다. 그리고 앞에서 살펴본 1928년 9월 11일 일기와 소묘를 떠올리게 한다. 짧고 굵은 일생에 대해 썼기 때문이다.

가난과 싸운 끈기 있는 생활의 충실한 표현이라는 구절에는 사회주의 역사관도 드러난다. 그리고 윤리의 굴레에서 자유롭기는 그의 꿈이었던 것 같다. 엔조지와 경성 황금정 거리에서 만취해서 뛰어다닌 일 외에 윤리에서 일탈하지 못했기 때문이다. 첩을 얻어 조강지처를 버린 아버지 고주연이나, 거부가 되어 사회 기부를 하면서도 첩을 둘이나 둔 장인 이홍선이 반면교사였을까? 그는 한 번도 방탕하지 않았으며 아내만을 사랑했다.

「전별의 병」

「아포리스멘」을 수필 전문지에 기고한 그 무렵, 독자를 단번에 사로잡은 그의 수필이 또 한 편 발표되었다. 그가 남긴 글 중

---

* 고유섭, 「아포리스멘」, 『전집』 제9권, 89쪽.

백미(白眉)라고 불리는 「전별(餞別)의 병(瓶)」이 1938년 12월 1일 자 『경성대학신문』에 실렸다.

　'전별의 병'이란 친구와 이별할 때 마시는 술을 담은 병이다. 우현은 당시 일본인 수집가 오구라 다케노스케(小倉武之助)가 소유한 청자상감국화위로문병(靑瓷象嵌菊花葦蘆文瓶) 표면에 상감기법으로 새긴 왕유(王維)의 유명한 칠언절구 「송원이사안서」(送元二使安西, 안서로 떠나는 벗 원이를 보내며)와 조선총독부박물관이 소장한 청자상감국화문병(靑瓷象嵌菊花文瓶)에 새긴 작자 미상의 제목 없는 오언율시를 소재로 선택해 수필을 썼다. 문득 「아포리스멘」이 대학신문으로 가고 이것이 수필 전문지 『박문』으로 갔으면 더 좋았을 것이라는 생각이 든다.

　「송원이사안서」만 여기 옮긴다.

渭城朝雨浥輕塵
(위성조우읍경진, 위성에 아침 비가 촉촉이 먼지 적셔)
客舍靑靑有色新
(객사청청유색신, 객사의 푸른 버들 그 빛이 새롭구나)
勸君更盡一杯酒
(권군경진일배주, 그대에게 다시 술 한잔 권하노니)
西出陽關武故人
(서출양관무고인, 서쪽 양관으로 가면 친한 벗도 없으리)*

---

* 고유섭, 「전별의 병」, 『전집』 제9권, 78쪽. 작자 미상의 오언율시도 볼 수 있다.

우현은 이별의 슬픔을 시로 짓고 다시 그것을 이 청자 술병에 지울 수 없는 수법인 상감기법으로 새겨 넣은 우정을 서사적인 상상력의 문장으로 썼다. 그것이 「전별의 병」인 것이다.

보내는 사람, 떠나는 사람 서로 모두 말을 몰아 고삐를 나란히 하면서 권하는 주배(酒杯), 거기에 술 붓는 이별, 가는 이는 가자 하되 떠나지를 못하고 남는 이는 남자하되 머무르지 못하니, 끊어야 할 이별의 기반(羈絆, 굴레)에다 끊을 수 없는 정을 부어넣은 것이 이 병이다.*

우현은 전별의 술병에 새긴 시 두 편만 갖고 이야기하기에는 자신이 가진 풍부한 지식을 참을 수 없다고 생각한 듯 이야기를 확대해나갔다. 고려 때 문인 익제 이제현이 왕유의 시를 환골(換骨)하여 개성의 동쪽 청교(靑郊)에서 쓴 한시 「위성가」(渭城歌)를 제시하고, 백향산(白香山)의 시, 고려 예종의 시, 곽여(郭輿)의 시를 들어서 비교했다. 그러고는 이것을 "예술이 갖는 묘미이며 이취(理趣)이고, 그래서 참으로 존귀한 것이 예술이고, 고려청자의 시정(詩情)의 하나"라고 썼다.

오구라 다케노스케는 일제강점기 때 한국의 문화재를 닥치는 대로 긁어모은 수집가로 유명하다. 자료를 찾아보면 그자가 누군지 상세히 알 수 있다. 일본으로 가져간 한국문화재가 수천 점이나 되고 현재 국립도쿄박물관에 '오구라 컬렉션'이 따로 있

---

* 같은 책, 80쪽.

1939년 개성부립박물관 정원 개국사 석등 앞에 선 우현. 열화당 제공.

고 작품이 1,030점이나 된다는 것이다. 그자는 1921년 신라 금관총 금관도 사들였고 경북 경산에서 농부가 들고 온 청자죽작문주전자는 경성의 좋은 기와집 한 채 값보다 많은 5,000원을 주고 샀는데 현재 수십억 원의 가치가 있다는 것이다. 그자가 한국문화재를 사들이느라 쓴 돈이 2,000만 원이 넘는데 이는 간송 전형필이 수집한 것보다 10배가 많다.*

* 「일제강점기 한국문화재 털어간 큰 창고 작은 창고」, 『경향신문』, 2020. 12. 1.

우현은 이해 12월에 발간된 이화여전 교지 『이화』 제8호에, 지난해 경주 용당포를 다녀온 기행문 「경주 기행의 일절」을 기고했다. 그가 문학적 서정이 깊은 글을 많이 쓴 터라 "교수님, 글 주세요. 안 주시면 저희도 교지 편집 안 할 거예요" 하고 학생 편집팀이 떼를 썼을 것이다. 경성제대 동기생인 이희승 교수가 "여보게, 학생들 부탁을 들어주게. 학교 교지는 검열이 크지 않으므로 어느 정도 선에서 쓰면 문제가 되지 않을 것이네" 하고 권유했을 듯하다.

이 글은 역사적 지식과 민족의식을 감성 깊은 문체로 표현한 명문이었지만 독자가 이화여전 재학생 수백 명으로 국한되어 주목을 끌지 못했다. 뒷날 고쳐서 『고려시보』에 다시 실었다.

그해 12월에 딸 병진(秉珍)이 태어났다. 아들 딸을 하나씩 잃고 딸만 셋을 둔 셈이었다.

1939년은 우현이 가장 왕성하게 집필한 해였다. 2월에 한국 근현대문학의 한 획을 긋는 문예지 『문장』이 창간되었다. 민족문학의 계승발전을 표방하며 돛을 올린 이 문예지가 우현에게 창간호의 수필 원고를 청탁했다.

추사 김정희의 필적에서 뽑은 제자(題字)에, 근원(近園) 김용준(金瑢俊)이 표지화를 그린 창간호에는 당대의 쟁쟁한 문필가들의 글이 실렸다. 이광수·유진오·이효석의 소설과 박종화(朴鍾和)·김상용·모윤숙(毛允淑)·임화·이양하(李敭河)의 시와 이태준의 유명한 「문장강화」(文章講話)가 실렸다. 우현은 김동인·김진섭·최정희(崔貞熙)·송석하 등과 수필 한 편을 기고했다. 제목은 「청자와(靑瓷瓦)와 양이정(養怡亭)」이었다. 청자기와를 얹었다고 기록으로만 남은 개성의 정자 '양이정'이 소재인데 『고려사』를 인용하며 번역하지 않고 그대로 실었다. 『문장』 원본을 열어보면 원고 끝에 "십일월칠십일"(十一月七十日)이라는 탈고일 메모가 붙어 있다. 11월 17일의 오식(誤植)일 것이고 『문장』이 '1월에 창간하려다가 한 달 밀렸다'고 알려진 사실을 확인하게 한다.

우현은 이 수필에서, 빛나는 청자기와를 얹은 이 아름다운 정자가 왕이 대궐 밖으로 나와 묵던 수덕궁(壽德宮) 내에 있다가 몽고군 침입 때 불탔으며 현재 위치는 개성 회암천(檜岩川) 일대로 추정했다. 우현이 쓴 책 『고려청자』(원제 『조선의 청자』[朝鮮の靑瓷])를 보면 고려의 청자기와가 개성부립박물관에 소장되어 있다는 설명이 나온다.

청자기와를 얹었다는 수덕궁의 양이정 이야기가 쏠쏠하게 재미 있어선지 『문장』이 또 비슷한 글을 써달라고 청탁했다. 남북 분단 이후 우리는 잊고 있지만 당시에는 고려의 찬란했던 유적들에 대해 독자들의 관심이 많았다. 우현은 『문장』 통권 제3호인 4월호에 「화금청자와(畵金靑瓷瓦)와 향각(香閣)」을 기고했다. 원본에는 "2월 7일"이라는 탈고 일자가 실려 있다.

화금청자는 상감을 한 위에 순금 니(泥)를 표면에 발라서 만드는 기법으로 중국 송(宋)대에서도 따르지 못한 것이라고 설명했다. 그것이 고려에서 꽃핀 것은 충렬왕의 호유호락(好遊好樂) 때문이었음을 문헌으로 고증했다. 충렬왕이 왕자 시절에 볼모로 원나라로 가서 제국대장공주(齊國大長公主)와 결혼해서 살 때 향각(香閣) 벽에 그려진 금을 입힌 연회도를 보았다. 고려로 돌아와 왕좌에 오른 뒤 '내가 가난한 나라의 왕이지만 이에 뒤질쏘냐' 하며 유락(遊樂)에 빠져들었고 그래서 화금청자기와가 고려에서 나왔다는 것이다.

『문장』에 실은 제왕들의 사치스러운 청자기와 이야기 두 편에서 우현이 그 뒤안길에 있던 공장(工匠)의 고초를 대비시킨 것이 보인다. 그가 예술의 사치를 향유하는 왕이나 귀족층보다는 하찮은 존재인 노동자의 삶에 관심을 두었다는 증거다. 우현 자신이 고민하고 다짐했던 프리체식의 사회경제적 배경을 제대로 받아들인 것이다. 『조선사회경제사』를 쓴 백남운은 연희전문으로 강의하러 간 우현을 반기며 점심을 샀을 만하고 노동자 출신 논객 이청원도 고맙게 여겼을 것이다.

우현은 고려청자기와 청자와에 빠져들어 문헌을 찾아 고증하면서도 아쉬운 것이 있었다. 고려의 왕도였던 개성 또는 교외(郊外)에 청자 가마터가 있을 텐데 찾지 못한 것이다. 그래서 토요일 오후나 일요일은 가마터를 찾아 나섰다. 최희순이 조수로 따라나섰다. 가마터를 더러 찾기는 했으나 청자를 구운 흔적은 어디에도 없었다.

"나는 청자 가마터를 찾을 팔자가 아닌가 보다. 혹시 경상도나 전라도에 있는 게 아닐까?"

우현이 낙심해서 중얼거리자 최희순이 대답했다.

"송도에서 청자가 다수 발견되고 조각들도 많은 걸 보면 분명히 가마터가 있을 것입니다. 제가 개풍군청 소속이니까 각 면의 면장님과 이장님들에게 가마터에 대한 전설이나 흔적을 찾아달라고 부탁드리겠습니다."

『조선고적도보』에 실린 미륵사지탑(왼쪽)과 정림사지오층탑.

우현은 자신이 그토록 좋아한 고려청자의 가마터를 찾지 못하고 저세상으로 갔고, 알려진 바와 같이 최희순이 1964년 전남 강진에서 발굴했다.

우현은 1939년 2월 『문장』 창간호에 「청자와와 양이정」, 4월 발간 제3호에 「화금청자와와 향각」, 이렇게 수필 두 편을 기고했고, 중간 3월에는 글을 발표하지 않았다. 우현은 이때 거의 철야하며 탑파 연구 논문을 썼을 것이다. 「조선탑파의 연구 기이(基二)」를 실은 『진단학보』 제10권이 1939년 4월에 나왔기 때문이다.

우현이 필생의 과업으로 여기며 매달려온 것이 탑파 연구였다. 1935년의 1차 원고보다 길어서 『진단학보』의 우현 지면이

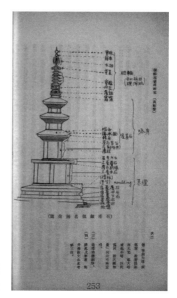

『진단학보』에 우현이 육필로 그린
'석탑 세부명칭 지도(指圖)' 삽화.

55쪽에서 99쪽까지 무려 45쪽에 달한다. 한국탑파의 대부분을
차지하는 석탑에 대한 본격적인 분석으로, '조선 석탑 양식 발
생으로부터 그 정형의 성립까지' '전형적 양식 성립 이후의 일반
석탑 양식의 변천상' 이렇게 두 주제를 놓고 차근차근 논증해나
갔다.

먼저 목조탑 양식을 충실히 구현한 현존 탑파는 미륵사지 석
탑과 익산 왕궁면 왕궁평의 오층석탑이라고 제시하고 그 특징
을 설명했다. 그러고 나서 정림사지탑을 들어 비교설명했다. 양
식사로 볼 때 미륵사지탑이 제1위, 정림사지탑이 제2위, 왕궁평
탑이 제3위라 했다.

우현은 시대에 대한 고증을 펼쳤다. 전형적 양식인 고선사지
탑, 감은사지탑, 탑정리탑, 나원리탑을 내놓고 『삼국유사』『삼

박물관장실 겸
연구실에서 집필하는
우현. 열화당 제공.

국사기』 등의 기록을 근거로 논증을 펼쳐 미륵사지탑은 백제
무왕 때 것임을, 왕궁평탑과 정림사탑은 무난히 백제 말기 것임
을 증명했다. 정림사탑이 통일신라 시기의 탑이라는 세키노 다
다시 등 일본 학자들의 주장이 잘못되었음을 지적했다.

우현이 탑파들의 양식을 철저하게 고찰해 세키노 다다시 등
일본 학자들과 다르게 시기를 비정(比定)한 게 보인다. 글을 따
라가며 읽으면 '아, 우현이 최고 권위 일본인 연구자들을 넘어
서는구나. 이게 우리나라 탑 연구의 결정판이구나' 하고 느끼게
된다. 다만 후배 미술사학자들의 지적대로 그의 탑파 연구가 통
일신라시대까지만 나간 것이 아쉽다. 필생의 저술이라고 여기
면서도 다 쓰지 못하고 세상을 떠났다.

『진단학보』 원본을 보면 1차 원고 때와 달리 부산 폐미륵사
석탑, 부여 정림사지오층석탑, 경주 감은사동탑 등 탑 사진 8장

과 우현이 육필로 그린 '석탑 세부명칭 지도(指圖)' 삽화도 실려
있다.

「명산대천」에 쓴 고향 인천

우현의 글을 이미 많은 실었던 『조광』도 다시 그의 글을 원
했다. 우현은 1939년 7월호에 수필 「명산대천」(名山大川)을 써
보냈다. 제목을 주고 청탁한 원고였음을 읽어보면 알 수 있다.
같은 제목을 주고 여러 필자에게 청탁한 건 아니다. 우현은 이
글 앞부분에서 상하이와 칭다오 여행 때 겪은 바다의 풍랑과
묘향산 여행, 그리고 두 번 갔던 금강산에 대해 짧게 썼다. 화엄
사에 갔지만 등산은 하지 못한 지리산, 월정사에 갔지만 제대로
오르지 못한 오대산과 개성의 천마산도 이야기했다.

그런 다음 고향 인천의 만국공원 언덕과 싸리재 언덕 위에 있
던 집 자신의 방에서 창문으로 바라보았을 서해의 섬들 풍광을
감성적인 문체로 표현했다.

강화(江華), 교동(喬桐), 영종(永宗), 덕적(德積), 팔미(八尾), 송도
(松島), 월미(月尾)의 대소 원근의 도서가 중중첩첩(重重疊疊)이
둘리고 위워진 가까운 인천 바다를 들자. 아침마다 안개와 해미
를 타고 스며 퍼져 떠나가는 기선의 경적 소리, 동(東)으로 새벽
햇발은 산으로서 밝아오고, 산기슭 검푸른 물결 속으로 어두운
밤이 스며들면서 한둘, 네다섯 안계(眼界)로 더 드는 배, 배, 배.
비가 오려나, 물기가 시커먼 허공에 그득히 풍겨지고, 마음까지
우울해지려는 밤에 얕이 떠도는 갈매기 소리, 소리, 또는 만창(滿

漲, 가득 밀려온 물결)된 남벽(藍碧, 남빛을 띤 푸른)이 태양광선을 모조리 비늘져 받고, 피어든 구름이 창공에 제멋대로 환상의 반육부각(半肉浮刻, 몸뚱아리를 그려 새김)을 그릴 때 주황의 돛단배는 어디로 가려나. 먼 배는 잠을 자나 가도 오도 안 하고 가까운 배는 삯 받은 역졸(驛卒)인가 왜 그리 빨리 가노. 만국공원의 홍화녹림(紅花綠林)을 일부 데포르메(deformer, 형상을 다르게 바꾸고)하고, 영사관의 날리는 이국기(理國旗)를 전경(前景)에 집어넣으면 그대로 모네(C. Monet)가 된다.*

가스통 바슐라르(Gaston Bachelard)에 의하면, 우리가 타향에 살면서 문득 고향이 생각날 때 먼저 떠오르는 것은 공간, 집 가까운 산천이며 그것은 늘 그리움과 더불어 펼쳐진다. 우현의 고향 인천 개항장에는 저명한 산이나 강이 없고 대신 바다가 있다. 그래서 산(山)과 천(川)을 밀어내고 고향의 바다를 회상하는 순간 글은 실타래 풀리듯이 잘 풀려나갔다.

우울했던 청년 시절의 감정이 녹아 있고 고향에 대한 그리움도 엿보인다. 뒷부분에 중국 칭다오 바다, 묘향산, 백두대간 이야기로 이어지지만 문장이 더할 수 없이 좋다. 그가 미술사 연구를 하지 않고 문학을 했다면 분야의 거장(巨匠)이 됐을 것이라는 생각을 다시 갖게 된다. 그러나 이것은 우현이 고향 인천을 그린 최고이자 마지막 글이 되었다. 그는 다시 고향을 글로 쓰지 못하고 떠났다.

---

* 고유섭, 「명산대천」, 『전집』 제9권, 227쪽.

월간지『조광』은 웬만한 지식인들은 돌려가며 다 읽던 시대였으니까 경인통학생회 문예부 시절의 친구들도 읽었을 것이다. 우현이 이 무렵에 그들과 교유한 기록은 없다. 친형처럼 가까웠던 고일이나 경성제대 후배 신태범이 남긴 글에 우현의 이야기가 많으나 이때 오가며 만난 기록은 없다.

"고유섭이 고향 바다를 기막힌 명문으로 썼군. 길이 남을 최고의 글이야. 고유섭은 박물관장 하며 연구하고 글 쓰느라 정신없이 바쁘지. 유명해졌지만 우리를 잊진 않았을 거야."

그들은 그렇게 말하면서 싸리재의 술집에서 술잔을 기울였을 것이다.

답답한 친구 몇은 참지 못해 개성으로 찾아갔을 것이다. 우현은 그들에게 "미안해. 미안해. 난 밥 먹을 새도 없이 살아. 순간순간 최선을 다해 살아" 하며 따뜻한 밥 한 끼 먹여 보냈을 것이다.

그리고 그날도 같이 놀아달라고 우는 딸들을 떼어놓으며 책상 앞으로 갔을 것이다.

무더위가 한창인 1939년 8월,『조광』에「선죽교변(辨)」을 썼다. 포은 정몽주가 순절한 곳이 선죽교가 아니라 그의 집이 있는 대묘동(大墓洞) 동구의 다리 주춧돌 위라는 것을 남효온(南孝溫)의『추강집』에 있는「송경록」(松京錄) 등 문헌자료를 바탕으로 비정(比定)한 글이다. 개성사람들 모두가 순절 장소로 여기고 있고 일본인 고관대작들도 개성에 오면 꼭 가서 포은의 핏자국 흔적을 보는 참인데 박물관장으로서 잘못 전해진 기록을 바로잡으려 한 것이다.

『문장』지가 다시 수필 두 편을 청탁해왔다. 봄의 원고 두 편에 대한 독자의 반응이 크고, 라이벌 잡지인 『조광』에 실린 「명산대천」과 「선죽교변」이 좋아서였을 것이다. 우현은 9월호에 「팔방금강좌」(八方金講座)를, 10월호에 「박연설화」를 기고했다. 읽어보면 이 두 편은 종합교양지였던 『조광』에 알맞고, 「명산대천」은 순문예지 『문장』에 알맞다.

「팔방금강좌」는 불교에 대한 지식과 사유를 함께 안겨주는 수필이다. 불국사 석가탑에 가면 네 모퉁이의 각 변 가까운 땅바닥에 있는 8개의 연꽃무늬 대좌(臺座)를 볼 수 있다. 그것이 팔방금강좌다. 우현은 불교에서 그것을 만들게 된 연원을 설명하고 석가탑을 비롯해 구례 화엄사 삼층탑, 평창 월정사의 팔각구층탑을 제시한다. 그리고 여덟 개 강좌가 여덟 보살 도량(道場)의 가부좌 앉은 자리였다고 알려준다.

「박연설화」는 '송도삼절'(松都三絶) 중 하나인 박연폭포를 둘러싼 개성의 설화들을 소개하고 분석한 글이다. 이규보의 『동국이상국집』에 실린 칠언절구 「제박연」(題朴淵), 전래설화인 「달달박박 노힐부득」, 조선 성종 대 채수(蔡壽)의 「유송도록」(遊松都錄) 등과 미륵신앙은 물론 향가 연구자인 양주동의 이두(吏讀) 표기까지 넘나들며 논리를 펼쳐나간다. 엄청난 양의 독서가 쌓이고 그것을 노트로 기록했어야 쓸 수 있는 격조 높은 수필이다. 『문장』에 실린 원문은 한문 자료를 번역하지 않고 그대로 써서 읽기가 쉽지 않다. 지금은 우현의 글을 모은 전집이 번역문을 함께 실어준 덕에 술술 읽히고 지루하지 않다.*

---

* 고유섭, 「박연설화」, 『전집』 제7권, 311~326쪽.

1939년 10월에는 우현의 첫 저서인『조선의 청자』(朝鮮の靑瓷)를 일본 호운샤(寶雲舍)에서 출간했다. 그가 가장 열심히 파고들어 분석하고 미학화한 연구가 탑파 다음으로 고려청자였는데, 그것을 일본어로 써서 일본학계에 제시한 것이다. 그러나 우현 생존 시 발간한 처음이자 마지막 책이 되었다.* 이 책은 강경숙 미술사학자가 열화당 전집 제5권『고려청자』의 해제에서 잘 요약 설명해주었다.** 압축하면 이렇다.

우현은 청자의 정의와 명칭, 발생과정을 기술하고, 청자의 종류를 비색청자(翡色靑瓷), 상감(象嵌)청자, 백색퇴화문(白色堆花紋)청자, 화청자(畵靑磁), 진사(辰砂)청자, 화금(畵金)청자, 명관(銘款)이 있는 청자, 잡유(雜釉)혼합의 청자로 나누어 설명했다. 그런 다음 청자의 변천과정을 제1기 고려비색을 형성하되 중국 자기를 모방한 시대, 제2기를 상감청자로서 독자적인 양식을 발달시킨 시대, 제3기를 중국 자기의 영향이 커져 남북요 양식이 뒤섞인 시대, 제4기를 쇠퇴해간 잡요(雜窯) 시대로 구분했다. 그러고는 청자의 요지(窯址)를 설명하고 청자의 전세(傳世)와 출토에 대해 기술했다. 마지막으로는 청자의 감상(鑑賞)에 대해 썼다. 청자의 모든 분야를 설명한 터라 가히 '고려청자사'라고 이를 만하다.

---

* 이 책은 우현이 세상을 떠난 뒤인 1954년 진홍섭이 편역해『고려청자』라는 제목으로 을유문화사에서 펴냈고, 1977년 삼성문화재단이 문고판을 발간했다. 통문관과 열화당도 전집에 실었다.
** 강경숙,「문사철로 풀어낸 청자의 역사와 미학」,『전집』제5권, 권두 해제 요약.

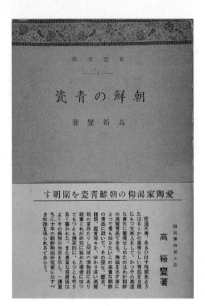

1939년에 출간된 『조선의 청자』
일본어 초판.
인천시립박물관 제공.

　'청자의 정의'는 유약에 의해 결정되는 표면색을 기준으로 청색계 자기이며, 도자기 유약 세 종류 소다유, 연유(鉛油), 회유(灰油) 중 회유로 제작된 것으로 한정했다. 명칭은 '靑瓷'와 '靑磁' 중에 『고려사』, 서극(西極)의 『선화봉사고려도경』, 이규보의 『동국이상국집』, 이제현의 『익재집』(益齋集)을 조사해 '靑瓷'로 쓰는 것을 지지했다.

　'청자의 발생과정'은 11세기 문종 때로 판단했다. 가장 오래된 기록으로 고려 광종 9년(958년) 때의 기록은 중국 청자로 판단하고 서긍의 『선화봉사고려도경』에 실린 기록을 근거로 11세기라고 논증했다.

　'청자의 종류'는 상감이 없는 비색청자를 먼저 제시하고 음각·양각·투각·상형 등 기법에 따라 세분하고, 상감청자는 고려만의 독자적인 기법으로 판단했다.

'청자에 새겨진 명문'은 작품을 설명하는 중요한 자료와 묘미가 된다. 우현은 1년 전인 1938년 12월, 『경성대학신문』에 발표한 명수필 「전별의 병」에서 이별의 시를 명문으로 새긴 도자기 두 점을 소재로 쓴 바 있었다. 여기서는 그때 인용했던 「송원이 사안서」를 비롯해 흥미로운 이야깃거리를 제공한다. 우현의 문학적 소양과 청자의 감상 안목이 드러나고, 고려인들의 풍류와 사상을 엿볼 수 있어서 가히 이 책의 백미라 할 만하다.

'청자의 요지'에서는 여러 문헌에 나오는 청자 요지 중 『동국이상국집』 기록을 들어 남산요(南山窯)만을 고려청자 가마터로 보았다. 물론 전라도 강진과 부안에는 남산이 없다. 애써 답사했지만 찾지 못했기 때문이다.

'감상법'에서 우현은 서양식과 달리 실용과 예술 창작 의사가 혼연일체가 되어야 한다며 다도(茶道)를 예로 들었다. 고려인에게 다도와 청자는 불가분의 관계였으며 여러 문헌 기록을 들어 차와 그릇의 미학적 관계를 음미했다. 도자는 오감으로 감상해야 한다고 설파하고, 그리하면 색감은 흑·청·녹색으로 표현되면서 무(無)를 느끼는 경지에 이른다고 했다. 도자기는 한 나라의 역사정신 습성을 대변하므로 직접 그 예술의 세계를 체험하고 마음으로 감상하라고 당부했다.

『조선의 청자』에는 많은 사진이 실려 있다. 1939년의 일본어 판보다는 통문관 전집 제4권과 열화당 전집 제5권이 화질이 좋다. 우현이 1939년 이 책 『조선의 청자』를 쓸 때 연구실 책상 위에 놓았던 사진 중 두 장이 있다. 전사(轉寫)라고 표시하지 않

우현이『조선의 청자』를 집필하며 사용한 청자당초부각수주(왼쪽)와
고려청자용화문호 사진. 동국대 중앙도서관 소장. 인천문화재단 제공.

아 우현이 직접 촬영한 것으로 보인다. 동국대 중앙도서관이 소
장하고 있는 앨범 중에 있던 사진이다.

　이 무렵에『조선일보』가 '신추(新秋) 학술강좌' 특집을 마련하
고 또 우현을 불렀다. 과학, 미술사학, 영문학, 한문학 분야의 권
위자 4명이 1~3회씩 연재하는 것이었다. 연희전문 수물과(數物
科)를 나와 독일에 유학해 자연과학을 전공하고 돌아와서 모교
교수로 있는 한인석(韓仁錫), 경성제대 영문과를 나와 뒷날 북
한에서 김일성대학 외국어학장을 지낸 임학수(林學洙), 국학자

인 명륜전문학교 강사 이승규(李昇圭)가 자기 분야 강좌를 펼쳤다. 이들 3인과 함께 필자로 선정된 우현은 「삼국미술의 특징」을 1939년 8월 31일과 9월 3일 지면에 나눠 실었다.

우현은 고구려는 북중국과 인접되어 직접 영향을 받았고, 백제는 바닷길로 남중국과 교류했고, 신라는 두 나라를 통해 간접적으로 중국의 영향을 받았으며, 삼국을 비교하면 신라가 뒤떨어지지만 간접수용이라 수이(殊異)한 점만을 얻게 되는 바가 있었다고 했다. 그렇게 서술한 뒤 고분 양식의 차이와 미술, 와당문(瓦當紋)으로 본 특색으로 나눠 설명했다. 고분 양식 비교 설명에서 삼국을 서양 근대화가 화풍과 비교한 부분이 재미있다.

고구려 고분벽화는 반 고흐의 힘이 넘치는 동요가 보이고, 경주 고분에서 출토된 칠기 파편 그림은 고갱의 작품에서 어둠을 뺀 고갱적인 요소가 있고, 백제 능산리 고분벽화를 보면 규각(圭角)을 죽인 세잔(세잔의 그림은 규각이 크므로)과 같다고 하며 정림사지탑도 "규각 없는 세잔이다"라고 했다.

고구려 와당은 고덕적이고, 백제는 낭만적이고, 신라는 두 나라 와당의 여러 이점을 취했다고 설명했다. 그런 다음 고구려는 모델리어룽(입체감)이 없고 모든 것이 선적(線的)이고 조각적이며, 신라는 모델리어룽이 풍부해 조소적(彫塑的)이고, 백제는 두 가지 요소 중 신라에 가까우며 회화적인 것이라고 했다.*

이렇게 기술한 우현의 서술 방법론은 뵐플린의 미술 양식 다섯 가지를 그대로 적용한 것이다. 당시 『조선일보』 독자들로서

* 고유섭, 「삼국미술의 특징」, 『전집』 제1권, 279~280쪽.

는 전혀 새로운 지식을 얻게 되고 상당히 재미있어 끌려들었을 만하다.

개성에서 가장 가깝게 지내던 친구 진호섭은 작년에 우현이 쓴 「경주기행의 일절」이 이화여전 교지에 실려 많은 독자에게 가지 못한 것을 아쉬워했다. 그래서 떼를 써서 받아낸 원고가 이해(1939년) 8월 1일 『고려시보』에 실린 「나의 잊을 수 없는 바다」였다. 앞 원고의 재탕이 아니라 못다 한 이야기를 쓴 것이다. 이 글은 뒷날 또 하나의 손꼽히는 명문이 되었다.

우현이 「나의 잊을 수 없는 바다」를 쓰기에 앞서 초여름에 다시 경주에 갔다고 추측하게 하는 자료가 있다. 1939년으로 표시된, 우현이 신라유적 전문가인 동갑내기 최남주(崔南柱, 1905~80)와 함께 대왕암을 뒷배경으로 놓고 찍은 사진이다.* 황수영이 개인 앨범에 넣어 보존한 것인데 황수영이 우현을 따라 경주에 간 것은 1941년이었다. 우현의 글, 황수영의 회고글 전부를 보아도 1939년의 경주여행 이야기는 없다. 1941년 사진을 잘못 편집한 게 아니라면 우현은 1939년에도 경주에 간 것이다.

그밖에 우현은 이해에 조광사가 간행한 2권짜리 『조선명인전』에 여러 편의 짧은 전기를 썼다. 그 책은 보성고보의 스승 황의돈과 이능화(李能和)·현상윤(玄相允)·문일평(文一平)·권상로(權相老)·이희승·이원조(李源祚)·조윤제(趙潤濟)·김상기(金庠基)·이병도(李丙燾) 등 저명한 학자 문필가들이 대거 참

---

* 초우 황수영 박사 탄신 100주년 기념 추모 화보집 『선사의 길을 따라서』, 학연문화사, 2018, 66쪽.

여해 집필한 최고의 위인 열전(列傳)이었다.

우현이 맡은 인물은 불국사와 석굴암을 창건한 김대성(金大城), 조선조 초기 화단을 대표하며 「몽유도원도권」을 그린 안견(安堅), 고려 말의 공민왕(恭愍王), 조선 후기 풍속화가 단원(檀園) 김홍도(金弘道), 신라 성덕대왕신종을 만든 박한미(朴韓味), 분황사의 약사여래상을 만들었다는 명장 강고내말(强古乃末), 중국 고대 동진(東晉)시대의 화가 고개지(顧愷之), 당나라 때 화성(畫聖) 오도현(吳道玄) 등이다. 오늘날 한국의 위인전에 들어가지 않는 공민왕과 박한미·강고내말·고개지·오도현을 넣어 쓴 것이 특별해 보인다.

「공민왕」은 인물의 전기(傳記)로서는 덜 풀린 글이다. 공민왕은 소년 시절 원나라에 볼모로 끌려가서 왕족인 노국대장공주(魯國大長公主)와 결혼하고 돌아와서 31대 제왕의 자리에 올랐다. 원나라를 배척하는 정책을 펴고 독립을 지향하는 개혁을 감행했다. 우현은 공민왕의 전기를 그런 곡절 많았던 생애사보다는 문인화의 화가로 포커스를 맞춰 집필했다. 시간순에 따른 통시적 전개나 기승전결의 서사 구조가 아닌, 왕과 관련한 화적(畫籍) 중심으로 썼다.

우현은 간경변증으로 와병하던 뒷날(1941년 9월) 문득 장편소설을 쓰고 싶다고 하며 공민왕의 이야기라고 일기에 썼다. 생애사를 담은 다음 문인화를 좋아하고 스스로 작품을 창작한 면모를 살려 실명소설로 썼다면 우현은 문체가 좋으므로 가독성 높은 작품이 되었을 것이다.

우현의 「김홍도」는 『조선명인전』에 실은 여러 편의 전기 중 가장 빛난다. 풍속화가인 단원 김홍도에 대한 깊은 애정이 있어서 열심히 쓴 듯하다. 그러나 어려운 한자 말을 많이 써서 쉽게 읽히지는 않는다.

한국미술사에 관심 있는 사람이라면 우현이 스승처럼 모신 대선배인 위창 오세창의『근역서화징』의「김홍도」부분과 우현이 쓴 전기를 나란히 펴놓고 읽고 싶어질 것이다.『근역서화징』은 순한문으로 된 근대화가 인명사전이지만 김홍도 항목은 길어서 한문 원본은 1쪽이 넘고, 시공사가 출간한『국역 근역서화징』은 한문 원문과 번역, 해제를 포함해 4쪽이 넘는다. 그런데 우현의 문장이 어려워서 이런 역설이 생겼다. 우리가 풍속화가 김홍도를 공부하려 할 때『근역서화징』원본의「김홍도」는 한문학 전공자가 아니면 어림도 없을 정도로 읽기가 어렵고, 우현의『조선명인전』의「김홍도」는 난삽한 한자어 때문에 절반쯤 어렵고, 시공사판『국역 근역서화징』은 번역을 잘해놓아 매우 편하게 읽힌다.

우현은 글의 모두(冒頭)에서 단원 김홍도의 출생과 가문을 설명하면서 생몰년에 대한 의문을 제기했다. 그런 다음『근역서화징』을 인용해 김응환(金應煥)의 문도(門徒)로서 수련한 과정과 화가로서 입신하고 청출어람(靑出於藍)이 되는 과정을 설명했다. 그러고는 당시 이왕가박물관에 소장되어 있던「투견도」가 단원의 작품이 아님을 여러 논거를 들어 다시 주장했다. 1936년「고서화에 관하여」와 지난해(1938년) 가을 일본 잡지『화설』(話說)에「수구고주」(售狗沽酒)라는 제목으로 쓴 데 이어 세 번째다. 그가 쓴 거의 모든 글이 다 그렇듯 이 글도 거침

없이 지식을 쏟아내며 펼쳐진다. 다음은 김홍도에 관한 전설을 소개한 부분이다.

그의 의문(依紋, 결을 지음)에서 보듯 소광(疏狂, 정상적이 아닐 만큼 소탈함)됨이 그의 특색이라 할 것이다. 그의 화작(畫作)에서의 소광된 품은 이미 하나의 유명한 전설로 남아 있으니, 즉 정조께서 그로 하여금 분악거벽(粉堊去璧, 흰벽에 하얀 칠을 하고)에 해상군선도(海上群仙圖)를 그리게 하셨더니 단원은 환자(宦者, 내시)로 하여금 농묵(濃墨)을 수승(數升)을 받들게 하고서 탈모섭의이립(脫帽攝依而立, 모자 벗고 옷을 걷어붙이고)하여 풍우(風雨)같이 휘호(揮毫, 붓을 휘두름)하기 여러 차례에 이내 곧 흉흉한 수파(水波)와 구구(蚴蚴, 아름다운)한 인물이 붕옥능운(崩屋凌雲, 집을 무너뜨리고 구름을 헤칠 만큼)할 듯이 호타한 기개를 보였다고 한다.[*]

우현은 김홍도에 대한 긴 서술을 이런 문장으로 끝을 맺었다.

모든 방면에 있어서 활달자재(闊達自在, 도량이 너그러움을 스스로 갖춤)하면서 건실한 화골(畫骨, 데생)을 갖고 있음은 조선조 500년 이래 또한 비주(比疇, 비교할 부류)가 없을 것이다. 이리하여 우리는 결코 단원의 위대한 소이(所以)를 인정하는 바이다.[**]

---

[*] 고유섭, 「김홍도」, 『전집』 제2권, 301쪽.
[**] 같은 책, 310쪽.

그러나 우현이 「고서화에 관하여」 「수주고구」 『조선명인전』에서 김홍도를 크게 중시하고 풍부한 지식을 풀어내며 기술했으면서도 미술사 기술에서 풍속화를 논외로 한 것은 뒷날 미술사 연구자들의 지적을 받았다. 고희동이 "조선의 정취를 찾으려면 단원 김홍도와 혜원 신윤복의 풍속화를 보아야 한다"고 했고, 김용준도 그런 태도를 보였는데 우현은 못했다는 것이다.*

전기 「박한미」도 「공민왕」처럼 보통의 인물 전기 양식과 멀다. 성덕대왕신종을 만드는 데 기여한 4인의 직책과 이름을 종의 표면에 새겼는데 3인 이름은 마멸되어 판독이 안 되고 세 번째 순위에 새긴 '박한미'만 지워지지 않았다. 이름 석 자만 갖고는 전기를 쓰기가 어렵다. 인물이 속했던 사회 환경과 개인적 사정에 대한 정보가 필요한데 그게 없는 것이다. 그래도 꼭 쓰고 싶었는지 우현은 우리가 봉덕사종, 에밀레종이라 부르는 신라 철(鐵)공예의 정수(精髓)인 성덕대왕신종을 만들어간 과정과 양식사, 그리고 그런 것들을 기록한 문헌 소개 중심으로 써 나갔다.

「강고내말」도 「박한미」와 비슷하다. 강고내말은 『삼국유사』 제3권에 나오는 신라 경덕왕 때 범종 주조(鑄造)의 명장이다. 신라 6촌 중 본피부(本彼部) 출신으로 '강고'가 이름이고 '내말'은 신라 관직 16품 중 11품에 해당한다. 경덕왕 14년(755년) 구리 36만 6,700근을 써서 분황사의 약사여래의 상을 주조했다

---

* 김소연 「'조선 후기 회화'의 연구사」, 『한국문화연구』 제37호, 이화여대, 2019. 12, 144쪽.

고『삼국유사』는 기록했다.

우현은 조선 후기에 나온 경주에 관한 지지(地誌)인『동경잡기』(東京雜記)의 기록에서 "고려 숙종조에 삼십육만 육천칠백 근의 약사여래(藥師如來) 동상을 주성(鑄成)했다"라고 한 부분을 소개했다. 그다음에는 신라 경덕왕 14년에 주조한 강고내말의 약사여래 동상과 구리 무게가 일치하므로 착오나 오록(誤錄)일 가능성을 제시했다. 그러고는 조선 세조 때 서거정이 쓴 오언율시 「분황폐사」(芬皇廢利)의 제1구 "芬皇寺對皇龍寺"(분황사대황룡사, 분황사는 황룡사를 마주 보고 있었는데)와 제6구 "有物空餘丈六身"(유물공여장륙신, 육척 크기의 여래상만 부질없이 남아 있네)를 들어 그 약사여래 동상이 조선 세조 때까지 남아 있었을 가능성을 제시했다. 경덕왕 때에 불국사와 석굴암을 창건했으니 강고내말도 참여해 큰 역할을 했을 것으로 믿어진다고도 썼다. 무수한 문헌을 섭렵하고 발췌한 노트가 있어야 집필이 가능한 글이며 한 인물의 전기이자 불교미술사 성격을 가진 글이다.

「고개지」는 넘치는 자료를 압축해 쓴 느낌을 준다. 고개지는 당나라 때 장언원(張彦遠)의 책『역대명화기』(歷代名畫記)에 실린, 까마득한 옛날 중국의 화가였다. 우현은 대학 시절 다나카 교수의 강의에서『역대명화기』를 텍스트로 배운 적이 있었다. 고개지는 박학하고 시부(詩賦)에 능했으며, 글씨와 그림에도 뛰어났고, 특히 인물화론에 대한 많은 명언과 일화를 남긴 사람이었다. 위창 오세창은 그가 우리나라 사람이 아니고 중국 고대의 화가여서『근역서화징』에서 이름을 항목으로 따로 잡아 기술하지 않고 여러 화가의 작품세계를 살피며 잠깐씩 언급하기만 했다.

우현은 조선의 서화가들에게 그 정도로만 알려진 고개지에 대해 상세히 쓰고 싶었던 듯하다. 1부에서 고개지라는 인물에 관해 개관하고는 2부부터 각론에 들어간다. 먼저 그가 낙뢰불기(落磊不羈, 고삐 풀린 듯 크고 작은 일에 연연하지 않음)하고 사람을 잘 웃기는 해학(諧謔)을 가진 사람이었다고 하고 열네 가지 근거를 제시했다. 제대로 번역해준 열화당 전집에서 이 부분을 읽으면 재미있어서 저절로 웃음이 나온다.

3부에서는 문헌에 나타난 자료들을 소개한다. 우현이 이때 35세인데 언제 이런 것을 다 읽었나 궁금해지는데, 물론 글 끝에는 중국과 일본의 참고자료들을 제시했다. 4부에선 고개지의 진본(眞本)으로 판단하는 「열녀전도」(烈女傳圖), 「낙신부도」(洛神賦圖), 「여사잠도」(女史箴圖)에 대한 해제를 풍부한 자료를 인용하며 펼쳐나간다. 5부와 6부는 우현이 판단하는 고개지의 화적(畫籍)에 대한 종합적인 평설이다.

「오도현」은 우리가 어디선가 들은, '시는 두보(杜甫)요 문장은 한퇴지(韓退之)요 글씨는 안진경(顏眞卿)이요 그림은 오도자(吳道子)다'라는 말을 떠올릴 때의 그 오도자다. 인물화와 산수화를 잘 그렸던 당나라의 궁중화가, 화성(畫聖)이라고 불린 사람, 자신이 그린 산수화 속으로 걸어 들어가서 영영 나오지 않았다는 전설의 주인공이다.

위창은 그가 당나라의 화가이고 우리나라 사람이 아니므로 『근역서화징』에서 당연히 한 개 항목으로 잡아 기술하지 않고 여러 글에서 언급만 했다. 예컨대 안견(安堅)에 관해 기술하면서 "안견은 그림 솜씨가 신(神)을 전하는 법에 있어서 우리나라의 오도자로 일컬어지니 그 손가락이 신으로 화해서 사람의 마음으로는 짐작할 수가 없다"와 같은 표현으로 썼다.

우현은 송나라 때 시인 소동파(蘇東坡)의 글 「오도자 화후」(吳道子畵後)와 장언원의 『역대명화기』를 인용하면서 평설을 시작한다.

…시는 두자미(杜子美, 두보[杜甫])에 이르러, 문(文)은 한퇴지(韓退之, 한유[韓愈])에 이르러, 글씨는 서(書)는 안노공(安魯公, 안진경[顏眞卿])에 이르러, 화(畵)는 오도자(吳道子)에 이르러 고금이 변화되었으니, 천하의 잘할 수 있는 이들이 갖추어졌다. 오도자가 그린 인물은 마치 등불을 밝히고 그림자까지 그려낼 듯해 붓끝이 억압하고 순입해 오고 감에, 옆에서 드러내고 곁에서 나타내어 가로로 긋고 세로로 내림에 제각기 더하고 덜하여 자연의 이치를 얻어서 붓끝에 차이가 없다.*

당나라 오도자는 옛날에서 지금까지 독보적인 경지를 터득한 사람으로 앞 시대에서는 고개지 육탐미(陸探微)에서도 볼 수 없었고, 뒤에서도 그와 겨룰 사람이 없었다. 장욱(張旭)에게서 필법을 전수받았는데 이것 또한 그림과 글씨의 용필이 같음을 알겠다. 장욱을 이미 서전(書顚)이라 불렀으니 오도자는 마땅히 화성

---

* 고유섭, 「오도현」, 『전집』 제2권, 268쪽.

한복 입은 우현. 열화당 제공.

우현 부부와 큰딸 병숙. 열화당 제공.

(畫聖)이라고 불러야 한다. 우주의 선이 몸을 빌려 천연스럽게 이루어지는 것 같다. 그의 신령스러움은 끝없이 전개된다.*

우현은 1부에서 자료 인용으로 오도현을 소개해놓고, 2부에서는 짧은 생애사를 붙였다. 3부에서는 화사(畫事)에 따른 다섯 가지 흥미로운 전설을 제시했다. 그리고 4부에서는 화법의 특색을 설명했다.

소개도 풍부하고 여러 화적(畫籍) 자료를 인용한 설명과 평설도 풍부하다. 1939년에 『조선명인전』에서 이 글을 읽은 독자들은 전설 속의 화성(畫聖) 오도현에 대한 충분한 지식을 얻어,

---

* 같은 책, 269쪽.

인천의 사립박문학교 학생들이 개성부립박물관으로 수학여행을 왔다.
뒷줄 오른쪽에서 셋째가 우현이다. 조우성 전 인천시립박물관장 제공.

독서 후의 기쁨을 충분히 만끽했을 듯하다.

우현이 1939년 발표한 글은 1935년에 이어 두 번째로 많다. 80년 뒤에 우현을 읽는 우리는 그가 쓴 미술사 서술에서나 인물 전기에서나 마치 퍼내도 퍼내도 마르지 않는 깊은 우물 같은 그의 지식의 깊이를 느끼게 된다. 그가 대학 조수 시절 필사한 규장각 사료들을 발췌한 노트들을 포함해 밤잠을 줄이고 고심하며 독서하고 독후감을 써놓은 기록들을 동국대 중앙도서관에서 눈으로 확인한 바 있지만, 그것을 활용하는 것에 새삼 놀라게 된다.

그해에 우현은 아들을 얻고 이름을 재현(在賢)이라고 지었다.

딸 셋, 아들 하나의 아버지로서 그는 1939년을 보냈다. 생애에 가장 정신없이 바빴던 한 해였다.

이 시기에 고향 인천의 사립박문학교 학동들이 개성에 수학여행 가서 촬영한 사진이 전한다. 아내 이점옥 여사의 모교라 각별히 맞은 듯하다. 남자반, 여자반 따로 사진을 찍고, 우현은 뒤에 서 있다. '박물관' 간판에 춘포(春圃) 공성학(弘聖學) 이름이 보인다.

제4부
최후의 열정

조선의 미는 구수한 큰 맛이다

국학 연구의 위기

1940년 새해 벽두부터 신문과 잡지가 또 우현을 불러냈다. 『고려시보』는 「양력 정월」, 월간 『박문』은 1월호에 「번역 필요」라는 가벼운 수필을 받아 실었다.

『인문평론』은 1월호에 '현대미의 서(書)'라는 특집을 기획해 문인과 학자 들의 글을 실었다. 우현의 「현대미의 특성」이 맨 앞이고 시인 김광섭(金珖燮)의 「현대미의 병리학」, 안회남(安懷南)의 「전발」(電髮, 머리를 볶음), 임화의 「기계미」, 이헌구의 「여배우의 미」, 김남천(金南天)의 「현대 여성미」 등과 소설가 최정희의 「현대 남성미」, 김용제(金龍濟)의 「전장(戰場)의 미」, 역사철학자 서인식(徐寅植)의 「애수와 퇴폐의 미」, 『동아일보』 기자 정래동(丁來東)의 「각선미」 등 12명의 글을 받아 실었다. 다 읽어보면 우현은 지식의 함량이 많으며 학술적이고, 나머지 필자들의 글은 흥미 위주다.

우현은 「현대미의 특성」에서 그것을 불안성, 지성(知性), 무상성(無常性) 세 가지로 설명하고 특히 지성의 속성을 이렇게 설명했다.

현대미에 있어서의 지성은 옥돌에 있어 빛과 같이 그 자신이 닦여져 빛나기만 바라고 있다. 그러므로 현대미에 있어서 지성은 일종의 광채 나는 영리(怜悧)일 뿐이다.*

이해 정초에 『동아일보』도 비중이 큰 특집 원고를 우현에게 요청해왔다. '조선문화의 창조성'이라는 주제로 각계 권위자 다섯 명이 글을 쓰는 연재 릴레이였다. 우현은 공예 분야를 맡아 「자주정신의 조선적 취태(趣態)」라는 제목의 글을 1월 4일부터 7일까지 4회에 걸쳐 기고했다. 안호상(安浩相)은 「문화 형성의 철학적 지반」, 양주동은 「언어」, 김용준은 「전통미술」, 이병기는 「문학」을 썼다.

우현은 「자주정신의 조선적 취태」에서, 창조란 자주적 정신과 무한적·혼동적 정신의 인과에서 나오는 것이라고 썼다. 또한 모방과 응용, 전용(轉用), 변용(變容)을 통해서 나온다고 했다. 예컨대 삼국시대 철금공예를 보면 서역(西域)과 인도 해안의 여러 나라 것과 공통되는 요소가 보이긴 하나 창조적 변용을 이루었다고 했다.

그 예로 비단벌레 등껍질을 붙여 취태(趣態)를 낸 것은 신라 문화의 창조성이라는 것이다. 돌비석은 중국문화의 소산이지만 경주 무열왕릉비의 예술적 우수성과 탄력적 가치가 웅장하고 위엄이 있어 중국을 뛰어넘는다고 했다. 그밖에 한글과 동활자 또한 조선문화의 창조성의 일면을 드러낸다고 썼다.

---

* 고유섭, 「현대미의 특성」, 『전집』 제8권, 114쪽.

결론에서, 상상력이 풍부한 것이 우리 문화의 특징이며, 그것이 창조의 제1조건이라고 했다. 구성력이 좋은 것도 특징인데 그것은 상상력의 구체화가 이룬 창조의 가장 창조다운 결착(結着)이라고 했다.

3월에 『조선일보』는 라이벌 신문인 『동아일보』의 '조선문화의 창조성' 5인 특집을 평가하고 비판하는 정담(鼎談)을 실었다. 문화예술 평단의 젊은 전문가 3인 서인식(徐寅植, 1906~ ?)·박치우·김오성(金午星, 1906~?)이 나섰다. 뒷날 조선공산당의 거물이 된 사회주의 논객들이었다. 박치우는 우현이 「자주정신의 조선적 취태」에서 펼친 주장에 동조했다. 경성제대 철학과 후배였는데 적확(的確)하게 짚어 말했다.

고유섭 씨는 남과 다른 것만이 창조적인 게 아니라 남의 것을 받아들여 이용하는 데에서도 나타날 수 있다는 의사를 말했는데, 지나(支那)문화나 서양문화를 받아들일 때는 수동적이 되나 그것을 소화해 내 것 만들 때는 창조성이 나타나리라고 봅니다.[*]

우현을 비롯해 민족주의 국학자들이 신문·잡지에 민족정신을 북돋우는 글, 민족문화의 우수성을 강조하는 글을 쓰고 평설을 하며 반 뼘 크기의 학문적 자유를 누리는 시절은 서서히 끝이 보이고 있었다. 1937년 루거우차오(盧溝橋) 사건을 일으켜 중국 침탈에 나선 일본은 대동아공영(大東亞共榮)을 내세우며

---

[*] 박치우, 「민족 정서와 전통」(중), 『조선일보』, 1940. 3. 16.

조선 민족 말살을 위한 황민화정책을 노골적으로 밀어붙였다. 공식행사 때마다 '황국신민의 서사(誓詞)'를 낭독하고 매월 초 하루를 애국일로 정해 신사참배를 하게 했다. 우현의 일터인 개성부립박물관 옆의 개성신사는 이제 일본인만의 것이 아니었다. 학생들이 단체로 끌려와 참배하기에 이르렀다.

우현이 온 힘을 다하고 있는 조선미술사 연구도 위협받고 있었다. 많은 학자가 친일의 대열로 발길을 돌리고 있었지만, 우현은 눈길조차 돌리지 않았다. 그가 교유하는 친구들은 대부분 그랬다.

우현은 박물관에 묻혀 지내진 않았다. 매주 하루 경의선 기차를 타고 경성에 가서 오전에 이화여전, 오후에 연희전문 강의를 하고, 점심 또는 저녁 식사를 이희승·박종홍·서두수 등 동창들과 함께했다. 그들은 시시각각으로 위협을 느끼고 정보와 의견을 공유했다. 학교에서 조선어 수업을 금지할 것이라는 소문과『동아』·『조선』 두 신문이 폐간될 것이라는 소문이 돌고 있었다. 조선어학회도 언제 해산명령을 받을지 모르는 판국이었다. 당장 눈앞에 닥쳐온 것이 작년(1939년) 11월에 공포한 조선총독부 제령 제19호와 제20호 조선민사령에 따른 창씨개명령이었다. 이해 2월 11일이 창씨개명 시작이었다.

이 시기에 우현이 창씨개명에 대한 거부감으로 멀리 있는 아버지에게 역정을 낸 기록이 있다. 부인 이점옥 여사가 남긴 날짜 기록이 없는 글이다. 부친 별세 시점을 놓고 들여다보면 1940년 3~4월에 쓴 글이다.

강원도 주연(珠演) 아버지께서 편지가 왔는데 창씨를 다카시마(高島)로 하였으니 그리 알라고 왔다. (남편 고유섭은) 그 편지를 보고 자기 아버지더러 머리가 돌았다고 몹시 불쾌하게 생각을 했다. 개성시청에서는 박물관 사람들을 참 이상하다고 했다. 머리를 깎으래도 머리도 안 깎고 창씨를 하래도 그것도 제대로 안 들어먹고 한다고 색안경을 쓰고 보고 있었다.[*]

부친 고주연은 자신이 강원도 평강군에서 벌이고 있는 사업 때문에 혹은 박물관장이라는 공직에 있는 아들 우현의 처지를 생각해서 창씨개명을 서두른 듯하다. 이점옥 여사의 기록으로써 우현이 창씨개명을 아직 안 했음을 알 수 있다. 다카시마(高島)라는 성(姓)은 아버지가 결정해 신고한 것이고 우현은 이름을 고치지 않고 버텼다. 우현은 아이들 이름을 전혀 엉뚱하게 짓고 자기 이름은 일부러 일본 왕의 이름 히로히토(裕仁)로 하려다가 아내 이점옥이 말려서 '유섭'(裕燮)을 그대로 적어냈다. 그렇게 제출한 개명계(改名屆)가 반려된 기록이 반년 뒤인 9월 일기에 있다. 이 책 288쪽에 실은 1941년 5월에 발행된 이화여전 교원 신분증에는 다카시마(高島)로 되어 있는데 아버지가 정한 대로 따른 것이었다.

일제강점기 후반 관리와 교사 등 공직자들은 머리를 짧게 깎고 국민복을 입었다. 1940년 칙령 725호로 공포된 국민복령에

---

[*] 「이점옥 여사가 회상한 개성박물관 시절」, 『아무도 가지 않은 길』, 196쪽.

1941년. 머리를 짧게 깎고
상의에 주머니 두 개가 달린
국민복을 입은 우현.
열화당 제공.

따른 것이다. 우현은 못 하겠다고 버티다가 어쩔 수 없이 받아
들인 듯하다. 머리를 짧게 깎고 상의에 주머니 두 개가 달린 국
민복 을호(乙號)를 입고 찍은 사진이 있다. 사진을 찍어 증거로
보내라는 명령이라도 있었는지 우현의 표정이 매우 우울하고
불만스러워 보인다.

우현이 일제에 순응하고 타협한 모습이라고 이 사진을 불쾌
하게 여기는 분들이 있다. 그런 사진은 이것 한 장이다. 당시 정
황과 창씨개명 거부 등 우현의 태도를 살핀다면 오해였음을 알
것이다.

우현은 독일 건축가 브루노 타우트(Bruno J. F. Taut)의 저술
『일본미의 재발견』에 대한 서평을 써서 『인문평론』 1940년 4월
호에 기고했다. 건축에 관한 안목이 보이는 글이다. 통문관 전
집과 열화당 전집의 우현 연보를 보면 같은 달에 「『회교도』 독

후감」을 『가정지우』(家庭之友)에 기고했다고도 나오는데 본격 원고는 아니다. 『가정지우』는 전국금융연합회가 발간하던 잡지였다. '감명 깊은 책과 그 일절'이라는 주제를 놓고 우현과 이광수·유진오·김억에게 청탁해 네 사람의 짧은 원고를 11쪽 한 면에 실었다. 이광수는 『무량수경』과 『법화경』에서, 유진오는 괴테의 『파우스트』에서, 김억은 타고르의 산문시 『기탄잘리』에서 인상 깊은 구절을 뽑아 썼는데 우현은 가사마 아키오(笠間杲雄)의 『회교도』를 선택한 것이다. 『일본미의 재발견』 서평, 「『회교도』독후감」은 모두 4월호이니 2~3월에 쓴 것이다.

4월에 발표한 소소한 쪽지 글이 하나 있다. 『조광』이 「여백문답」이라는 지면을 마련하고 우현을 포함한 명사 27명에게 설문지를 보내 답을 받았다. 이효석·이무영·김남천·김광섭·유진오·김영랑 등 문인이 많다.

설문과 우현의 답은 이렇다. 한창 잘나가는 36세 소장학자 우현의 내면을 조금 엿볼 수 있다. 다섯 번째 질문은 말 같지도 않은지 대꾸조차 하지 않았다.

1. 다시 직업을 선택한다면?

— 역시 지금 직업이 좋소이다.

2. 음악을 어느 정도 이해?

— 남 모르고 나 아는 정도.

3. 신문 받으면 무슨 난(欄)부터?

— 정치면, 사회면, 경제면 그리고 문예면.

4. 고향은 어디이며 소화(笑話) 한 토막?

— 인천이오. 특수한 소화는 모르겠소.

5. 남편이 난봉 필 때 아내도 바람 피운다면?

— …

원고 청탁은 줄줄이 밀려왔다. 우현은 『문장』 5월호에 「신세림(申世霖)의 묘지명(墓誌銘)」을 기고했다. 제목 앞에 급월당잡식(汲月堂雜識)이라는 다섯 글자를 넣었다.* 급월당이 전하는 잡학 상식이라는 뜻이다. 이 글은 조선 중기의 걸출한 화가로서 현재 국립중앙박물관에 소장된 「죽금도」(竹禽圖)를 그린 신세림의 짧은 평전이다. 누가 탁본해온, 행장(行狀) 같은 묘지명을 읽고 『근역서화징』 등의 자료를 소개하며 자신의 해설을 붙여 더 확장해나간 글이다.

아버지의 죽음

그 무렵, 그러니까 1940년 5월에 우현은 아버지 고주연이 만주 지린성(吉林省) 판스현(磐石縣)에서 별세했다는 전보를 받고 큰아버지 고주상을 모시고 가서 장례를 치렀다. 아버지는 향년 60세였다. 정황을 보면 여행이나 출장이 아니라 두 번째 부인과 아들들을 데리고 가서 살다가 죽은 것이다. 고주연은 강원도 평강에 지역 유지로서 자리 잡았는데 왜 판스로 이주했는지,

---

* 급월당은 우현의 별호였다. 1940년 7월 『고려시보』의 「경주기행의 일절」에도 이름 대신 '급월당학인'으로, 『문장』에 발표한 「신세림의 묘지명」 「거조암 불탱」 「인왕제색」 「인재 강희안 소고」는 제목 앞에 '급월당잡식'과 일련번호를 쓰고 본명을 썼다.

왜 거기서 사망했는지 우현의 두 아드님은 알지 못한다.

두 아드님 회고에 의하면 1990년대에 아버지를 따라가서 만주에서 살아온 이복 숙부의 아들인 사촌들이 입국해 찾아왔었다고 한다. 그때 할아버지(고주연)에 관해 물으니 전혀 모른다고 답했다는 것이다. 고주연이 갑자기 강원도 평강을 떠나 만주로 간 이유와 거기서 무슨 일에 종사했고 어떻게 죽었는지는 수수께끼로 남아 있다. 그에 관한 마지막 자료는 1938년 3월 정연리 공립보통학교 유치를 위한 기성회 평의원이 된 기록이다.*

우현의 장남 고재현 선생이 보존해온 사진에 만주 시절 찍은 고주연이 있다. 검은색 망토를 걸치고 양쪽에 후처 김아지 소생인 두 아들을 거느렸다. 무슨 일에 종사했는지 자신만만한 위엄과 카리스마가 엿보이고 두 아들은 윤택하고 행복해 보인다. 고재현 선생은 조부가 큰 제재소 앞에 서서 찍은 사진도 있었다고 한다. 그런 사소한 자료로써 고주연이 만주에서 무위하게 지내지는 않고 사업체 경영을 맡았던 것으로 짐작할 뿐이다.

한편, 우현 가문의 족보 『제주고씨 대동보 영곡공파편』에는 우현의 생모인 평강채씨의 묘소가 만주 하이룽현(海龍縣)에 있다고 실려 있는데 사망일 기록은 없다. 헤어진 남편 고주연은 물론 친자녀들과도 단절돼 있었다고 한다. 두 곳의 거리가 멀지는 않지만 연락했을 가능성은 없어 보인다. 우현은 판스에서 아버지 장례를 치르고 귀로에 펑톈(奉天)에 들러 그곳에서 건축업을 하는 사촌처남을 만나고 왔다는 일기를 남겼다. 하이룽현

---

* 「평강군 정연리 공보 설치 실현」, 『매일신보』, 1938. 3. 10.

만주 시절의 아버지 고주연과 이복동생들. 아버지는 자신만만한
위엄과 카리스마가 엿보이고 이복동생들은 윤택하고 행복해 보인다.

이나 생모에 관한 이야기는 전혀 없다. 아버지가 가셨으니 생모
를 찾아가야 하는 게 아닌가? 마치 어머니를 잊기 위해 열심히
산 듯한 느낌마저 드는 것이다.

아버지의 죽음은 우현에게 충격과 실의를 안겨주었다고 한
다. 아버지는 싸리재 소상인의 아들로 태어났지만 총명해서 외
국어학교에 입학했고, 우등으로 졸업해서 그 학교 교관이 되고,
하늘의 별 따기처럼 어렵다는 황실유학생으로 뽑혀 일본에 유
학한 인물이었다. 그러나 도쿄제대 철학과 입학이 좌절되어 날
개가 꺾였고, 마치 가야 할 길을 잃은 사람처럼 무위한 삶을 살
다가 객지에서 세상을 떠난 것이다.

아버지 고주연이 미두 투기에 빠져 실패를 거듭할 때 대학
생인 우현에게까지 손을 내밀어 돈을 달라고 했다는 말도 전해

진다. 어머니를 내쫓은 일까지 겹쳐, 우현은 "아버지, 왜 이러세요? 정신 차리세요"라고 대들며 소리쳤을 것이다. 우현은 그때 일을 생각하며 아버지에 대한 원망과 자신의 불효를 자책하면서 비탄에 잠겼을 것이다. 개성소주를 상자로 사다 놓고 거의 매일 홧술을 마셨다고 한다.

우현은 조선총독부 도서관 발행 잡지 『양서』(良書) 1940년 6월호에 「지방에서도 공부할 수 있을까」(地方でも 勉强出來ろか)를 기고했다. 통문관과 열화당 전집을 보면 알 수 없으나 『양서』 원전을 찾아보면 당연히 제목과 본문이 일본어다. 같은 뜻의 프랑스어 제목 'Peut-on travailler en province'도 붙어 있다. 필자 명은 고생유섭(高生裕燮)으로 되어 있고 괄호 안에 '高裕燮'이라고 우리식 이름을 넣었다. 위에서 살핀 바처럼 우현이 창씨개명을 완강히 거부하고 있던 시기인데 다카오라는 이름을 쓴 것은 마치 창씨개명을 한 것처럼 하려는 편집자의 뜻으로 보인다. 우현은 지방 박물관장으로서 총독부 도서관 기관지가 글을 써달라고 하니 써야 했을 것이다. 내용은 결코 일본을 찬양하거나 친일적이지 않다. 학교가 없고 문화적 혜택이 전혀 없는 벽지에서 공부하는 길을 상식적인 선에서 제안했다.

우현은 『조광』 6월호에 「개성박물관의 진품 해설」을 기고했다. 만주 판스현으로 가기 전에 쓴 글일 것이다. 우현이 개성고적 안내를 『고려시보』에 장기간 연재한 바 있고 박물관이 귀중한 유물을 다수 소장하고 있는 터라 글을 써달라고 청탁했는지, 다른 주제를 주었는데 마음을 잡을 수 없어 쉬운 주제로 쓰겠다고 하고 쓴 것인지 알 수 없다.

『조광』 6월호 원본을 열어보면 그것 말고도 우현이 쓴 「재단」
(裁斷)이라는 1쪽짜리 짧은 글이 또 실려 있다. "사설(私說)방
송국"이라는 제목을 달고 명사 10여 명에게 집필을 부탁했고,
4월호부터 9월호까지 큰 원고들 사이의 자투리 면에 실은 것이
다. '귀하가 사설방송국을 열었다면 무슨 말을 하겠습니까?'에
답하는 형식이다. 우현은 「재단」을 주제어로 선택해서 썼다. 인
간은 의식적이건 무의식적이건 세상사를 재단하며 인생을 산다
는 이야기, 상당히 관념적이고 밀도가 짙은 글이다.

제자 3인

1940년 여름이 왔다. 우현은 아버지의 죽음이 가져다준 실의
와 슬픔을 이기며 일어섰다. 아내와 자식들 외에 위안과 희망
을 주는 사람들이 있었다. 개성 출신 제자 세 사람이었다. 최희
순(최순우)과 황수영에 이어 진홍섭도 그의 곁에 와 있었다. 세
사람 외에 황수영과 진홍섭의 친구인 박민종*과 장형식**도 자

---

* 박민종(朴敏鍾, 1918~2006)은 경성제일고보, 도쿄음악학교를 졸업
  하고, 개성 호수돈여학교에서 교편을 잡았다. 광복 후 이화여대 교
  수로 있다가 프랑스 파리국립음악원에 유학하고 서울대 음대 학장
  을 지냈다. 도쿄체조음악학교에 유학한 누이 박경흥(朴慶興)이 황
  수영과 결혼했다.
** 장형식(張衡植, 1918~?)은 송도화물이라는 사업체를 경영한 장학
  순(張學淳)의 아들로서 메이지(明治)대학을 나왔다. 우현을 존경하
  고 따랐으나 고미술 연구의 길로 가지 않고 은행원이 되었다. 취미
  로 골동품이나 서화를 수집했으며 뒷날 한국은행 간부, 부산은행 전
  무를 지냈다.

우현을 따르며 배웠던 개성의 엘리트 청년들.
왼쪽부터 진홍섭·박민종·황수영·장형식. 황호종 교수 제공.

주 왔다. 역사 유물과 유적을 좋아하고 고고학이나 미술사를 공
부하려는 열망이 컸으나 부모의 반대로 뜻을 꺾었다. 두 사람은
뒷날 음악가와 은행원의 길을 갔다.

우현 곁에 모였던 황수영·진홍섭·박민종·장형식은 최희순
과는 어울려 돌아가지 않은 듯하다. 넷은 보통학교 시절부터 절
친했고 최희순보다 두 살 어렸으며, 개성의 대부호 가문의 귀공
자들로서 경성과 일본 유학길에 오르고 있었다.

우현의 친구 진호섭의 먼 친척이기도 한 진홍섭이 황수영을
따라 처음 박물관에 온 것은 두 해 전이었다. 진홍섭도 개성에
서 둘째가라면 서러워할 부잣집 아들이었다. 황수영과 개성공
립보통학교 시절부터 단짝 친구였는데 개성상업학교를 다니고

일본에 유학 가서 메이지대학 정경학부 졸업반에 있었다. 역시 개성을 사랑하고 개성부립박물관의 유물을 자랑으로 여겼다. 황수영이 경성에 유학하며 제2고보에 다닐 때도 편지를 주고 받았으며, 친구가 우현을 존경하며 따르는 것도 알고 있었다.

3년 전에 우현 곁으로 온 황수영은 그새 마쓰야마(松山)고등학교를 졸업하고 도쿄제국대학 경제학부 졸업반에 올라가 있었다. 그는 이 무렵에 '개성 세 손가락 안에 드는 부자의 아들이자 첫 도쿄제대생'이라 개성부민의 시선을 한 몸에 받고 있었다. 오만할 수도 있는 환경에서 황수영은 그렇지 않았다. 늘 겸손하고 검소했다. 무엇보다도 고향 개성을 사랑하고 조국애가 깊었다.

4년 전에 온 최희순은 25세로 나이가 가장 많고 처자식을 부양하느라 바빴다. 개풍군청 임시직 월급이 적어서 호수돈여학교에 강사로 나가 조선어와 작문을 가르치느라 박물관에 오지 못했다. 여름방학이 되어 학교 수업이 없게 되자 자주 왔다.

개성 출신이라 세 청년을 모두 아는 진호섭이 우현과 이런 대화를 했을 듯하다. 상상해본 장면이다.

"이보게, 우현. 맹자님의 군자삼락 중 하나가 천하의 영재를 얻어서 가르치는 게 아닌가? 자네는 개성 땅 최고의 수재들이 찾아와 배우니 기쁘지 아니한가?"

"기쁘고말고. 나는 아무도 가지 않은 길을 혼자 가는 터라 힘들고 외로웠네. 걔들이 박물관 일을 해주고 답사도 따라가서 도와주는데 용돈 못 챙겨줘서 미안하네."

우현의 말에 진호섭은 껄껄 웃으며 손사랫짓을 했다.

"개네들 집안이 대단한 부자인 줄 모르고 물색없는 소리 하시네. 그건 염려 안 해도 되네. 최희순은 부친이 대서방을 해서 그냥 먹고살 만한 정도네. 홍섭이네는 동행랑(東行廊)에 살아."

"개성은 남대문이 중심이고 사방으로 길이 뻗어 있는데 만월대 방향, 그러니까 북쪽 거리의 오른쪽이 동행랑이지?"

"잘 아는군. 거기서 제일 큰 청기와집이 홍섭이네야. 우리 가문이라서 자랑 같긴 하네만 조부가 진성렴(秦成濂) 전 포천현감이라 지금도 포천댁이라 불러."

"내 보성고보 선배 공진항 선생과 부친 공성학 어르신 가문보다 윗길인가?"

"공진항 선배가 잘나가고 있으니 진홍섭네가 윗길이라 할 순 없지만 대단하네. 포천현감의 아들, 그러니까 홍섭이 부친의 이름이 진병건(秦柄建)인데 3년 전에 돌아가셨지. 많은 재산을 홍섭이가 물려받았네. 물론 황수영네도 손꼽는 부자네. 부친이 개성부의회 의원 황성현* 씨네."

"몰랐네."

"허 참, 박물관장도 공직인데 공직자가 조선인 부의회 의원을 모르다니… 하긴 뭐 그게 자네답지. 그이는 재산 지키고 가

---

* 황성현(黃性顯)은 1920년대 고려청년회, 송경학우회 등 청년운동에 앞장서고 개성부회 의원을 지냈다. 개성 상공인 여럿과 함께 일본 군대에 보내는 애국기(愛國機) 2기를 헌납한 기록도 있으나 부회에서 조선인의 권리를 찾는 소신 발언을 해 개성인들의 중망을 받은 인사였다(『동아일보』, 1928. 7. 18; 『매일신보』, 1939. 5. 5 및 1941. 12. 22).

문 지키기 위해 왜놈들과 가끔은 타협하지만 강단(剛斷) 있는 사람이네. 지난봄, 부의회에서 제2공립보통학교 세우라고 부윤을 몰아댔네. 내가 보니 자네는 세 제자 중 수영이를 제일 아끼는 듯하네. 하기야 동양 제일의 도쿄제대를 개성 최초로 들어간 인재니까 그럴 만도 하지."

"이보게, 나는 황수영 군이 내 연구를 이어갈 수 있을 것 같은 예감을 갖고 있네. 눈빛을 보면 알 수 있어."

"헛꿈일지 모르니 기대하지 말게. 부친이 허락할 리가 없지."

가상해본 대화다. 그런데 우현은 황수영에게서 그것을 느끼고 있었으며 간곡히 바라고 있었다.

우현은 이해(1940년) 7월 『고려시보』에 「경주 기행의 일절」을 다시 썼다. 1937년에 떠났던 경주 용당포 답사 글, 1938년 겨울 이화여전 교지에 실은 글을 첨삭한 것이다. 그는 용당포 앞바다 대왕암 관련 기행문을 세 번 쓴 셈이다.

1차 「경주 기행의 일절」, 1938년 말 이화여전 교지 『이화』 제8호, 필자명 고유섭.

2차 「나의 잊을 수 없는 바다」, 1939년 8월 1일, 『고려시보』, 필자명 고유섭.

3차 「경주 기행의 일절」, 1940년 7월 16일 및 8월 1일 2회 분재, 『고려시보』, 필자명 급월당학인(汲月堂學人).

3차 「경주 기행의 일절」 앞부분에 "욱천(旭泉) 형의 누차의 청촉(請囑)을 저버리기 가히 어려워 구고(舊稿)를 광협(匡篋, 글상자)에서 다시 찾아 시보여백(時報餘白, 『고려시보』 남은 지면)에 부친다"라는 문장을 넣었다. 욱천은 개성에 와서 사귄 절친한 친구이자『고려시보』전무인 진호섭의 아호다.

그때의 정황을 충분히 상상할 수 있다. 진호섭은 1938년 말 『이화』에 실린 1차 기행문을 읽고 나서 "이런 글은 2,000만 동포 전부가 읽어야 하는데 독자가 적은 교지라서 아깝다" 하고 무릎을 쳤다.『고려시보』에도 써달라고 매달렸고 계속되는 성화를 못 이겨 우현은 작년 8월에「나의 잊을 수 없는 바다」라는 제목으로 내용이 중복되지 않게 써서 기고했다. 그것을 읽은 진호섭은 또 감동했다.

진홍섭네보다는 못하지만 손꼽히는 부자인 진호섭은 3~4년 전 우현과 교유하기 시작하면서 골동품과 고서화 감식안(鑑識眼)을 배워 톡톡히 재미를 보고 있었다. 우현이 사도 좋다고 해서 구입하면 값이 몇 배씩 뛰어올랐다.

그는 우현에게 술을 사며 말했을 것이다. 이런 대화를 상상해 볼 수 있다.

"이보게, 우현. 당신이 쓴 경주 용당포 대왕암 이야기는 이 시대 최고의 글이야. 나는 지금도 그거 읽으면 눈물이 나와. 왜놈들에게 지배당하는 오늘, 죽어서 혼이 되어 왜구 침입을 막으신 문무대왕님 정신을 잊지 말자는 거잖아."

진호섭의 말을 들으며 우현은 술잔을 기울였다.

"거기 가면 외경심이 생기고 우리 민족을 생각하게 돼. 문무대왕님이 불멸의 혼이 되어 동해를 지키고 있다는 느낌이 들어. 어부나 해녀 들은『삼국사기』나 문무왕 수중릉이라고 한『세종실록지리지』『신증동국여지승람』기록을 알 리가 없지. 그런데 함부로 다가가면 안 되는 곳이라 여기며 바위섬을 향해 합장배

례를 해. 거기 올라가본 사람도 있대. 바위는 움푹 파이고, 십자로 교차점이 있고, 물이 고여 있고, 뚜껑 같은 큰 돌이 있대. 대왕님 유골을 넣은 석관을 담았던 것일지도 몰라. 하지만 경주박물관이 따로 있고 총독부를 자극할 염려가 있어서 글 쓰는 건 조심해야 해."

"알았네. 나는 작년 우리 신문에 다시 써준 것도 좋지만 재작년『이화』에 쓴 글이 독자가 적어서 지금도 아까워. 끝에 넣은 시가 좋아. 나는 그 시를 외우고 있어. '대왕의 우국성령은, 소신하신 후 용왕이 되시어, 저 바다 저 길목에, 숨어들어 계셨다가, 해천을 덮고 나는, 왜놈 왜구들을 발밑에 굴복시켜 평정하시고…' 아, 정말 좋아. 제발 그거 우리 신문에 다시 실어줘."

그리하여 우현은 「경주 기행의 일절」을 다시 보완해 집필했고 이화여전 교지 글과 제목이 같기 때문에 급월당학인이라는 필명을 썼다.

경주에 가거든 문무왕의 위적(偉績)을 찾으라. 구경거리로 경주로 쏘다니지 말고 문무왕의 정신을 기려보아라. 태종무열왕의 위업과 김유신의 훈공(勳功)이 크지 않음이 아니나 이것은 문헌에서도 우리가 가릴 수 있지만 문무왕의 위대한 정신이야말로 경주의 유적에서 찾아야 할 것이니 경주에 가거든 모름지기 이 문무왕의 유적을 찾으라.*

---

* 「경주 기행의 일절」, 『고려시보』, 1941. 7. 16.

지금도 인구(人口)에 회자(膾炙)하는 명문장이 있는 이 글은 손꼽히는 최고의 기행문으로 신라 이야기 중 최고의 글이 되었다. 경주기행문이 다시 『고려시보』에 실려 나오니 욱천 진호섭은 물론이고 개성 출신 제자들이 얼마나 감격했을지는 글을 읽어보면 느낄 수 있다. 황수영과 진홍섭은 방학이라 귀향해 있었다.

『문장』 7월호에 우현의 글 「거조암(居祖庵) 불탱(佛幀)」이 실렸다. 급월당잡식(汲月堂雜食)이라는 표시를 제목 앞에 붙였다. 문인과 문학 애호가가 읽는 책이라 쉽고 간략하게 썼으나 매우 인상적이다. 경북 영천 은해사 거조암에 있는 국보 제14호 탱화에 대한 명쾌한 해설이다. 『조선고적도보』에 실린 도판과 영천 현지답사를 통해 탐구한 바를 기술했다. 도판이 압권의 기세를 갖고 있어 누구나 실물을 보고 싶어 하게 마련이라고 독자 소매를 끌어당긴 다음 『조선고적도보』에서 필자 미상이라고 했으나 장문의 화기(畫記)가 있음을 밝히고 전문가다운 풍부한 식견을 펼쳐 해설했다. 게다가 영산전 건축에 관한 지식, 조선 불교의 흐름까지 통찰해서 썼다. 독자는 2쪽짜리 짧은 글을 읽고 몰랐던 지식을 얻은 기쁨을 만끽할 만하다.

어느 날, 황수영·진홍섭·박민종·장형식이 함께 박물관에 왔다. 관람 온 보통학교 학생들에게 박물관 정원의 석탑들을 설명했는데 진홍섭이 떨어져 나와 우현에게 왔다.

"선생님께서 「경주 기행의 일절」과 「거조암 불탱」을 집필하면서 급월당이라는 별호를 쓰셨는데 그 뜻을 알고 싶습니다."

우현은 미소를 지으며 선문답 같은 답을 했다. 진홍섭 박사는

뒷날 우현을 본받아 명성 높은 미술사학자가 된 뒤 이렇게 회고
했다.

언젠가 들려주시던 선생의 아호인 급월당(汲月堂)의 급월의 뜻
과 아울러 학문이란 어떤 것인지를 생각하게 되었다. 원숭이가
못 가운데 비친 달을 길으려 밤새 물을 퍼올렸으나 날이 새도 달
은 여전히 못 속에 있더라는 급월우화(汲月偶話)는 이태백의 촉
월(促月)과는 다른 학문의 심원함을 암시하는 내용이고 이것을
아호로 삼은 선생의 학문에 대한 외경과 아울러 정신의 심정을
깊이 삭일 수 있었다. 이렇게 받은 일련의 충격과 자극은 지금도
잊을 수 없으며 나 자신이 걸어온 연구의 자취를 돌아볼 때마다
더욱 새로워져서 평생의 교훈으로 남게 되었다.*

진홍섭 박사의 위 회고담을 더 읽어보면 그가 이미 『조선고적
도보』 15권 전질을 일본에서 구입해 갖고 있었다는 이야기도
나온다. '책값이 도쿄 유학경비 2년치에 해당하는 900원이었
는데, 모친은 반대했고 부친이 찬성해 거금을 송금해주셨다'는
내용이다. 박물관장인 우현의 월급 1년치 값으로 샀으니 어마
어마한 부잣집이어서 가능했던 일이다. 진홍섭 또한 황수영 못
지않은 부호의 아들로서 고호(古好) 취미를 가졌던 것이다.

---

* 진홍섭, 「급월의 교훈을 되새기며」, 『한국사 시민강좌』 제13집, 일조
각, 1993. 8, 133~150쪽. 인용문 중 "이태백의 촉월"은 이태백이 술
에 취해 달을 잡으려 했다는 '촉월대(促月臺)의 전설'을 뜻한다.

우현이 그 사실을 몰랐을 리가 없다. 그는 자신에게 경도되어 거의 맹목적으로 다가오는 부잣집 제자들에게 학문의 깊이는 끝이 없으며, 그것을 알면서도 끝까지 가야 하는 것이라고 가르치고 있었던 것이다.

황수영·진홍섭·박민종·장형식 4인 그룹보다 네 살 아래인 윤장섭(尹章燮, 1922~2016)도 그즈음 개성부립박물관에 열심히 드나들고 있었다. 그해 개성상업학교 졸업반이거나 보성전문학교에 입학했을 듯하다. 고려유물과 문화재를 수집해, 오늘날 호암(湖巖)·간송(澗松)과 더불어 한국의 3대 컬렉션으로 일컬어지는 호림박물관을 연 분인데 학창 시절에 개성부립박물관에서 우현의 지도를 받고 문화재의 중요성을 깨달았다고 알려져 있다. 그는 뒷날 고향 선배인 개성삼걸 황수영·진홍섭·최순우가 우현의 유고들을 연구하고 발간하던 미술사 전문지 『고고미술』을 경제적으로 후원했다.*

조선 미술문화의 몇 낱 성격

1940년 여름이 왔다. 조선총독부로부터 폐간 압력을 받고 있던 『조선일보』가 또다시 민족문화와 민족정신을 기리는 릴레이 연재 특집을 마련했다. 마지막 저항과도 같았다. '조선학계 총출동 하계 특별논문'이라는 제목 아래 국학 전공학자 11명이 신

---

* 김종규, 「호림 윤장섭 개성5걸에 등극하다」, 『서울신문』, 2016. 5. 24; 김현지, 「진짜 부자라면 돈을 제대로 쓸 줄 알아야」, 『오마이뉴스』, 2013. 1. 23.

문 독자가 이해하는 수준의 논문을 써서 2~3회씩 분재했다.

이병도의 「고려 역사」부터 시작해서, 석주명(石宙明)의 「나비 연구」, 김효경(金孝敬)의 「온천신앙」, 계정식(桂貞植)의 「음악 5음계」 등 논문들이 먼저 분재되고, 다섯 번째로 우현의 「조선 미술문화의 몇 낱 성격」이 7월 26일과 27일 자에 실렸다. 그다음은 양주동이 「하늘의 어원과 의미」, 정광현(鄭光鉉)이 「조선의 법전(法典)」, 박종홍이 「사칠론」(四七論), 이여성이 「조선복식(服飾)」, 이숭녕(李崇寧)이 「조선어 음운론」, 고황경이 「현대조선의 성격」을 주제로 썼다.

우현은 '조선 미술문화의 몇 낱 성격'을 상상력·구성력의 풍부함과 구수한 특질, 이렇게 두 가지로 들었다.

조선 미술의 성격을 몇 낱으로 분석해보면 첫째가 상상력과 구성력이 풍부하다는 것이다. 다른 지면에서도 조선문화의 창조성으로 예를 든 것인데, 일본·중국 등의 조형미술에 비해 구규(矩規, 각이 지고 모난 부분)는 산수적(算數的)으로 나뉘지 않는다. 중국 건축은 정확하다. 같은 방구형(方矩形, 사방 모서리가 있는) 평면의 건축이라도 일본·중국 것은 절반을 재보면 나머지는 재지 않아도 같다. 조선은 창살은 물론 불국사 평면건축과 그 석재들, 다보탑과 개성 만월대의 궁전 평면이 그렇다. '멋이란 것이 부려져' 있다.

둘째는 구수한 특질이다. 구수하다는 것은 순박(淳朴)·순후(淳厚)한 것에서 오는 큰 맛 [大味]이요, 예리함, 규각(圭角, 귀퉁이가 뾰족함)·표열(漂冽, 차디참)에서는 오지 않는다. 심도는 온축(蘊

蓄, 깊이 쌓인)한 맛, 질속(疾速, 몹시 빠름)과 반대되는 완만함이다. 따라서 얄망 궂고 천박하고 경망하고 교혜(巧慧, 교묘하고 슬기로운)한 점은 없다.

…온아(溫雅)하고 단아(端雅)하나 색채적으로 다채적이어서는 아니 된다. 즉, 멋쟁이여선 안 된다. 질박(質朴), 담소(淡素), 무기교의 기교라야 한다. 색채적으로 조선은 다른 모든 나라에 비해 매우 단색적이다. 이것이 적조미(寂照美)의 일면으로 나온다. 적조미는 사상적으로 탐구해 얻은 외부적인 것이 아니요 생활적으로 육체와 혈액을 통해 얻는 커다란 성격의 하나다.*

상상력과 구성력의 풍부함에서 오는 모나지 않은 멋, 끝이 날카롭거나 차갑지 않고 순박한 데서 느끼는 구수한 큰 맛, 단순한 색채에서 오는 적조미를 '조선의 미'라고 규정한 것이다. 당대의 지식인들은 새롭고 탁월한 안목이라며 동의했을 만하다.

이 글은 40~50년이 지나고, 우현이 문을 열었던 한국미술사 연구가 틀이 잡힌 뒤 '야나기 무네요시의 영향을 떨치지 못했다'는 후학들의 비판을 받게 된다. 그렇지만 이것은 폐간 압력을 받던 신문에 쓴 글, 식민사관을 극복하고 야나기의 관점을 넘어서려고 쓴 글이다. 이 글은 우현이 남긴 150여 편의 글 중 가장 큰 대표성을 갖게 되었다. 인터넷으로 '한국의 미'를 검색

---

* 고유섭, 「조선 미술문화의 몇 낱 성격」, 『조선일보』, 1940. 7. 26~27, 『전집』 제1권, 106~113쪽 수록 압축. '다른 지면에서도 조선문화의 창조성'에서 다른 지면은 이해(1940년) 초 4명의 학자들과 더불어 『동아일보』에 기고한 특집 원고를 가리킨다.

하면 이 문장들이 뜬다.

우현이 이여성과 교유를 시작한 것이 이때쯤이었다. 이여성이 『진단학보』에 두 차례 발표한 우현의 글 「조선탑파의 연구」를 칭찬하자 우현의 자기 글에 대한 불만 사항을 털어놓았다는 이여성의 회고가 있다.* 우현은 이여성이 신문기자를 할 때 수인사 정도는 했을 것이다. 그리고 지난해 2월 『조선일보』의 황토문화조사대사업 편찬에 이여성과 함께 이름을 올렸었다.

이여성은 책상물림으로 살아온 우현과는 달리 산전수전 다겪은 풍운아였다. 경북 칠곡에서 만석꾼의 장남으로 출생해 경성의 보성학교를 거쳐 중앙학교에 다녔다. 그때 김약수(金若水, 1890~1964)·김원봉(金元鳳, 1898~1958)과 의형제를 맺었고 아버지를 속여 6만 원을 마련해 중국으로 갔다. 장차 토지를 사서 둔전을 만들고 병력을 키워 독립전쟁을 하려는 것이었다. 우선 진링(金陵)대학에 입학하려고 난징(南京)으로 갔는데 3·1운동이 발발했다. 세 사람은 만주로 갔다. 이여성과 김약수는 의열단을 만들어 암살, 폭파 등 육탄혈전을 감행하려는 김원봉과 뜻이 달라 헤어져 귀국했다.**

이여성은 혜성단(彗星團)을 조직해 민족운동을 펼치다가 3년 감옥살이를 하고 일본으로 가서 릿쿄(立敎)대학에 다녔다. 김약수와 더불어 사회주의자와 아나키스트 단체인 흑도회(黑濤

---

* 이여성은 우현이 사망하고 4년 뒤에 나온 『조선탑파의 연구』(을유문화사, 1948) 초판 서문을 썼는데 그런 내용이 있다.
** 이여성·김원봉·김약수 3인의 교유는 『민족혁명가 김원봉』(한길사, 2019) 참조.

아우 이쾌대가 그린
이여성의 초상화.

會)와 북성회(北星會), 일월회(日月會) 멤버로 활동했다. 그 후, 중국 상하이로 망명해 투쟁하다가 귀국해 『조선일보』와 『동아일보』 기자를 지냈다. 그러다가 동양화에 몰두해 협전에서 입상도 했다. 그러나 또 작파하고 이 무렵에는 복식사(服飾史) 연구에 빠져 있었다. 미술사 연구도 시작했으나 중단한 터였다. 돈이 많기도 하지만 다재다능하고 성실한 사람이었다.

이여성과 우현의 본격적인 교유는 이때가 시작이었던 것으로 보인다. 『조선일보』 릴레이 특집 필자들 모임이 있었거나, "이화여전과 연희전문 강의 오는 날 만나자"라고 이여성이 미리 연락했을 듯하다. 복식 연구에 빠진 이여성으로서는 당대 최고의 미술사 연구자에게서 얻을 것이 많았을 터이기 때문이다.

1936년에 조선총독부가 공포한 조선사상범보호관찰령에 의하면 과거 치안유지법으로 처벌받은 사람은 경찰이 거주·교유

(交遊)·통신을 대놓고 관찰할 수 있었다. 이여성도 해당자였다. 말 한마디도 조심해야 했다. 1940년 초, 이여성은 경성 옥인동 2층 자택에서 이화여전 학생들에게 고구려·신라·백제·고려 시대 옷을 입혀 조선 최초의 패션쇼를 펼쳤다. 『조선복식고』에 실을 사진 도판을 만들기 위한 것이었다.* 고구려 고분벽화를 답사했고 삼국시대와 고려시대 화적에 관한 최고 전문가였던 우현의 자문을 구하고 이화여전 학생들을 섭외하는 일을 도와달라고 했을 것이다. 둘이 의기투합한 뒤에는 일제 경찰에 끌려가지 않고 애국적 문화운동을 펼치는 방안을 놓고 의논하고 서로 격려했을 것이다. 혹은 이때 이여성은 자신이 붙잡았다가 미뤄둔 조선미술사 연구를 우현 때문에 포기했을지도 모른다.

우현의 곁에는 여러 해 이화여전과 연희전문에서 가르친 제자들을 뛰어넘는 제자들, 황수영·진홍섭·최희순(최순우)이 스승을 따라 조선미술사 연구에 몸을 던지려는 태세로 숨을 고르고 있었다. 그들은 우현이 문장 하나를 쓰기 위해 얼마나 노력하는지, 민족혼을 글에 담기 위해 어떻게 고심하는지를 지켜보며 모든 것을 배우고 있었다. 이 무렵에 세 제자와 답사한 사진이 남아 있다. '1940년 8월 화정사에서'라는 메모가 적힌 사진 두 장이다. 우현의 표정은 밝아 보인다.

1940년 8월 10일, 결국 『동아』·『조선』 두 신문은 일제에 의해 폐간당했다. 우현의 「조선 미술문화의 몇 날 성격」은 두 신문에 쓴 마지막 글이 되고 말았다. 두 신문이 경쟁적으로 벌인 원

---

* 「복식사 터 다진 최초 역사화가」, 『한겨레』, 1991. 7. 12.

1940년 8월 화정사에서 제자들과. 맨 왼쪽이 우현이다. 황호종 교수 제공.

고 청탁을 받아 많은 글을 썼던 우현으로서는 원통하고 허망한 일이었다.

우현은 이 무렵에 폭음하는 일이 많았다고 전한다. 우현을 아우이자 친구로 여겼던 이희승 박사는 이렇게 회고했다.

우현은 생존 시에 지독한 애주가였다. 주붕(酒朋)을 만나서 주막에 당도하게 되면 그야말로 두주(斗酒)를 사양하지 않을 정도로 통음(痛飮)하는 버릇이 있었다. 필자의 다른 친구들 중에도 이와 같은 통음가가 적지 않이 있었다. 그들이 탐주(貪酒)하는 이유를 알아보면 대개는 동일했다. 일정시대에는 너무도 잔인한 식민지 정책 밑에서 우리 동포를, 특히 청년들은 육신상이나 정신상으로 제약되는 일이 하도 많아서 가슴에서 북받쳐 오르는 울분과 비분강개의 정을 달래기 위해 오직 독주로서 마비시켜 잊어버리려 하였던 것이다. 우현의 주벽(酒癖)도 이 범주에서 벗어나지 않은 것이었다.*

미술사학자 정영호 교수는 우현에게 직접 배운 제자는 아니지만, 우현의 폭음에 대해 들은 바를 기록했다. 대략 이희승 박사의 회고와 같으나, 한국미술사를 혼자 어렵게 연구했기 때문에 학난(學難)을 달래기 위함이었다는 표현이 있다.**

우현은 그런 상황에서도 글은 계속 썼다. 『문장』 9월호부터 11월호까지 세 번 연속 미술평론을 실었다. 9월호 평론은 또 하나의 유명한 글로 남은 「인왕제색」(仁王霽色)이었다. 현재 국보 216호로 지정되어 있는 작품, 겸재 정선이 직접 비 온 뒤 안개 피어오르는 인왕산을 보며 그린 명품이다. 그때까지 산수화가 중국 것을 모방해 그렸다면 이것은 직접 경치를 보고 그린 진경산수화이며 화법에서도 우리나라 산수가 매우 잘 표현된 작품이다.

『문장』에 기고한 우현의 「인왕제색」 평설을 압축하면 이렇다.

---

* 이희승, 「우현 형의 추억」, 『고고미술』 제123·124호, 1971, 한국미술회, 5~8쪽.
** 정영호, 「고유섭의 생애와 저작」, 『월간공예』, 1988. 6, 115쪽.

우리나라 산수가 매우 잘 표현된 겸재 정선의 「인왕제색」.
국립중앙박물관 소장.

겸재 작품은 많이 남았으나 대작은 드물다. 『근역서화징』 등
문헌은 "창윤(蒼潤, 푸르고 힘차게 윤택함)함이 즐길 만하니 이것
이 겸재의 본색이다" "겸재는 우리나라 제일의 화가로 추대되어
야 한다" "건장하고 웅혼하며 끝없이 넓고 무르녹게 되었다"라고
했다. 조금 지나친 찬사이긴 하지만 나도 동의한다. 그야말로 겸
재의 본색이요 창윤한 맛과 웅혼한 맛과 호한(浩汗, 광대함이 넘
침)한 맛과 임리(淋漓, 뚝뚝 떨어짐)한 맛 등이 있는 득의적인 작품
이다. 수년 전 최난식(崔暖植) 씨 집에서 보았고 지금은 개성 진욱
천(秦旭泉) 호섭 씨 집에서 볼 수 있다.

우현은 이 그림이 영조 27년(1751년) 작이라고 여러 기록을
덧붙여 해설했다. 자신의 절친한 친구인 진호섭이 소장하고 있

우현이 『문장』 1940년 9월호에
기고한 「인왕제색」 지면.

음을 밝혔다. 그 후, 이 그림은 오랜 세월 묻혔다가 삼성그룹 기
증 이건희 컬렉션에 들어 있어 2021년 화제에 올랐다. 신문마
다 우현과 그의 평론 「인왕제색」을 소개하고 진호섭을 소환했
다. 2022년 서울의 두 차례 전시에 이어 2023년 봄 대구 전시는
4주 만에 7만 명이 감상했고, 곧 미국 워싱턴의 스미소니언 박
물관 특별 전시를 위해 떠난다고 신문들은 전했다.

2022년 5월, 용산국립중앙박물관은 '어느 수집가의 초대' 전
시에 이 작품을 포함시켰다. 작품은 암막이 설치된 상자형 별실
안에 걸렸다. 별실 입구에 세로로 확대한 거대한 그림이 간판처
럼 걸리고 장막(帳幕) 안에는 눈높이에 원본이 전시되었다. 그
앞에는 감상을 위한 작은 안락의자가 놓여 있었다. 관람객들이
이곳에 몰려 있어서 여유 있게 보기는 힘들었다.

미술사학자 최열은 이 작품을 "조선 후기의 황금시대가 낳은 걸작이며, 조선 건국 초기 천년 왕국의 꿈을 담은 「몽유도원도」와 함께 비교되는 작품이다"라고 어느 매체와 인터뷰하며 말했다. 시가가 수백억 원에서 1,000억 원에 이를 것이라는 내용도 있었다.

『문장』 10월호와 11월호는 우현의 「인재(仁齋) 강희안(姜希顔) 소고(小考)」를 반씩 나눠 실었다. 앞에서 썼던 김대성·김홍도·고개지 등 작가론보다는 사뭇 길어서 두 차례 분재한 듯하다. 예문관 직제학(直提學)이라는 종3품 관직을 가진 벼슬아치였던 강희안이 예술과 서화를 천기(賤技)로 여기지 않고 수련을 계속해 독보적 경지에 오른 인생 역정을 따뜻한 시각으로 그렸다. 한 편의 짧은 평전이다.

『고려시보』도 계속 지면을 제공해줘 우현은 9월 초부터 10월 초까지 「고려의 경」 「부소사 경천사탑」 「고려왕릉과 그 형식」을 기고했다. 그리고 『인문평론』 10월호에 「말로의 모방설」을, 『조광』 11월호에는 「고대인의 미의식」을 실었다.

『인문평론』에 우현이 실은 「말로의 모방설」은 프랑스 작가 앙드레 말로(André Malraux)의 『예술의 조건』 독후감이자 서평이다. 예술가는 1단계로 독립할 때까지 어린아이처럼 재능이 시키는 대로 하는 본능적 단계를 거치고, 2단계로 모방을 통해 예술가로서 출발하며, 3단계로 자기가 매료되었던 형식을 재현하고 그것을 뛰어넘는 세 번의 단계를 거쳐 완성된다고 했다. 우현은 또한 새로운 의미에서의 모방은 "창조적 활동에 있어서 그 대척(對蹠, 정반대가 됨)을 이루고 있는 작용이 아니고 일종의 본연적 활동이다"라고 결론 지으며 자신의 글「조선문화의 창조성」을 거론했다.

우현이『문장』에 기고한「고대인의 미의식」에서는 삼국시대 문화는 주류가 재래 한족 문화에 서역천축적 불교문화가 혼섭(混攝)되어 있는 것이 일치된 특색이고, 노대국(老大國)이었던 고구려까지도 생동적 패기가 무서운 의력(意力)으로 살아 있었다고 했다. 미의식의 주체가 정지된 것이 아니라 힘찬 운동력을 보이고 있었으며, 애니미즘적 상징주의가 담겼다고 보았다. 원시적 애니미즘에 멎어 있지 않고 사상적으로 깊이 들어갔다고 했다.

1940년 11월, 우현은 첫 일본 여행길에 올랐다. 일본 왕실의 고대 미술품 저장고인 쇼소인(正倉院) 소장품 특별전시회를 관람하기 위해서였다. 8세기 왕실 유물이 보존된 쇼소인은 나라(奈良)에 있는 사찰 도다이지(東大寺) 부설 황실 유물 창고다.

우현이 간 것은 일본 개국 2,600년 기념으로 쇼소인 소장품 일부를 도쿄 제실(帝室)박물관으로 옮겨 전시하는 행사였다.『고려일보』전무인 진호섭이 동행했다. 추측하건대, 우현이 개성부립박물관장으로서 미술사를 제대로 알고 근무하려면 일본에 있는 고대 유물도 직접 보고 비교해야 한다고 출장을 청원했고,『동아』・『조선』폐간 후 유일한 한글 신문이 된 친일 매체『매일신보』에 글을 쓰는 조건으로 출장 명령이 내려온 듯하다. 혹은『매일신보』가 우현을 끌어당기기 위해 "여비를 줄 테니 전시회에 다녀와 글을 써달라"고 제안했는지도 모른다. 진호섭은 부자니까 제 돈 내고 따라갔을 것이다.

우현에게는 좋은 기회였다. 지금까지 써온 수많은 글에서 일본 것과 비교하는 서술을 제대로 못 했기 때문이다. 쇼소인에는 중국 당나라 유물도 있고 조선 땅에서는 볼 수 없는 수많은 고구려·신라·백제 유물이 있는 것으로 알려져 있었다. 1,000년이 넘는 것들이었다.

우현과 진호섭은 일본에 다녀와서 각각 기록을 남겼다. 우현은 『매일신보』에 「쇼소인(正倉院) 어물배관기(御物拜觀記)」라는 제목으로 12월 22일부터 27일까지 4회 연재 글을 썼고, 같은 달 월간 『박문』에 「자인정 타인정」이라는 수필로도 썼다.

우현으로서는 친일 신문인 『매일신보』에 처음 기고한 글이었다. 뒷날 통문관과 열화당이 전집을 묶을 때 「쇼소인 어물관기」로 하고 '배'(拜) 한 글자를 슬그머니 빼고 실었는데 괜한 일인 듯싶다. 우현이 가서 감상하고 글로 쓴 대상은 일본 왕의 위패나 왕관, 초상화 따위 어물(御物)이 아니라 왕실 소유의 서화와 공예품이었기 때문이다. '배관'이 절하고 감상한다는 뜻이기는 하지만 우현은 충성을 다짐하러 간 게 아니었고, 1,000년 전에 당나라·신라·백제·고구려가 교역하거나 선물로 보낸 유물들을 조선 것과 비교 감상한 내용으로 글을 썼다. 글 도입부에 "특별한 은전(恩典)으로 관람한다"라는 말이 있기는 하지만 전체를 읽어보면 일본 것을 찬양하고 우리 것은 초라해서 부끄럽다고 쓴 부분도 없다.

우현은 고구려시대 비단과 색전(色氈, 색깔 넣은 모포나 양탄자)과 백전(白氈, 흰색 모포나 양탄자) 그리고 백제에서 보낸 악기인 공후(箜篌) 등이 제대로 보존된 것을 보고 놀랐다. 그가 본 것이 쇼소인 소장품 9,000점 중 극히 일부에 지나지 않았으나 그것만 해도 큰 소득이었다.

우현의 글에는 언급되지 않았지만 쇼소인에는 8세기 일본 공예는 물론 실크로드를 통해 전해진 페르시아와 인도의 유물, 고구려·백제·신라의 유물이 소장되어 있었다. 특히 신라 유물과 매우 비슷한 사하리가반(佐波理家盤, 15~20퍼센트 주석으로 된 그릇 세트)과 거기 실려 있던 신라 문서 등 신라 공예품과 신라와의 교역 물품 대장을 비롯해 많은 자료가 보존되어 있었다. 우현이 유물은 물론 1,000년이 넘는 문서를 볼 수 있었다면 견문 효과가 매우 컸을 것이다.

우현은 무엇보다도 1,000년 전 민족의 고미술을 제대로 본 감동으로 가슴이 벅찼다. 그러나 한편으로는 중국과 구별되는 독자성을 찾지 못해 허탈했다. 잡지 『박문』에 쓴 「자인정 타인정」에 그런 심경이 드러난다. 허허롭게까지 느껴진다. 일본과 조선의 미술사 연구자는 자기 나라 미술의 독자성을 찾으려고 눈이 벌게져 있는데 중국 학자는 '어디 한번 찾아봐라' 하며 민소자약(憫笑自若, 민망한데도 애써 태연히 웃음)한다는 것이며, 조선미술의 경우 통일신라시대 이전의 것은 중국 것과 구별하기 어렵다고 실토했다. 세계적으로 풍미하고 있는 민족적 독자성 찾기가 조선미술에서는 어렵다고 했다. 1,000년이 넘은 신라·백제의 유물을 본 감격, 그러나 통일신라 이전 것은 독자성이 없다는 인식은 이후 우현의 연구 방향에 영향을 주었을 것이다.

한편, 진호섭은 다음 해 1월 1일 자 『고려시보』에 「동경(東京) 별견기(瞥見記)」를 썼다. '11월 20일에 도쿄에 도착했고, 그날부터 쇼소인 유물을 관람했고, 야나기 무네요시의 사설민예관을 찾아갔으나 야나기는 만나지 못하고 관람만 했다'는 정도의 간소한 내용이다. 방문하겠다고 미리 알렸을 텐데 우현이 여러 번 그의 글을 비판한 일 때문인지 야나기는 우현을 만나기를 꺼린 듯하다.

우현의 존재감이 작아서일까? 아니다. 우현의 명성은 이미 일본 학계에도 알려져 2년 뒤인 1943년 6월 도쿄에서 열린 일본 제학연구학회에 초청되어 발제를 하게 된다. 일본인 학자들 중 조선미술을 가장 깊이 알고 있는 사람 중 하나이며, 우현이 극복하려고 한 인물이기도 한 야나기가 우현을 어떻게 바라보았는지 궁금하지만 자료를 찾지 못했다.

우현과 진호섭 두 사람과 도쿄에서 합류해 동행한 황수영의 회고담도 있다.

대학 졸업이 가까웠던 가을에 선생이 일본 황실의 보물인 '정창원 특별전'을 보러 도쿄에 오셔서 초대일에 나를 데리고 여러 시간 관람한 일이 있었다. 이때의 놀라움은 아직도 생생한데 나는 이즈음에도 가을이면 일본을 찾아가서 이 특별전시회를 보며 선생을 그리워하기도 한다.*

우현은 그해에 영문판 『일본학술대백과』에 '조선의 조각'과 '조선의 회화' 항목을 쓰기도 했다. 일본에 다녀온 직후일 듯

---

* 황수영, 「고유섭 선생 회고」, 『황수영 전집』 제5권, 혜안, 1997, 407쪽.

1940년 11월 보성고보 은사 고희동 선생 개인전에서. 앞줄 흰 두루마기가 고희동. 오른쪽 끝에서 둘째가 우현. 열화당 제공.

하다.

그 무렵, 우현이 보성고보 은사인 춘곡 고희동의 개인전에 가서 찍은 사진이 남아 있다. 미술계 쟁쟁한 원로들과 함께해서인지 우현은 뒷줄 오른쪽 끝에 서 있다.

아버지가 세상을 떠나 만주에 다녀오고 쇼소인 유물을 보러 일본에 다녀오면서도 무려 25편의 글을 발표한 1940년은 그렇게 바쁘게 갔다. 다음 해 여름, 간경변증에 발목을 잡혀 생애 전체가 주저앉게 된 것을 생각하면 이해에 간 기능이 나빠져 극도의 피로감을 느꼈을 텐데 어떻게 넘어섰는지, 아니면 전혀 증상이 없었는지 궁금하다.

생애의 위기가 다가오고

이여성·이쾌대 형제

1941년은 간지(干支)로 보면 신사년(辛巳年)이었다. 우현이 37세가 된 새해 첫날은 토요일이었다. 조선총독부가 조선의 전통문화를 말살하기 위해 세시풍속을 짓밟으면서 음력설은 이미 없어졌다. 우현은 색동옷을 입은 네 남매의 세배를 받고 떡국을 먹었을 것이다. 큰딸 병숙은 여덟 살, 둘째딸 병복은 여섯 살, 셋째딸 병진은 네 살, 아들 재현은 세 살이었다.

박물관 사무실 겸 연구실은 용인들이 석탄 난로를 피워 훈훈한 온기가 돌았을 것이다. 우현은 막 배달된 『고려시보』 신년호를 열고 자신이 기고한 「사상(史上)의 신사년」 부분을 펼쳤을 것이다.

『고려시보』는 간신히 폐간을 면해 살아 있었다. 1월 1일 자는 신년 특대호로 60면을 발행했다. 우현의 글 「사상의 신사년」은 제5면을 가득 채우고 제7면에 나머지가 실렸다.

조선 역사를 삼국기, 통일신라기, 고려기, 조선기로 나누고 각 4~12개씩 주요 사건을 뽑아 설명했다. 읽어보면 독자들에게 패망한 조국의 역사를 제대로 보여주려고 했음을 알 수 있다. 몽고군이 충렬왕 7년(1281년)에 감행한 2차 일본정벌에서 전

함 350척, 병력 십여만 명, 고려군 수만 명이 전몰했다는 내용
도 있다. 역사적 사실을 담담히 기술했지만 고려가 몽고에 예속
되었음과 일본이 우월했음이 드러난다. 실증할 문헌자료가 있
는 것을 진리로 아는, 관학 중심 학파에 속한 터라 저절로 그런
태도를 보인 듯하다.

이 신년 특대호에는 우현의 친구이자 신문사 전무인 진호섭
이 우현과 동행했던 일본 여행을 기록한 「동경별견기」와 나비
연구가 석주명이 조선 후기 남일호(南一豪, 1812~90)의 나비 도
첩(圖牒)을 소개한 「일호(一豪) 남계자(南啓子)의 접도(蝶圖)에
대해서」도 실려 있다.

기록은 없지만 이날 낮에는 아마 황수영·진홍섭·최희순이
세배하러 왔을 것이다. 황수영과 진홍섭은 겨울방학이라 귀향
해 있었다. 함께 오면 늘 그랬듯이 세 제자는 이점옥 여사가 만
들어준 음식을 난롯불이 따뜻한 우현의 사무실에서 먹었을 것
이다.

토요일 오후지만 추워서 우현이 제자들을 이끌고 답사 가지
않을 줄 알고 박물관 아랫마을 사람들이 개성소주 추렴을 벌이
며 우현을 초대했을 수도 있다. 그는 장경달을 포함해 자신을
좋아하는 사람들과 개성소주를 마시러 갔을 것이다.

우현은 보름 뒤인 1월 16일 자 『고려시보』에 「고대(古代) 정
도(定都)의 여러 특성과 개성」을 기고했다. 고조선과 기자조선
은 불확실성으로 논외로 하고 고구려·백제·신라·고려와 조선
이 왕도를 정한 경위와 조건을 서술했다.

이해(1941년) 2월에 조선총독부는 조선사상범예방구금령을

공포했다. 1936년의 조선사상범보호관찰령에 이은 조치로서 치안유지법 위반죄로 구속되어 형 집행이 종료된 사람을 여차하면 미리 구금하는 법이었다. 3월에는 학도정신대 및 근로동원법을 공포하고 중국전선 전쟁물자를 충당하기 위해 미곡 공출제도를 밀어붙였다. 3년 전 공포한 특별지원병령으로 청년들을 중국 전선으로 끌고 갔는데 그 수가 3,000명을 넘었다. 이제 더 늘어날 것이었다.

우현이 일주일에 하루 경의선 기차를 타고 경성으로 가면 곳곳에서 일본 경찰이 신분증 검사를 하고 빨리 증명서를 내밀지 못하거나 대답을 못 하는 사람을 발로 차거나 따귀를 때리는 광경을 볼 수 있었다. 그는 때때로 자신이 일본의 녹을 먹으며 박물관 일을 하는 것이 일본에 대한 굴종이 아닌가 생각하며 한숨을 쉬었다. '나의 목표는 단 하나 조선미술사를 쓰는 것이다. 그게 민족정기를 세우는 길이다. 연구하려면 참아야 한다.' 그렇게 다짐하며 혼자 자주 술을 마시게 되었다.

2월에 새로운 잡지 『춘추』(春秋)가 창간되었다. 『동아』·『조선』 양대 신문이 폐간당한 뒤 『조선일보』 기자 양재하(梁在廈, 1906~66)가 중심이 되어 창간한 잡지였다. 우현은 창간 제2호인 1941년 3월호에 「약사(藥師)신앙과 신라미술」을 기고했다.

약사신앙은 약사여래(藥師如來)에 의지해 병을 고치고 수명을 연장하고 싶은 인간의 희망이 만든 보살 신앙이다. 큰 연화대에 앉아 왼손에 약병을 들고 오른손에는 두려움을 없애주는 시무외인(施無畏印)을 한 자세, 즉 오른쪽 손가락과 손바닥을 바깥쪽으로 펴서 올린 부처님이 약사여래다. 우현은 약사 영험이 거기에만 머무는 게 아니라 십이서원(十二誓願), 즉 모든 사람에게 광명이 넘치고 모습이 원만하고 생각대로 되며 끝없이 베풀고, 재난에서 벗어나며, 음식이 넉넉하고, 헐벗은 이가 옷을 얻는 등 열두 가지 복덕을 포함한다고 설명했다.

그는 약사신앙이 신라 조형예술에 미친 영향으로 십이신장(十二神將)을 꼽고, 그것은 본디 약사불의 십이대원(十二大願)에 응해 그를 두호(杜護)하고 그를 실현시키려고 나선 신장이라고 했다. 약사여래를 시간의 신이요 방위의 신이라고 했다. 인도와 중국의 불가(佛家)에서 갖는 인식을 소개하고 자신이 직접 답사하며 확인한 신라시대 석불들을 들어 논증해 나갔다. 십이지신상은 약사신앙에서 점점 멀어져 잡신적인 방향으로 기울어갔으나 본래가 약사불의 권속이라 했다.

그런데 우현이 왜 이 시기에 '병고에서 구원해주는 부처님'으로 민간에서 받드는 약사여래와 약사신앙을 주제로 글을 썼을지 궁금하다. 공교롭게도 그는 얼마 후 불치의 병고 속으로 빠져들었기 때문이다.

4월이 되자 큰딸 병숙이 심상소학교에서 이름이 바뀐 국민학교에 입학했다. 학교에서 조선어 수업을 금하는 총독부 조치가 공포되었다.

우현의 글 「유어예」(遊於藝)가 실린 월간 『문장』 4월호가 도착했다. 창간호에 우현의 「청자와와 양이정」을 실은 것을 비롯해 어떤 문인보다도 그의 글을 많이 실었던 이 순수하고 정통한 문예지의 폐간호였다. 우현은 전문적인 시인도 소설가도 수필가도 아니었지만 『문장』 창간호와 폐간호에 글을 실은 유일한 필자가 되었다. 그만큼 문단에서 인정받았음을 알 수 있다. 그는 「유어예」에서 삶에서 예술을 어떻게 받아들이고 어떻게 행할 것인가 하는 문제를 풀어갔다.

'유어예'는 '예술에 놀다'라는 뜻으로 『논어』에 있는 말이다. 『논어』에서는 "도(道)에 뜻을 두고 덕(德)을 지키고 인(仁)에 의지하여 유어예(예술에 놀기)해야 한다"고 했고, 독일 시인 실러(J.C.F von Schiller)는 "인간이란 정신과 물질, 인격과 상태라는 양면성을 갖는데 제3의 조건인 유희충동도 필요하다"고 했다. 우현은 완전한 인간이란, 실러식으로 말하면 예술을 알고 행하는 아름다운 심성의 소유자이고, 동양적으로는 예술도 즐길 줄 아는 현성주의(賢聖主義)에 다다른 도덕적인 존재라고 해석했다. 도덕적인 미(美)와 그 방향에 대한 유예(遊藝, 예술에 노는)의 정신을 존중하므로 동서양이 공통이라고 결론을 내렸다. 미학을 전공하고 미술사 연구에 뛰어든 우현 자신이 어떻게 유어예하고 있는지를 스스로 돌아본 듯한 글이다.

월간 『삼천리』도 4월호에 우현의 글 「향토예술의 의의와 그 조흥(助興)」을 실었다. 1940년 11월, 도쿄에 가서 쇼소인 소장품 특별전을 감상하고 야나기 무네요시의 일본민예관에 들렀던 일을 떠올리며 갖게 된 생각을 정리해 쓴 글이다.

도시문명은 인간과 사회가 중점이고, 향토문명은 자연과 인간이 중점이다. 도시예술은 인간과 사회의 일이 중점으로 담기고, 향토예술은 자연의 지방적 특수성이 담긴다. 향토예술은 그 지방과 혈연적 친애성을 갖기 마련이므로 그 안의 미술공예는 야나기식의 용어 민예(民藝)라고 불러야 한다고 우현은 자기 생각을 덧붙였다.

그리고 그는 향토예술은 권장하고 지켜가는 방안을 제시했다. 민예관을 설치해 수집, 전시, 연구, 해설을 하는 것과 향토 예술인들이 민예협회 같은 조합을 결성해 각 지방의 민예를 발전시킨다는 것이다.

4월 중순이었다. 개성에서, 아니 우현의 주변 사람에게서 놀라운 일이 벌어져 개성의 『고려시보』는 물론 중앙의 『매일신보』, 심지어 일본어 신문인 『조선신보』까지 대서특필했다. 기독교 선교사들이 세운 개성의 호수돈여학교가 선교사들의 철수로 경영난에 처해 문을 닫게 되자 진홍섭이 50만 원을 희사한다는 소식이었다.* 일반직 관리의 두 배 이상을 받은 우현의 월급 100원을 놓고 보면 25년 치였다. 이때 진홍섭은 24세였다.

뒷날 진홍섭 박사는 우현이 재산 기부를 탐탁하게 여기지 않았다고 회고했다.

당시 개성의 유일한 여자고등보통학교였던 호수돈여고를 경영하던 미국과의 연계가 2차대전으로 단절되어 폐교의 위기에 이르렀을 때 약간의 원조를 한 일이 있는데 선생은 "평범한 일을 했군" 하셨고 그 학교의 교사로 취직하는 데에도 반대하셨다. 결국은 돈만 있으면 아무나 할 수 있는 일이지. 너는 더 근본적인

---

* 「50만원 대금(大金) 쾌척」, 『매일신보』, 1941. 4. 11; 비운의 호수돈여고 개성인의 손에 재생」(悲運の 好壽敦高女 開城人の 手で 再生), 『조선신보』(朝鮮新報), 1941. 4. 11.

일을 해야 할 것 아니냐는 뜻이었다. 이 비판으로 적지 않은 충격을 받았고…*

진홍섭이 호수돈여학교 교편을 잡는 데 반대했다는 기록은 우현의 일기에도 있다. 우현이 백만장자 상속자인 진홍섭에게 기대한 것은 무엇일까? 만약 진홍섭이 "제가 아버지의 유산을 어떻게 사용하면 좋겠습니까?" 하고 물었다면 일본인들에게 마구 넘어가고 있는 문화유산을 지키는 데 쓰라고 했을까? 휘문고보 제자 전형필(全鎣弼, 1906~62)에게 보화각을 짓게 한 스승 춘곡 고희동처럼 사설 미술관을 열고 서화와 청자 같은 공예품을 모으라고 했을까? 아니면 야나기 무네요시처럼 민예박물관을 지으라고 했을까? 그런 상상을 해볼 수 있다.

진홍섭에게 그렇게 말한 뒤 우현은 곧바로 가장 크고 야심적인 작업인 「조선탑파의 연구」 속편 원고에 전력을 다해 매달렸고 그것은 「조선탑파의 연구 기삼(其三)」으로 1941년 6월에 발행한 『진단학보』 제14권에 실려 나왔다. 1936년 11월의 제6권에 실은 1차 원고, 1939년 4월 제10권의 2차 원고에 이어 3차로 발표한 것이다.

앞선 제10권의 두 번째 연재에서 '4. 석조 탑파. 중(中)' '4-1. 조선 석탑양식의 발생으로부터 그 정형과 성립'까지 썼는데 그 뒤를 이어 이번 세 번째 연재에는 '4-2. 전형적 양식 성립 이후의 일반 석탑 양식의 변천상'부터 기술했다.

---

* 진홍섭, 「급월의 교훈을 되새기며」, 『한국사 시민강좌』, 139쪽.

양식사적 순차로 볼 때 감은사지탑이 제1위, 고선사지탑이 제2위, 중앙탑이 제3위, 나원리탑이 제4위이며 이것들은 조선 석탑의 전형이며 조선탑파사상 제2기에 속하고 신라 역사상 중대(中代) 전기에 속한다고 보았다. 무열왕에서 혜공왕까지를 중대로 보며 그 전기는 무열왕부터 성덕왕 때까지라 했다.

중대 후기에 속하는 제3기는 효성왕 때부터 혜공왕 때까지라고 하며 그 양식에 관해 기술했다. 양식적으로는 제2기와 비슷하나 일반적으로 왜소하다고 했다. 불국사 석가삼층석탑 등 13개 탑 등을 열거하고 경상도 중심, 건축적 정신보다는 수식으로 변천, 별개 장식물의 첨부를 특징으로 들었다.

그런 다음 세대론적인 분석과 중대 후기의 일반 석탑계의 동향을 불국사의 다보탑을 대표적인 것으로 놓고 분석했다.『묘법법화경』을 비롯해 탑파와 관련한 설화들을 실은 문헌을 논고로 내세우고 일본 학자들의 견해도 대비시켰다. '부론'(附論)을 덧붙였고 모전탑(模塼塔)의 발생에 관해 기술했다.

연재 원고 끝에는 '미완'(未完)이라고 썼다. 그랬으므로 뒤를 이어서 통시적 순서로 고려시대, 조선시대로 넘어가야 하는데, 그 후 웬일인지 일본어로 다른 각도로 써나갔다. 이 유고들은 1947년 12월에 단행본『조선탑파의 연구』로 실려 나왔고 통문관과 열화당 전집에 실렸다.

우현 본인은 몰랐겠지만, 신이 부여한 생명의 끝은 3년 뒤로 다가오고 있었다. 매우 침착한 사람인데 왜 속편을 써나가지 않고 일본어 원고를 썼을까? 1~3회 연재를 하다 보니 구성을 잘못했구나 판단했을 수도 있겠다.

조선탑파 연구 3차 논문을 진단학회에 보낸 후였을 것이다. 신생 월간지 『춘추』가 우현에게 두 가지 일을 맡겼다. 「조선 고대미술의 특색과 그 전승문제」라는 주제로 1941년 7월호에 집필을 청탁했고, 또 하나는 마치 『동아』·『조선』을 대신하겠다는 듯이 지상좌담회를 기획하고 참석을 요청했다. 제목이 '조선 신미술문화 창정(創定) 대평의(大評議)'였다. 우현을 비롯해 고희동·이상범·이여성·길진섭(吉鎭燮, 1907~75)·심형구(沈亨求, 1908~62)·이쾌대·김용준·문학수(文學洙, 1916~88)·최재덕(崔載德, 1916~?) 등 10명이었다. 이쾌대를 포함해 조선신미술가협회 젊은 멤버 셋이 들어간 것이 특별하다. 친일 미술단체인 조선미술가협회를 거부하며 그해 1월 이쾌대가 앞장서 조직한 단체였다.

그들은 미술의 지도시설, 조선 미술의 특징, 공예미술의 부흥, 미술에 대한 취미, 작품의 창작성, 감상력과 구매력, 민간의 미술, 신미술의 창정 등 여러 주제를 놓고 토론했는데 읽어보면 조금 산만한 느낌이 든다. 총독부가 예술을 국가총력 집중의 수단으로 이끌어가려 했고, 그래서 급조된 좌담 같기도 하다.

우현은 소주제 '미술에 대한 취미' 하나만 빼고 다 발언했고, 소신을 말한 것 외에 특이한 것은 없다. '조선 미술의 특징'을 묻는 질문에 "질문이 너무 크다. 별도 원고 「조선 고대미술의 특색과 그 전승문제」에서 말하겠다"고 했고, 『춘추』 수록 글 끝에 "5월 16일"이라고 원고 끝낸 날짜를 썼다. 5월 초에 좌담을 미리 조율하는 과정에서 원고부터 먼저 써 보내기로 한 듯하다.

우현은 토론을 조율하는 사전 모임 때 이여성·이쾌대 형제를 만났을 것이다. 형제와 교유한 사실은 여러 사람의 글에 실려 있는데 이쾌대는 이때가 아니면 만났을 접점이 없다. 이쾌대는 형 이여성보다 열두 살 아래로 이때 29세였는데 가장 주목받는 신진작가로 존재감을 알리고 있었다.

이쾌대는 휘문고보 재학 시 스승이던 화가 장발(張勃, 1901~2001)의 권유로 회화에 입문해 졸업반이던 1932년 제11회 선전(鮮展)에 입선하고 일본 유학길에 올라 데이코쿠(帝國)미술학교를 다녔다. 일본의 전위예술 성향의 미술공모전인 이카덴(二科展)에 여러 번 입상하고, 이중섭(李仲燮)·최재덕·문학수·김학준(金學俊, 1911~?)·진환(陳瓛, 1913~51) 등과 함께 조선신미술가협회를 결성했다. 그들은 조선 고유의 미감을 어떻게 살려낼 것인지 고심하고 있었고 그래서 우현을 만나기를 고대해왔다.

좌담이 끝난 뒤 우현은 참석자들과 식당에 갔고, 스승인 고희동, 선배인 이상범과 이여성을 공손히 받들면서 자기 또래 또는 한참 어린 신예 화가들을 격려했을 것이다. 요즘 식으로 말해 2차 술자리는 이쾌대가 정중히 모셔갔을 만하다.

우리는 이런 장면을 상상할 수 있다. 이쾌대가 1938년 「운명」으로 일본에서 공모전에 입상했을 때 그는 주최 측이 만들어준 컬러 엽서 수십 장을 가방에 넣고 다녔다. 이쾌대가 그것을 한 장 건네주는 순간 우현은 눈을 크게 떴다.

"비범한 작품이네. 장발 형님이 천재를 발굴하셨군. 기대가 크네."

이쾌대를 발굴한 장발은 인천해관의 방판(幇辦)을 지낸 장기

1938년 일본에서 공모전에
입상한 이쾌대의 「운명」.

빈(張箕彬, 1874~1959)의 아들이자, 뒷날 국무총리를 지낸 장
면(張勉, 1899~1966)의 아우였다.

"자네 스승님 장발 선생은 인천 출신이고 나보다 네 살 위이
시네. 옛날 돈 찍어낸 전환국 있던 전동(典洞)에 살다가 화촌동
(花村洞)에서도 살았지. 그 형제들은 답동성당이 세운 박문학
교에 다녔고 나는 공립보통학교에 다녔지. 나는 기차통학했고
그이는 경성 친척 집에 기숙했네. 그렇지만 내 아버님이 황실유
학생 출신이고 숙부님이 세관원이었으니까 집안이 서로 안부
물으며 사네. 또 내 아내는 박문학교에서 장발 선생 누이 정혜
(貞慧) 씨한테 배웠네."*

---

 *「장기빈 옹이 작성한 친필 가보(家譜)」, 허동현, 『운석 장면 일대기』,
  운석장면기념사업회 인터넷 웹사이트 티스토리(unsuk.tstory.com).

우현의 말에 이쾌대는 놀라운 발견을 한 듯 손뼉을 쳤다.

"아, 그렇습니까? 선생님도 스승으로 모시겠습니다."

좌담 기록과 우현의 특별기고 「조선 고대미술의 특색과 그 전승문제」가 실린 『춘추』 1941년 7월호는 며칠 후 각자 받아보았을 것이다. 이쾌대로서는 우현의 글에 자신과 조선신미술가협회 동인들이 원하는 답이 들어 있어 열심히 읽었을 것이다.

「조선 고대미술의 특색과 그 전승문제」는 꼭 1년 전 『조선일보』에 발표한 「조선 미술문화의 몇 낱 성격」과 함께 우현이 한국미의 특색을 정리한 글로 유명하다. 우현은 "조선미술의 특색을 말하는 것은 심심한 연찬(研鑽)과 장구한 고구(考究)의 총결집으로 나올 수 있는 것이요, 간단명료히 일조일석의 호기(好奇)에서 나올 수 있는 것이 아닌 것이다"라고 했다. 그러면서 수천백 년의 변천을 통해 형성된 특색은 '무기교의 기교, 무계획의 계획'이라고 했다. 그것은 기교와 계획이 생활과 분리되고 분화되기 이전 것으로서, 구상적 생활 그 자체의 생활본능의 양식화로서 나오는 것이라고 했다.

조선에서는 개성적 미술, 천재주의적 미술, 기교적 미술이란 것은 발달되지 아니하고 일반적·전체적 생활의 미술, 즉 민예라는 것이 큰 동맥을 이루고 흘러내려왔다고 했다. 그러므로 조선의 미술은 민예적인 것이매 신앙과 생활과 미술이 분리되어 있지 않다고 했다.

우현 부인이 장정혜에게 배운 기록은 「이점옥 여사의 기록」, 『아무도 가지 않은 길』, 171쪽에 있다.

그것은 상품화된 미술이 아니므로 정치(精緻)한 맛, 정돈된 맛이 부족하고 대신 질박한 맛과 둔후(鈍厚)한 맛과 순한 맛에 있어서 우승하다고 썼다. 정제성(整齊性)이 부족한데, 예컨대 석굴암은 건축적 양태는 정제되어 있으나 조각은 그렇지 않고, 도자공예도 왜곡된 파형(跛形)을 이루고 있고 음악적 율동성을 띠고 있다고 했다. 그러면서 조선의 예술은 선적(線的)이라고 한 야나기 무네요시의 정의에 동의했다. 상하나 좌우가 규칙적으로 동일하지 않은 점을 들어 정제성을 강조했다.

　우현은 무관심성과 구수한 맛도 조선미술의 특징으로 지적했다. 특히 구수한 맛을 설명하며 "(중국과 비교해보면) 조선의 미술은 체량적으로 비록 작다 하더라도 구수하게 큰 맛이 있는 것이다. 조선미술에서 나는 항상 한 개의 모순을 본다. 그것은 작은 맛과 큰 맛이다"라고 했다.

　그는 결론에서 『맹자』의 「이루(離婁)편」의 말을 인용했다.

　"청기언야(聽其言也)며 관기모야(觀其眸也)면 인언(人焉) 재(哉)리오(그 사람이 하는 말을 들어보고 그 눈동자를 살펴본다면 사람이 어찌 숨길 수 있겠는가?)"에서 관기모(觀其眸)에서의 모(眸, 눈동자)에 해당하는 것이다. …조선의 문화인은 다른 나라의 문화인보다 이 방면에 관심이 너무 적었다. 조선미술의 전승문제에서뿐 아니라 일반이 조선문화의 전승을 문제 삼겠거든 이 방면에도 깊은 관심이 있어야 해결될 것이다.*

---

* 고유섭, 「조선 고대미술의 특색과 그 전승문제」, 『전집』 제1권, 94쪽.

생애의 위기가 다가오고　427

이 글의 주제 문장은 조선미술에 대해 그가 남긴 가장 대표적인 어록이 되었다.

조선의 미술은 민예적인 것이매 신앙과 생활과 미술이 분리되어 있지 않다.*

이 문장은 뒷날 1974년 우현 30주기를 맞아 인천시립박물관에 건립된 기념비에 새겨졌다. 그러나 이 논문, 특히 기념비에 새겨진 주제문은 후학들의 논란을 불러일으켰다. 조선미술을 '무관심성, 무계획의 계획, 민예적인 것'으로 설명한 것은 공시적이며 일원적인 시각이고, 야나기 무네요시를 따라갔다는 지적이다. 강우방 교수는 민예적이라는 표현을 꼬집었다. "어느 나라건 민예품을 가지고 한 나라 미술의 특색을 삼는 경우는 없는데 그 민예적이라는 것이야말로 인류 공통의 보편적인 것이며, 민속품이나 공예품만 가지고 한국미술의 성격 전체를 규정할 수는 없는 것이다"라고 했다.**

1941년 7월 중순, 우현은 다시 경주 답사길에 올랐다. 개성의 유지들을 이끌고 간 여행이었다. 석굴암 본존불 앞에서 여럿이 찍은 사진이 남아 있다. 7월로 보는 것은 글의 회상 순서로 보아 1941년이고, 여름 옷차림인 데다 일행 중에 젊은 황수영이

---

* 같은 책, 87쪽.
** 강우방, 「기를 형상화한 백제 대향로」, 『월간미술』 제185호, 2000. 6, 132~135쪽.

1941년 개성 유지들과 함께한 경주여행. 맨 왼쪽이 우현, 오른쪽 둘째가
황수영. 황호중 교수 제공.

끼어 있고 그가 뒷날 이런 기록을 남긴 때문이다.

대학 재학 중 여름과 겨울방학 때는 꼭 귀국하였는데 한 해는
우현 고유섭 선생이 이끄는 고향의 유지 일행과 경주에서 당시
박물관원 최순봉(崔順鳳, 해방 후 초대관장) 씨와 고적에 밝았던
최남주(崔南柱) 씨의 인도로 석굴암에 이르기도 했다.[*]

아마도 3~4일 정도의 짧은 여정이었던 것 같다.
우현은 경주여행 직전 또는 직후에 「개성박물관을 말함」을 일

---

[*] 황수영, 「고유섭 선생 회고」, 『황수영 전집』 제5권, 444쪽.

문(日文)으로 써서 일본 호운샤(寶雲社)가 발행한 도자기 공예 취미 잡지 『차완』(茶わん)에 보내고 「미술의 내선(內鮮)교섭」을 『조광』에 써 보냈다. 둘 다 8월호에 실렸다.

「개성박물관을 말함」에서 그는 남의 평가를 빌려 이렇게 슬쩍 자랑했다. 경성의 이왕가미술관과 총독부박물관은 풍부하나 그윽한 느낌이 없고, 경주박물관은 당조(唐朝)의 취벽(臭癖)이 강하고, 부여박물관은 아직 정비되지 않았고 된다 하더라도 육조취(六朝臭)가 날 것이고, 평양박물관은 진열품의 진귀함에 놀라는데, 개성부립박물관은 가장 조선답다고 했다. 그런 다음 진열 방법과 소장품 등을 설명했다. 조선 땅에 오는 일본인들과 조선 내 거류민들을 끌어당기는 유인성이 강한 글이다.

「미술의 내선교섭」은 『조광』 원본을 열어보면 '내선(內鮮)문화의 교류 특집'이라는 상위 표제가 달려 있다. 보성전문 교수 손진태의 「고구마와 감자 전래설」, 이병도의 「삼국시대의 동류(東流)」, 김상기의 「내선 무역사정」, 우현의 경성제대 은사인 후지타 료사쿠(藤田亮策)의 「구옥(勾玉)과 상대(上代)문화」, 조선어 음운론 전공자인 고노 로쿠로(河野六郎)의 「내선 양어(兩語)의 친근성」 등이 함께 실렸다. 우현의 글이 일본인 역사학자와 언어학자의 글과 사이좋게 묶여 있다.

통문관 전집 제3권과 열화당 전집 제8권은 우현의 글 제목을 「미술의 한일교섭」으로 바꿔 실었지만 잡지에 실린 원문은 「미술의 내선교섭」이다. 내선(內鮮)이란 내지(일본)와 식민지인 조선의 약어로 일제강점기에 쓰던 차별적 단어다. 목차의 제목들을 보면 학자들이 조선과 일본이 동류라는 총독부의 동화정책에 동원되었음을 알 수 있다. 독자들은 '아이쿠, 우현과 이 저명한 학자들, 이제 큰일났네. 잡지『조광』도 친일로 돌아섰네' 하는 생각을 가졌을 것이다. 다른 분들의 글은 분석해보지 않았지만 우현의 글은 친일 색채가 전혀 없다.

우현은 조선을 '반도', 일본을 '내지'라고 칭하는 게 싫어서 청구(靑丘)와 부상(扶桑)으로 칭했다. 다른 학자들에게는 없는 방식으로 그의 민족주의 정신이 묻어난 단어다. 우현은 이 글에서, 양식이란 것이 성립된 신석기시대 중심으로 논술을 펼치며 고대 두 나라의 교류와 교섭은 같거나 다른데, 분묘 형식을 예로 들면 남선(南鮮)과 북선(北鮮)이 차이가 있고 일본은 남선(南鮮)의 영향을 받았다고 썼다.

그런데 게재된 분량이 4쪽으로 다른 필자들 글보다 절반 이하로 짧고 끝에 '차회(次回)에 계속(繼續)'이라는 말이 붙어 있다. 몸이 아파서 우현이 더 쓰지 않았는지, 더 길게 썼는데『조광』편집자가 '일본미술은 거의 남선(南鮮)의 영향을 받았다'는 논증을 펼친 터라 필화를 당할까 걱정스러워 잘랐는지 그 사정은 알 수 없다. 그랬다면 우현은 독하디독한 개성소주를 마시며 울화를 다스렸을 것이다.

미술사 연구가들에 따르면 이 여름에 젊은 화가 이중섭이 개성에 가서 우현에게 조선의 미를 어떻게 화폭에 구현할지 지도를 받았다고 한다. 대표적인『이중섭 평전』은 최석태와 최열이 쓴 것으로 훌륭한 저술들이다. 둘 다 이중섭이 개성으로 가서 우현에게 배웠다고 했는데 내용이 같으면서도 조금은 결이 다르다.

1941년 『조광』 제8호에 실린
「미술의 내선교섭」.

최석태의 평전은 황수영이 고유섭 별세 직후 이여성을 찾아가 장차 어떻게 할 것인가 자문 얻은 것, 김병기의 회고에 따르면 이중섭이 박물관에 자주 드나들어 공부했다는 것, 가까운 친척이 개성에서 살아 거기 묵었다는 것 등을 들어 설명했다. '이여성이 연결, 개성박물관 학습'인데 확신이 크다.*

최열의 평전은 이중섭의 개성행을 길진섭과 문학수의 소개에 따른 것이라고 했다. 두 사람과 우현을 이어준 끈은 1941년 6월 월간 『춘추』의 지상 설문 '조선 신미술문화 창정 대평의'라고 했다. '길진섭 또는 문학수가 연결, 개성박물관 학습'인데 확신이 약하다.**

---

* 최석태, 『이중섭 평전』, 돌베개, 2000, 137~138쪽.
** 최열, 『이중섭 평전』, 돌베개, 2014, 175쪽.

우현이 이여성·이쾌대 형제와 함께 월간『춘추』의 '조선 신미술문화 창정 대평의'에 참여할 때 길진섭·문학수도 끼었다. 그러나 우현이『진단학보』에 「조선탑파의 연구」를 발표한 직후 이여성에게 스스로 불만스럽다고 말한 사실, 1944년 6월 고유섭 타계 직후 황수영이 이여성을 찾아가 추후 일을 의논한 사실, 이여성이 1947년 12월 우현의『조선탑파의 연구』초판 서문을 쓴 사실 등이 최석태의 확신을 온당하게 한다. 게다가 친일과 어용을 거부하며 이쾌대가 앞장서 조직한 조선신미술가협회에 이중섭이 참여했으며 이 협회의 활동 방향과 방법에 이여성이 깊이 관여한 사실을 논하고, 협회 회원들이 고유섭의 영향으로 작품의 민족성과 정체성을 확립했다는 분석도 덧붙였다.

이때 우현은 37세, 이중섭은 26세였다. 조선미술사 관련 우현의 글을 읽고 감화를 받고 찾아온 비범한 청년 화가가 우현에게 회화 기법을 배웠던 것이다. 이중섭의 특기인 은지화(銀紙畵) 기법이 이때 배운 고려청자의 상감 기법이나 금속공예의 은입사(銀入絲) 기법에서 터득한 것이라 하고, 고려청자에 그려진 동자(童子)의 모습을 연구해 작품에 반영한 것도 우현의 영향이라고 하니 우현의 가르침은 효과가 사뭇 컸다.

고추 무역의 수렁

이해(1941년) 늦여름에 우현은 생애의 가장 큰 돌이킬 수 없는 실패의 문을 열고 말았다. 그것은 전혀 경험이 없는 고추 무역 때문이었다. 박물관 일을 거드는 장씨 형제들이 중국산 고추를 수입해 팔아 몇 배 이익을 남긴 것을 알고 책밖에 모르는 순진한 학자는 귀가 혹했다.

이 사태의 경위를 우리는 이 무렵에 쓴 것으로 보이는 이점옥 여사의 글로써 알 수 있다.

1941년인가 되는 해에 나도 몰래 우리 아버지한테 장사 좀 하게 돈을 달란 모양이다. 우리 아버지가 돈을 주어 장씨 넷째 동생이 그 돈을 가지고 북경(北京)에 가서 고추를 사온다는 것이 썩은 고추를 사와 인천세관에서 썩은 고추를 쓰레기통에 버리게 되었다고 하여 야단이 나서 이리 뛰고 저리 뛰고 하는 판에 내가 그것을 알아가지고 바가지를 긁기 시작했다. 어쩌자고 나 몰래 갔다가 저리 큰 손해를 보고도 마음이 편하냐고, 어쩌자고 장씨네를 믿고 그런 짓을 했냐고 몰아대었다. 그러니 아버지한테도 미안하고 남도 부끄럽고 나한테도 무어라고 말할 수 없이 미안하고 하여 은근히 속으로 몹시 고통을 하다가 결국엔 병이 나고 말아서 몹시 앓다가 석 달 만에 땅을 디디게 되었다.[*]

아내 몰래 장인 이홍선에게 빌려 고추 무역에 투자한 돈은 1만 4,000원이었다. 처음부터 썩은 고추를 샀다든가, 그런 허무맹랑한 사기를 당한 것 같지는 않다. 손해 본 돈은 4,000원이었다. 우현이 받은 월급이 1939년에 100원이었다는 기록이 있다. 40개월 월급만큼 손해를 본 것이다. 돈을 벌어서 무엇을 하려고

---

[*] 「이점옥 여사가 회상한 개성박물관 시절」, 『아무도 가지 않은 길』, 196~197쪽.

했을까? 책을 사려고 했을까? 그렇게 좋아한 고려청자를 사려 했을까? 야나기처럼 민예관을 만들려고 했을까?

여러 가지 상상을 해보지만 짚이는 것은 경성제대에서 전공을 정할 때 담임교수가, "네 집에 먹을 것 넉넉하냐? 이런 전공은 돈의 여유가 있어야 연구도 여유롭게 할 수 있다"라고 한 말의 뿌리 깊은 영향력이다. 그동안 처가의 지원을 받았다고는 하나 부족했을 것이고 자존심도 상했을 것이다. 막상 여러 해 연구하면서 '아, 그 말이 맞는구나' 하고 절감했을 것이다. 그의 주변 친구와 제자 들은 대개 부자였다. 그것도 영향을 받아 우현은 어느 순간 무의식 속의 욕망으로 인해 긴 시간 지켜온 절제의 틀을 넘어선 것 같다.

장인이 딸 모르게 사위에게 꾸어준 돈 1만 4,000원은 오늘의 7억 원이고 단순히 비교할 수 없는 거액이다. 도대체 우현은 언제 아내 모르게 슬며시 인천에 가서 장인을 만나 어떻게 설득했을까? 그때 허풍쟁이 장경달을 데리고 갔을까? 사업 수완이 인천 최고라는 이흥선은 왜 넘어갔을까? 그는 얼마나 큰 부자였기에 그만한 돈을 내놓았을까?

두 해 전인 1939년 이흥선의 사업 순이익을 밝힌 세금 과표 자료가 있다. 인천 기업인들의 부의 척도라 할 수 있는 호별세 (戶別稅) 부과액을 기준으로 잡은 것인데 인천의 조선인 실업가 들 중 이흥선이 단연 1위로서 4만 6,000원이었다.* 한 해 순익

---

* 「인천 갑부는 가등(加藤) 씨, 조선인은 이흥선 씨」, 『조선일보』, 1939. 5. 5.

의 34퍼센트를 선뜻 내준 걸 보면 사위를 절대적으로 신망하고 있었음을 알 수 있다. 물론 실패한 뒤의 장인이 입은 타격도 컸을 것이다.

책상물림으로 살아온 학자가 세상 물정을 모르고 저지른 일이었다. 결국 우현은 깊은 자책감에 독주를 마셔대다 쓰러지고 말았다. 이점옥 여사의 표현대로 석 달을 누웠다면 큰 병에 걸린 것이었다.

치료를 맡은 의사는 1935년 연세의학전문학교를 나와 1937년 개성 남대문 근처에서 삼화(三和)의원을 개업한 박병호(朴炳浩)였다. 그의 집과 병원은 동본정(東本町) 142번지, 박물관은 동본정 5번지였으므로 자전거로 금방 달려올 수 있을 정도로 멀지 않았다. 그래서 아이들이 아플 때도 안고 갔다.

박병호 의사는 1964년 6월 『고고미술』에 기고한 「고유섭 선생을 추모함」에서 그때 간경변증으로 진단했으며 발병 원인은 술 때문이었다고 썼다. 『동아』·『조선』 양대 신문은 물론 『문장』까지 폐간당하고, 『춘추』와 『조광』은 협박에서 살아남기 위해 친일로 돌아서고 있었으니 우현은 울화가 치밀었을 것이다. 게다가 고추 무역 실패로 이리 뛰고 저리 뛰고 하다가 홧술을 마셨을 것이다.

고추 무역 실패는 우현이 쓰러지는 직접적인 계기였을 뿐, 그의 정신은 지쳐 있었고 몸은 거의 망가져 있었다. 10여 년 동안 조선미술사 연구에 매진한 과로의 후유증, 고추 무역 실패로 인한 상심과 독주를 마신 일이 겹쳐 발병했다고 보아야 할 것이다. 의학 관련 자료를 보면 간경변증 원인은 간염바이러스 감염으로 인한 경우가 80퍼센트에 육박하고, 알코올성 지방간으로 인한 경우는 10퍼센트 남짓하다고 한다. 알코올 의존자가 되어 몸을 망쳤다고 보는 건 지나치다.

그런데 우현은 왜 발병 직후 숙부에게 가지 않았을까? 숙부 고주철은 도쿄제대 부속병원에서 내과 전문의 과정을 밟았고 '절대신뢰 고주철의원'이라는 기사가 신문에 실린 명의(名醫)였다. 인천으로 가서 고주철의원에 입원했다면 간경변증을 어느 정도는 치료할 수 있지 않았을까? 그러나 간경변증은 오늘날에도 호전시킬 수 없는 병이다.

투병하던 9월과 10월에 쓴 우현의 일기가 남아 있어 압축해 본다.

9월 15일 월요일

밤잠 못 자서 괴로워함. 창씨개명 압력에 굴복해 개명계를 제출, 고도(高嶋)로 하려 함. 신경질이 심해지고 공연히 화증이 남. 일본 잡지 『과학펜』을 보니 바바(馬場俊二)의 잡문이 있는데 주인공 두 사람이 병으로 평생 고생하다가 50세에 죽었다. 나는 고작 36세라니 무위(無爲)한 내가 더 오래 사는 셈이다. 나도 수명이 10년 남짓 남은 모양이다. 일기라도 남기고 싶다. 필적이 조잡하니 수명이 얼마 안 남은 조짐이 아닌가?

9월 16일 화요일

기운이 폴폴 지쳐 어쩔 수가 없다. 낮잠 자는 동안에 황수영 군이 다녀갔다고 한다. 장 씨를 불러 독촉한다. 그의 대답은 허울 좋은 핑계가 많다. 아직도 9천여 원 남았으니 앞이 창창하다.

9월 17일 수요일

아침에 다시 잠들었는데 황수영이 왔다. 북부까지 산책하니 매우 피곤하다. 박병호 의사에게 진료받음. 여러 단행본 서적과 잡지가 도착함.

9월 18일 목요일

아침 10시까지 누워도 기진하여 일어날 수 없다. 춘추사에서 원고 주문이 왔으나 차차 절필(折筆)해야 할 듯. 인천 의사 숙부에게서 약이 오고 박 의사도 약을 보냄.

9월 19일 금요일

『송도고적』출판 앞두고 박물관 소장 석관에서 천녀상과 화룡상을 취탁했다. 산책 중 유원(柳原) 군을 만나 병증을 말하니 절대안정을 권했다. 도서관 들러 책 두 권 빌리고 삼화병원 치료 받고 큰아버지가 보낸 엽서를 받음.*

황수영 박사의 회고 글을 보면 이 무렵 그는 『고려시보』에 연재했던 「송고고적 안내」를 출간하자고 우현에게 졸랐다. 이때 황수영은 이와나미(岩波) 출판사에 취직이 결정되어 있었다.

---

* 「우현 선생의 만년일기」 1941년 9월 15~19일, 『아무도 가지 않은 길』, 197~209쪽 압축.

잘 편집하겠다고 졸라서 승낙을 받은 것이다. 사실 도쿄제대 경제학과를 나오면 고등문관시험을 거쳐 고급관료가 되거나, 은행과 유명 상사(商社)로 가는 것이 공식이었다. 청년 황수영이 그 길을 마다하고 이와나미 출판사로 간 것은 '조선의 이와나미'를 경영하려는 욕망 때문이었다. 그의 색다른 꿈을 알고 대학 은사 츠키야 타카오(上屋喬雄) 교수가 추천해 이와나미로 간 것이었다.* 기록은 없지만 출판사행 결정에 우현의 뜻이 들어 있었을 것으로 보인다.

우현이 산책 중에 만난 유원(柳原)은 야나기하라 다이스케(柳原大助)로 도립개성병원 의사였다. 조선총독부 『관보』를 보면 우현의 경성제대 예과 동기생으로서, 1937년 개성부립병원 고등관 7급 의관(醫官)으로 임명되었음을 알 수 있다. 의학과 등 이과 계열은 본과가 4년이라 우현보다 한 해 늦은 1931년에 졸업했다. 경성제대 입학 동기는 일본인까지 합해서 160명 정도였으므로 서로 얼굴을 알고 있었다. 함께 개성부 소속으로 있으니 야나기하라가 특별히 우현의 병에 관심을 기울였을 것이다. 그는 우현의 딸이 아플 때 자주 집으로 왕진 온 적도 있었다.

월간 『춘추』에서 원고 청탁이 왔는데 절필을 예감하는 기록을 보면 운명을 자각하는 심정이 보인다. 그러나 아직 절필은 하지 않았고 원고 청탁을 받아들였다. 『조광』 10월호에 「고려도자와 이조도자」가, 『춘추』 11월호에 「고려청자와」가 실렸다. 숙부 고

---

* 이기선, 「한국의 불교학자 27 황수영」, 『불교평론』 제71호, 2017. 9. 1, 404쪽.

주철이 약을 보내고 큰아버지 고주상이 아들을 보내 문병하고 엽서도 보냈으니 일가친척들이 우현의 병세를 심각하게 걱정했음을 알 수 있다.

『조광』10월호의 「고려도자와 이조도자」*는 아마도 8월 초에 송고했을 것이므로 중병에 걸리기 전에 쓴 것일 수도 있다. 우현은 이 글에서, 청자기는 고려조 전반에 성행했고, 청화백자는 조선조 후반기에 성행했다고 시대를 구분 지었다. 일본에서 유행한 미시마테(三島手)의 제조법과 발전 유래를 분석 제시하고 청자의 타락물이자 변화물이라고 규정했다. 일본의 다인(茶人)들이 유래도 모르고 마음대로 붙인 미시마테 명칭보다는 '분장회청사기'(粉粧灰靑砂器)라고 부르겠다고 선언했다. 알려진 바와 같이 그것을 줄인 말이 오늘날 보통명사가 된 '분청사기'이고 우현이 그 명명자(命名者)다.

미적 특징으로 고려청자는 오월신록(五月新祿), 우후청천(雨後靑天)의 미와 귀족적 흥미와 불교적 비애, 여성적 센티멘털리즘, 만지면 꺼질 듯한 눈약성(嫩弱性, 여리고 약함)을 담았고 그래서 고혹적이고 미태적(美態的)이라 했다. 초기 백자는 의례적 근엄미와 문인적 고담미가 있으나 그 후의 청화자기는 문인화적 의태(意態)가 강해지고 민예적인 것으로 변화했다고 썼다.

『춘추』에 기고한 「고려청자와」는 1939년 2월 『문장』 창간호에 쓴 「청자와(靑瓷瓦)와 양이정(養怡亭)」의 내용이 짧아 보충한 듯한 느낌도 든다. 그러나 함량이 부족하거나 흐트러진 부분

---

* 열화당 전집은 「고려도자와 조선도자」로 개제해 제2권에 수록.

은 보이지 않는다.

우현은 그렇게 원고를 쓰며 투병했으나 증세는 점점 악화되고 있었다. 일기를 압축해본다.

9월 20일 토요일

어제 삼화병원 박 의사가 진맥하고 주사 놓고 나서 피부가 늙었다고 함. 개성부청 회계 김한영이 죽음. 남의 일 같지 않음. 병숙이는 열 살이 넘고 재현이는 세 살 심사가 쓸쓸하다. 아내 태도가 섭섭하다. 여름내 큰 병으로 앓아누웠고 집에서 백부, 숙부, 사촌동생들이 다녀들 가도 처가에선 아무도 오지 않는다. 자기네 딸이 과수(寡守)될 걱정하나? 야속하다. 장인에게 손해 보인 건 4,000원 그뿐이다. 내가 떼어먹은 게 아니라 떼먹힌 것이다. 그로인해 큰 병을 태반은 내가 앓고 있는 것이 아닌가. 박 의사에게서 전화 옴. 어제 유원(柳原) 군에게 들은 병세 의견, 문맥(門脈) 계통의 병으로 간장경화증이 사실인 듯. 간장암으로 들어가게 될 것인즉 결국 나의 운명은 결정되고 만 것이리라. 현재 다섯 아이 거느리고 아내 뱃속에 또 하나 있는데 빚이 만 원이다.*

고추 무역에서 입은 손해가 수송 과정이 길거나 장마로 인해 습도가 높아서 고추가 부패했기 때문이 아니라 장경달의 농간 때문인 듯한 뉘앙스가 들어 있고, 장인의 돈 4,000원이 주는 압

---

*「우현 선생의 만년일기」 1941년 9월 20일, 『아무도 가지 않은 길』, 202~203쪽.

박감, 그리고 많은 자식에 대한 책임감에 억눌리며 투병에 임했음을 역력히 느낄 수 있다.

9월 22일 일기를 보면 건강이 회복되고 있고 소설을 쓰고 싶은 욕망이 있음이 드러난다. 그는 여러 편의 글을 소설 형식으로 썼었다.

9월 22일 월요일

도스토옙스키의 『카라마조프의 형제』가 쉰 살부터 시작된 소설이요, 로맹 롤랑의 『장 크리스토프』가 마흔 살부터 쉰 살까지 작품이고 괴테의 『파우스트』가 일평생의 작이고 등등, 문예의 전설이 멀고 오랜 환경에서, 또 일생의 그 방면에 대한 근로(勤勞)가 나보다 더 절대(絶大)하고 재질(才質)이 특수(特秀)했던 그들로서 일작(一作)을 세상에 내놓음이 이러한데 일본 문단의 편편(片片)한 것이야말로 우습지 아니한가. 게다가 그만치도 적공(積功)을 하지 못하는 조선의 작품들이야 다시 무엇을 말할 것인가. 후세에 남을 것은 가장 예술적인 작품뿐이다. 음악은 당대뿐이요, 미술은 일작일전(一作一傳)에 그친다. 가장 널리 남을 수 있는 건 문학이다. 연래(年來) 뜻을 두고 있는 공민왕의 취재, 차차 마흔이 되어가니 오십일 기(期)로 그 구성을 그려보기 시작할까?*

몸이 조금 회복된 듯해 자신감과 희망이 생겼는지, 청년 시절

---

* 「우현 선생의 만년일기」, 1941년 9월 22일, 같은 책, 204~205쪽.

까지 잡았다가 내려놓은 문학에 대한 아쉬움을 토로했다. 특히 이미 짧은 전기를 쓴 공민왕의 삶을 소재로 장편소설을 쓰고 싶은 열망을 드러냈다. 소설가의 길을 갔다면 문단의 거목이 되었을 것이다.

12월 8일, 일본이 진주만을 공격해 태평양전쟁이 시작되었다. 식민지 조선은 국가 총력으로 전쟁에서 이겨야 한다고 총독부가 휘두르는 채찍 아래 신음했다. 1941년은 그렇게 지나갔다.

1942년은 글을 한 편도 못 쓰고 병을 다스리며 박물관 일에 열중했다. 그런 가운데 또 딸이 태어나 이름을 명자(明慈)라고 지었다. 자식이 다섯이나 된 것이다. 당시 신문에 개성의 거부인 김정호의 출연(出捐)으로 중경문고(中京文庫)라는 문화재단이 설립되고 우현이 이사를 맡은 기록이 있다. 글을 쓰지 못했으나 누워서라도 책을 읽었다. 탑파 관련 저술을 완성하고 조선미술사 전체를 관통하는 저술을 해야 할 것이었다.

그러던 중 10월에 조선어학회사건이 터졌다. 이희승·이극로·이윤재·최현배·이병기·이은상 등 우현의 지인 여럿이 잡혀 들어갔다. 우현은 독한 술을 마셨다. 박병호 의사는 1964년 6월 『고고미술』에 기고한 「고유섭 선생을 추모함」에서 우현이 조선어학회사건으로 많은 학자와 청년 들이 투옥됐으나 자신만이 편안히 연구하는 게 괴로워서 울분을 이기려 술을 마셨다고 썼다. 간경변증이 겨우 조금 나았는데 그 병에 독약이나 다름없다는 술을 다시 가까이했음을 확인할 수 있는 대목이다. 우현이 일본의 식민 통치에 순응하며 학자의 길을 가는 삶에 대해 고뇌했음을 짐작하게 한다.

마지막 불꽃

1943년이 왔다. 3월이나 4월쯤 우현의 몸 상태가 좋아졌을 때였을 것이다. 우현은 일본 문부성(文部省)에서 보낸 초청공문을 받았다. 6월에 열리는 일본제학연구진흥위원회(日本諸學硏究振興委員會) 학술대회에 참석해서 조선탑파에 관한 주제 발표를 하라는 것이었다. 뜻밖의 일이었다.

이 학술대회는 1936년부터 문부성이 학술통제 수단으로 3~4일 동안 진행하는 큰 연례행사였다. 철학, 예술학, 교육학, 역사학, 문학, 법학 전공학자 20명 내외가 모여 하루 5~6명이 발표하고 질문받고 토론하는 행사였다. 중년의 명문대학 교수들이 발표하는 최고 권위의 학술대회였다. 조선인 발표자는 우현이 처음이었다.

우현은 지금의 몸 상태로 도쿄에 다녀올 수 있을지 주치의 박병호는 물론 도립개성병원에 있는 동기생 야나기하라와도 의논했을 것이다. 가까운 지인들과도 의논했을 것이다. 친형처럼 믿는 이희승은 조선어학회사건으로 감옥에 갇혀 있으니 이여성에게 물었을 것이다. 아마 이런 대화를 했을 것이다.

"이보게, 우현. 지금 몸으로는 참는 게 좋겠네. 다음에 또 기회가 오겠지."

"몸은 감당할 만합니다. 집필도 하고 있는걸요. 비록 어용(御用)행사지만 큰물에 가서 한번 놀아봐야지요. 일본 학자들은 철학과 예술학 논문을 이러러러하게 써서 천황과 국가 은혜에 보답하자고 지껄이겠지만 저는 주제가 탑파 연구니까 그따위 질곡에서 벗어납니다."

우현은 고집을 꺾지 않았다. 「조선탑파의 양식변천」을 주제로 원고를 써서 보내고 5월에 두 번째 일본 여행길에 올랐다. 그는 출발 정황을 일기에 쓰지 않았고 부인 이점옥 여사가 당시 상황을 회고했다. 몸 상태를 걱정한 내용은 없다. 갈 만하니까 아내도 보낸 것이다.

동경 갈 때에 우에노 동양미술사 교수, 다나카 서양미술사 교수, 엔조지 사진사, 나카기리 미술사 연구실 직원한테 과자와 카스테라, 한국 엿 등을 가지고 갔다. 그때는 대동아전쟁 때라 사탕이 몹시 귀하던 때라 그분들이 그렇게 반가워할 수 없었다고 한다. …일본서 마해송(馬海松) 씨와 여러 친구들 만나서 잘 놀다 왔다.＊

마해송은 보성고보에 다니다가 일본으로 유학 떠난 동창생이었다. 학술발표가 끝난 뒤 만났을 것이고, 우현은 술을 마시지 못하는 신세를 한탄하며 안주나 먹었는지 혹은 간경변증 다 잊어버리고 마음대로 마셔댔는지 알 수 없다.

학술대회는 6월 5일부터 7일까지 비공개로 열렸고 주제는 '대동아의 문화앙양과 철학 및 예술학'(大東亞の 文化昂揚と 哲學 及 藝術學)이었다. 출석한 학자는 232명, 발표자는 15명이었다. 발표문을 미리 돌리고, 발표자에게는 60분이 주어졌다. 40분은 질문을 받고 20분은 짧은 강연을 하는 형식이었다. 우현은 큰

＊「우현의 죽음 전후에 대한 회상」, 같은 책, 210쪽.

박수를 받았다. 태평양전쟁 중이라 어렵게 열린 학술대회에서 젊은 조선인 학자가 거둔 빛나는 성공이었다.

황수영 박사의 글에 짧은 자료가 있다. 그때 그는 이와나미분코 편집장으로 있었으며 기차역으로 나가 우현을 영접해서 지정된 호텔로 안내했다고 한다.

1943년 6월 도쿄에서 열린 일본제학진흥위원회 예술학회에서 「조선탑파의 양식변천」을 발표하러 오신 때였다. 이때 선생은 환등(幻燈)을 사용하면서 제한된 시간을 알리는 벨소리를 거듭 들으면서도 끝까지 계속했다는 뒷이야기를 들었다.*

우현은 일본 여행길에서 만난 은사 우에노와 다나카, 친구 나카기리와 엔조지는 교수와 박물관장으로 일하고 있었다. 우현의 성공에 매우 기뻐했을 것이다.

그때 기억을 우에노 나오테루와 나카기리 이사오가 기록으로 남겼다. 아래 〈가〉는 우에노, 〈나〉는 나카기리의 회고다.

〈가〉 내가 경성을 떠나 오사카에 있을 때, 고 군이 문부성 학술 발표회에 출장 와서 군에게 할애된 발표가 길어져 사회자가 시간이 끝났음을 선고함에도 조금만 더, 조금만 더 하며 계속했다는 얘기를 누군가에게 전해들은 적이 있다. 이 당시 왕로(往路)하던 길에 자가에서 만든 듯한 단것을 가져와 줬는데, 이미 물자, 특히

---

* 황수영, 「고유섭 선생 회고」, 『황수영 전집』 제5권, 448쪽.

과자처럼 단맛이 부족한 무렵이었으므로 크게 감사했었다.[*]

〈나〉 고 씨는 1943년 6월 도쿄에서 열린 문부성 주최 일본제학진흥연구대회에 「조선탑파의 양식변천」이라는 제목으로 연구발표를 하기 위해 상경하던 길이었는데, 그 당시 직을 오사카에 두고 있던 나에게 전보로 소식을 전해왔기에 곧장 오사카역으로 마중하러 갔을 때의 실감은 여태도 잊을 수 없다. 십수 년을 살아 정든 조선에서 귀국하고 처음으로 조선 시절의 지기(知己)랄 수 있는 친구를 맞는 것이니까, 나로서는 『논어』의 "벗이 있어 멀리서 찾아오니 어찌 즐겁지 아니한가" 구절이 가슴에서 용솟음쳐 기쁨과 그리움으로 벅찼다.

곧바로 내 우거(寓居)로 데려가서 격조의 안부를 묻고 하룻밤 머무르게 했다. 그때 고씨가 가져온 선물에 대해 한마디 첨언함으로써 고 씨를 추모하는 구실로 삼고 싶다. 그것은 부인의 진심 어린 조선 과자 선물이었다. 나는 아내와 함께 감격했다.

…고 씨는 이 과자를 우리 집에 가져다주면서 도쿄에 계신 은사 우에노, 다나카 양 선생님 댁에도 가져갔다. 훗날 우에노 선생으로부터 "고 군이 일부러 조선에서 쌀가루로 만든 달콤한 과자를 가져와 주었다"고 나에게 기뻐하며 말씀하신 것을 기억한다. 진심이 깃들인 부인의 손으로 만들어진 과자는 극도로 물자가 고갈되어 있었던 당시로서는 생각지도 못한 기쁨이었다.[**]

---

[*] 우에노 나오테루, 「고유섭 군」, 『고고미술』, 1964. 7. 1, 61~62쪽.
[**] 나카기리 이사오, 「고유섭 씨의 추억」, 같은 책, 72~73쪽.

우현의 태도가 인상적이다. 조선인 학자로는 처음으로 도쿄에서 열린 일본 최고 학술발표회에 초청되어 강단에 서서 조선탑파의 특색을 주제로 발표하며 "조금만 더, 조금만 더 하겠습니다" 하며 그는 조국 고미술의 우수성을 알리려 했던 것이다. 선물받은 쌀 과자 이야기도 흥미롭다. 우에노도 나카기리도 선물로 받고 크게 감동했다고 썼기 때문이다.

그러나 우현은 가지 말았어야 했다. 섭생과 요양에 열중해야 했다. '큰물에서 놀아보고 온' 우현은 얻은 바가 있었을 것이다. 일본의 학문이 깊고 광대하다는 것, 자신이 조선 땅에서는 명성이 있지만 도쿄에서는 거의 존재감이 없다는 자각, 이럴수록 더 열심히 해서 일본을 넘어가보자는 각성, 그런 것이었을 것이다. 혹은 한 늙수그레한 교수가 우현에게 "선생의 발표는 훌륭하오. 연구논문들은 어디 실렸고 출판은 했소?" 하고 물었고 우현이 사실대로 답하자 그는 머리를 저으며 말했을 수도 있다.

"쯧쯧, 조선어로 써서 뭘 한다고… 국어(일본어)로 써야 학자들과 학생들이 읽지요."

노교수가 정말 그랬다면 우현은 무엇을 생각했고 어떻게 대답했을지 궁금하다.

1943년 7월 16일, 우현은 동국대의 전신인 혜화전문학교에 가서 강연했다. 주제는 "불교미술에 대하여"였는데 원고가 상당히 길다. '습니다'식 경어체라 실제 강의 노트임을 알 수 있다. 이 무렵에는 중병에 걸려 고전하고 있을 때였으니 원고가 허술할지도 모른다고 생각해선 안 된다. 육필 원고도 글자 하나 흐트러지지 않고 전체의 균형과 논리가 정연하다. 읽어보면 수강

말년에 딸 병진과 박물관 뜰에서. 우현이 많이 병약해 있는 모습이다.
우현의 사위 이기만 선생 제공.

자가 잠깐이라도 딴생각을 했다가는 맥락을 놓쳐버릴 정도로 밀도가 짙은 글이다.

그는 예술의 발전 단계에 대한 언급부터 시작했다. 하나는 예술의 독립적인 존재이법(存在理法)으로 생겨나는 것, 다른 하나는 예술 이외의 것의 수단으로 생기는 것이라고 했다. 또 예술은 종교적인 것, 공리적인 것, 유희적인 것 세 종류가 있고 동양적인 예술이란 불교의 선종적(禪宗的)인 사상, 중국 재래의 유리적(唯理的)인 사상의 합일에서 발생했다고 했다. 불교와 미술을 놓고 보면 교리가 주개념이고 미술이 수단이 되는 주종 관계가 되고, 불교의 교리는 내용이 되고, 미술은 외형이 되는 내연(內延)·외연(外延)의 관계가 되며, 불교미술은 선종의 발전으로 인해 외형적으로 희박해지고 그 대신에 정신적·철학적 의미가 강하게 변했다고 썼다. 불상에 우상적 요소보다 감상적 요소가 커진 것이 그 때문이라고 했다.

이해에 일본어 잡지 『청한』(淸閑)에 기고한 「불국사의 사리탑」은 이 강의 노트보다 먼저 써 보냈을 것이므로 이 강의안이 세상에 내놓은 우현의 마지막 글이 되었다. 세상에 내놓지 못한 유고가 많으나 이 글이 마지막 발표 글이 되고 말았다. 1930년 경성제대 재학 중 학회지 『신흥』에 「미학의 사적 개관」을 기고하고 1943년에 이 글을 썼으니 13년간 이어온 논문 발표의 대단원의 막을 내린 셈이다.

가을에 딸 명혜(明蕙)가 태어나 우현은 여섯 아이의 아비가 되었으나 간경변증이 악화해 복수가 차올랐다. 일본 여행의 후유증이었다. 호흡곤란에 보행조차 불가능할 정도여서 섭생을 조심하고 투약하며 투병에 들어갔다.

이때 아내와 큰딸은 불안한 예감을 하고 있었다. 우현은 장남이니 제사도 모셨다. 1년 전에 우현의 조모인 진주강씨가 향년 88세로 돌아가셨다. 장손인 우현이 조모 1주기 제사인 소상(小祥)을 지냈다. 이점옥 여사의 회고에 이런 내용이 있다.

할머니 제사를 지내는데 제상(祭床) 한가운데서 젓가락 퉁기는 소리가 세 번이나 났었다. 나도 이상하다 생각을 하고 있는데 큰딸도 그 소리를 듣고 "엄마, 제상에서 이상한 소리가 들렸어요" 하길래, "나도 모르겠다. 나도 들었다" 했다. 제사 지낸 것을 한 상 차려서 소사네를 주었더니 어린애가 그걸 먹고 이튿날 죽었다 하여 참 가여웠었다.[*]

---

[*] 「우현의 죽음 전후에 대한 회상」, 『아무도 가지 않은 길』, 202쪽.

날씨가 건조해서 또는 평소에 빈 채로 두었다가 무거운 제수를 가득 올리면 제사상이 뒤틀리는 소리가 날 수 있다. 아내와 열세 살 먹은 큰딸 병숙이 불길한 예감을 가진 것, 제사 음식을 먹은 고용인의 어린 자식이 죽은 것을 연계시켜 회상한 것을 보면 가장인 우현에게 죽음의 그림자가 어른거린다고 느끼고 있었던 듯하다.

10월 초순에 경성 화신화랑에서 우현이 그렇게 아꼈던 이쾌대의 개인전이 열렸다. 그 방명록에 우현 이름은 없었다고 전한다. 심하게 앓고 있었던 것이다.

이 무렵, 인천 출신으로 우현의 집과 가까운 싸리재 국숫집 아들 이경성이 우현과 연결되어 미술사 연구로 고개를 돌리게 되었다. 일본 도쿄에 유학해 와세다대학 전문부에 다니던 이경성은 인천공립보통학교 동창으로서 신화수리에 집이 있던 조규봉(曺圭奉, 1917~?)과 같이 하숙하고 있었는데 고향 후배 이상래가 놀러 왔다. 이상래의 매형인 우현이 미술사 서적을 구하려는 것을 알고 함께 구해 보냈다. 이경성 선생은 뒷날 이렇게 회고했다.

1940년대 나는 개성의 부립박물관장으로 계시던 고유섭 선생과 서신 왕래를 통해 지도받고 있었다. 고유섭 선생을 알게 된 것은 내가 동경에 있었을 때로 인천의 후배인 동경상대 유학생 이상래가 고 선생의 처남인지라 선생이 필요로 하는 여러 책을 동경 간다에 있는 헌책방에서 찾아서 보내드리는 심부름을 나와 함께한 것이 인연이 되어 선생과 서신상의 지우로 알게 된 것이

우현과 편지로 사숙하던
젊은 시절의 이경성.
석남 이경성 타계 3주기 추모전
화집『이경성 그 사람』에서.

다. 그때 고 선생에게 보내는 첫 편지의 서두에 썼던 문구를 지금
도 나는 기억하고 있다.

"존경한다는 것을 말하는 것은 잘못일까요?"

이렇게 해서 나와 고유섭 선생과의 관계는 시작되었던 것이
다. 언젠가 한번 틈을 내서 개성에 오라고 하시기에 일차 개성을
방문하고자 계획했으나 전쟁 말기의 부산한 분위기와 직장 관계
때문에 단 한 번도 가지 못했다.[*]

'서신 왕래를 통해 지도받음'을 큰 의미로 받아들여 '이경성은
우현의 제자다'라고 말하기는 어렵다. 태평양전쟁 중인 데다 우
현이 중병에 걸려 있어 많아야 3~4회 편지를 주고받았을 것이
다. 그보다는 같은 마을 출신 선배가 미술사 연구의 일가를 이룬

---

* 이경성, 『어느 박물관장의 회상』, 시공사, 1988, 34쪽.

것에 고무되어 이경성이 스스로 매진한 결과라고 보아야 한다.

1944년이 왔다. 우현은 다행히도 투약하며 과로를 피하자 봄에 복수가 가라앉았다. 우현은 불사조처럼 일어섰다. 정신을 집중해 조금씩 집필하기 시작했다. 미발표 원고 중 여러 편을 두어 달 동안에 썼다.

박병호 의사는 그때를 이렇게 회고했다.

절대 안정하라는 나의 충고를 물리치고 그가 우거(寓居)하던 박물관에서 나의 집까지 걸어와 나를 놀라게 했다. 그가 그만치 순조롭게 병이 나아가는 것을 고맙게 여겨 서로 껴안고 눈물을 흘리던 생각이 어제와 같다.*

우현은 불치의 병 간경변증에서 회복되는 것으로 믿었다. 어느 기분 좋은 날 아침, 그는 서도(書道)를 하고 싶었다. 붓글씨를 쓰면 자신의 정신력이 어떤지 알 수 있을 것 같아서였다. 천천히 먹을 갈다가 황수영을 생각했다. 자식이나 형제보다도 정성을 다하는 제자, 언젠가 황수영이 평생 교훈으로 간직하게 휘호 한 장 써달라고 한 말이 생각났다.

무엇을 쓸까 잠시 생각했다. 『논어』의 「위정편」(爲政篇)에 있는 문구가 떠올랐다. 그는 정성 들여 붓을 움직였다.

學而不思則罔 思而不學則殆(학이불사즉망 사이불학즉태)

---

* 박병호,「고유섭 선생을 추모함」,『고고미술』, 1964. 7, 65~67쪽.

禪不在靜處亦不在鬧處不在
日用應緣處不在思量分別處

佛紀二千九百七十一年甲申新綠時
爲薰君足下雅囑
高麗名卿扶蘇岬主峯坰頂寓居
青邱彛民裕燮

高麗大賢普覺禪師之語

學而不思
則罔思而
不學則殆

孔紀二千四百九十五年之書

爲薰君雅囑
高 裕燮書

우현이 1944년 봄 황수영에게
준 휘호 두 점.
공자 어록 휘호(오른쪽)는 황수영
박사의 아드님 황호종 교수 소장,
일연 어록 휘호는 인천시립박물관
소장.

배우기만 하고 생각지 않으면 얻는 것이 없고

생각하기만 하고 배우지 않으면 위태하다.

글씨가 썩 좋지는 않아도 잘 나왔다. '소화 19년', 그따위 일본 연호는 쓰기 싫었다. 우현은 문구 오른쪽에 공자(孔子) 기원(紀元) 이날 일자를 썼다. 왼쪽 끝은 '爲黃君雅囑(위황군아촉, 황군이 아름답게 받아주기를 바람) 高裕燮 書(고유섭 서)'라고 썼다. 왼쪽에는 우현, 고유섭, 두 개의 방인(方印)을 찍었다.

문득 큰 것을 하나 더 써주고 싶었다. 장지(丈紙)를 길게 펼치고 고려시대 보각선사(普覺禪師) 일연(一然)의 어록을 썼다.

禪不在定處(선부재정처) 亦不在鬪處(역부재투처)

不在日用應緣處(부재일용응연처) 不在思量分別(부재사량분별)

선은 고요한 곳에 있지 아니하고

또한 싸우는 곳에 있는 것도 아니며

일상생활 속에 있는 것도 아니요

헤아려 분별하는 곳에 있느니라.

본문 왼쪽에 '佛紀 二千九百七十一年 甲申年 新祿時 爲黃君足下雅囑 書玆大慧寶覺禪寺之語'(불기 2971년 갑신년 신록시 위황군족하아촉 서자대혜보각선사지어)라고 썼다. '高麗古都 扶蘇岬 子男山頂 寓居 靑丘 高裕燮'(고려고도 부소갑 자남산정 우거 청구 고유섭)이라고 쓰고 낙관을 찍었다. 글씨가 거칠었으나 다시 쓸 수는 없었다.

낮에 황수영이 왔기에 우현은 휘호를 건네주며 말했다.

"위태로운 시기이니 지혜롭게 판단해 대응하고 평생 깊은 뜻을 음미하며 살아라."

"네, 선생님. 평생 간직하겠습니다."

황수영은 큰절을 하고 나서 무릎 꿇은 채 두 손으로 휘호를 받았다.

황수영 박사의 회고기*를 보고 상상한 장면이다.

우현의 병세는 다시 나빠졌다. 회복된 게 아니었다. 잠시 증상이 좋아졌을 뿐이었다. 그때 원고를 쓰지 말아야 했다. 간경변증으로 복수가 차오른다면 80년이 지난 지금도 회복하기 어렵다. 우현은 조선미술사 완성이라는 생애의 목표를 내려놓아야 하는 절망적 상황에서 정신을 집중해『조선탑파의 연구』일본어 원고를 한 줄 한 줄 써나갔다.

큰딸 병숙은 어린 동생 다섯을 잘 건사하며 아버지 병구완도 잘했다. 그리고 이해 4월 열네 살로서 호수돈여학교의 후신인 명덕여고보에 입학했다. 우현의 제자 진홍섭이 교주 역할을 하며 교사로 일하던 학교였다.

---

* 황수영,「고유섭 선생 회고」,『황수영 전집』제5권, 410쪽. 두 휘호에 대해 회고했다. 우현이 일본 연호를 피해서 불기(佛紀)를 사용했음을 강조했다. 일연 어록 휘호는 인천시립박물관이, 공자 어록 휘호는 황수영 박사의 아드님 황호종 교수가 소장하고 있다. 두 점뿐인 우현의 육필 휘호다.

39년 생애, 유성(流星)처럼 지다

하늘 푸르른 날 쓰러지다

1944년 6월 6일 화요일 오전, 황수영은 집을 나와서 박물관으로 갔다. 음력으로는 4월 기망(旣望, 16일)인데 봄이 어느새 가버리고 여름이 성큼 다가오고 있었다. 길가에 치자나무꽃이 몇 떨기 피었고 새들이 야단스럽게 지저귀고 있었다.

황수영은 두 달 전까지 도쿄에 있었다. 일본인 고교·대학 동창생들은 대부분 군대에 갔고 태반이 전사했다. 우현도 그에게 안부를 걱정하는 편지를 보냈다. 그는 경찰이 군대 징집 문제로 집에 찾아온 것을 확인한 다음 날, 출판사에 사직서를 내고 급히 귀국했다. 아내와 젖먹이 어린 딸은 이미 고향에 보낸 터라 혼자였지만 시모노세키(下關)에서 관부연락선에 승선할 때까지 끌려가서 징집당할지도 몰라 가슴이 조마조마했다.

라디오로 들은 천황 직속 전쟁 최고지휘본부 대본영(大本營)의 발표는 매일 황군(皇軍)이 태평양 전선에서 미군을 궤멸시키며 승승장구하고 있다고 선전하지만, 실상은 그 반대이며 패전이 가깝다는 걸 알 만한 사람들은 알고 있었다. '미국의 소리 조선어 방송'을 듣는 사람들이 있어서, 일본인들보다 더 정확한 전황을 알고 있었다. 개성에도 단파 라디오를 가진 사람들이 여

東京都神田區一ツ橋ニ丿三
岩波書店出版部
黄壽永樣

二月十六日

朝鮮開城東本町五
高裕爕又

우현이 1944년 2월 도쿄의
황수영에게 보낸 편지 봉투.
황호종 교수 제공.

럿 있었다.

　황수영은 걸음을 빨리했다. 좀더 올라가자 멀리 분홍색 외벽
의 조선 기와집이 웅장하면서도 아름다운 모습을 드러냈다. 개
성부립박물관이었다.

　병으로 수척해진 우현 선생의 얼굴이 떠올랐다. 황수영이 지
금까지 보통학교와 고등보통학교, 일본의 고등학교와 제국대학
까지 다니면서 만난 스승 누구보다도 우현 선생은 존경하는 인
물이자 인생의 사표(師表)였다. 아무도 붙잡지 않았던 조국의
미술사를 학문적 체계로 연구해 최고 권위자가 되었는데도 더
파고 들어가는 집념의 학자, '우리 미술이 중국이나 일본 것보
다 격조가 높다'며 자신의 불타는 애국심을 미술사 연구로 승화
시키고 있는 선구자였다. 그러나 온몸을 던져 연구한 과로의 후
유증으로 중병에 걸려 있었다.

1년 전인 1943년 6월, 황수영은 우현 선생이 조선인 최초로 일본 최고 학술회의인 제학진흥위원회에 초대되어 학술발표를 하러 일본에 왔을 때 안내를 맡았다. 국립대학 교수급의 중·노년 학자들만 들어가는 문부성 강당에 우현이 정중한 인사를 받으며 입장하는 것을 지켜보았다. 초대된 학자가 아니어서 그는 입장하지 못했다. 끝날 무렵 다시 문부성으로 간 그는 밖으로 나온 실무 담당 직원에게 '이와나미분코 편집장'이 찍힌 자신의 명함을 건네며 우현 선생의 발표가 어떠했는지 물었다. 직원은 그가 조선인임을 알아차리고 어느 대학 출신이냐고 물었고 그는 자신이 도쿄제대 경제학부 졸업생이며 우현의 제자라고 답했다. 직원이 말해주었다.

　"그분은 조선의 탑파에 대단한 발표를 했소. 주어진 발표 시간이 끝나 사회자가 탁상 벨을 눌렀는데 '미안합니다. 조금만 더 하겠습니다' 하며 청중석의 학자들을 바라보았소. 백발이 성성한 노학자들이 계속하라고 손뼉을 쳤소. 세 번을 그랬소. 다 끝난 뒤 기립박수로 이어졌소."

　황수영은 저녁에 우현을 숙소로 안내하며 그 이야기를 하자 우현은 고개를 저었다.

　"식민지 변방인이 그 정도 연구를 했다니 놀랍다는 표정들이었다. 내 나라 문부성에서 내 나라 학자들 앞에서 발표하는 날이 와야지… 그런 날이 언젠가는 올 것이야. 그런데 연구자가 나밖에 없다."

　황수영이, 우현 선생의 뒤를 잇는 학자가 없다는 것에 공감하며 고개를 끄덕이는데 선생이 다시 입을 열었다.

"민족의 자존심은 땅바닥에 떨어져 있어. 조선의 미가 무엇인지 중국을 모방하지 않고 창조적 변용으로 독창성을 획득했고 일본보다 우수하다는 걸 학자뿐만 아니라 민족 전체가 알아야 해."

"네, 선생님. 선생님께서는 고려청자가 중국 것을 창조적으로 변용해 세계 최고 경지에 이르렀다고 학술적인 논리를 펴셨지요. 또 조선에는 기교가 출중한 미술보다는 민예가 큰 동맥을 이루고 흘러내려왔다고 쓰셨지요. 신앙과 생활과 미술이 분리되어 있지 않고, 중국 것보다 작지만 구수하게 큰 맛이 있는 모순이 있다고 하셨구요. 그게 민족성의 본질이라고 하셨지요."

"바로 그것이야. 그러나 학문적 체계가 아니면 갑(匣) 속에 든 보물일 뿐이다. 네가 도쿄제대 경제학과를 졸업했지만, 경제학은 전공자가 여럿 있고 누구나 할 수 있어. 하지만 미술사를 연구할 사람은 조선 땅에 너밖에 없다. 그동안 내게 배웠으니까."

그때 황수영은 선뜻 "제가 하겠습니다" 하고 말하지 못했다. 그는 책이 좋아서 조선의 이와나미 출판사를 설립해 경영하는 것이 꿈이었다. 책이 좋고 고고학이 좋고 박물관이 좋고 우현 선생이 좋았지만 미술사 연구는 할 자신이 없었다. 출판사를 차리면 우현 선생의 책을 최고의 장정으로 만들어드리고 싶었다.

황수영은 자신을 향한 우현 선생의 애정과 기대가 다른 두 제자 진홍섭과 최희순을 합한 것보다 크다는 것을 알고 있었다. 3~4년 전 대학 시절, 방학에 귀향이 며칠 늦으면 진홍섭과 최희순만 데리고 가도 되는데도 선생은 그가 오지 않으면 현지답사를 나가지 않았다.

우현 선생이 건강을 잃은 것은 순풍을 받고 달리던 배가 좌초된 격이었다. 황수영은 선생의 주치의인 박병호 의사에게서 들은 말이 있었다.

"간경변증은 회복 불능의 병이네. 슬픈 일이지만 관장님이 병을 떨치고 일어설 희망은 1할도 되지 않네."

"아, 우리 민족을 위해서 선생님은 쾌차하셔야 합니다."

그는 그렇게 탄식했다.

초인적인 의지 때문일까? 선생의 병은 회복되고 있었다. 십여일 전인 5월 14일은 일요일인 데다 날씨도 좋았다. 선생은 황수영과 진홍섭 등 따르는 제자들을 불러 잘 차린 음식을 내놓고 술도 한 잔씩 권했다. 의사가 엄금하고 있어서 자신은 술을 마시지 않았지만, 표정도 밝고 음성도 활기에 차 있었다.

"이삼 개월 뒤면 나을 거 같다. 그때는 절에 가서 휴양하고 완전히 회복되면 또 연구해야지. 일본 학자들도 인정한 탑파 연구를 매듭짓고 조선미술사 전부를 관통하는 책을 쓰기 전에는 죽을 수도 없다. 연구자가 나밖에 없어서 더욱 그렇다."

황수영은 그래도 요즘 선생의 증상이 조금 나아졌다는 데 희망을 품으며 박물관 정원을 걸어갔다. 고려 때 창건한 개국사 석등(石燈)과 석당(石幢, 돌로 기둥처럼 세워 만든 유물) 등 우현 선생이 폐사지(廢寺址)에서 가져온 유물들 사이를 지났다. 황수영은 개성 망월동 흥국사(興國寺) 터에서 가져온 석탑 앞에 잠시 섰다. 원래 오층탑이었으나 아마도 임진왜란 때 윗부분은 파괴되어 떨어져 나가고 뭉툭하게 3개 층만 남은 석탑 각 부분의 학술적 명칭을 중얼거렸다. 기단(基壇)에 해서체로 새겨진 강감찬(姜邯贊) 장군의 조탑기(造塔記)도 읽었다. 석탑을 보는 안목이 커지고, 강감찬 장군의 우국 정성이 담긴 비명(碑銘)을 척척 읽을 만큼 한문 실력이 늘어난 것은 우현 선생의 가르침 덕이었다.

황수영은 천천히 발걸음을 옮겨 본관으로 들어섰다. 건물 안 통로 왼쪽은 고려 말 충신 포은(圃隱) 정몽주(鄭夢周)의 초상화와 필적이 전시되어 있고, 이어서 금속기(金屬器)와 도자기, 고려 말 충신 야은(冶隱) 길재(吉再)와 조선 초의 충신 성삼문(成三問)의 필적과 청자와(靑瓷瓦), 석관(石棺) 등이 놓여 있었다. 홀 중앙에는 총독부박물관에서 옮겨온 적조사지 철불 석가여래상이 자리 잡고 있었다.* 거의 모두 고려시대 유물이었다. 황수영은 박물관 직원처럼 이 유물들에 대해 속속들이 알고 있었다.

박물관 중앙홀 한쪽에 있는 연구실은 문이 열려 있었다. 우현 선생이 여름 한복을 입고 있는 뒷모습이 보였다. 선생은 펜에 먹 잉크를 찍어가며 집필하고 있었다.

관사에서 박물관 본관으로 연결된 통로를 타고 아이들 손을 잡고 걸어오던 우현 선생의 부인 이점옥 여사가 보여 황수영은 중절모를 벗고 인사했다. 부인이 손을 흔들고 웃었고 엄마 손을 잡은 아이들도 "대학생 아저씨!" 외치며 손을 흔들었다. 대학을 졸업했는데도 아이들은 황수영을 그렇게 불렀다.

우현 선생이 의자를 돌려 앉았다.

---

* 최석영, 「한국박물관 역사 회고와 발전을 위한 전망」, 국회입법조사처, 2011, 21쪽 참조.

"황 군 왔는가?"

"네, 선생님. 집필하시는군요."

황수영은 걸음을 빨리해 관장실 안으로 들어갔다. 3,000권쯤 될까. 출입문 쪽 벽만 빼고 3면을 가득 메운 서가의 책들이 우현을 둘러싸고 있었다.

"오늘 몸도 가볍고 기분도 좋아서 원고를 썼어. 날씨가 맑으니 정원으로 나가지."

우현 선생이 몸을 일으켰다. 그 동작이 가뿐해 보여 황수영은 선생을 부축하지 않고 연구실 안에 있는 등받이 달린 나무 의자 두 개를 양손에 들었다.

"일본 패망이 얼마 안 남았어. 송유(松油)를 채취한다고 소나무 껍질을 벗겨서 송악산(松岳山) 나무들이 죽어가고 있대. 그러고 집집마다 가마솥이며 놋그릇, 놋수저까지 징발하고 있지 않은가."

"네, 선생님. 저희 동네도 그렇습니다."

우현이 천천히 걸으며 다시 말했다.

"네가 징병이나 징용에 끌려가지 말아야 할 텐데 걱정이다."

"네, 선생님."

황수영은 건물 지붕 밑 그늘에 의자를 내려 놓았다. 꽃이 흐드러지게 핀 라일락나무의 가지가 손에 잡힐 듯이 가까이 뻗어와 있었다. 선생은 라일락 향기를 맡으며 의자에 앉았다.

황수영은 조판을 끝낸 선생의 책『송도고적』출판에 관한 이야기를 꺼냈다.

"개성 사람들이 책이 나오기를 목을 길게 빼고 기다리는데 총독부가 물자 절약을 내세우며 허가를 안 합니다. 기다리셔야 할 듯합니다."

"네가 정성 들여 편집했고 인쇄소가 조판을 끝냈으니 언제라도 출판하게 되겠지."

그런 대화를 나누며 10분 정도 지났을까. 우현 선생은 손으로 배를 움켜잡으며 쿨룩쿨룩 기침했다.

"내실에 좀 다녀와야겠다."

"네, 선생님."

황수영은 선생을 부축하려다가 물러섰다. 내딛는 걸음이 꼿꼿하기 때문이었다. 선생은 고개를 숙인 채 원추리꽃이 만발한 통로를 걸어 관사로 들어갔다.

황수영은 다시 의자에 앉지 않고 유물들을 살피며 천천히 정원을 걸었다. 하늘은 구름 한 점 없이 맑고 푸르렀으며 여기저기 무더기로 핀 라일락꽃 속으로 벌들이 붕붕 날아다녔다.

박물관 용인(庸人)이 나와서, 기다리지 말고 오늘은 그냥 돌아가라고 선생의 말씀을 전했다. 그러나 황수영은 떠나지 않았다. 정원을 걸으며 9년 전 경성제2고보 시절에 이 박물관에 와서 우현 선생을 처음 뵌 기억을 떠올렸다. 고려청자의 비법이 단절된 것이 안타까워 황수영이 질문을 던졌는데 우현은 전문가의 안목으로 또박또박 설명해주었다. 그런 질문이 들어올 것으로 예상하고 기다렸다가 답하는 듯했다.

황수영은 우현의 짧은 설명에 경도되어버렸다. 그 후 박물관에 자주 왔고 선생은 차근차근 가르쳐주셨다. 우현은 방학에 그가 귀향하기를 기다렸다가 4, 5일 예정으로 송도의 고적을 답사

고려시대 유물인 현화사비 앞에서. 맨 앞이 우현, 셋째가 황수영.
황호종 교수 제공.

하는 일에 황수영을 데리고 나갔다.

어느 여름엔가 둘만 답사를 떠났다. 고려시대 유물인 현화사비(玄化寺碑)와 영통사(靈通寺)의 대각국사비(大覺國師碑)를 실측 탁본했다. 김부식(金富軾)이 짓고 오언후(吳彦候)가 쓴 비문이 새겨져 있었다. 버려진 절터에 남은 고비(古碑)라 근처에 인가가 없었다. 그러나 '송경의 제일 경승'이라고 알려진 곳이었다. 탁본에 들어가면 황수영은 한 손으로는 먹을 갈아 선생께 올려 드리고 한 손은 낡은 사다리를 잡아야 했다. 날씨가 무더워 먹물이 금세 말라가는데 선생은 익숙한 솜씨로 탁본해 냈다. 좁쌀을 넣은 복주머니로 비신(碑身)에 붙인 장지(壯紙) 표면을 두드리면 900년 전의 글자와 문양들이 선명하게 드러났다. 황

대각국사비를 펜글씨로 필사한 우현의 육필. 인천시립박물관 제공.

수영은 밑에서 올려다보며 흥분하기도 했다.

고려 문종의 아들이지만, 왕자로서의 부귀영화를 버리고 불문에 들어간 대각국사 의천(義天)의 비문(碑文)은 고려 왕조사와 불교사를 망라하는 방대한 기록을 담고 있었다. 두전(頭篆, 비석 몸체의 머리 부분에 돌려가며 쓴 글자들) 좌우에는 방구(方區, 사각형의 구획)가 있고 그 안에 봉황무늬가 음각되어 있었다. 내용도 풍부해서 우현 선생은 탁본을 보고 펜글씨로 필사해서 자주 열어보곤 했다.* 황수영은 탑의 두전과 방구가 매우 아름다워서

* 제목은 「오관산(五冠山) 대화엄(大華嚴) 영통사(靈通寺) 증시(贈諡) 대각국사비(大覺國師碑)」로 일본어로 토를 달아 번역했다. 육필 원본이 인천시립박물관에 소장되어 있다.

466

한 장 더 탁본해서 갖고 싶었으나 말씀드리지 못했다.*

황수영은 박물관 입구로 급히 달려오는 자전거를 보고 회상에서 벗어나 몸을 돌렸다. 우현 선생의 주치의 박병호였다. 그가 손을 휘저으며 달려갔으나 박병호 의사는 마음이 급한지 그를 보지 못하고 왕진 가방을 들고 허둥지둥 관사로 들어갔다.

'아, 선생님이 위태로워지셨구나.'

황수영은 갑자기 청량했던 하늘이 캄캄해지는 듯했다.

젊은 의사 박병호는 황수영처럼 우현을 숭배하는 수많은 개성의 젊은이 중 하나였다. 조국의 문화예술이 중국과 일본을 넘어서는 빛나는 수준임을 우현의 연구가 증명하고 있음을 알고 있었다. 그의 삼화의원은 박물관과 멀지 않았다. 지난해 우현이 무리하게 일본 도쿄의 학술대회에 다녀온 뒤 병세가 악화되자 되도록 왕진을 멀리 가지 않고 대기하듯 병원을 지켰다. 이날도 위급하다는 전화가 오자 즉시 왕진 가방을 메고 자전거를 타고 달려와 응급 소생술을 해서 우현은 간신히 위기를 넘겼다.

"선생님, 안정하셔야 합니다. 간문맥(肝門脈)에 문제가 있어 토혈하셨는데 고비는 넘겼습니다. 원고 쓰지 마시고 절대 안정하셔야 합니다."

주치의 박병호는 그렇게 간곡하게 말하고 갔다.

우현은 힘없이 고개를 끄덕였다고 한다. 옆방에서 아이들을

---

* 황수영, 「고유섭 선생 회고」, 『황수영 전집』, 제5권, 446~447쪽; 황수영 「북녘 산하 묻힌 유산 내 고향 문화재 6. 대각국사비」, 『동아일보』, 1971. 3. 10.

안고 있던 아내 이점옥이 들어왔을 것이고, 우현은 자신이 죽으면 아이들 여섯을, 아니 아내 뱃속의 태아까지 일곱이 남는다는 것에 가슴이 턱 막혔을 것이다.

"여보, 한잠 주무셔요."

아내 이점옥은 그렇게 말하며 남편의 뺨을 어루만졌을 것이고 우현은 아이들을 보고 싶다고 말했을 것이다.

오후에 큰딸 병숙(秉淑)과 둘째 딸 병복(秉福)이 학교에서 돌아왔을 때, 아내는 아이들을 아버지에게 데려갔을 것이다.

당시 여섯 살이던 우현의 장남 고재현 선생은 이 순간을 기억하고 있다.

"우리 여섯 남매를 하나하나 끌어안으셨어요. 아버지 방을 나와서 누나들이 숨을 죽이고 울어서 나도 울었지요."

우현의 일기와 이점옥 여사의 회고기, 박병호 주치의와 황수영 박사의 회고기를 보면 간경변증으로 중증(重症)에 이르렀는데도 소극적으로 응전했음을 느낄 수 있다. 우현은 개성부민들에게 가장 크게 중망(衆望)을 받는 보물 같은 인물이었다. 아내 이점옥은 당대 최고인 경성여고보 출신으로 인천 3대 부자라는 이홍선의 딸이었고, 숙부인 고주철은 인천 최초로 내과 전문의 자격을 가진 개업의사였다. 개성에도 우현의 경성제대 예과 동기생 야나기하라 다이스케가 부립병원의 의사로 있었다. 우현의 병에 대해 각별한 충고를 하고 박병호 의사와 병세에 대해 긴밀하게 협의하고 있었다. 그런데도 입원 치료를 받지 않았다. 그게 당시 의학의 한계였고 의료문화였다. 내과 전문의에 따르면 지금도 간경변증은 건강한 간을 이식하는 것 외에는 회복이

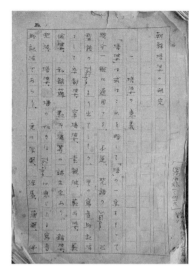

우현이 마지막으로 붙잡고 있던
『조선탑파의 연구』일본어판 원고.
동국대 중앙도서관 제공.

어렵다.

황수영 박사의 회고에 의하면 우현이 토혈하면서 쓰러진 6월 6일에 붙잡고 있던 원고는 그의 필생의 작업이었던 『조선탑파의 연구』일본어판이었다.

열흘쯤 지나 어느 정도 몸이 회복되자 우현은 불사조처럼 몸을 일으켜 다시 원고지를 잡았다.

죽음 앞에서도 초인처럼 쓰다

우현은 정신을 집중해 원고를 쓰면서 자신의 생애를 여러 번 돌아보았을 것이다.

'아직 연구가 끝나지 않았는데 여기서 내려놓는단 말인가? 못다 하고 간다면 내 생애는 무의미하지 않은가?'

그는 자신을 곤경에 빠지게 한 고추 무역 실패와 자신의 폭음

(暴飮)도 후회했을 것이다. 그의 마음을 상상해보자.

'박병호와 야나기하라, 두 의사는 내 병이 음주 때문이었다고 했지. 고추 수입 실패 때문에 폭음하기도 했지만, 세상이 내게 술을 권했어. 일제 통치 아래서 우리 것을 연구하려면 울분을 술로 달래야 했어. 또 하나는 미술사 연구를 나 혼자만 하는 터라 힘들어서였어. 나는 원고 한 줄을 더 쓰면 폭 고꾸라져 죽고 말 거라는 느낌이 들 때까지 썼어. 지쳤을 때 독한 개성소주를 마시면 피로가 한꺼번에 풀렸어. 아, 그러나 폭음하지 않았다면 아버지처럼 환갑은 넘겼겠지.'

그러면서 자신이 결국은 병을 이기지 못할 것이라는 예감에 소리 없이 울었다. 그는 길지 않았던 생애를 반추하듯 돌아보았다.

'내 고향 인천이 그립다. 집 앞 큰우물의 시원한 물맛, 장사치들의 움직임으로 늘 부산스럽던 싸리재와 배다리 저자, 내가 다닌 사숙(私塾)과 보통학교가 있던 쇠뿔고개와 그곳 초가집들이 굴뚝으로 뿜어내던 저녁밥 짓는 연기를 보고 싶다. 월미도와 능허대의 바다, 생선 비린내 나는 부둣가의 길도 가보고 싶다. 전망 좋은 싸리재 집 창으로 보이던 성당, 첨탑에서 들려오는 저녁 종소리를 듣고 싶다.

내가 달려온 학문의 길, 설렁설렁 쓴 글은 단 하나도 없다. 지친 몸을 이끌고 조선 땅 곳곳을 답사했고, 줄자를 써서 실측하고 탁본했다. 탑파 연구를 완성하고 회화와 공예와 건축을 연구하고, 조선미술사를 열 권쯤 쓰고 싶었어. 결국 초고를 시작하다 말았어. 내가 죽으면 내 정신이 응결된 글들은 남겠지. 뒤에 누군가가 나의 연구를 딛고 넘어가 내가 더 나아가지 못한 길을 열어가겠지. 미학도, 미술사도, 공예사도 반듯하게 정리되겠지. 황수영과 진홍섭과 최희순이 못하면 또 다른 누군가가 하겠지. 그렇다면 내 죽음은 헛되지 않아.'

우현은 애가 끊어지는 듯한 아픔을 느끼며 야윈 뺨으로 눈물을 흘렸다. 그러다가 여러 해 전에 쓴 수필 「아포리스멘」을 생각했다. 조선의 모든 신문과 모든 잡지가 그의 글을 싣고자 경쟁하고, 독자가 읽고 열광하며 독후감을 써 보내던 시절이었다.

'어제는 지났고 내일은 모르니 인간사는 오늘뿐인가 하노라' 하는 뜻의 일구(一口)는 내일을 위하여 오늘이 있는 것이 아니요. 오늘을 위하여 어제가 있었던 것이 아니라면 목적과 방편이 다 같이 '오늘'의 성격이다.

찰나(刹那)가 찰나에서 완성된다는 것은 즉, 사(死)가 생(生)을 탄생한다는 의미와 통한다. 자기 생을 탄생한다는 것은 유(有)에서 무(無)가 나온다는 것이 아니라 '여름'이 열음하기까지는 꽃은 꽃으로서의 찰나의 생명이며 꽃에서 '여름'이 열음될 때 '여름'은 신생(新生)이며, 꽃은 죽을 자요 죽은 자이다. 사가 생의 성격적 일상면(一像面)인 동시에 생은 사의 근본적 특질이다. 이는 이미 노발리스(Novalis)의 단상에도 있는 말이다.*

---

* 「아포리스멘」, 『전집』 제9권, 87쪽. 『박문』 1938년 12월호에 발표한 글이다.

우현은 이러한 철학적 화두를 내놓고는 다음과 같이 썼다.

　　나는 지금 조선의 고미술을 관조하고 있다. 그것은 여유 있던
이 땅의 생활력의 잉여잔재가 아니요, 누천년 간 가난과 싸우고
온 끈기 있는 생활의 가장 충실한 표현이요, 창조요, 생산임을 깨
닫고 있다. 그러함으로 해서 예술적 가치 견지에서 고하(高下)의
평가를 별문제로 하고서 나는 가장 진지로운 태도와 엄숙한 경
애(敬愛)와 심절(深切)한 동정을 가지고 대하고 있는 것이다. 만일
에 그것이 한쪽의 '고상한 유희'에 지나지 않았다면, '장부(丈夫)
의 일생'을 어찌 헛되이 그곳에 바치고 말 것이냐.*

우현은 그 문장을 되새기며 손으로 가슴을 쓸어내렸다.
　'나는 찰나가 찰나에서 완성된다고 생각하며 내 학문에 열정
을 쏟았다. 그런데 왜 그때 쓴 수필처럼 내 생이 끝나간단 말인
가? 이대로 죽을 수는 없다. 우리 조선의 예술이 일본보다 우월
하다는 걸 증명하고 가야지.'
　우현은 몸이 그 지경에 이르렀는데도 다 내려놓지 못하고 병
에 맞서 맹렬히 싸우려고 했다. 황수영 박사의 회고에 의하면
끝까지 투병 의지가 강했다. 어느 날 우현은 이렇게 말했다.
　"꼭 재기해야겠다. 멀지 않아 일본이 망하고 신생(新生)의 날
이 올 것이니 살아야겠다. 그리고 네가 곁에 있어서 참 좋다. 너
를 아들같이 형제같이 여기며 지냈다. 사람은 크게 살아야 한다.

---

* 같은 책, 89쪽.

그걸 잊지 마라."*

뒷날 '개성삼걸'로 불린 세 사람 중 최희순은 박물관 행정 업무에 바빴다. 정식 직원이 있었으나 박물관장 업무 대행은 물론이고 그 이외의 일도 그의 몫이었다. 우현은 그를 불러 당부했다.

"너는 내가 없어도 공부를 계속해라. 긴요하게 써먹을 때가 올 것이다."

최희순은 애당초 개풍군청 소속이었으나 우현이 개성부윤에게 요청해 개성군청으로 소속을 바꿔 박물관 일을 하게 했다. 관장과 직원이라는 상하 관계였으므로 최희순에게 사무적인 지시를 해왔으나 우현의 기대는 컸다. 최희순은 황수영·진홍섭보다 두 살 위이고 문장 감각이나 감성이 풍부했다. 황수영·진홍섭은 대부호의 아들로서 자기들이 좋아서 찾아온 귀공자 같은 제자들이고, 일본의 명문대학을 다녀 방학 때나 찾아와 공부하고 답사를 좇아다녔다. 최희순도 좋아서 왔지만 직원이 되었고, 개성을 떠나지 않고 늘 우현의 곁에 있었다. 방학 때만 오는 두 사람보다 배울 기회가 훨씬 많았다. 박물관 사무도 익히고 수천 권이나 되는 우현의 장서를 꾸준히 읽으며 공부해 훨씬 실속이 컸다.

최희순은 눈물을 글썽거리며 말했다.

"저는 아무래도 괜찮습니다. 관장님이 어서 쾌차하시는 게 소원입니다."

최희순은 스승이자 상사였던 우현의 말년 모습을 기록으로

---

* 황수영, 「고유섭 선생 회고」, 『황수영 전집』 제5권, 449쪽.

남기지 않았다. 장례식 정경만 짧게 썼다. 그의 수제자인 문명대 (文明大, 1940~) 동국대 명예교수가 이렇게 기록했다.

선생이 개성부립박물관에 관원 생활을 시작한 1943년은 우현 (又玄) 고유섭 선생이 박물관장으로 재직하고 있었다. 우현 선생 은 이 당시 신병을 앓고 있어서 학문 활동을 하고 있지 못해 적 극적인 지도는 받지 못한 것 같다. 그러나 음양으로 우리 미술 사의 이해나 연구방법 등에 우현 선생의 지도를 각별하게 받았 던 셈이다. 이전부터 황수영 박사와 진홍섭 박사도 개성부립박 물관에 드나들면서 우현 선생에게 사사하고 있어서 개성삼걸이 모두 우현 선생을 중심으로 모여 있었으므로 이후 한국미술사 학계를 이끈 3인방이 이때 싹이 텄던 것이라 할 수 있다. 이 가운 데 혜곡 선생만은 우현 선생을 항상 지근 거리에서 모시고 지도 를 받고 있었기 때문에 실제적으로 우현 말년제자였던 셈이라 고 할 수 있다.*

우현은 증상이 악화되어 혼절해서 죽음의 문턱까지 갔다가 돌 아오는 일이 두 차례 반복되었다. 생명이 꺼져가던 이 무렵 우현 의 모습을 알게 하는 또 다른 기록은 뜻밖의 인물이 쓴 글에 있 다. '마지막 신라인'으로 불리며 경주 최고의 향토사학자 위상에 올랐던 윤경렬(尹京烈, 1916~99)의 회상이다.

---

* 문명대,「최순우 선생의 생애와 학문세계」(강좌),『미술사』제51호, 한국미술사연구소, 2018. 12, 91~92쪽.

자남산은 개성의 아크로폴리스처럼 도시 중심에 솟아 있어 올라서면 개성 전체 시가지가 내려다보이는 경치 좋은 언덕이었다. …관장님 면회를 청했더니 한참 후에 들어오라고 했다.

"저는 조선 풍속 토우를 공부해보려는 윤경렬입니다. 어떻게 공부하면 좋겠습니까?"

"이제까지는 어디서 공부했는가?"

"일본에서 3년 동안 공부했습니다."

그때 내가 부동자세로 한 시간은 더 서 있었던 것으로 기억한다. 한참 후 책을 잡으려고 돌아보다가 아직도 내가 서 있으니 그제야 의자를 가까이 놓으면서 말씀하셨다.

"일본은 왜 갔는가? 자네 손끝에 일본 놈의 독소가 3년 배었다면 그 독소를 빼는 데는 10년 이상 걸릴 걸세."

일본에서 공부한 너는 조선 것은 해볼 생각도 하지 말라는 말씀이셨다. …집에 와서 고민하다가 다시 박물관으로 갔다.

"관장님, 이왕 내친 김입니다. 10년이 걸리든지 20년이 걸리든지 해보려 합니다. 방향만 가르쳐주시면 그 길로 가겠습니다." 하니 그제사 칸막이를 돌려놓으셨다.

"저것이 백제 불상인데 전라도 사람 닮지 않았는가? 저것은 신라 불상인데 경상도 사람 닮지 않았는가? 그곳에 싹트고, 그곳에서 꽃이 피는 것이 그곳의 아름다움일세. 남의 나라 것과 비교해가며 우리 것을 찾아보라구."

마지막에는 "좋은 일이니 열심히 해보라"고 격려까지 해주셨다.

그러고 나서 사흘 뒤 다시 찾아갔더니 돌아가셨다 했다.[*]

우현이 별세를 며칠 앞두고 민속공예에 뜻을 둔 청년을 만나 가르치고, 두 시간 이상 책상 앞에 앉아 원고를 썼음을 알 수 있다. 초인적으로 쓴 것이다.

죽어 개성 땅에 묻히다

운명의 날인 1944년 6월 26일은 화요일이었다. 아침에 우현은 아내에게 과일이 먹고 싶다고 했다. 아내 이점옥은 관사 앞집에 버찌 한 상자가 들어온 걸 알고 한 접시 얻어왔다.

"여보, 이거를 씹되 과즙만 조금 삼키고 건더기는 뱉으셔요."

우현은 일어나 앉으며 머리를 끄덕였다.

"건더기는 먹지 않을 테니 걱정하지 말아요."

그러나 우현은 건더기를 꿀꺽 삼키고 말았다. 그는 다시 토혈하고 의식을 잃었다.

"선생님, 정신 차리세요."

이날도 어김없이 문병차 왔던 황수영이 울먹이며 우현의 몸을 흔들었으나 깨어나지 못했다.

우현은 그렇게 여섯 시간을 혼수상태에 있다가 오후 5시 30분에 숨을 거두었다. 뱃속의 아들까지 일곱 자녀를 두고 만 39년

---

[*] 윤경렬, 『마지막 신라인 윤경렬』, 학고재, 1997, 128~130쪽. 윤경렬은 1943년과 1944년 두 차례에 걸쳐 우현을 만났고 "경주로 가서 살아라" 해서 그리했다는 회고담도 썼다.

생애를 닫으며 세상을 떠났다. 눈을 감는 순간 우현의 곁에는 이점옥 여사와 황수영이 있었다.

황수영 박사는 뒷날 이렇게 썼다.

임종의 자리는 그날 미망인과 나 오직 두 사람만이 지켜보았는데 마지막 말씀은 없이 긴 숨을 거두셨다.[*]

아내 이점옥은 경황없이 울다가 친정아버지에게 전화를 걸었다. 황수영·최희순에게는 개성 어르신들께 전화를 걸고 경성의 이강국에게 전보를 치라고 했다. 이강국은 1942년 징역 2년에 집행유예 5년을 선고받고 은인자중하고 있었다. 그는 보성고보 동창들과 경성제대 동창들, 학계·문화예술계 인사들에게 알렸다. 우현의 주요 발표 지면이던 『동아일보』와 『조선일보』는 1940년 강제 폐간되어 존재하지 않았다.

인천의 숙부댁과 처가로 비보를 알리는 전보가 갔고 인천 거리는 비통에 젖었다. 고일·유항렬·임영균·한형택·신태범 등 선후배들은 서로 전화를 걸거나 찾아가서 울먹거리며 비보를 전했다.

박물관 옆 뜰에 천막이 들어섰다. 장례위원장은 개성의 거부

---

[*] 황수영, 「고유섭 선생 회고」, 『황수영 전집』 제5권, 449쪽. 황수영 박사의 아드님 황호종 교수도 부친이 "사모님과 둘이 선생의 임종을 지켰다"라고 여러 번 말씀하셨다고 회고했다(2023년 5월 10일 오전 전화로 구술).

박물관 본관에 차려진 우현의 빈소. 열화당 제공.

이자 존경받는 최고 원로 공성학이 맡았다. 박물관 본관에 차려진 빈소에 인천의 백부·숙부 들과 사촌들, 처가 식구들이 오고 경성제대와 보성고보 동창들이 오고 인천 친구들도 왔다.

장례는 일본식으로 치렀다. 사진을 보면 삼베 상복을 입지 않았고 꽃상여도 없었다. 왜 그랬을까? 고재현 선생이 모친 이점옥 여사에게 그 이유를 들은 적이 있다.

"고인이 개성부의 고급 직위에 있었고 고려의 고도 개성의 가치를 한껏 알린 공로자였던 터라 개성부장(葬)으로 결정해 관에서 모든 경비를 대겠다고 하니 받아들였고, 고인의 애국정신은 알지만 유족이 살아나갈 앞날을 위해 제안을 받아들였다."

개성부윤이 공성학 원로와 의논하며 삼일장 장례를 주관했다고 했다. 장례식 날은 유난히도 바람이 드세게 불었다. 뒷날 최

개성의 거부이자 존경받는 최고 원로 공성학이 읽은 조사.
인천문화재단 제공.

순우(최희순) 선생은 그날 느낌을 감성적인 문장으로 회고했다.

우현 고유섭 선생을 마지막 들가로 내모시는 초여름 아침은 때아닌 바람이 거세게 자남산 중턱을 휘몰아치고 있었다. 고별식장의 차일들이 마구 바람에 펄럭이고 상복의 미망인과 아이들의 머리카락이 자꾸만 애처로운 얼굴 위에 흐트러지곤 했다. 긴 조사를 들으며 거센 바람에 시달리는 뜰가의 원추리꽃을 바라보면서 나는 이 시골 도시 하나가 온통 해쓱하게 빛을 잃었구나 하는 생각을 하고 있었다.[*]

공성학 원로에 이어 이강국이 눈물을 뿌리며 조사(弔辭)를 읽었다.[**] 이강국은 집행유예 기간이라 계속 경찰의 사찰을 받

---

[*] 『최순우 전집』 제4권, 학고재, 1992, 304쪽.
[**] 공성학 이름의 장례식 조사(弔辭), 무명의 또 다른 조사 사진이 있

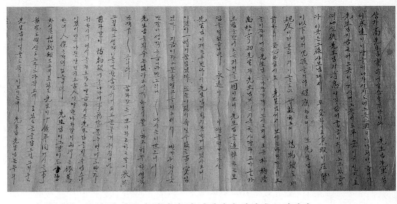

우현 별세 2주일 뒤 박물관 관장실 겸 서재에서 열린 추도식에서
황수영이 읽은 추도문. 인천시립박물관 제공.

는 몸이었다. 예방구금령도 있어서 언제든지 체포당할 위험이
있었다.

이점옥 여사의 회고에 따르면 어른들의 권유로 화장(火葬)을
모셔서 개성의 일본식 사찰 서본원사(西本願寺)에 안치했다.
49일 동안 이점옥 여사와 가족 그리고 황수영이 7일마다 절에
갔다.

두 번째 이레가 되던 7월 9일, 우현의 유족과 그를 존경하고
따르던 젊은 개성인과 제자들이 우현의 체취가 남은 박물관 관

는데 이강국 조사로 추정된다. 부고(訃告) 명부도 있다. 전화 부고
명부에 개성부윤, 김정호·진호섭·홍이표 등이 있고, 전보 명부 첫
이름은 이강국이며, 보성고보 은사 고희동, 경성제대 은사 우에노
나오테루 등이 있다. 인편 부고 명부는 문인 이광수·임화·마해송
등과 인천의 이경성 등 학계·문화계 수백 명이다(인천문화재단 사
진자료).

추도식 후 가족과 제자들. 영정 왼쪽 안경 쓴 이가 진홍섭, 그 왼쪽 뒤가 황수영, 영정 오른쪽이 부인 이점옥, 그 오른쪽 앞이 장녀 병숙, 부인 앞이 차녀 병복, 앞에 돌아앉은 소년이 장남 재현이다. 열화당 제공.

장실 겸 서재에서 작은 추도회를 열었다. 황수영이 장문의 추도사를 읽었다.

삼가 고 선생님의 영전에 말씀 사뢰겠나이다. 선생님, 선생님이 영원히 이 땅을 떠나신 지도 어느덧 2주일이나 되었습니다. …이곳은 그 후 사모님께서 평안하시고 병숙이, 재현이 이하 여러 아해들이 다 건강하오며 선생님의 친우 여러분과 저희들 모두 무고하오며 박물관도 여전하오니 안심하십시오. 선생님께서 보시는 바와 같이 오늘 이 자리에 선생님을 가장 가까이 모시고 지내오던 박병호, 우철형 양 선생과 선생님의 지극한 사랑과 고

마운 가르침을 받았던 저희들 일원이 모여 선생님을 추도하는 모임을 열었습니다. …뒤에 남은 저희들이 할 수 있는 일은 선생님께서 영구히 편안하심을 빌고 선생님의 가르치심을 지키면서 남기고 가신 아름다운 생애를 본받으며 훌륭한 연구를 밝히는 것이 아닐까요.*

황수영은 우현이 살아계실 적에 후계자가 되기를 간절히 염원하시는 것을 알면서도 못하다가 스승이 떠나신 뒤에야 뒤를 잇겠다고 약속했다. 이날 낭독한 추도문은 인천시립박물관에 소장되어 있고, 추도식이 끝난 뒤에 찍은 사진도 남아 있다. 사진에 이점옥 여사와 자녀들 외에 황수영과 진홍섭이 보이고 그들 또래 청년과 어른들도 여럿 보인다. 황수영의 처남 박민종과 장형식, 주치의 박병호와 개성 중경문고 실무자였던 우철형 등이다. 나머지는 우현의 사촌동생들과 처남이다.

우현의 사십구재를 치르고 진호섭 등 우현의 개성 친구들이 나서서 개성부 청교면 수철동 묘지에 모셨다. 제자 황수영은 징병과 징집을 피해 북만주 치치하얼(齊齊哈爾)로 떠났다. 출판

---

* 우현 별세 2주일 뒤 추도식에서 황수영이 읽은 추도문(인천시립박물관 소장). 우현의 마지막 나날 언행이 담겨 있다. "2~3개월 뒤 회복될 테니 절에 들어가 휴양하고 오겠다" "다시 태어나면 파우스트 같은 배우가 되고 싶다"라고 했고, 5월 14일 밤에 제자들을 불러서 음식을 내놓고 술도 권했다는 것, 다시 위중해진 뒤 "크게 살라" 하고 두 번 말했고 "너와는 부자(父子)와 같이 여겨왔다"라고 했다는 것 등이다. 글 속 이름 우철형(禹哲亨)은 중경문고 실무자였다.

사 경력은 평화산업이라 징병 또는 징용 대상이었다. 황수영의 부친은 삼포(蔘圃)를 포함한 막대한 재산을 지키려면 솔선수범해서 아들을 징병이나 징용으로 보내야 했지만 그럴 수가 없어 북만주에서 만몽개척주식회사를 경영하는 공진항에게 보내려는 것이었다.*

유일한 조선어 신문이던 친일 성향『매일신보』는 보름 지나서 우현의 부고 기사를 올렸다.

[개성] 박물관장 고유섭 씨는 약 3주일 전부터 지병인 위궤양증으로 와병, …수혈까지 한 위독한 증상에서 차차 회복되어 완전히 위기를 벗어난 감이 있어서 주변 사람들을 안심시키고 인사불성이던 의식도 극히 명료했었는데 지난 6월 26일 갑자기 병세가 돌변해 걷잡을 겨를 없이 동 오후 5시 30분에 별세하였는데 씨는 조선미술사 연구에 전 생애를 바친 온후독실(溫厚篤實)한 인격과 가장 양심적인 생애를 가진 독학자(篤學者)로서 …고미술품과 화적(畫籍)의 속에 묻혀서 고요히 연구를 쌓아 조선미술사의 완성을 기(期)하고 있던 중 불행히도 그의 완성을 보지 못했음은 참으로 애석한 일로서 …심오한 연찬(研鑽)과 고결(高潔)한 인격수행에 씨의 조서(早逝)를 마음으로 애도함이 크며 개성으로서도 큰 손실임은 물론이요 유족은 미망인과 1남 5녀가 있다 하며 향년 41년이라 한다.**

---

* 정영호 대담 「원로를 찾아서」, 『황해문화』 제23호, 새얼문화재단, 1999, 264~268쪽.
** 「개성박물관장 고유섭 씨 별세」, 『매일신보』, 1944. 7. 13.

전국에서 신문 잡지를 통해 우현의 글을 읽었던 인텔리겐치아 독자와 이화여전과 연희전문 젊은 제자들은 망연자실했다.

우현의 보성고보 후배인 시인 이상(李箱)이 그랬던 것처럼 비범한 수재는 성급히 정신을 불태운 탓에 단명하는가? 섬나라 일본의 보호국으로 전락하던 1905년 역사의 질풍노도가 몰아치던 개항도시 인천에서 태어나 아무도 관심 갖지 않았던 조국의 미술사를 개척하기 위해 외로운 길을 걸었던 우현 고유섭은 조국 광복 1년을 앞두고 그렇게 떠났다.

떠난 뒤에

제자들, 비원(悲願)으로 유고를 출간하다

우현이 세상을 떠나고 한 달이 지난 1944년 7월 중순, 이점옥 여사는 유복자인 재훈(在勳)을 낳았다. 박물관 아랫마을 여인들이 미역을 사들고 와서 위로했다.

"세상 일찍 떠나시려고 자식을 많이 두셨구먼. 부인이 다시 시집도 못 가게 하려고 부지런히 낳으신 것 아녜요?"

그렇게 말하는 이도 있어서 이점옥 여사는 쓸쓸히 웃었다.

가을에 우현의 사십구재를 지내기까지 우현의 유족들은 여전히 박물관 관사에서 살았다. 우현의 존재감이 워낙 컸고, 후임 박물관장이 임명되지 않았으며, 갓난아기가 있어서 개성부청으로서는 야박하게 나가달라고 하지 못했다. 공진항·김정호·진호섭 등 신진 엘리트들과 개성부윤이 유족을 지키는 언덕 노릇을 했다.

그러나 아기가 백일이 지나고 난 늦가을에는 개성을 떠나야 했다. 이점옥 여사는 우현의 고추 무역 실패로 친정아버지에게 빚이 4,000원 남아 있었지만 갚을 길은 없었고 친정의 처분에 따라야 했다.

우현의 가까운 벗이었던 진호섭의 권유에 따라 3,000권이 넘는 장서를 고인이 이사(理事)를 지낸 중경문고 법인에 일단 맡기고, 육필 원고는 출판사 경험이 있는 황수영이 맡았다가 뒷날 출간하기로 했다.

이점옥 여사와 일곱 자녀는 외조부 이홍선이 급히 마련해준 김포 거처로 떠났다. 우현의 장남 고재현 선생은 이렇게 회고했다.

"외조부께서 소년 시절에 살았던 김포에 외조부의 형님이 그대로 살고 계셨어요. 외조부 소유 토지 30만 평을 그분이 관리하셨지요. 우리 식구는 김포로 갔고 초가집 하나에 짐을 풀었어요. 외조부 형님 집이 큰 기와집이긴 했지만 우리 여덟 식구가 들어가기에는 좁아서 그걸 주셨겠지요."*

스승의 사십구재를 지낼 때까지 황수영은 북만주로 떠나지 않았다. 그는 느끼고 있었다, 35년간 일본의 압제를 받으며 민족정기가 쑥밭처럼 훼손되고 말았는데 그것을 회복할 길이 스승 우현의 원고 속에 있다는 것을. 그가 이여성을 찾아가 어찌해야 하는지 여쭈었다는데 아마 이때일 것이다. 이여성을 만나러 경성에 간 김에 이강국도 찾아갔을 것이다.

이여성과 이강국은 황수영에게 이렇게 말했을 것이다.

"곧 일본의 굴레를 벗어나네. 황폐해진 민족의 긍지를 되살려낼 것들이 우현의 글 속에 있네. 원고 낱장 한 장 한 장이 우현의 정신이고 우리 조국의 보물이네. 낙서 한 장도 잃어버리지 말고 보존하게."

---

* 2021년 11월, 고재현·고재훈 선생 구술.

"우현의 글들은 독보적이네. 미발표 원고가 많다는 걸 나는 알고 있네. 민족의 자존이 거기 있으니 잘 챙겨두게."

황수영은 그분들의 당부를 마음속에 단단히 새기고 개성으로 돌아가 스승의 육필 원고들을 분류해 상자에 담았다. 그는 징집과 징용을 피해 북만주로 갈 예정이어서 육필 원고를 임시로 진홍섭에게 맡겼다.

1945년 8·15 광복 후, 황수영이 소만(蘇滿) 국경 근방 동양진(東陽鎭)에서 귀향했을 때, 우현 일가는 김포로 떠나고 관사에는 최희순이 살고 있었다. 그는 박물관 소속 공무원이 되어 임시 관리를 하고 있었다. 스승이 글을 썼던 관장실은 차마 손대지 못해 그대로 보존하고 있었다.

황수영은 진홍섭에게 맡겼던 우현의 육필 원고를 모두 받았다. 그 뒤 개성상업중학교 교사가 되었는데 교사들도 학생들도 좌우익 간의 대립이 극심했다. 그때 우현의 유고를 지킨 이야기가 황수영 박사 회고록에 있다.

마루 책장에 가득했던 우현 유고가 1947년 여름 어느 날 심야에 가택 수색을 나온 개성경찰서 형사에 의해 온 마루 전면에 산란(散亂)되었을 때는 몹시 당황하기도 했다. 형사들은 우리 집에서 붉은 삐라 같은 인쇄물을 찾고 있었다. 그 당시 잠시 고향에서 상업학교 교감으로 있으면서 국사를 맡고 있었는데 교내에서의 학생 대립이 첨예화되면서 좌익 학생들의 출입을 빙자해 나를 밀고한 듯했다. 그 후 다시 학교에 다니면서 우현 원고 정리가 진행되었고 첫째로 『조선탑파의 연구』가 을유문화사의 '조선문화

총서' 제3책으로 간행되었다. …그 간행은 선생과 동창이었던 일석 이희승 선생의 주선에 따른 것이었다.*

"첫째로『조선탑파의 연구』라고 한 것은 1939년에 출간된 일어판『조선의 청자』와 조판이 되어 있어 즉시 출간이 가능했던『송도고적』을 빼고 그렇게 표현한 것이다.

1946년 겨울, 황수영은『송도고적』부터 출간했다. 서문은 우현이 쓴 그대로 넣고 끝에 자신의 발문을 넣었다.

조국의 광복을 맞이해 누가 고인에 대한 애석(愛惜)과 추억이 없으리오만 그 고귀한 일생을 조국을 위해 바친 선각자에 대해서는 그 감(感)이 더 간절한 바가 있다. 우현 고 선생은 조선이 낳은 위대한 학자이시며 참된 애국자이셨다.**

묵직한 볼륨의 책 한 권이다. 서울, 평양, 부산, 대구, 원산, 함흥, 인천 등 당시의 대도시는 물론 경주, 부여 등 지나간 역사 속 왕도였던 어느 곳도 이 정도의 역사, 고적 탐구가 이뤄진 곳은 없다. 우현을 박물관장으로 모셔간 개성이 큰 보답을 받은 것이다.

『조선탑파의 연구』는 1947년 12월에 초판이 출간되었다. 아홉 살 많은 대학 동기 이희승이 을유문화사에 권유해서 성사된

---

* 황수영,「고유섭 선생 회고」,『황수영 전집』제5권, 414~415쪽.
** 황수영,「발문」,『송도고적』, 1943;『전집』제7권, 321쪽.

것이다. 서문은 이여성이 썼다.

고우(故友) 고유섭은 미술사학을 공구(功究)하는 길에서 매몰되어 있던 이 조선 석탑파에 한 걸음 한 걸음 접근하기 시작했다. 그리하여 다년간 누심각골(鏤心刻骨, 마음에 새기고 뼈를 깎음)한 결과 마침내 본서를 산출하게 되었으니, 본서가 명실공히 획기적 저서로 학계에 등장하게 됨도 결코 우연이 아니다.

고우 일찍이 『진단학보』에 『조선탑파의 연구』를 발표하고 난 뒤에 그 불만을 겸손히 나에게 표시한 뒤 좀더 연구의 걸음을 발전시켜보겠다고 말한 적이 있었던 바, 지금 생각하면 위에 말한 프로그램에 좀더 깊이 들어가보겠다는 뜻이었다. 그의 명석한 두뇌와 정밀한 검색과 불타는 정열이 이미 그의 학문을 빛나게 이루도록 했었지만 일궤토(一簣土, 산을 만들 때의 마지막 삼태기의 흙)의 공(功)을 앞두고 불의타계하게 된 것이야말로 이 어찌 우리 학계의 한 큰 애석사(哀惜事)가 아니랴 하랴.*

이여성의 서문에는 세키노 다다시 등 일본학자 6인의 저술보다 완벽하고 특히 양식론이 탁월하다는 내용과 황수영이 찾아와서 유고 정리, 도판 첨부, 일문 국역 등에 대해 의논을 구했다는 내용도 있다. 서문 쓴 날짜가 1947년 12월 10일로 적혀 있는데 그는 1948년 초에 월북했으므로 출간 후 책을 받아볼 수는 없었다.

---

* 이여성, 「서문」, 『조선탑파의 연구』, 1948; 『전집』 제3권, 319~320쪽.

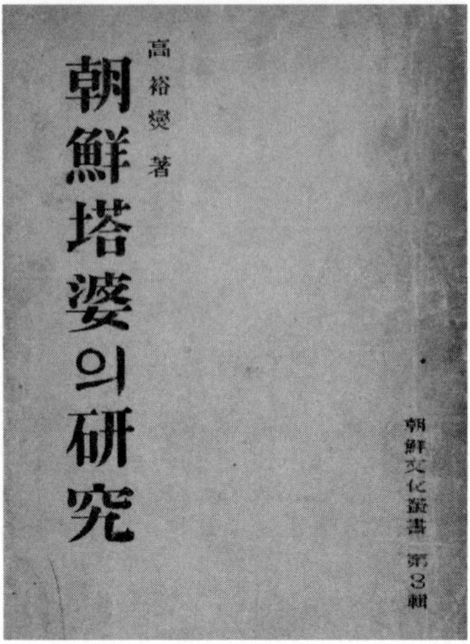
高裕燮 著
朝鮮塔婆의研究
朝鮮文化叢書 第3輯

1947년 12월에 출간된
『조선탑파의 연구』 초판.
인천시립박물관 소장.

이때 이여성은 자신이 붙잡았다가 우현이 더 낫다고 판단해서 포기한 일, 그러나 우현이 끝내 못다 한 일, 조선미술사를 쓰고 싶은 희망을 품었는지도 모른다. 그는 월북해 김일성종합대학 역사강좌장이 된 뒤 『조선미술사 개요』(1955)와 『조선 건축미술의 연구』(1956)를 출간했다.

『조선탑파의 연구』에 대한 학계의 평가는 지금도 최고이자 최상이다. 뒷날 정영호 교수는 이렇게 썼다.

완벽에 가깝기 때문에 아직까지 아무도 선생의 논고를 넘지 못하고 있다. 한국의 고대미술의 주류를 이루고 있는 불교미술에서도 그 근간인 탑파에 대해 종합적으로 연구한 대작으로 목조탑파와 전탑을 우선 논하고 다음으로 석탑에 대해 논하되 석탑 양식의 발생과 그 정형의 성립, 양식의 변천상 등을 실물을 들면서 소상히 밝히고 있다. 한편 탑파의 의의와 가람 조영과 당탑 가치의 변천, 불사리와 가람 창립 연기의 변천, 조선의 공예적 제탑 등의 논문은 많은 원전(原典)과 현지 조사의 정확한 논고들이므로 선생의 깊고도 폭넓은 학문에 더욱 머리가 숙여진다.*

1949년에는 『한국미술문화사논총』이 『서울신문사』에서 발간되었다. 「조선고미술에 대하여」 「조선문화의 창조성」 「조선 미술문화의 몇 날 성격」 「조선고적의 빛나는 미술」 「고구려 고도 국내성 유관기」 등이 수록되어 있다. 강희안, 겸재 정선, 김홍도의 약전 등도 실려 삼국시대에서 조선시대에 이르기까지 미술문화를 알 수 있는 책이다.

1950년 6·25전쟁이 발발하자 황수영은 유고 전부를 부산으로 안고 가서 지켰다. 두 자녀 황유자·황호종 교수는 이렇게 회상한다.

아버님의 가까운 친구분이셨던 장형식 선생님(부산은행 전무)은 "너희 아버님은 참 대단한 분이야. 6·25전쟁의 와중에 다른 무엇보다도 본인 선생님의 원고를 챙겨 나오셨지"라고 하셨습니다.**

---

* 정영호, 「고유섭의 생애와 저작」, 『월간공예』, 1998. 6.
** 황유자·황호종, 「책의 제목 '선사의 길을 따라서'에 대하여」, 『선사의 길을 따라서』, 9~11쪽.

여기서 우리는 이런 상상을 해볼 수 있다. 만약 그때 황수영이 1만 장이 넘는 우현의 유고 뭉치를 껴안고 부산까지 가지 않았다면, 뭔가 잘못되어 북한군 손에 넘어갔다면 어땠을까. 그랬다면 이여성이 우현의 이름으로 평양에서 모두 출간해주었을 것이라고 믿고 싶은 것이다. 『조선탑파의 연구』 서문에 보이는 우현에 대한 그의 애정과 진정성, 그리고 무엇보다도 우현의 원고를 국보처럼 소중하게 여겼기 때문이다.

1954년 우현 10주기를 맞아 다시 출간 작업이 추진되었다. 진홍섭은 1937년에 발간된 일어판 『조선의 청자』를 『고려청자』로 바꾸고 번역해 을유문화사에서 출간했다.

1958년에는 수필집 『전별의 병』을 통문관에서 출간했다. 답사기와 수필들이지만 미술문화가 소재이므로 한국의 미술소사라 할 수 있었다.

1963년 『한국미술사급미학논고』를 통문관이 냈다. 1964년 『조선건축미술사 초고』, 『조선화론집성』 상하권, 1966년 『조선미술사료』, 1967년 『한국탑파의 연구 각론 초고』를 고고미술동인회가 출간했다. 1966년 『조선미술사 논총』을 통문관이 냈다. 이 책들은 우현이 발표하지 않은 유고로 남아 있었고 '초고'(草稿)라는 표시가 붙은 채 완성되지 않은 것들도 있었다. 고인이 출간을 희망하지 않은 것일 수도 있었다. 그러나 황수영 박사를 비롯한 제자들은 그것이 분야를 개척해나간 선구적이고 독보적인 글들이라 출간했다.

건축사 연구가들은, 우현이 1933년에 써서 유고로 남았다가 1964년에 출간된 『조선건축미술사 초고』를 크게 주목한다. '초고'라는 말이 붙었는데도 우현이 근대 건축사 문을 열었으며 독보적이었다고 큰 의미를 부여했다. 이강근은 이렇게 평가했다.

우현의 초기 저작임에도 미완의 유고로 남겨졌던 '조선 건축미술사 초고'는 1964년 고고미술동인회에 의해 『조선건축미술사 초고』(유인본)로 등사 출판되었고, 이미 간행되어 있던 『송도의 고적』(1946), 『조선탑파의 연구』(1943), 『한국미술문화사논총』(1949), 『전별의 병』(1958), 『한국미술사급미학논고』(1965)와 더불어 이 시기에 한국건축을 이해하는 데 길잡이가 되었다.

사실 1973년에 정식으로 출간되어 공전의 히트를 기록하다가 20년 뒤인 1992년에 개정판이 나온 윤장섭*의 『한국건축사』도 우현의 저작을 참조 틀로 하여 성립된 것이다. 1940년대 초의 식민지 상황을 극복하는 논리로 생산된 '조선미술문화의 특색'에 관한 우현의 주장이 1970년대에 와서 '한국건축미의 특징'으로 활용된 뒤 오늘날까지 시대를 초월한 한국건축미로 이해되고 있는 것이다.**

이강근은 우현의 저술을 이 나라 건축사의 매우 소중하고 선구적인 성과로 보고 있는 것이다.

---

* 건축학자 윤장섭(尹張燮, 1925~2019)은 개성 출신 사업가로 성보문화재단 설립자인 고 윤장섭(尹章燮)과 동명이인이다.
** 이강근, 「우현 고유섭의 '조선 건축미술사 초고'에 관한 연구」, 『미술사학연구』제249호, 한국고고미술사학회, 2005, 208쪽.

우현학과 우현 넘어서기

우현의 친구들이 예상했던 대로 우현이 남긴 연구성과는 해방 조국에서 민족자존을 되찾을 중요한 정신적 자산으로 떠올랐고 1단계로 출간 작업이 그렇게 착착 진행되었다.

다음 단계는 우현의 저술 전반에 대한 본격적인 해석과 탐구였으며, 그다음 단계는 우현을 넘어서며 확대하는 일이었다. 그것은 매우 활발히 전개되었다. 우현이 논리 정연한 학문적 체계와 실증을 중시하며 펼친 연구 방법론은 높은 평가를 받았고 '구수한 큰 맛'으로 상징되는 한국미의 특질론은 부정적인 평가와 논란도 있었다.

1989년, 김영애 미술사학자는 간략하게나마 처음으로 우현의 생애사를 구성해냈다. 그때까지 전개된 우현의 미의식 분야에 집중된 논란에 대해서도 정리했다. 우현은 미학사상을 바탕으로 하고 그 바탕 위에서 역사적 변천인 미술사를 살폈고 미의식을 도출하고자 했으며, 감상적이고 직관적이기보다는 역사적인 통찰로서 보고자 했다고 했다. 그가 결론 맺은 우리나라 미술의 미의식은 어느 정도 신뢰성을 가질 수 있으나 이전에 축적된 연구의 양이 적고 식민지라는 역사적 상황 때문에 후학들의 논란 대상이 되었다고 했다. 논란은 식민지 사관이라는 점, 일원적이며 공시적 견해라는 점, 일본인 학자 야나기 무네요시식의 관점이라는 점 등 세 가지라고 했다.*

1999년 조요한(趙要翰, 1926~2002) 교수의 저술 『한국미의

---

* 김영애, 「미술사가 고유섭에 대한 고찰」, 32~33쪽 압축.

조명』에 우현 관련 글이 실려 나왔다. 조요한은 한국미에 대한 우현의 견해를 '질박(質朴)의 미학'이라고 했다. 우현이 "일본 학자들의 한국 고미술에 대한 의견·서술 들을 취사선택하면서 한국미술의 창의성과 한국미의 독자성을 강조했다"고 평가했다. 「조선 미술문화의 몇 낱 성격」에서 한국인의 상상력(또는 구성력)의 풍부함, 한국미의 구수한 특성을 강조했고, 「조선 고대미술의 특색과 그 전승문제」에서 구수한 큰 맛을 다시 풀이하며 그것을 무기교의 기교, 무계획의 계획이라고 한 점을 상기시키면서 이에 동의했다. 그는 우현의 업적을 이렇게 평가했다.

고유섭은 서른아홉 살에 요절하고 말았다. '나의 오직 하나의 소원'이라고 말했던 한국미술사를 완성하지 못하고 후배들에게 그 과업을 남기고 갔다. 그러나 그는 그 짧은 기간에 백수십 편에 달하는 글과 논문을 통해서 자신이 '창조의 고통'이라고 표현했던 한국미술사 기술(記述)의 기초를 세웠다. 다행히 그는 개성박물관 시절에 광복 이후 한국미술 연구의 제일선에서 활약했던 황수영, 진홍섭, 최순우 등 세 제자를 배출할 수 있었다. 해방 후이 세 분은 한국미술사 연구의 정초에 큰 몫을 했다.[*]

2000년, 권영필(權寧弼, 1941~) 교수의 저술 『미적 상상력과 미술사학』에도 우현 관련 글이 있다. 권영필 교수는 우현의 업적을 네 가지로 요약해 기술했다.

---

[*] 조요한, 『한국미의 조명』, 열화당, 1999, 48~49쪽.

첫째, 고유섭은 근대적 의미의 '한국미학'의 기초를 이룩했다. 서구식의 정통 미학 교육에 의해 가능했던 것이며, 본질적으로 그의 해박한 동양적 지식과 탁월한 직관에서 바탕이 된 것이다.

둘째, 그의 이론은 당시 학문의 세계적 조류와 동일 위상에 있다. 독일 미학, 에카르트나 야나기 등과 비교해볼 때 그의 '질박의 미학'은 독창적 확대임을 알게 된다.

셋째, 그는 한국인의 미의식, 미의 본질 등 미학적 과제를 추상적이 아닌 구체적인 미술품을 대상으로 추출해내었다. 그 결과 미학과 미술사를 연결하는 상호의존 관계를 확립했다.

넷째, 그의 미학적 관점은 한국미술 연구의 지평을 확대시켰다. 예컨대 『조선탑파의 연구』는 20세기 전반기 미학사조인 양식사, 정신사, 사회사적 측면 등의 관점에서 조명해 성과를 거둔 것으로 평가할 수 있다.*

우현 탄생 100주년인 2005년에 많은 담론이 쏟아져 나왔다. 이인범 교수는 이때까지 한국의 미술사학계가 우현의 연구를 해석하고 그것을 확대한 과정을 3단계로 나누어 설명했다. 요지는 이렇다.

제1기는 8·15 광복부터 1960년대 후반까지로 우현의 유고들을 출간하고 본격 연구를 시작한 시기라고 했다. 우현의 학문적 업적이 일제 잔재 청산과 민족문화 건설이라는 과제 앞에 얼마나 중요한 기재였는가를 알게 하고 민족문화의 자부심을 회

---

* 권영필, 『미적 상상력과 미술사학』, 문예출판사, 2000, 43쪽 압축.

복하는 역할을 했다고 썼다.

제2기는 1970년대와 1980년대 후반까지라고 했다. 우현의 업적에 대한 평가가 시도된 시기로서 김원룡·최순우 등은 지고지대하다고 평가했고, 문명대·안휘준 등은 우현에게 식민주의의 혐의를 씌우려 했다고 지적했다. 문명대는 한국미술의 특징을 적조나 애조 또는 무관심으로 본 고유섭의 입장이 야나기 무네요시 등 일본 학자들의 영향이라고 했으며, 안휘준도 고유섭이 야나기의 설을 비판 없이 받아들여 한국의 미를 정의한 것은 잘못이라고 했다고 썼다. 조요한과 임범재 등 미학자들은 그들에 맞서 우현의 관점을 옹호했다고 했다.

제3기는 1980년대 이후로서 미술사학연구회가 창립되고 우현 관련 김영애·김임수·목수현 등의 석사, 박사 논문들이 나오고 1993년 통문관이 『고유섭 전집』 전 4권을 간행한 것이 큰 성과라고 했다. 논문들과 전집은 우현의 업적을 총체적으로 조망하는 길을 열어놓았고 여러 편의 논문이 발표되는 계기가 되었다. 민주식·김영나·홍선표·김문환·이인범 등이 논문을 썼고 우현은 한국미학 및 미술사의 정초자(定礎者)라는 위상이 견고해졌다고 했다. 그런 다음 '고유섭은 그 자체만이 아니라 불행한 근대를 거치며 우리 안에 드리워진 그늘이 정작 무엇인지를 환기시키며 학문과 섣부른 민족주의 이데올로기가 미학과 미술사, 전통과 현대, 서구와 한국 등 숱한 경계로부터 구획된 오늘날의 한국 미학 미술사를 반성으로 인도한다'라고 했다.*

* 이인범, 「고유섭 해석의 제문제」, 『미학 예술학 연구』 제22권, 한국

오병남 교수는 우현의 학문적 성과와 그간의 논란을 고찰하고 이렇게 결론을 내렸다.

고유섭 선생은 충격적이었을 새로운 학문의 장에 뛰어들어 문제를 스스로 제기하고 해결하고자 했던 존경할 만한 대선배이다. …학술적 업적뿐만 아니라 새로운 상황에 직면해 문제를 해결하는 모범을 보여주신 점에서 그의 진정한 학문적 의의가 있다.[*]

김임수 교수는 2005년에 우현의 방법론적 태도에 대해 다음과 같이 평가했다.

"한국적인 미적 가치 형성의 특질을 규명해 내고자 했던 고유섭의 방법론적 태도는 다분히 서구 근대미학적인 시야에 기초해 있는 것으로, 특히 서구 근대미학이 순수한 미적 태도를 특징짓는 중추 개념으로 삼았던 무관심성의 개념 도입은 미적 가치 체험의 한국적 특수성을 미학적 보편성으로 연관시켜서 한국적 미의식의 세계적 공감을 획득하기 위한 것이었다."[**]

다음 해인 2006년, 최열 교수는 『미학』 잡지에 쓴 칼럼에서,

미학예술학회, 2005, 222~246쪽.

[*] 오병남, 「고유섭의 미학사상에 대한 접근을 위한 하나의 자세」, 『미학』 제42집, 한국미술사학회, 2005, 239쪽.

[**] 김임수, 「고유섭과 한국미술의 미학」, 『한국 근대미학과 한국 미학의 현재성』, 인하대학교 한국학연구소, 2005, 53쪽.

그동안의 논란을 이렇게 압축해 정리했다.

　　오세창을 앞에 넣어 중세적인 것을 복원하려는 견해도 있으나 한국미술사는 세키노 다다시와 고유섭이 시작했다는 견해가 우세하다. 그러나 오세창의『근역서화징』이나 고유섭의『조선화론집성』이 자료의 증험, 선별, 집약에 그칠 뿐 해석과 평가에는 이르지 못했다는 인식이 있다.

　　1971년 문명대는「한국미술사 연구의 회고와 전망」에서 야나기 무네요시와 고유섭의 미술사학을 정체성(停滯性) 개조론(改造論)과 같은 성격을 지닌 식민사학의 하나로 규정했다. 김원용이「한국미술사」에서 한국미술의 특색을 '자연주의'라고 규정한 데 대해서도 야나기와 고유섭의 식민지사학에다 빗대면서 비판했다.

　　1972년 박용숙은「식민지시대의 미학비판」에서 "우리의 미학은 식민지시대가 개척기이며 일본인 학자들의 업적을 그대로 받아들여 한국미학의 운명이 결정되었다"고 하고, 한국미학은 고유섭으로부터 시작되었으며 고유섭이야말로 '한국미학의 시초'라고 썼다. 그러나 고유섭의 미술사학이 식민지사학에서 크게 벗어나지 못한 근거로 독일 관념철학, 초기 빈 학파 미학을 수용하고 있으며 일본 학자들의 견해를 그대로 답습하고 있다는 사실을 들었다. 또한 고유섭이 '사회사적 관점'을 배제하고 있으며 정신사와 결부시키지 못했다고 지적했다. 고유섭을 불교미학을 정립하고자 했던 불교미술사학자로 한정시키려 했다.

　　1997년에 다시 문명대는「우현 고유섭의 미술사학」에서 앞보다 한 발 물러서, 그를 한국미술사학의 시조라고 규정하고 실증사학에 토대를 둔 그의 미술사학 이론을 1935년을 기준으로 전기와 후기로 나누어 고찰하고, 전기는 사회경제사적 미술사학, 후기는 정신사적 미술사학에 기울었다고 썼다. 그러고 덧붙여서 그가 한국미술사학의 이론을 너무 정신사적인 데다 치우친 나머지 한국미술의 특징을 적조, 애조, 무관심 같은 것으로 보는 등 일본 학자들의 영향을 본의 아니게 받아들였다고 썼다. 그럼으로써 앞서 정체성 개조론 따위의 식민사관이라 규정했던 비판을 일부 수정했다.*

이후에도 우현의 업적에 대한 새로운 분석과 평가가 연구자들에 의해 간헐적으로 이어졌으나 많지는 않다. 앞으로 훨씬 더 많이 나와야 한다.

「나의 잊을 수 없는 바다」

단행본 출간과 더불어 학회 행사와 전문 잡지의 고유섭 특집이 간헐적으로 이어졌다. 1960년에 결성된 이후 우현의 저술을 여러 권 출간한 고고미술동인회는 1964년 『고고미술』 6, 7월 합병호에 「우현 고유섭 선생 20주기 특집」을 실었다. 경성제대 은사인 우에노 교수, 대학 조수 시절 동료 나카기리, 주치의 박병호, 그리고 제자 황수영 교수와 진홍섭 교수의 회고담을 실었다.

---

* 최열, 「한국미술사연구 발자취와 과제」, 2006. 6. 김달진 연구소 웹사이트 압축.

1967년에 우현의 업적을 크게 드러내는 사업이 있었다. 1964년에 시작된 신라오악학술조사단은 우현이 문무왕 수중릉이라고 믿었던 대왕암을 실측 답사한 것이다. 황수영 교수는 이보다 앞서 1961년에 동국대 학생들을 인솔해 경주로 수학여행을 갔고 어선을 빌려서 대왕암을 탐사한 바 있었다. 그는 문화재위원이었고, 한일국교정상회담에 문화재 반환협상의 실무대표로서 역량을 발휘해 정부의 신뢰를 받고 있었다.

황수영·진홍섭·최순우 세 제자는 스승 우현이 확신하면서도 실천하지 못한 비원(悲願)을 헤아리고 있었다. 왜구 침입을 막기 위해 죽어서 용이 되고자 한 문무왕의 정신을 일제강점기에 현양할 수 없었던 스승의 아픔을 알고 있었다. 한국일보사가 꾸린 신라오악학술조사단에 그들 '개성삼걸'이 포함되었다. 조사단은 암초 중앙의 연못 양쪽에 임시 둑을 만들고 양수기로 바닷물을 퍼냈다. 그런 다음 실사로 들어갔다. 1967년 5월 15일 오전 11시의 일이었다.

조사단은 이곳이 문무왕 수중릉임을 비정했다. 『삼국사기』 등 관련 사료를 볼 때 문무왕릉이 거의 확실하며, 감은사·이견대 등 문무왕 관련 유적들과 연관성이 깊고, 대왕암을 실측해본 결과 암초 중앙부를 파내고 육지에서 운반한 거대한 바위를 안치한 것으로 판단된다는 것이다. 또한 중앙부에 물이 있는 연못을 만들기 위해 인공적으로 동서 방향의 긴 물길을 마련한 것으로 보인다는 점, 중앙부의 거대한 바위는 정확하게 남북 방위에 따라 놓여 있다는 사실 등이 확신을 갖게 한다는 것이었다.

역사학계는 대체로 수긍하는 편이지만 다른 시각을 보이는

우현 30주기 추모 기념비 건립행사
초대장. 조우성 전 인천시립박물관장
제공.

기념비 건립 취지서.
조우성 전 인천시립박물관장 제공.

학자들도 있다. 유홍준 미술사학자는 스테디셀러『나의 문화유
산답사기』에서 제3공화국 군사정권 하에서 군사쿠데타를 합리
화하고 무인 정권을 도드라지게 하기 위해 내놓은 상품적 기획
이 1967년의 대왕암 발견이라고 했다. 그는 감은사에 갈 때마
다 반드시 대왕암 앞에 들른다고 하면서 다음과 같은 독백을 덧
붙였다.

"존경하는 우현 선생님, 당신이 찾으라는 문무대왕의 위업이
가는 세월 속에서 이렇게 바뀌었습니다."*

1974년 봄, 우현 30주기가 다가오자 두 가지 기념행사가 준
비되었다. 그 하나는 인천시립박물관에 기념비를 세우는 것이
었다. 인천시립박물관은 12년 전인 1962년 11월 17일 처음으
로 고유섭 추도회를 열었다.** 그때는 규모가 작고 널리 알려지

---

* 유홍준,『나의 문화유산답사기 1』, 창작과비평사, 1966, 165쪽.
** 고일,「우현 고유섭 군을 추모한다」,『인천신문』, 1962. 11. 17.

인천시립박물관 앞뜰에
세워진 우현 추모 기념비.
박물관이 청량산
아래로 옮겨갈 때 같이 옮겼다.

지 않았으나 이번에는 달랐다. 경성제대와 경인기차통학생친목
회 후배인 신태범 박사, 편지로 우현에게 사숙하고 저명한 미술
사학자가 된 싸리재 후배 이경성 관장, 의성사숙 후배인 서예가
박세림(朴世霖)·장인식(張寅植) 선생 등이 주축이 되어 나섰
다. 우현의 경성제대 동기인 이희승 박사, 제자 황수영·진홍섭
교수와 최순우 관장도 인천으로 달려왔다. 기일인 6월 26일에
인천시립박물관(제물포구락부 건물) 앞뜰에 추모비를 세우기로
하고 건립위원회를 결성했다. 제막식은 6월 27일 오후 자유공
원 아래 인천시립박물관에서 열렸다. 고향에서 열린 제대로 된
기념행사였다. 비문의 내용은 이렇다.

우리의 美術(미술)은 民藝的(민예적)인 것이매 信仰(신앙)과
生活(생활)과 美術(미술)이 分離(분리)되어 있지 않다.

又玄(우현) 高裕燮(고유섭)

제막식에 우현의 부인 이점옥 여사와 자녀들이 초대되었다. 한국미술사 분야의 큰 산이 된 '개성삼걸'이 이점옥 여사를 모시고 기념비 앞에서 찍은 사진, 이점옥 여사와 장성한 일곱 자녀가 일석 이희승 박사를 모시고 찍은 사진이 전해진다. 첫 번째 사진을 찍을 때 이점옥 여사가 개성삼걸에게 이렇게 말했다.

"그대들 세 제자가 우현 선생을 빛내주니 고맙기 이를 데 없네."

열 살쯤 아래지만 두 사람은 저명한 학자, 한 사람은 국립박물관장인데 그날 이점옥 여사가 거침없이 반말을 쓴 것은 인천에서 화제가 되었다. 세 사람이 개성 시절에 우현을 하늘처럼 우러렀음을 짐작하게 한다.

두 번째 사진을 찍을 때 자녀들이 눈물을 글썽이며 이희승 박사에게 이렇게 말하며 기념비 앞으로 모시고 갔다.

"박사님, 염려해주신 덕에 저희들 이렇게 컸습니다."

이희승 박사도 눈시울을 붉혔다.

이점옥 여사와 일곱 자녀는 우현 없이 30년 인생 역정을 걸었다. 1945년 광복되던 해 김포의 임시거처를 떠나 인천으로 이사했고, 외가에서 마련해준 내동(내리) 136번지 좋은 기와집에서 살았다.

우현의 생질녀인 장숙현 여사의 노트에 흥미로운 기록이 있다.

"1946년 이강국이 경찰에 쫓기며 내동 집에 숨었었다고 모친(고정자 여사)에게 들었다."

우현의 가장 친한 친구였던 이강국은 8·15 광복 직전 여운형

1974년 우현 추모비 앞에 선 이희승 박사(앞줄 오른쪽 둘째)와 우현 유족.
고재훈 선생 제공.

이 주도한 건국준비위원회에 위원으로 참여했다. 광복 후 조선
인민위원회 서기장을 지내고, 좌파 지도자들의 연합인 민주주
의민족전선 상임위원을 맡았다.

1946년 6월 23일, 이강국은 김원봉·여운형(呂運亨)·이현상
(李鉉相) 등과 함께 인천공설운동장에서 열린 민주주의민족전
선 주최 미소공위촉진대회에 참석해 연설했다. 그는 그날 이점
옥 여사를 만났다고 썼다.* 이때 연결고리가 생겼을 수도 있다.

---

*「공위촉진대회 인천시민위서」, 『자유신문』, 1946. 6. 25; 이강국, 「고

우현의 집에 은신했다면 그해 8월이나 9월이었을 것이다. 그 무렵 그는 미군정을 규탄하는 성명을 낸 일로 체포령이 내려지자 숨어 지냈다. 옛 애인 김수임(金壽任)의 도움으로 그녀와 동거하던 미군정청 존 베어드(John E. Baird) 대령의 승용차를 타고 북행, 월북했다.* 인천에 숨었다면 베어드 대령의 차를 타기 직전이었을 것이다.

장숙현 여사의 기록을 보여드리자 고재현 선생은 아닐 것이라고 말했다.

"내가 그때 여덟 살, 누나들은 중학교 다녔어요. 본 적도 들은 적도 없어요."

그러나 아니라고만 여길 수 없는 것이, 이강국이라는 이름을 꺼내는 것만도 무서운 죄가 되는 1960년대에 고정자 여사가 딸에게 그런 이야기를 지어서 할 필요가 없었다는 점이다. 옆집의 빈방에 숨어 있었을 수도 있다. 만약 그랬다면 등잔 밑이 어둡다는 말처럼 거기서 200미터쯤 떨어진 인천경찰서는 꿈에도 생각지 못했을 것이다.

우현의 장인 이홍선이 1949년 남로당 자금 제공 혐의로 재판받은 기록이 있는데, 이강국의 인천 은신과 연관 짓기는 어렵다. 이강국이 월북하고 3년이 지난 뒤이고, 함께 구속되었던 차태열·장광순 등과 함께 무죄선고를 받았기 때문이다.

유섭 군의 2주기」, 『현대일보』, 1946. 7. 12.
* 이강국의 월북 시기는 1946년 9월 18일 평양방송 연설로 확인된다 (이강국, 「평양서 방송」, 『동아일보』, 1946. 9. 20).

우현의 자녀들은 성장했고 이점옥 여사는 늘 남편에 대한 그리움을 안고 지냈으며 자녀들에게 아버지 이야기를 자랑스럽게 들려주었다. 황수영·진홍섭·최순우 세 제자는 매년 스승의 기일과 부인의 생일에 잊지 않고 찾아왔다. 우현의 자녀들에게 선친의 업적에 대해 말해주었다. 일곱 자녀는 아버지에 대하 긍지를 안고 꿋꿋하게 성장했다.

살림할 돈은 외조부 이홍선이 주고, 7남매의 학비는 재벌급 기업인 중앙석유 사장 박춘영(朴春榮)과 결혼했으나 자식이 없는 큰이모 이정옥이 댔다. 이정옥은 병복과 병진을 입양하듯이 데려다가 키우고 가르쳤다. 병복이 서울대 미학과를 나와 서울의대 출신의 저명한 성형외과 교수 이택호(李澤浩)와 결혼한 것도 이모의 교육 덕분이었다.

이점옥 여사는 1960년대 초반, 자녀들이 대학에 다니게 되자 서울로 이사했다. 사업을 벌였다가 실패해 쓰라린 고초를 겪었다. 그 바람에 명자 씨는 4년제 대학을 못 가고 간호학교에 갔다가 의과대학을 갔고, 명혜 씨는 이탈리아로 가서 의과대학을 나왔다. 우현의 장남 고재현 선생은 그래도 모친이 강인하셨고 오래 사셔서 7남매가 제대로 성장했다고 말한다.

1974년의 두 번째 행사는 한국미술사학회 이름으로 동해 대왕암에서 가까운 이견대에 '나의 잊히지 못하는 바다 기념비'를 세운 일이다.

우현은 1937년 11월 중순, 대왕암을 보기 위해 경주로 갔다. 현장을 답사하고 설화를 채록한 뒤 이견대 동산의 작은 바위에 앉아서 바다 위의 대왕암을 굽어보며, 안내자 노인이 준 맥주를

이점옥 여사 생신을 기념하기 위해 1965년 1월 서울 을지로 아서원에 모인 우현의 자녀들과 사위, 개성삼걸. 오른쪽 둘째 황수영 교수, 셋째 최순우 관장, 황수영 교수 앞이 진홍섭 교수. 우현의 사위 이기만 선생 제공.

마셨다. 거기서 "대왕의 우국성령은 소신하신 후 용왕이 되시어"로 시작하는 장엄한 시 「문무왕」을 지었다. 그 후 황수영에게 용당포 앞바다의 바위섬이 문무왕의 수중릉임이 분명하니 고증해야 한다고, 이견대 동산 바위에 앉아서 보라고, 몇 번 말했다.

황수영 박사는 우현의 고향 인천에 추모기념비가 섰으니 용당포에도 세우기로 결심했다. 그해 여름, 옛날 우현이 앉아서 맥주를 마시며 대왕암을 바라보았던 바위가 포함된 토지 80평을 사비로 매입했다. 자연석 석재를 구한 뒤, 광개토대왕비의 고예체(古隸體)에 능한 서예가 김응현(金膺顯)에게 시비 글씨를 부탁하자 선뜻 수락했다.*

---

* 황유자·황호종, 「책의 제목 '선사의 길을 따라서'에 대하여」, 『선사

「나의 잊을 수 없는 바다」, 『고려시보』, 1939년 8월 1일 자.

제막식은 1974년 10월 4일에 제자들과 가족 중심으로 치렀다. 동국대 교수이자 박물관장이 된 황수영, 이화여대 교수이자 박물관장이 된 진홍섭, 석 달 전 국립박물관장직에 오른 최순우 등 개성삼걸과 황수영 교수의 제자로서 1964년 대왕암 학술조사단에 합류했던 정영호 단국대 교수가 자녀들 다음으로 기념비에 절을 올리고 술잔을 바쳤다.

비석 앞면은 '나의 잊히지 못하는 바다' 10자와 우현 고유섭 5자가 푸른색으로 음각되어 있다. 매우 감동적이다. 그러나 이 비명(碑銘)은 잘못된 것이다. 우현이 1939년 8월 1일 『고려시보』에 기고한 원문 제목은 「나의 잊을 수 없는 바다」였다.

_____

의 길을 따라서』, 9~11쪽.

용당포에 세워진 기념비, 진홍섭 공덕추모비, '나의 잊히지 못하는 바다'
추모비, 황수영·정영호 공덕추모비(왼쪽부터).

1958년 수필집 『전별의 병』에 '잊히지 못하는'으로 잘못 수록
된 뒤 그렇게 굳어졌고 비석도 그렇게 되었다. 50년이 된 금석
문이니 그대로 두어야 할 듯하다.

　뒷면은 1940년에 쓴 우현의 시 「대왕암」의 앞부분이 새겨
져 있다. 제자들과 아드님 고재현 선생, 동서 박춘영 중앙석유
사장, 사위 이택호 성형외과 교수(명복의 부군)와 이탈리아 국
적 의사 피에르 파울로 코멜(Pier Paulo Komel, 명자의 부군) 박
사 등 자녀들 이름이 있다. 또 개성 시절 우현을 존경했으면서
도 다른 길을 간 윤장섭(尹章燮) 성보문화재단 이사장과 장형
식(張衡植) 부산은행 전무, 황윤극(黃允克) 개성 출신 재미(在
美) 사업가, 황수영 박사의 동서(同壻)인 최한국(崔漢國) 씨 등
의 이름과 김응현 서(金膺顯 書)라는 글자도 새겨져 있다.

510

우현의 아드님 고재현 선생 회고에 의하면 명칭은 없었지만 우현 선생을 현양하기 위한 모임을 하고 자녀와 제자들, 개성 출신 인사들이 회비처럼 돈을 냈다. 우현의 동서인 박춘영 중앙 석유 대표가 특별히 많이 냈다. 비석 뒷면의 이름은 그렇게 들어갔다.

그 후에 기념비 여러 개가 더 세워져 지금은 이곳을 '동해구(東海口) 비림(碑林)'이라고 부른다. '나의 잊히지 못하는 바다' 추모비 좌우에 황수영 박사와 진홍섭 박사 별세 후 세운 공덕추모비가 스승의 비를 옹위하듯 서 있고, 황수영 박사 비 오른쪽에는 그의 제자로서 우현의 학문을 흠모했던 정영호 박사의 공덕추모비가 서 있다. 정영호 박사는 이곳에 오지 않은 최순우 관장을 대신해 온 느낌이다. 횡대로 늘어선 네 분 추모비 좌우 앞쪽으로 문무대왕 유언비와 우현의 「대왕암」 전문을 새긴 시비가 서 있다. 유언비와 시비 글씨는 국어학자인 동국대 최세화(崔世和) 교수가 썼다.

1979년 10월 20일, 정부는 우현에게 금관문화훈장을 추서했다. 박정희 대통령 최후 6일 전이었다.

1980년, 황수영·진홍섭·최순우·이점옥, 따님 고병복은 공동발의로 우현미술상을 제정했다.

1992년 8월, 인천 시민들의 자발적 출연으로 만들어진 새얼문화재단은 '새얼문화대상'을 제정하고 제1회 수상자로 우현을 선정, 청동 좌상을 인천시립박물관 뜰에 건립했다. 조각은 인천 출신 조각가 고정수(高正守)가 빚고, 글씨는 정재흥(鄭載興)·전도진(田道鎭)·민승기(閔昇基) 서예가가 썼다. 최원식(崔元植)

1979년 10월 20일 우현의 부인 이점옥 여사가 금관문화훈장을 대신 받았다.

교수가 찬(撰)한 건립문에는 "이 동상은 인천사에서 영원히 잊지 못할 아름다운 이정표이다"라는 말이 들어 있다.

지용택 이사장은 이렇게 회고했다.

"우현 선생은 인천이 낳은 가장 비범한 인물, 민족자존을 지킨 최고의 학자니까 새얼문화대상 1회 수상자로 정했고 상금으로 동상을 건립했어요. 인천의 인물을 인천에서 처음 동상으로 세운 거지요. 이 동상으로 우현 선생의 정신이 길이 전해지기 바랍니다. …건립식 때, 황수영 박사님 그분이 두루마기 추도사를 읽었어요. '저희 제자들이 동상 세워드렸어야 하는데 선생님 고향에서 해주시니 죄송하고 고맙습니다' 하며 울먹였어요. 우리는 그동안 황수영 박사가 우현 선생 유고를 책으로 내줘서 참 고마웠는데 그러셨어요. 건립식 끝난 뒤 인사차 우리 재단에 오셔서 내게 또 고맙다 하셨어요. 그리고 우현 선생 말씀을 회

인천시립박물관 뜰에 건립한 '우현 고유섭 선생' 청동 좌상.

고하셨어요. '네가 나온 도쿄제대 경제학과가 동양 제일이지만 경제학은 다른 사람도 있지 않냐? 조국의 미술사는 너만이 할 수 있다고, 그게 돈보다 중요하다'는 말씀이셨어요."*

그해 9월, 대한민국 정부의 문화부는 9월을 '우현 고유섭의 달'로 정해 그의 업적과 정신을 기렸다.

1993년 통문관이 『고유섭 전집』 전 4권을 발간했다. 통문관은 이미 1958년 『전별의 병』, 1963년 『한국미술사급미학논고』, 1966년 『조선미술사논총』을 낸 바 있었다. 우현의 의성사숙 후배이기도 한 서예가 검여 류희강 선생이 통문관 대표 이겸로(李

謙魯, 1909~2006) 선생에게 "우현 선생의 전집을 내야 이 나라 정신사가 살아나고 미술사가 풀려나간다"고 호소했고 이겸로 선생도 선뜻 동의했다고 전한다. 연구자들은 물론 일반의 독자들이 비로소 우현의 방대한 저술을 읽을 수 있게 되었다.

1998년, 서평 전문지 『출판저널』과 『경향신문』은 권위 있는 학자들을 대상으로 '21세기에도 남을 20세기의 빛나는 책'을 선정했다. 우현의 『조선탑파의 연구』는 1944년 우현이 세상을 떠나 미완성인 채로 출간됐는데도 여기 뽑혔다.

1999년, 인천광역시는 우현의 생가터 일대를 '우현로'로 명명했다.

2001년, KBS TV가 대왕암을 집중 취재해 의미를 되살렸다. 그러나 바위섬 가운데 연못의 장방형 바위가 외부에서 이동시켜 놓은 것이 아님이 드러남으로써 신비의 영역을 벗어났다.* 뒷날 『신동아』는 이것을 지적하는 김재식의 비판적인 르포를 실었다.** 1,000년 넘은 역사를 정확히 부합되는 유적으로 고증하기는 어렵다. 『신동아』에 인용된 전 국립문화재연구소장의 말처럼 "신비의 영역에 맡겨두는 것"이 더 좋을 것이라는 의견이 역사학계의 인식이다.

2001년 10월, 제1회 우현학술제가 「우현 고유섭 미학의 재조명」을 주제로 인천종합문화예술회관에서 열렸다. 최원식 교수가 이끌던 '인천문화를 열어가는 시민모임'과 인천문화정책연

---

* KBS TV 역사스페셜 「최초 발굴 신라 대왕암」, 2001. 4. 28 방영.
** 김재식, 「문무왕 수중릉은 실재인가 신화인가」, 『신동아』, 2017. 3.

구소가 주최하고 새얼문화재단이 후원했다. 그 후에는 인천민예총이 7회까지 이어갔다.

2005년, 인천문화재단은 우현 탄생 100주년을 맞아 국제학술심포지엄 '동아시아 근대미학의 기원: 한중일을 중심으로'와 우현 연구자료전을 개최했고, 다음 해에 우현의 일기, 부인 이점옥 여사와 지인들이 참여한 회고의 글, 우현 관련 자료들을 묶어『아무도 가지 않은 길』을 출간했다. 재단은 우현미술상을 넘겨받아 우현학술상과 우현예술상으로 분리해 지금까지도 매년 시상하고 있다.

2005년 겨울, 인하대학교 한국학연구소는『한국 근대 미학과 우현 미학의 현재성』을 발간했다. 우현과 한국의 멋, 우현과 한국 미학 및 미술사, 우현과 인천문화 등을 다룬 논문들을 싣고, 작품 연보, 연구서지, 저작 데이터베이스를 부록으로 붙였다.

2006년 2월에 출간된『아무도 가지 않은 길』에는 인천의 김윤식(金允植) 시인이 우현의 따님 고병복 여사를 인터뷰한 글이 실렸다. 고병복 여사는 아버지 뒤를 따라 서울대 미학과를 나와 같은 길을 걸었다.

그렇게 젊은 나이로 일찍 타계하신 것이 이 나라로서는 엄청난 손실이고 매우 애석한 일이지만 '우현의 딸'은, 개인적으로는 꼭 그렇지만은 않다고 한다. 만약 우현 선생이 더 사셨다면 아주 다른 운명, 사상의 비극에 휩쓸렸을지도 모른다는 것이다. 아버지와 이강국은 일주일에 한 번은 마작판을 벌일 만큼 아주 절친한 사이였기 때문에 당시 그 혼란한 와중에 틀림없이 그를 따라 월북했을 거라는 이야기였다. 만약 그랬다면 아버지의 말로는 이강국 이상으로 처참했을지 모른다는 이유에서였다.[*]

앞에서 인용한 「아포리스멘」에도 엿보이듯이 우현은 사회주의 경제사학에 동조하기는 했으나 그의 저술 전체를 두루 살펴보면 그 정도가 미미하다. 공립박물관장이라는 직책 때문이기도 했겠지만 공산주의에 찬성하는 본격 논문을 한 편도 쓰지 않았다. 문학작품에도 그런 면은 보이지 않는다. 우현이 심정적으로 그쪽에 기울었던 것은 일제강점기 인텔리겐치아의 인식이 그랬고, 형제처럼 가까웠던 친구로서 철두철미한 공산주의자였던 이강국의 영향, 이여성·이쾌대 형제 및 백남운·이청원과의 교유가 원인이었을 것이다. 고병복 여사는 아버지와 그들의 교유가 깊었음을 아는 터라 그렇게 여긴 듯하다.

만약 우현이 광복 뒤에도 생존했고 해방 공간에 월북했다면 어찌 됐을까? 이여성처럼 북한의 국학 연구 중심에 있던 김두봉(金枓奉)의 총애를 받고 그의 인맥에 들어가 한자리 누렸을 것이다. 김두봉은 우현의 보성학교 선배였다. 육필 원고를 안고 올라갔다면 사회주의 관점으로 고쳐 출간했을 것이고, 원고를 두고 갔다면 금서로 묶여 남한 미술사학계는 긴 공백기에 빠졌을 것이다. 그는 김일성 유일체제에 동조하지 않아 숙청당했을 것이다. 김두봉은 물론 그와 가까운 지인으로 월북한 이강국·이여성·이청원과 인천공립보통학교 후배 이승엽, 보성고보 후

---

* 고병복·김윤식, 「내 아버지 고유섭」, 『아무도 가지 않은 길』, 139쪽.

배 임화는 크게 한자리 누렸으나 1950년대 중후반에 참혹하게 숙청당했다.

이점옥 여사는 1992년 가을 인천시립박물관 앞뜰의 청동 좌상 제막식에 참석했으나 다음 해 2월, 84세로 별세했다.

2007년 가을, 남북 화해로 개성 관광의 길이 열렸을 때 우현의 차남 고재훈 선생은 그 대열에 끼었다. 안내자가 개성 출신 70대 노인이어서 박물관의 위치와 수철동 묘지에 관해 물었더니 박물관은 헐려서 흔적도 없고 묘지도 그렇다고 했다. 자남산 중턱을 가리키며 저기 박물관이 있었다고 해서 바라본 게 전부였다. 관광단은 다른 곳에 새로 만든 고려박물관에 갔고 고려 철불상과 석등 등 규모가 큰 유물에서나 부친의 손길을 느낄 수 있었다고 했다.

2006년 봄, 우현에게 경도되었던 인천의 문화예술인 김영경 · 김창길 · 윤진현 · 허용철은 전국에 산재한 "우현의 한국탑파를 눈으로 보고 만져 보고 실상을 촬영하자"며 차를 몰고 나섰다. 답사한 결과를 『사진으로 보는 우현 고유섭의 한국탑파』로 펴냈다. 그해 8월, 개교 100주년을 맞은 보성중고교 교우회는 '보성 100년을 빛낸 인물 10명'을 선정하고 우현을 넣었다.*

2009년 가을, 인천시립박물관 배성수 연구사(현 전시교육부장)는 생애 마지막으로 박물관을 찾아온 92세의 황수영 박사를

---

* 「보성 100년을 빛낸 10명」, 『중앙일보』, 2006. 8. 11. 송계백(宋繼白) · 엄항섭(嚴恒燮) · 변영태(卞榮泰) · 현상윤(玄相允) · 이상협(李商協) · 허정구(許鼎九) · 염상섭(廉想涉) · 고유섭(高裕燮) · 이상(李箱) · 김승호(金勝鎬)였다.

안내했다. 박물관은 우현의 손때가 묻은 문구, 낙관, 서적, 사진 등 중요한 유품들을 유족과 황수영 박사를 비롯한 기증자들에게서 기탁받아 보존 전시하고 있다.

"박사님은 예고 없이 오셔서 당신이 기증하신 1944년의 두루마리 추도문을 포함한 우현 선생 관련 유물을 돌아보셨습니다. 박물관 마당의 청동 좌상 앞에 가서 크게 절하고는 소리 없이 우셨어요. 그런 다음에 동상의 먼지를 털고 쓰다듬고 가셨어요. 거동이 힘들 정도로 노쇠하셨고 마지막으로 스승님께 인사드리러 오신 듯했습니다."*

비슷한 이야기를 우현의 장남 고재현 선생도 했다.

"황수영·진홍섭 두 분은 아버님 유고를 책으로 낼 때, 기념행사 때, 아버님 기일, 어머니 생신 등 수십 번 뵈었어요. 그러다가 진홍섭 교수님 돌아가시고 황수영 교수님도 노약해지셨지요. 2010년 늦가을이었을 거예요. 황수영 총장님이 얼굴 한번 보자 해서 모시고 점심 같이했어요. 너희를 더 도와주지 못해서 늘 미안했다, 그런 말씀을 하시더라구요. 저는 천만의 말씀입니다, 총장님께 감사할 뿐입니다, 했어요."

그러고 몇 달 뒤인 2011년 2월 9일 황수영 박사는 향년 94세로 별세했다. 최순우 관장이 1984년, 진홍섭 교수가 2010년 11월 작고했으므로 개성삼걸 중 마지막으로 떠난 것이다. 우현의 자녀들은 세 분이 돌아가실 때마다 정중히 문상했다. 세월이 흐르면서 7남매 중 병숙·병복·병진 씨는 작고했고, 넷이 노경에

---

* 2023년 4월 24일 오전, 인천시립박물관에서 배성수 박사 구술.

인천시립박물관에 전시된 우현의 유품. 손때 묻은 문구, 낙관, 서적,
사진 등이 전시되어 있다.

들어 서울, 의정부, 제주도, 이탈리아에서 살고 있다.

2013년, 열화당이 『우현 고유섭 전집』전 10권을 완간했다.
통문관 전집에 들어가지 못한 원고들이 실리고 한문 원문이 번
역되었다. 이기웅 열화당 대표는 전집 간행을 "국보 1호 숭례문
과 비교할 수 없는 것"이라고 했다. "우현의 정신세계는 거대한
산맥과 같다. 그가 갈겨 쓴 원고들을 정리하는 것은 도면이 없
는 건물을 도면을 만들어 가면서 복원하는 것과 같았다"라고 말
했다.*

이런 회고의 말씀도 했다.

"우현 선생의 글은 민족문화의 소중한 자산입니다. 모든 유고
를 분류하고 해제를 붙여 전집으로 묶을 때, 숭모하는 어르신
돌아가신 뒤 염(殮)해 드리듯이 했습니다. 이제 모두 책으로 나
오니 편안히 쉬시라고 했습니다."**

* 이기웅, 「우현의 정신세계는 거대한 산맥과 같다」, 『월간미술』 통권
343호, 2013. 8, 63쪽.
** 2023년 11월 6일 파주 열화당 사옥에서 이기웅 대표 구술.

열화당 전집 10권을 살피고 동국대 도서관에 가서 1만 장이 넘는 육필 원고를 훑어본 필자로서는 실감 나는 말이다.

그해에, 통문관 전집과 열화당 전집 편집에 참여했던 미술사학자 이기선은 「고유섭, 그의 삶과 학문세계」를 『인천일보』에 24회에 걸쳐 연재했다. 일반 독자는 읽기 어려운 우현의 학문과 짧은 생애를 쉽게 조망하게 해주는 뜻깊은 역할을 했다.

육필 원고와 장서

여러 권의 단행본과 두 차례 전집을 발간하는 과정에도 1만여 장에 달하는 우현의 육필 원고는 철저히 관리되었다. 황수영 박사가 이점옥 여사에게 권해서 동국대학교에 기탁해 곁에 두고 차근차근 출간했고 그 후 계속 보존한 것이다.

2023년 4월 5일 오전, 우현의 두 아드님 고재현·고재훈 선생을 모시고 동국대 중앙도서관을 방문해보니 육필 자료 일체가 방습·방화·온도 자동화 시설을 갖춘 귀중본실에 보존되어 있었다. 『석보상절』 『월인석보』 『능엄경언해』 등 국보와 보물로 지정된 국가등록문화재 15종과 함께 보존되고 주제별 27개 묶음으로 분류되어 있었다.

"아버님의 육필 원고가 국보급 문헌들과 함께 최고 대우받으며 보존되어 있을 줄 몰랐습니다."

"황수영 총장님이 고맙고 동국대학교 고맙습니다."

우현의 두 아드님은 감격해 눈물을 글썽거렸다.

부피가 큰 3,000여 권의 장서는 육필 원고처럼 보존되지 못했다. 우현의 유족이 김포에서 인천으로 이사할 때, 개성 중경문고에 있던 우현의 장서도 함께 옮겨 갔다. 개성이 38선 바로 남쪽인 데다 남북 군대가 송악산을 중심으로 충돌하는 일들이 벌어졌기 때문이었다. 개성부립박물관의 고려청자 등 유물 수백 점은 1949년 5월에 서울로 옮겨 갔다. 박물관을 관리하던 최희순(최순우) 선생이 사과 상자에 담아 국립박물관으로 보냈다.

우현의 장서는 6·25전쟁 전까지 내동 집에 보존되어 있었다. 고재현 선생은 이렇게 회고한다.

"6·25 때 빈 드럼통 여러 개에 중요하게 보이는 책들을 넣어 안마당과 뒤뜰에 파묻고 피란 떠났어요. 수복 후 돌아오니 파헤쳐져 있고 남은 것들은 물에 젖어버렸어요. 누나들도 나도 나이가 어려 아버님 장서를 지키지 못해 가슴 아픕니다."

유족이 나이가 어려서가 아니라 전란 때문에 장서를 지키지 못한 것이었다. 우현의 위대한 업적을 아는 인천 사람들은 전란으로 인해 장서가 흩어진 것을 안타까워한다. 우현의 모교 공립보통학교의 후신인 창영초등학교가 있는 쇠뿔고개 헌책방거리에 우현의 장서인(藏書印)이 찍힌 책들이 나돌았기 때문이다.

심지어 그 소문을 듣고 황수영 박사가 구입한 것도 있다.

6·25 후 필자가 인천의 고서점에서 선생의 책을 발견하고 그 중 후카다 고산(深田康算)의 『미학전집』 3책을 사서 간직하고 있었다. 또 동국대의 이동림(李東林) 교수는 도미 후 선생의 수택본(手澤本)이라 하여 『삼국사기』와 『삼국유사』의 합본(光文合本) 1책을 나에게 주기에 이 책도 함께 인천박물관에 보내기도 했다. 이동림 교수 또한 고서점에서 입수한 것이라 하는데 그 고마움

에 감명한 바 있다.[*]

  우현의 장서는 그렇게 흩어졌다. 아쉬운 것은 장인 이홍선이
나, 일본 유학을 했고 이경성의 친구이기도 했던 처남 이상래의
역할이다. 이점옥 여사는 일곱이나 되는 어린 자식들 때문에 정
신이 없었을 테고, 이상래가 초대 인천시립박물관장이 되어 있
는 친구 이경성과 의논했으면 장서는 박물관으로 갔을 것이었
다. 그러나 아드님들 말을 들으면 이상래 외숙은 그 당시 육군
대위로 군대에 있었다. 고일·고희련 형제나 다른 우현의 친구
들이 그렇게 권했어도 되었다. 우현의 장서는 허무하게 사라졌
다. 그러나 읽고 연구한 책들이지 우현이 쓴 책은 아니다. 그보
다는 육필 원고가 낙서 한 장까지 보존되고 책으로 묶인 것이
다행이다.

불멸의 혼

  2023년 6월 24일 토요일 오후, 인천 우현의 생가터에 있는 작
은 야외무대에서 79주기 추모제가 열렸다. 비영리민간단체 우
현문갤러리를 운영하는 김선학(金善鶴, 1964~) 화백이 벌인 행
사였다. 유족은 인천에 사는 우현의 사위 이기만(李起萬, 1934~,
병진 씨 배필) 선생이 왔다. 국회의원과 시의원 들, 새얼문화재
단 이사장, 전현직 인천문화재단 대표이사, 화가, 문화예술계 원
로들이 왔고, 무명의 시민도 많이 왔다. 우현의 생애를 되새기고

---

[*] 황수영, 「고유섭 선생 회고」, 『황수영 전집』 제5권, 413~414쪽.

그를 불멸의 이름으로 기억하며 묵념을 올렸다. 노(老)시인은 추도시를 헌정했다.

우현 고유섭의 길지 않은 생애를 한마디로 표현한다면 '짓밟힌 민족자존을 되찾기 위해 민족미술사를 홀로 개척해나간 선구자'다. 일제의 폭압에 억눌려 민족 전체가 신음하고, 문화예술은 하찮은 것뿐이라고 천대받아 모두가 열패감에 갇혀 지내던 시절이었다. 일제가 식민 지배를 합리화하고 통치를 용이하게 하기 위해, 조선은 독자적인 문화예술이 없다고 왜곡하며 교묘하게 조작하던 시대였다.

"아니다! 우리에겐 독창적이며 빛나는 문화예술이 있다!"

우현은 분연히 일어나 횃불을 켜 들고 걸어나갔다. 불꽃이 되어 활활 타오르다가 꺼졌다. 그가 남긴 150여 편의 저술은 어둡고 거친 광야에 뚫린 길과도 같다. 그는 중병으로 쓰러져 눈을 감기 직전까지 조국의 미술사 원고를 썼다. 그래서 그의 생애는 독립투사들처럼 비장하고 거룩하다.

우현의 글들을 읽으면 우현이 좋아한 급월(汲月)의 교훈이 떠오른다. 그는 외곬으로 매달렸던 자신의 학문을 "원숭이가 못 가운데 비친 달을 길으려 밤새 물을 퍼올렸으나 날이 새도 달은 여전히 못 속에 있더라"는 급월우화(汲月偶話)에 비유했다. 그는 오직 조국의 미술사를 쓰려고 1분 1초를 아껴 두레박질하다 보니 퍼낸 물이 바다처럼 깊고 넓어졌다. 그는 짧은 생애를 살았지만 100년 인생을 산 사람의 그것보다 남은 자취가 크다. 그래서 후학들이 비판해도 우현의 바다는 마르지 않으며 그럴수록 한국미술사는 더 커진다. 그것이 우현학이 가진 매혹이다.

우현 관련 연구서나 논문은 생각보다 많지 않다. 국립중앙도서관 자료를 보면 도서 97권, 학위논문 7편, 기사(신문기사, 연구논문과 잡지 글 포함) 158편이다. 보성고보 선후배인 염상섭·현진건·임화는 문인이니 연구서나 논문이 많겠지만 국어학자와 철학자였던 동기생 이희승·박종홍보다 우현 관련 자료가 적다. 학위논문이 적고 생애사 기술은 거의 없다. 비판의 글도 더 나와야 한다. 그래야 이 나라 문화예술사가 풍성해진다.

우현은 영민하고 엽엽했으며 인내심 강한 견인(堅忍)주의자였다. 영혼이 하늘에서 내려다보며 말할 수 있다면 그는 머리를 끄덕이며 이렇게 말할 것이다.

"나는 홀로 황무지를 걸었네. 1분 1초도 아끼며 길을 열었네. 조선미술사를 완성하지는 못했으나 여한은 없네. 길을 넓히고 길옆에 집을 짓는 것은 그대들 후학들의 몫이네. 나를 딛고 넘어가게."

우현 고유섭의 39년 생애는 옷깃을 여미게 하는 거룩함과 가슴 뭉클해지는 감동이 있다. 한 해 앞서 태어나 같은 해에 세상을 떠난 이육사(李陸史)의 시 「광야」를 떠올리게 한다.

지금 눈 내리고
매화 향기 홀로 아득하니
내 여기 가난한 노래의 씨를 뿌려라

다시 천고의 뒤에
백마 타고 오는 초인이 있어

이 광야에서 목놓아 부르게 하리라

우현은 가장 비범했고 가장 열정적인 개척자였으며 가장 고독했던 문화독립운동가였다. 그는 민족혼을 지킨 불멸의 혼이다.

주요 참고자료

1. 단행본 · 논문집

강대석, 『미학의 기초와 그 이론의 변천』, 서광사, 1984.

강성원, 『미학이란 무엇인가』, 사계절, 2000.

강재철 · 김영수 · 이건식 엮음, 『1959년 인천시 지명조사표』. 인천학연구원, 2023.

강화정, 『나라의 정화, 조선의 표상』, 서강대학교 출판부, 2013.

경인일보 특별취재팀, 『인천의 인물 100인』, 다인아트, 2009.

고유섭, 『송도고적』, 박문출판사, 1946.

_____ , 『고유섭 전집 1~4』, 통문관, 1993.

_____ , 『애상의 청춘일기』, 솔나무, 2020.

_____ , 『우현 고유섭 전집 1~10』, 열화당, 2013.

_____ , 『전별의 병』, 통문관, 1958.

_____ , 『조선탑파의 연구』, 을유문화사, 1948.

_____ , 진홍섭 옮김, 『고려청자』, 을유문화사, 1964.

_____ , 진홍섭 엮음, 『구수한 큰 맛』, 다홀미디어, 2005.

고일, 『인천석금』, 주간인천사, 1955.

국립문화재연구소, 정창원 소장 한반도 유물 국제 학술심포지엄 자료집, 『정창원을 통하여 밝혀지는 백제 통일신라의 비밀』, 2018. 3. 7.

국립중앙도서관, 『한국근대문학해제집 IV』, 2015.

국립중앙박물관, 『유리 건판으로 보는 개성의 궁궐과 능묘』, 2019.

권영필,『미적 상상력과 미술사학』, 문예출판사, 2000.

권영필 외,『한국의 미를 다시 읽는다』, 돌베개, 2005.

김경임,『사라진 몽유도원도를 찾아서』, 산처럼, 2013.

류시현,『조선문화에 대한 제국의 시선』, 고려대학교 아연출판부, 2019.

문화재관리국,『석굴암 수리공사 보고서』, 1967.

민예총 인천지회 우현 고유섭 한국탑파 기획팀,『사진으로 보는 우현 고유섭의 한국탑파』, 다인아트, 2006.

민족문제연구소,『친일인명사전』제2권, 2009.

백남운, 박광순 옮김,『조선사회경제사』, 범우사, 1989.

보성 80년사 편찬위원회,『보성 80년사』, 학교법인 동성학원, 1986.

사법정책연구원,『법원인물사 조진만 전 대법원장』, 2018.

상인천중학교 인천고등학교 총동창회,『인고동문명부』, 2013.

심지연,『이강국 연구』, 백산서당, 2006.

신태범,『인천 한 세기』, 한송, 1996.

오병남,『미학강의』, 서울대학교 출판부, 2008.

오세창,『국역 근역서화징 1, 2, 3』, 시공사, 1998.

유홍준,『나의 문화유산 답사기 1』, 창작과비평사, 1996.

윤경렬,『마지막 신라인 윤경렬』, 학고재, 1997.

이경성,『어느 박물관장의 회상』, 시공사, 1988.

이광수,『이광수 전집』제14권, 삼중당, 1966.

이원규,『김경천 평전』, 선인, 2018.

_____,『마지막 무관생도들』, 푸른사상, 2016.

_____,『민족혁명가 김원봉』, 한길사, 2019.

_____,『애국인가 친일인가』, 범우사, 2019.

이충렬,『혜곡 최순우 한국미의 순례자』, 김영사, 2013.

이충우,『경성제국대학』, 다락원, 1980.

이훈익,『인천 지명고』, 인천지방향토문화연구소, 1993.

인천고등학교총동창회,『인천고 인물사』, 2018.

인천창영국민학교 총동창회,『창영 85주년사』, 1992.

인하대학교 한국학연구소,『한국 근대미학과 한국 미학의 현재성』, 인하대 출판부, 2005.

정세근,『동양 미학과 한국 현대미학의 탄생』, 파리아카데미, 2022.

정일성,『야나기 무네요시의 두 얼굴』, 지식산업사, 2007.

조선민주주의인민공화국 최고재판소,『미 제국주의 고용 간첩 박헌영 리 승엽 도당의 조선민주주의 인민공화국 정권 전복 음모와 간첩 사건 공판 문헌』, 국립출판사, 평양, 1956.

조요한,『한국미의 조명』, 열화당, 1999.

제주고씨대동보편찬위원회,『제주고씨 대동보 영곡공파편』제7권, 1998.

진홍섭,『한국의 불교미술』, 문예출판사, 1998.

_____,『한국의 불상』, 일지사, 2009.

_____,『한국의 석조미술』, 문예출판사, 1995.

초우 황수영 박사 탄신 100주년 기념 추모 화보집『선사의 길을 따라서』, 학연문화사, 2018.

최린,『여암문집』, 여암최린선생문집편찬위원회, 1971.

최석태,『이중섭 평전』, 돌베개, 2000.

최성연,『개항과 양관역정』, 경기문화사, 1957.

최순우,『무량수전 배흘림기둥에 서서』, 학고재, 1994.

_____,『최순우 전집』제4권, 학고재, 1992.

최열,『이중섭 평전』, 돌베개, 2014.

최원식 엮음,『아무도 가지 않은 길』, 인천문화재단, 2006.

황수영,『불국사와 석굴암』, 세종대왕기념사업회, 2000.

_____,『신라의 동해구』, 열화당, 1993.

_____,『한국의 불교미술』, 혜안, 1993.

_____,『황수영 전집』제5권, 혜안, 1997.

관야정, 심우성 옮김, 『조선미술사』, 동문선, 2003.

레프 니콜라예비치 톨스토이, 강주헌 옮김, 『세르기우스 신부』, 느낌, 1999.

개항문화연구소, 『인천부사(仁川府史) 1883~1933』, 인천문화발전연구원, 2004.

야나기 무네요시, 이길진 옮김, 『조선과 그 예술』, 신구문화사, 2006.

인천광역시, 『인천잡시』, 인천광역시 역사자료관, 2008.

우에노 나오테루, 김문환 옮김, 『미학개론』, 서울대출판문화원, 2013.

開城府立博物館, 『開城府立博物館 案內』, 1936.

東京府立第一中學校, 『東京府立第一中學校 五十年史』, 1929.

武井一, 『皇室特派留學生』, 白帝社, 2005.

有馬純吉, 『朝鮮紳士錄』, 朝鮮紳士錄刊行會, 1931.

第五高等學校, 『第五高等學校 一覽』, 1936.

朝鮮古蹟刊行會, 『朝鮮古蹟圖譜』 전 15권, 1915~1935.

2. 논문·잡지 수록 글

강우방, 「기(氣)를 형상화한 백제 대향로」, 『월간미술』 제185호, 2000. 6.

강정화, 「조선 건축을 바라보는 세 가지 시선」, 『동양학 연구』 제12집, 2012. 11, 영산대학교.

고유섭, 「동구릉원족여행기」, 『학생계』 제15호, 부록. 1922. 7.

곽상훈, 「삼연 회고록 역사의 탁류를 헤치고 3, 4.」, 『세대』, 1972. 5~6.

권영필, 「한국미술의 미의식」, 인하대학교 한국학연구소, 『한국 근대미학과 한국 미학의 현재성』, 인하대 출판부, 2005.

권형인, 「옥천 진호섭 컬렉션 연구」, 『한국근대미술사학』 제44집, 한국근대미술사학회, 2022 하반기.

김명숙, 「고유섭의 한국미학, 미술사학 제해석」, 『예술론집』 제16집, 전남대학교 예술연구소, 2015. 6.

김미영,「식민지 시대 문인들의 미술평론의 두 가지 양상」,『한국문화』제 44집, 2008. 12.

김민구,「민지와 유점사 오십삼불의 성립」,『불교학보』제55집, 동국대 불교문화연구원. 2010.

김보형,「한국미술사의 서두 우현 고유섭론」,『문학 사학 철학』창간준비호, 한국 불교사연구소, 2004 여름.

김복희,「기차통학」,『별건곤』1927. 4.

김소연,「조선 후기 회화의 연구사」,『한국문화연구』제37호, 이화여대, 2019. 12.

김영애,「미간행 우현 자료의 검토」,『한국 근대미학과 한국 미학의 현재성』, 인하대학교 한국학연구소, 2005.

_____ ,「미술사가 고유섭에 대한 고찰」, 동국대학교 미술사학과 석사논문, 1989.

김임수,「고유섭과 한국미술의 미학」,『한국 근대미학과 한국미학의 현재성』, 인하대학교 한국학연구소, 2005.

김재식,「문무왕 수중릉은 실재인가 신화인가」,『신동아』, 2017. 3.

김창수,「우현 고유섭과 인천문화」,『황해문화』제33호, 새얼문화재단, 2001 년 겨울.

_____ ,「일제강점기 인천의 문화운동」,『한국 근대미학과 한국미학의 현재성』, 인하대학교 한국학연구소, 2005.

대한공수회,『공수학보』제1~4호, 1907~1908.

목수현,「우현 고유섭과 미술사관」,『황해문화』제33호, 새얼문화재단, 2001 년 겨울.

문명대,「최순우 선생의 생애와 학문세계」,『미술사』제51호, 한국미술사연구소, 2018.

민주식,「우에노 나오테루의 미학강의」,『인문논총』제9집, 서울대출판문화원, 2013.

민주식,「한국미학의 정초·고유섭의 한국미론」,『동양예술』창간호, 1975.

박병호,「고유섭 선생을 추모함」,『고고미술』1964. 7.

박석태,「일제강점기 인천의 전시공간」,『작가들』, 인천작가회의, 2020.

박성식,「고유섭과 탑파연구」,『미술사학 연구』, 한국미술사학회, 2005. 12.

박지영,「잡지『학생계』연구」,『상허학보』제20집, 상허학회, 2007.

「보성고등보통학교 졸업식」,『개벽』, 1925. 4. 1.

안용백,「고 우현 고유섭 형의 회억」,『미학』3호, 1975. 7. 31.

양난영,「고유섭의 숨겨진 이야기들」,『월간공예』1988. 6.

오병남,「고유섭의 미학사상에 대한 접근을 위한 하나의 자세」,『미학』제
　　　42집, 한국미술사학회, 2005.

윤대석,「『신흥』과 경성제대의 학지」,『국제어문』제73호, 국제어문학회,
　　　2017.

윤미란,「우현의 내면을 찾아서」,『인천문화비평』제18호, 한국민예총 인천
　　　지회, 2005.

윤세진,「미술에 대한 역사의 공과」,『한국학연구』, 인하대학교 한국학연구
　　　원, 2004. 11.

이강근,「고유섭의 조선건축미술사초고에 대한 연구」,『미술사학연구』제
　　　249호, 한국미술사학회, 2006. 3.

이기선,「우현 고유섭 그의 삶과 학문세계 1~23」,『인천일보』, 2013. 7. 16.~
　　　12. 17.

_____ ,「한국의 불교학자 27 황수영」,『불교평론』제71호, 2017. 9.

이기웅,「우현의 정신세계는 거대한 산맥과 같다」,『월간미술』통권 343호,
　　　2013. 8.

이윤석,「김태준 관련 새 자료 몇 가지」,『동방학지』제183호, 연세대학교,
　　　2018. 6.

이인범,「고유섭 해석의 제문제」,『미학예술학연구』제22권, 한국미학예술
　　　학회, 2005.

이중희, 「민족주의 화가 이여성·이쾌대 형제의 예술」, 『한국학논집』 제51집, 계명대 한국학연구원, 2013. 6.

이희승, 「우현 형의 추억」, 『고고미술』 제123·124호, 한국미학회, 1971.

_____, 「인간 고유섭」, 『기전문화연구』 제4집, 인천교육대학, 1974. 6.

이희환, 「근대문예운동의 발흥과 실험적 극작가의 궤적, 진우촌론」, 『황해문화』 제29권, 2000. 12.

임경석, 「백남운과 어깨 나란히 한 노동자 출신 역사학자 이청원」, 『한겨레21』, 2022. 12. 8.

전명혁, 「1930년대 이강국과 그의 인민전선론 연구」, 『마르크스주의 연구』, 경상대 사회과학연구원, 2008. 9.

정영호, 대담 「원로를 찾아서」, 『황해문화』 제23권, 1999년 여름호, 새얼문화재단.

정영호, 「고유섭의 생애와 저작」, 『월간공예』, 1988. 6.

정우택, 「고유섭과 불교미술」, 『미술사학연구』 제248호, 한국미술사학회, 2005. 12.

정종현, 「일본제국기 '개성'의 지역성과 (탈)식민의 문화기획」, 『동방학지』 제151집, 2010.

조윤정, 「'폐허' 동인과 야나기 무네요시(柳宗悅)」, 『한국문화』 제43집, 서울대 규장각 한국학연구원, 2008.

진홍섭, 「급월의 교훈을 되새기며」, 『한국사 시민강좌』 제13집, 일조각, 1993. 8.

최석영, 「한국박물관 역사 회고와 한국박물관 발전을 위한 전망」, 국회입법조사처. 2011,

최수일, 「잡지 『신동아』와 검열의 역학」, 『한국학 연구』 제57집, 2020. 5.

최열, 「불멸의 미술사학자 고유섭」, 『월간미술』 통권 343호, 2013. 8.

하재연, 「『문우』(文友)를 통해 본 경성제대 지식인의 내면」, 『한국학연구』 제31권, 2009.

홍미숙, 「안드레아스 에카르트의 한국학 연구와 성과」, 『한국학연구』 제
　　3집, 인하대학교, 2021.

홍지석, 「이여성의 조선미술사론 '조선미술사개요(1955)'를 중심으로」, 『인
　　문미술사학』 제5호, 인문미술사학회, 2009.

황수영, 「우현 고유섭 선생의 학문」, 『기전문화』 제4호, 인천교육대학, 1964.
　　6.

_____, 「유점사 오십삼불」, 『불교학보』 제6집, 동국대 출판부, 1969.

上野直昭, 「高裕燮 君」, 『고고미술』, 1964. 7. 1.

阿部 洋, 「舊韓末の 日本留學 2」, 『韓』 제5호, 東京韓國研究院, 1974.

中吉功, 「高裕燮氏の 思し出」. 『고고미술』, 1964. 7. 1.

3. 관보 · 신문

구한국 『관보』

조선총독부 『관보』

『경인일보』 『경향신문』 『고려시보』 『기호일보』 『대중일보』 『동아일보』

『매일신보』 『서울신문』 『세계일보』 『시대일보』 『오마이뉴스』

『인천일보』 『자유신문』 『조선일보』 『조선중앙일보』 『중앙일보』

『한겨레』 『현대일보』

『帝國新聞』 『朝鮮每日新聞』 『朝鮮新報』

4. 문서 및 육필 원고

고유섭에게 추서된 금관문화훈장 훈장증

고유섭의 경성제대 시절 과제물 「강원도 평강군 및 김화군 결혼 풍속 보고」

고유섭의 경성제대 시절 아돌프 힐데브란트와 콘라트 피들러 수강노트

고유섭의 경성제대 졸업장 및 학적부

고유섭의 영주 부석사 답사 카드

고유섭의『동국여지승람』발췌 노트

고유섭의 인천공립보통학교 졸업증서

고유섭의 인천공립보통학교 학적부

고유섭의「애상의 청춘기」원고

고유섭의「정적한 신의 세계」원고

고유섭이 마지막으로 붙잡고 있던『조선탑파의 연구』일본어판 원고

고유섭이 소유자로 기록된 1920년 인천부 용리 237번지 가옥 폐쇄등기

고유섭이 실린 보성고등보통학교 제3회 졸업생 명부

고유섭이 채점한 이화여전 수강생 답안지철

고주연의 도쿄부립제1중학교 졸업증서

고주연의 인천외국어학교 우등 제3호 졸업증

고주연의 인천외국어학지교 부교관 임명장

고주연의 제5고등학교 졸업증

고주철의 대한적십자사 경기지회장 시절 신상카드. 1959년 작성

고일의 자필 이력서 및 제적등본

용동절, 좌표 905 494,『지명조사표』, 1959년 인천시 중부출장소

이점옥의 경성공립여자고등보통학교 졸업장

이점옥의 인천사립박문학교 졸업증서 및 우등 1호 상장

인천항 호적대장 외동(外洞) 2

고유섭의 생질녀 장숙현의 노트,「회상 외삼촌 고유섭과 어머니」

황수영이 1944년 추도식에서 읽은 추도문

5. 영상미디어 · 기타 매체

역사스페셜,「최초 발굴 신라 대왕암」, KBS TV, 2001. 4. 28.

정세근,「균형과 조화 …비교철학은 동서양의 전통을 만나는 길」, 문화
체육관광부 · 한국출판문화진흥원 플랫폼,『인문 360 웹사이트』
inmin360.culture.co.kr. 2022. 1. 12.

최열, 「한국 미술사연구 발자취와 과제」, 2006. 6. 김달진 연구소 웹사이트, www.daljin.com.

허동현, 『운석 장면 일대기』, 운석장면기념사업회 웹사이트 티스토리, unsuk.tstory.com.

우현 고유섭 연보

1905년 2월 2일

인천부 다소면 선창리 축현외동에서 한성외국어학교 인천지교 교관인 부친 제주고씨 고주연(高珠演)과 모친 평강채씨(蔡氏) 사이에서 출생.

1906년(1세)

4월, 부친 고주연, 황실유학생 보결생으로 뽑혀 도일, 도쿄부립제1중학교 3학년에 편입함.

1907년(2세)

3월, 부친 고주연, 도쿄부립제1중 졸업. 규슈(九州) 구마모토(熊本)에 있는 제5고등학교에 입학함.

8월, 도쿄유학생회 공수회 결성, 부친 고주연이 『공수학보』(共修學報)에 「경고 아동지제우」(敬告我同志諸友)를 기고함.

1911년(6세)

7월 1일, 부친 고주연, 제5고등학교 졸업, 도쿄제국대학 입학 희망이 좌절됨. 이듬해 귀국함.

1912년(7세)

봄, 우각리에 있는 취헌(醉軒) 김병훈(金炳勳)의 의성사숙(意誠私塾)에서 공부 시작함.

10월 9일, 누이 정자(貞子) 태어남.

1914년(9세)

4월, 인천공립보통학교 입학, 아버지의 미두 투기와 무역 성공으로 유복하게 지냄. 모친 강씨 쫓겨나고 서모 김아지(金阿之)가 들어옴. 숙부 고주철은 조선총독부 의학강습소를 졸업하고 다음 해 2월 의사면허를 받음.

1918년(13세)

3월, 인천공립보통학교 4년 졸업.

1919년(14세)

3월, 태극기 만세사건으로 인천경찰서에 3일간 구류됨.

1920년(15세)

4월, 보성고등보통학교에 입학, 평생 친구 이강국을 만남.

이해, 용리 237번지에 기와집을 짓고 이사함. 집이 '고유섭 소유'로 등기됨. 경제적으로는 유복했으나 서모 김아지와의 충돌로 고통을 겪음.

1921년(16세)

4월 25일, 아버지와 숙부 고주철은 곽상훈이 이끈 이우구락부에 참여해 평의원과 운동부장을 맡음.

1922년(17세)

봄, 경인기차통학생 친목회 문예부에서 활동하며 시와 수필을 습작함.

7월, 월간 『학생계』에 「동구릉원족여행기」가 실림.

1923년(18세)

아버지 고주연이 소비조합 발기총회, 이우구락부, 평양 수해돕기 등 사회 활동 적극 참여.

1924년(19세)

9월, 아비지 고주연이 미두 투기 실패, 급격히 파산을 향해 지날음.

1925년(20세)

3월, 보성고보를 이강국과 공동 수석으로 졸업함.

4월, 경성제대 예과 2회 입시 합격, 문과 B반에 소속됨. 동기생 이강국·한기준·성낙서·이병남 등과 오명회 결성, 토론과 체육활동으로 친목을 도모함.

11월, 경인기차통학생친목회 감독 겸 서기를 맡음.

이해, 경성제대 예과 조선인학생회지『문우』에「고난」,「심후」(心候),「석조」(夕照),「해변에 살기」,「성당」,「무제」(無題),「폐허」등을 기고함.

1926년(21세)

3월 8일,『조선일보』에 연시조「경인팔경」이 실림.

4월, 낙산문학회에 속해 활동.

8월 10일, 이복동생 원섭(原燮) 출생.

8월,『문우』제3호에「춘수」(春愁)와「남창일속」(南窓一束) 발표.

12월,『문우』제4호에「잡문수필」발표.

1927년(22세)

4월, 본과 법문학부 철학과 미학·미술사 전공으로 올라감.

4월,『문우』마지막 발간 5호에「화강소요부」(花江逍遙賦)를 발표함.

11월 10일, 등록금 미납으로 등학정지 처분을 받고 16일 후 해제됨.

1928년(23세)

3월, 아버지와 가족들이 강원도 평강군 남면 정연리로 이사함. 우현은 외리 206번지에서 하숙생활을 함.

4월, 경성제대 조수인 일본인 나카기리와 사진실의 엔조지 만남. 다나카 교수의 동양미술사 특강을 듣고 미술사 연구로 빠져듦.

봄, 인천의 3대 거부 이홍선의 큰딸 이점옥과 약혼.

9월 1일, 인천 산책, 문학산을 넘어 능허대에 간 소감을 일기에 씀.

1929년(24세)

10월 28일, 이점옥과 결혼, 내리 처가에서 신혼생활.

10월 31일, 아내와 강원도 평강 본가에 다녀옴.

11월 3일, 우에노(上野) 교수로부터 연구실 조수로 남기겠다는 언질 들음.

11월 4일, 일기에 조수 1년간 서양미술사 공부, 2년 안에 경주 불국사 및 불교미술사를 연구할 계획을 세움.

1930년(25세)

3월, 졸업논문「예술적 활동의 본질과 의의」(일본어)가 통과되고 경성제대 철학과 졸업.

4월, 경성제대 미학연구실 조교가 됨.

7월 21일, 친구인 항해사 유항렬과 중국 여행길에 오름.

7월,『신흥』(新興)에「미학의 사적 개관」을 실음.

9월 2일, 아들을 출산했으나 두 달 후 사망함.

12월 9일, 누이동생 정자가 강원도에서 결혼함.

1931년(26세)

1월 24~28일,『동아일보』에 채자운(蔡子雲) 필명으로「신흥예술」을 기고함.

　1월, 『신흥』 제4호에 「금동미륵반가상의 고찰」 발표.

　3월 20일, 남부지방 답사 여행. 온양, 보령, 대천, 청양, 공주, 김제, 금산사, 광주, 능주, 보성, 장흥, 구례 화엄사까지 감.

　5월 20일, 숭이동 67번지 가옥을 사서 이사함.

　5월 25일, 금강산 여행 떠남. 유점사 오십삼불 촬영에 성공함.

　7월, 『신흥』 제5호에 「의사금강유기」 발표.

　8월, 숙부 고주철, 인천 용리 237번지에 내과병원 개업.

　10월 20~23일, 『동아일보』에 「협전관평」을 연재함.

　12월 20일, 『신흥』 제6호에 「조선탑파 개설」이 실림.

1932년(27세)

　5월 9일, 『동방평론』에 「고구려의 미술: 조선미술사화」를 기고함.

　5월 13~15일, 『조선일보』에 「조선고미술에 대하여」를 연재함.

　11월 13일, 숭이동 78번지로 이사함.

　12월 3일, 『조선일보』에 수필 「굶어 죽는 취미」를 기고함.

　12월 14일, 『신흥』 제7호에 「노서아의 건축」을 기고함.

1933년(28세)

　3월 31일, 경성제대 미학연구실 조교를 사직함.

　4월, 개성부립박물관장에 취임.

　11월 1일, 『신동아』에 「현대 세계미술의 귀추」가 실림.

　11월 28일, 개성부립박물관에 시찰 온 우가키 총독에게 소장품들을 안내 설명함.

　이해, 『조선건축미술사초고』를 집중적으로 집필함.

1934년(29세)

2월, 장녀 병숙(秉淑) 출생.

3월, 경성제대 중강의실에서 '조선의 사진전관'(朝鮮の 寫眞展觀) 행사를 열어 호평을 받고, 미츠코시(三越) 백화점에서도 전시하여 호평 받음.

5월, 진단학회 발기인으로 참여.

8월, 『신동아』에 「사적 순례기」를 기고함.

9월, 『신동아』에 「금강산의 야계」를 기고함.

10월 9~20일, 『동아일보』에 「우리의 미술과 공예」를 10회에 걸쳐 연재함.

10~11월, 『신동아』에 「조선고적에 빛나는 미술」을 기고함.

1935년(30세)

1월, 『학해』 제1집에 「고려시대 회화의 외국과의 교류」 기고함.

5월 18일, 『신흥』 제8호에 「고려의 불사건축」을 기고함.

6월 8~11일, 『동아일보』에 「미의 시대성과 신시대 예술가의 임무」를 3회 연재함.

9월, 『진단학보』 제3권에 「고려 화적에 관하여」를 기고함.

10월 1일, 총독부박물관에 있던 고려 초기 유물 적조사지 철불 석가여래상을 돌려받아 개성부립박물관에 봉안함.

11월, 『조광』 창간호에 「신라의 공예미술」을 기고함.

12월, 『학해』 제2집에 「조선의 전탑에 관하여」를 기고함.

이해, 『고려시보』에 「개성고적 안내」 연재 시작. 1940년까지 이어감.

1936년(31세)

1월 5~6일, 『동아일보』에 「고구려의 쌍영총」을 2회 연재함.

1월 11~12일, 『동아일보』 '옛 자랑 새 해석' 특집에 「고려도자」(高麗陶瓷)를 2회 연재함.

2월, 『사해공론』에 「동양화와 서양화의 구별」을 기고함.

3월, 『조광』에 「와제보살두상」을 기고함.

4월 13일, 개성부 교외 남교동에서 700년 전 석등 발굴, 5월에 개성부립
박물관으로 옮겨옴.

4월 14~16일, 『동아일보』에 「만근의 골동 수집」을 3회 연재함.

4월 25~27일, 『동아일보』에 「고서화에 관하여」를 3회 연재함.

4월, 딸 병복(秉福) 출생.

9월, 『조광』 9월호에 수필 「애상의 청춘기」를 기고함.

9월, 이화여전 및 연희전문에 출강하기 시작함.

10월, 『조광』 10월호에 수필 「정적한 신의 세계」를 기고함.

11월, 『조광』에 「송경에 남은 고적」를 기고함.

11월, 『진단학보』 제6권에 「조선탑파의 연구 기일(其一)」을 기고함.

1937년(32세)

1월 4일, 『조선일보』 '고문화의 재음미' 특집에 「고대미술 연구에서 우
리는 무엇을 얻을 것인가」를 기고함.

4월, 아버지 고주연이 철원금융조합 역원이 됨.

8월, 도쿄미술연구회 발간 『화설』(畵說)에 「승(僧) 철관(鐵關)과 석(釋)
중암 (中庵)」을 기고함.

11월, 경주를 답사함. 『진단학보』 제8권에 「불교가 고려예술 의욕에 끼
친 영향의 한 고찰」을 기고함.

12월, 이화여대 교지 『이화』 제7집에 「형태미의 구성」을 기고함.

1938년(33세)

3월, 아버지 고주연, 평강군 남면 정연리 공립보통학교 유치에 앞장섬.

5월~6월 초, 고구려 유적을 찾아 남만주를 답사함.

9월, 일본 후잔바오(富山房) 『국사사전』에 「안견」 「안귀생」 「윤두서」 3인
항목 집필.

9월,『고고학』9월호에「소위 개국사탑에 대하여」기고.

9월,『조광』에「고구려 고도 국내성 유관기」를 기고함.

10월, 도쿄미술연구소『화설』(畵說) 제22호에「수구고주」를 기고함.

12월 1일,『경성대학신문』에 수필「전별의 병」을 기고함.

12월,『박문』에「아포리스멘」을 기고함.

12월,『이화』제8호에「경주 기행의 일절」을 기고함.

12월, 딸 병진(秉珍)이 태어남.

1939년(34세)

2월,『문장』창간호에「청자와와 양이정」을 기고함. 일본 호운샤(寶雲社) 발행 도자기 공예 취미 잡지『차완』(茶わん)에「양이정과 향각」을 일문으로 기고함.

4월,『진단학보』10권에「조선탑파의 연구 기이(其二)」를 기고함.『문장』제3호에「화금청자와 향각」을 기고함.

7월 14일, 장인 이홍선이 인천부 율목동 237에 인천상업강습회를 열고 이듬해 인천상업전수학교로 변경.

7월,『조광』에 수필「명산대천」을 기고함.『고고학』에「'소위 개국사탑에 대하여'의 보(補)」를 기고함. 경주여행, 문무왕릉 앞 용당포에 감.

8월 1일,『고려시보』에「나의 잊을 수 없는 바다」를 기고함.

8월,『조광』에「선죽교변」(善竹稿辯)을 기고함.

8월 31일~9월 3일,『조선일보』에「삼국미술의 특징」을 기고함.

9월,『문장』에「팔방금강좌」를 기고함.『사해공론』에「신라와 고구려와의 예술문화의 비교」를 기고함.

10월,『문장』에「박연설화」를 기고함. 가을에는 첫 저서인『조선의 청자』(朝鮮의靑瓷)를 도쿄 보운사(寶雲舍)에서 발간함.

이해, 아들 재현(在賢) 출생.『조선명인전』제1권에 김대성·안견, 제2권에 공민왕·김홍도·박한미, 제3권에 강고내말·고개지·오도현의 열전을 집필함.

1940년(35세)

1월, 『박문』에 수필 「번역 필요」를 기고함. 『인문평론』의 '현대미의 서
(書)' 특집에 「현대미의 특성」을 기고함.

1월 4·7일, 『동아일보』의 '조선문화의 창조성' 특집에 「자주정신의 소
선적 취태」를 4회 분재함.

2, 3월, 합병호 『태양』에 「신라의 미술」을 기고함.

4월, 『인문평론』에 부르노 타우트의 『일본미의 재발견』 서평을 기고함.
『가정지우』 제30호에 『회교도』 독후감 기고함.

5월, 『문장』 제2권 제5집에 「신세림의 묘지명」을 기고함. 아버지 고주연,
만주 판스현(盤石縣)에서 사망. 큰아버지와 동행해 장례 치르고 귀로에 펑
텐(奉天)을 들러서 돌아옴.

6월, 총독부 도서관지 『양서』(良書) 제12호에 「지방에서도 공부할 수 있
을까」(地方でも 勉强出來ろか)를 기고함. 『조광』 제6권 제6집에 「개성박물
관의 진품 해설」 및 「재단」을 기고함.

7월 16일 및 8월 1일, 『고려시보』에 「경주기행의 일절」을 기고함.

7월 26~27일, 『조선일보』에 「조선 미술문화의 몇 날 성격」을 기고함.

7월, 『문장』 제2권 제6집에 「거조암 불탱」을 기고함.

9월, 『문장』 제2권 제7집에 「인왕제색」 평론을 기고함.

10월, 『인문평론』 제3권 제9호에 「말로의 모방설」을 기고함.

10~11월, 『문장』 제2권 제8호와 제9호에 「인재 강희안 소고」를 분재함.

11월, 『조광』 제6권 제11호에 「고대인의 미의식」을 기고함.

11월, 쇼소인(正倉院) 유물 전시회를 보러 진호섭과 함께 도쿄에 감.

12월 8일, 『매일신보』에 「쇼소인 어물배관기」를 기고함.

12월, 『박문』에 「자인정 타인정」을 기고함.

이해, 영문판 『일본학술대백과』에 '조선의 조각'과 '조선의 회화' 항목을

집필함.

1941년(36세)

1월 1일, 『고려시보』에 「사상(史上)의 신사년」을 기고함.

1월 16일, 『고려시보』에 「고대 정도(定都)의 여러 특성과 개성」을 기고함.

3월, 『춘추』 제2호에 「약사신앙과 신라미술」을 기고함.

4월, 『문장』 제3권 제4호(폐간호)에 「유어예」(遊於藝)를 기고함. 『삼천리』 제25권에 「향토예술의 의의와 그 조흥(助興)」을 기고함.

6월, 『진단학보』 제14권에 「조선탑파의 연구 기삼(其三)」을 기고함. 『춘추』의 지상대담 '조선 신미술문화 창정 대평의'에 참여함.

7월, 『춘추』 제2권 제6집에 「조선 고대미술의 특색과 그 전승문제」 기고함. 개성인들과 경주 답사. 고추 무역에 실패해 충격과 과로로 인해 간경변증으로 쓰러져 3개월간 와병함.

8월, 일본 호운샤(寶雲社) 발행 도자기 공예 취미 잡지 『차완』(茶わん)에 「개성박물관을 말함」을 일문으로 기고함. 『조광』 제7권 제8호에 「미술의 내선(內鮮)교섭」을 기고함.

9월 18일, 춘추사에서 원고 청탁이 왔으나 차차 절필을 각오함.

9월 20일, 투병 중에 처가 쪽의 무관심과 외면을 서운하다고 일기에 기록함.

9월 22일, 소설을 쓰고 싶었다고 일기에 씀.

10월, 『조광』 제7권 제10호에 「고려도자와 이조도자」를 기고함. 조선어학회 사건이 일어남.

11월, 『춘추』 제2권 제10호에 「고려청자와」(高麗靑慈瓦)를 기고함.

12월 8일, 일본이 진주만을 공격해 태평양전쟁 발발함.

1942년(37세)

이해, 딸 명자(明慈) 출생. 중경문화재단 설립 이사가 됨.

1943년(38세)

6월, 도쿄 일본제학진흥위원회 예술학회 참석,「조선탑파의 양식 변천」 발표로 호평 받음. 발표문이 소책자『일본제학연구보고』제21편(예술학)에 수록됨.

7월 16일, 혜화전문학교에 가서 '불교미술에 대하여' 주제로 강연함.

가을, 딸 명혜(明蕙) 대이남. 긴경변증 익화, 복수가 차고 호흡 곤란, 보행 곤란에 빠짐.

이해, 일본 유학 중인 이경성과 편지를 주고받으며 지도함. 일본어 잡지 『청한』(淸閑) 제15책에「불국사의 사리탑」을 기고함.

1944년(39세)

1월 초, 복수가 가라앉고 간경변증이 호전됨. 뒷날 미발표 원고로 남은 논문 여러 편 집필에 매진함.

6월 6일, 박물관 정원에서 황수영과 대화하다가 관사로 들어가 토혈하며 쓰러짐.

6월 23일, 마지막 힘을 모아 집필하던 중에 방문한 윤경렬에게 민속연구 의 교시를 줌.

6월 26일, 오전에 버찌를 먹고 다시 토혈해 혼수상태에 빠지고 오후 5시 30분경 별세함. 부인과 황수영이 임종함. 화장되어 개성 서본원사에 안치 되었다가 사십구재 지내고 수철동 묘지에 묻힘.

찾아보기

인명

ㄱ

지은이 이원규 李元揆

1947년 인천에서 출생, 인천고와 동국대 국문학과를 나와 젊은 시절 교사로 일했다. 1984년 『월간문학』 신인상에 단편소설 「겨울무지개」가, 1986년 『현대문학』 창간 30주년 기념 장편소설 공모에 베트남 참전 경험을 쓴 『훈장과 굴레』가 당선되었다. 인천과 서해 배경 분단문제를 다룬 소설들을 주로 썼으며 민족분단에 대한 진보적 시각을 온건하게 표현한 작가라는 평가를 받았다.

1990년대 전반, 역사에서 지워진 의열단·조신의용대 등 민족혁명과 독립전쟁 자료를 찾고 중국·러시아 현장을 여러 차례 답사해 신문에 르포를 연재하고 민족운동가들의 평전을 썼다.

창작집 『침묵의 섬』, 『깊고 긴 골짜기』, 『천사의 날개』, 『펠리컨의 날개』, 장편소설 『훈장과 굴레』, 『황해』, 『마지막 무관생도들』, 대하소설 『누가 이 땅에 사람이 없다 하랴 1-9』 등, 르포르타주 『독립전쟁이 사라진다 1-2』, 『저기 용감한 조선 군인들이 있었소』(공저), 평전 『약산 김원봉』, 『김산 평전』, 『조봉암 평전』, 『김경천 평전』, 일제강점기 무관 15인 약전 『애국인가 친일인가』, 『민족혁명가 김원봉』 등을 출간했다.

대한민국문학상 신인상, 박영준문학상, 동국문학상, 한국문학상, 우현예술상 등을 수상했으며, 모교인 동국대 겸임교수로서 10여 년간 소설과 논픽션을 강의했다.

한국미술사의 선구자
고유섭 평전

지은이 이원규
펴낸이 김언호

펴낸곳 (주)도서출판 한길사
등록 1976년 12월 24일 제74호
주소 10881 경기도 파주시 광인사길 37
홈페이지 www.hangilsa.co.kr
전자우편 hangilsa@hangilsa.co.kr
전화 031-955-2000~3 **팩스** 031-955-2005

부사장 박관순 **총괄이사** 김서영 **관리이사** 곽명호
영업이사 이경호 **경영이사** 김관영 **편집주간** 백은숙
편집 이한민 박희진 노유연 박홍민 배소현 임진영
관리 이주환 문주상 이희문 원선아 이진아 **마케팅** 정아린
디자인 창포 031-955-2097
인쇄 예림 **제책** 경일제책사

제1판 제1쇄 2023년 12월 15일

값 28,000원
ISBN 978-89-356-7855-6 (03990)

• 잘못 만들어진 책은 구입하신 서점에서 바꿔드립니다.
• 이 책은 인천문화재단의 문화예술지원사업에 선정되어 연구조사를 진행하고 발간하였습니다.